JEREMY HOLMES

Sichere Bindung und Psychodynamische Therapie

Mit einem Vorwort von Klaus Grossmann
Aus dem Englischen von Tobias Nolte

KLETT-COTTA

JEREMY HOLMES ist Psychiater, Psychoanalytiker und Visiting Professor an der Universität von Exeter/Großbritannien. Er ist Preisträger des renommierten Bowlby-Ainsworth-Awards für seine Beiträge zur Bindungsforschung.

Klett-Cotta
www.klett-cotta.de
Die Originalausgabe erschien unter dem Titel »Exploring in Security.
Towards an Attachment-Informed Psychoanalytic Psychotherapy«
© 2010 by Routledge, East Sussex
Authorised translation from the English language edition published by
Routledge, a member of the Taylor & Francis Group

Für die deutsche Ausgabe
© 2012 by J. G. Cotta'sche Buchhandlung
Nachfolger GmbH, gegr. 1659, Stuttgart
Alle deutschsprachigen Rechte vorbehalten
Printed in Germany
Umschlag: Roland Sazinger, Stuttgart
Unter Verwendung eines Fotos von © Xaver Klaußner – Fotolia.com
Gesetzt aus der Minion Pro von Kösel, Krugzell
Herstellung: Büro Beck, Kempten
Gedruckt und gebunden von fgb – freiburger graphische betriebe
ISBN 978-3-608-94684-0

Bibliografische Information der Deutschen Nationalbibliothek
Die Deutsche Nationalbibliothek verzeichnet diese Publikation in der
Deutschen Nationalbibliografie; detaillierte bibliografische Daten
sind im Internet über <http://dnb.d-nb.de> abrufbar.

Für Reuben und Ilya

INHALT

Vorwort zur deutschsprachigen Ausgabe von Klaus Grossmann 9
Vorwort 12

TEIL 1 PRINZIPIEN 21
  1 Mutmaßen 23
  2 Mentalisieren 31
  3 Binden 60
  4 Bedeuten 76
  5 Verändern 90
  6 Befähigen 105
  7 Reparieren 123
  8 Poetisieren 135

TEIL 2 PRAXIS 149
  9 Sex mögen 151
 10 Grenzgänger sein 175
 11 Suizid und Selbstverletzen 198
 12 Träumen 221
 13 Beenden 232

Epilog 255

Danksagung 259
Literatur 261

VORWORT ZUR DEUTSCHSPRACHIGEN AUSGABE VON KLAUS GROSSMANN

Jeremy Holmes gehört zu den ersten Psychotherapeuten, die den Nutzen von John Bowlbys Bindungstheorie für klinisches Arbeiten mit Patienten erkannt haben. 1993 erschien seine mehrfach nachgedruckte Darstellung der Bindungstheorie unter dem Titel *John Bowlby und die Bindungstheorie*. Das vorliegende Buch ist nun sein sehr lesenswerter Erfahrungsbericht nach weiteren 20 Jahren psychotherapeutischer Arbeit auf der Basis dieses Wissens. Holmes gliedert sein Buch in Prinzipien und Praxis. Die Prinzipien in Teil 1 zeigen, wie bindungstheoretisches Wissen psychotherapeutisches Tun vertieft und in einen stimmigen anthropologischen Zusammenhang bringt. »Mentalisieren«, sprachlich mitteilbare Gefühle, und wie sie das eigene Dasein beeinflussen, das steht dabei im Mittelpunkt. Das »Mutmaßen« (Assuming, Kap. 1) darüber ist empirisch fundiert, aktuell und leicht nachvollziehbar. Inzwischen weithin bekannte Forschungsmethoden, wie z. B. die Fremde Situation, werden nicht mehr ausführlich behandelt. Auch der Rekurs auf Bowlby als Autor der Bindungstheorie und auf Ainsworth, die Begründerin der empirischen Bindungsforschung, sind spärlich, weil inzwischen etabliert. Stattdessen werden die wesentlichen Einflüsse auf die durch die Bindungstheorie veränderten Wahrnehmungen von Anpassungsstörungen an ausgewählten Fallbeispielen dargestellt und im Zusammenhang mit Theorien von Bion, Winnicott, der ›frankophonen‹ Psychoanalyse und der Entwicklungspsychopathologie erörtert. Dies geschieht im 2. Kapitel, »Mentalisieren«, auf anschauliche Weise. Einflüsse auf die Entwicklung mehr oder weniger adaptiver Fähigkeiten zum Mentalisieren werden in den Kapiteln 3 »Binden« und offene Kommunikation, und 4, »Bedeuten«, der Schritt zu geteilten Vorstellungen als gemeinsame Erarbeitung autobiographischer Kompetenz, beschrieben. Dies erfordert einige Konzentration des Lesers, die sich auszahlt.

Das therapeutisch angestrebte »Verändern« (Kap. 5) stützt sich zwar auf psychoanalytische Gedanken, gründet sich aber eindeutig auf Winnicotts spielerischer Kreativität, die in der bindungstheoretisch belegten Freiheit zu physischer und geistiger Exploration ihre empirisch fundierte Fortführung gefunden hat. Dazu gehört auch das »Reparieren« (Kap. 7), z. B. im Zusammenhang mit der Mutter-Kind-

Kommunikation, deren Gestörtheit nachweislich zu beeinträchtigender Desorganisation und zu Traumatisierung führen kann – ein wesentlicher Erkenntnisgewinn durch die dargestellten Prinzipien. »Befähigen« (Kap. 6) und »Reparieren« einer belasteten Beziehung (Kap. 7) betonen die kraftvolle Fähigkeit zum Erkunden der Welt sicherer Individuen. Im Mittelpunkt steht das »triangulierende Mentalisieren«, also die Fähigkeit, sich erfolgreich mit der Realität auseinanderzusetzen. Aber: Woher wissen wir, was real ist und was eingebildet, obwohl die Wirklichkeit immer durch den Geist gefiltert wird (das Paradox Kants?)? »Die Realität von Therapie gestaltet sich allerdings weit komplexer und facettenreicher, als Theoretiker uns glauben machen wollen« (S. 121); Psychotherapie führt über mehrere Mechanismen zur Stärkung des Selbst. Dabei geht es auch darum, die besten Worte in der besten Reihenfolge zu finden, eine Domäne »poetischer« Literatur (Kap. 8: »Poetisieren«). Diese ist wichtig im Zusammenhang mit den kommunikativen Veränderungen von Mentalisierungen im Prozess psychologisch-analytischer Therapie. Psychische Sicherheit zeigt sich hauptsächlich in der Kohärenz der Geschichten (Narrativa) über sich und die eigene soziale Welt, vor allem bei dem angemessenen Wunsch nach menschlicher Nähe. Die Kehrseite von Bindung, Verlust, kann nur mentalisierend durch die Reparatur verlustbedingter belastender Konflikte bearbeitet werden, wodurch es gelingen kann, konstruktive internale Kohärenz zu erlangen. In der Kindheit beeinträchtigen solche und andere Brüche in der Feinfühligkeit und in der gemeinsamen Sprache die Fähigkeit zum Mentalisieren so stark, dass überzufällig häufig Symptome auftreten, die Borderline-Persönlichkeitsstörungen kennzeichnen.

Teil 2 heißt »Praxis« und behandelt die Sexualität, Borderline-Störungen, den Suizid und Selbstverletzungen, das Träumen und das Beenden von Therapien. Kap. 9, »Sex mögen«, betrachtet Sexualität als »hedonische Intersubjektivität«. Erst kommt die Bindungsentwicklung, dann die sexuelle Entwicklung. Erfolgreiche Sexualität bedeutet optimale Partnerwahl, realitätsnahe Wahrnehmung der Intentionen und Qualitäten möglicher Partner durch Mentalisierung und die Fähigkeit zum wechselseitigen Genuss. Idealerweise führt die Entwicklung sexueller Attraktivität in eine langfristige Bindung – mit der Folge einer gemeinsamen elterlichen Investition in Nachkommen. Dazu hatte die Bindungsforschung bislang wenig zu sagen. Kap. 10 über »Borderline« (»Grenzgänger sein«) und 11 (»Suizid und Selbst-Verletzen«) stiften bindungspsychologische Zusammenhänge, die das Verständnis des psychischen Geschehens erhellen. Bei diesen Ausführungen zahlt es sich aus, auch den ersten Teil des Buches gelesen zu haben. Das trifft ebenfalls auf die Kap. 12 »Träumen« und Kap. 13 »Beenden« zu. Der Epilog fasst das Konzept einer bindungstheoretisch informierten Psychotherapie in zehn Punkten zusammen.

Welchen Einfluss haben die Erkenntnisse der Bindungsforschung? Das Wissen um diese Prozesse kann das Mentalisieren von Therapeuten und die Qualität ihrer Beziehung mit ihren Patienten tiefgreifend verändern. Warum und wie, das vermittelt uns Jeremy Holmes nach lebenslangen Erfahrungen im Rahmen bindungstheoretischen Wissens auf überzeugende Weise.

VORWORT

In den letzten zehn Jahren hat sich sehr viel getan für Forscher und Praktiker, die sich intensiv mit Bindung beschäftigen. Bedeutende Fortschritte auf theoretischer und empirischer Ebene sind zu verzeichnen. Mehrere bahnbrechende Arbeiten sind erschienen, die neueste wissenschaftliche Erkenntnisse und klinische Anwendungen zusammenführen (Cassidy und Shaver 2008; Wallin 2007; Fonagy et al. 2002; Brisch 2010; Carter et al. 2005; Obegi und Berant 2008). Besonders das Konzept der Mentalisierung (ausführlich erörtert in Kapitel 2) mit weitreichenden Auswirkungen auf die gesamte Psychotherapie ist dabei in den Vordergrund gerückt (Allen 2008). Gleichzeitig hat sich die Psychoanalyse einer Gewissensprüfung und Innenschau unterzogen, als deren Resultat neue Denkansätze zu erkennen sind hinsichtlich ihrer empirischen Beweisbarkeit (Leichsenring und Rabung 2008); der Anknüpfungspunkte mit den Neurowissenschaften (Zeki 2008); ihres wissenschaftlichen Profils (Wallerstein 2009), ihrer Kompetenzerfassung (Tucket et al. 2008; Roth und Lemma 2008) und der Modifizierungen zur Behandlung schwieriger Patienten (Bateman und Fonagy 2008). In diesem Buch versuche ich, diese neuen Entwicklungen im Bereich von Bindung und Psychoanalyse zu verknüpfen und sie in den Dienst einer Verbesserung täglicher klinischer Arbeit zu stellen.

Der Buchtitel[1] spiegelt einen der einfachsten und dennoch wichtigsten Grundsätze wider, die unsere Disziplin der Bindungstheorie verdankt: Unsichere Bindung und Exploration sind unvereinbar. Dieses Dilemma aufzulösen gehört zur Hauptarbeit des Therapeuten: Ein Hilfe suchender Patient oder Klient kann erst dann beginnen, sich selbst, seine Lebenssituation und seine Gefühle zu explorieren, wenn Sicherheit gegeben ist. Aber gerade die Unsicherheit veranlasst ja viele Menschen, sich in Therapie zu begeben. So entgegnete ein Patient auf Freuds (1912e) Aufforderung, gemäß der psychoanalytischen Grundregel, »alles zu sagen, was einem in den Sinn kommt, ganz gleich wie irrelevant, peinlich oder unangenehm«: »Wenn ich das könnte, dann hätte ich Sie auch nicht aufgesucht.« Das Behandlungsziel der Psychotherapie schließt beides ein, *Unsicherheit zu explorieren*, woher sie rührt und

---

1 Englischer Originaltitel: »Exploring in Security«, sinngemäß auf deutsch: »Explorieren aus sicherer Bindung«. [Anm. d. Übs.]

wie sie sich auswirkt, und *in Sicherheit zu explorieren*. Der überwiegende Teil psychoanalytischer Arbeit, dem der klinische Teil des Buches Rechnung trägt, besteht aus der Auseinandersetzung mit eben dieser doppelten Zielsetzung.

Für die Wahl meines englischen Untertitels »Towards an Attachment-Informed Psychoanalytic Psychotherapy« (Auf dem Weg zu einer bindungsfundierten psychoanalytischen Psychotherapie) bin ich Arietta Slade für ihre elegante Formulierung zu Dank verpflichtet (2008, S. 763):

> Bindungstheorie und -forschung haben das Potential, das Verständnis eines Therapeuten zu bereichern (anstatt ihm etwas zu diktieren); eher erweitert das Wissen um die Beschaffenheit und Dynamik von Bindung klinisches Denken und die Palette an Interventionen, als dass es diese vorschreibt.

Im Sinne dieser leichten Zuspitzung erläutere ich im Folgenden eine spezifische Sichtweise psychoanalytischer Arbeit, inspiriert von der Bindungstheorie und dennoch verankert im breiteren psychoanalytischen Rahmen, besonders der relationalen, unabhängigen Schule. Als während der letzten fünf Jahre eine weitere psychoanalytische Psychotherapieausbildung etabliert wurde, ist mir klar geworden, wie viel mehr es als bisher erforderlich ist, die Grundlagen psychoanalytischer Technik und ihr Verhältnis zum theoretischen Überbau in den Mittelpunkt zu stellen.

Freuds Schriften zur Behandlungstechnik (1912e – 1915a) sind, wenn auch nach wie vor unentbehrlich, mittlerweile 100 Jahre alt. Die Bindungstheorie kann mit ihrem Hauptaugenmerk auf die stetigen Veränderungen in intimen Beziehungen nicht unwesentlich zum Verständnis von Aspekten der Beziehung zwischen Therapeut und Patient beitragen, die psychische Genesung ermöglichen (und leider manchmal auch zu psychischer Krankheit führen). Die jüngsten Bemühungen des Britischen Department of Health (Roth und Lemma 2008), über Berufsbezeichnungen hinausgehend die eigentlichen psychotherapeutischen Fähigkeiten zu durchleuchten (einschließlich psychoanalytische Kenntnisse) – wie also Therapeuten im Behandlungsraum mit ihren Klienten tatsächlich umgehen und was sie zu ihnen sagen –, gehen in die gleiche Richtung wie mein Vorhaben.

Psychotherapie: Kunst, Handwerk oder Profession?

Psychotherapeuten diskutieren nur zu gern darüber, was ihre Disziplin nun eigentlich sei, eine Kunst oder eine Wissenschaft (Holmes 1992) – ein schließlich verworfener Titel für dieses Buch lautete: *Was machen Psychotherapeuten den ganzen Tag?* Die beste Sichtweise bietet vielleicht die Deutung als Handwerk (s. a. Sennett 2008), das sich sowohl auf Kunst als auch auf Wissenschaft beruft und trotzdem von diesen beiden gut zu unterscheiden ist. Handwerk hat mehrere für die Psychotherapie wichtige Merkmale. Erstens kann man es nicht durch Bücherstudium allein erlernen – was jeder bestätigen kann, der einmal versucht hat, das Skifahren, das Tischlern oder ein Musikinstrument zu beherrschen. Zweitens erfordert jedes Handwerk eine Ausbildung – Beobachten und Üben unter der Anleitung oder Aufsicht eines »Meisters«. Drittens ist das Handwerk größtenteils, im Gegensatz zur Wissenschaft oder zur Kunst, zumindest in seiner Ausprägung in kapitalistischen Gesellschaften, nicht wettbewerbsorientiert. Wir verehren Meistergärtner oder Chefköche, versuchen ihnen nachzueifern und von ihnen zu lernen, aber ohne dass dabei der Wert unserer eigenen gärtnerischen oder kulinarischen Bemühungen, wie bescheiden auch immer, geschmälert würde. Es liegt an jedem selbst, Garten oder Küche zu kultivieren, ganz nach eigenen Fähigkeiten und Ressourcen. In gleicher Weise verdient jede Psychotherapeut-Patient-Beziehung ihren Respekt, ganz gleich, wie sehr sie sich von den hehren Idealen der psychoanalytischen Gründungsväter unterscheidet oder sie gar verfehlt. Viertens bilden Handwerksleute in aller Regel relativ homogene Gemeinschaften, Zünfte, Gilden oder Zusammenschlüsse von unterschiedlich esoterischem Charakter mit ihren eigenen Ritualen (Aufnahme, Prüfungen, Verabschiedung in den Ruhestand), Wertvorstellungen, eigenem Ethos und traditionellen Bräuchen. So impliziert »handwerklich gewieft«, zumindest in seinem modernen Gebrauch, Feinsinn, Geschmack und Geschicklichkeit und gelegentlich ein wenig Angeberei oder harmlosen Schwindel.

Das öffentliche und private Erscheinungsbild der Psychotherapie wird in ganz passender Weise in der sprachlichen Dichotomie von Handwerk und Profession widergespiegelt. Das einsilbige angelsächsische »craft« (Handwerk) entspricht dem deutschen Wort für Macht, Fähigkeit oder Geschick. Das Lateinische »pro-fession« kommt vom öffentlichen Glaubensbekenntnis, das die Kirche ihren Bittstellern abverlangte. Viele moderne Berufsbilder sind aus Handwerken hervorgegangen, genauso wie den Professionen selbst kirchliche Hierarchien Modell standen. In Britannien wurden aus den Badern des 19. Jahrhunderts, immerhin den Granden der Londoner Harley Street, per Gesetzesakt von 1858 offiziell »Ärzte« – ihre Geschicklichkeit als Knochenklempner, Heilgehilfe oder Kräuterkenner wurde durch die »grandfather clause« (eine Art Altfallklausel) in eine allgemeine »medizinische Profession« umgewandelt. Als Mediziner (die sie nun alle waren) und obwohl ihnen aufgrund ihres Handwerks weitreichende Autonomie zugestanden blieb, wurden sie zwar Gegenstand staatlicher Regulierung, aber infolgedessen auch geschützt und im Ansehen aufgewertet. Dies galt insbesondere für die beruflichen Prüfungsverfahren, als deren Resultat sie sich selbst als Ärzte bezeichnen durften. Die Parallelen zur Etablierung eines staatlich regulierten psychotherapeutischen Berufsstandes sind frappierend.

Ein Jahrhundert später, nach zahlreichen medizinischen Skandalen, ist die ärztliche Praxis in Großbritannien und weltweit verstärkt der öffentlichen Kontrolle und externer Überprüfung ausgesetzt. Diese weitere Veränderung bedeutet eine gewisse *De*-Professionalisierung, weil medizinisches Arbeiten in technische Abläufe aufgespalten wird, die genau definiert, operationalisiert und quasi unpersönlich durchgeführt werden – im Fall medizinischer Robotertechnik im wörtlichen Sinne. Vielen erscheint dies als Verlust wesentlicher Bestandteile – der Einzigartigkeit der Arzt-Patient-Beziehung, ganzheitlicher Ansätze, die physische, emotionale und spirituelle Aspekte der Persönlichkeit umfassen, lebenslanger Betreuung und Versorgung sowie der Rolle des Arztes als Begleiter wiederkehrender existentieller Themen wie Empfängnis, Geburt, Wachstum und Entwicklung, Sexualität, Trauma, Krankheit, Tod und Erneuerung.

Psychotherapie ist die natürliche Heimat für das, was in gesellschaftlichen Spaltungs- und Verdrängungsprozessen verlorenging. Aber in eine öffentliche Rolle gedrängt zu werden kommt für die Psychotherapie einem Dilemma gleich. Einerseits muss sie sich in ihrem Ethos als Vorkämpferin und Verfechterin der individuellen Lebensgeschichte und des Heilungspotentials von menschlichen Beziehungen selbst treu bleiben. Andererseits strebt sie auf ihrem Weg von »handwerklicher Heimarbeit« zur eigenständigen Profession nach öffentlicher Anerkennung, Kostenübernahme durch den Staat (dem »Geld des Steuerzahlers«) und dem damit einhergehenden Glaubwürdigkeitszuwachs. Das hohe Ansehen der mit »der Medizin verbündeten Berufszweige« erfordert, sich deren Werte und Methoden anzunehmen. Kognitive Verhaltenstherapie (VT) hat sich erfolgreich an dieses »medizinische Modell« angepasst. Ihr Ansehen als »evidenzbasierte Behandlung« von psychischen »Störungen« kommt dem eines guten Medikaments gleich, und dennoch bleibt sie dem gemeinsamen Aufbau der therapeutischen Beziehung verpflichtet.

Dies wiederum hat zu weiteren Spaltungen und zu Projektionen innerhalb der Psychotherapie geführt. Während VT mehr und mehr standardisiert und zum Pauschalangebot wird, erfährt das Unbewusste als Ort alles Unzumutbaren, Unaussprechlichen und Beschämenden eine Zuschreibung als das »Andere«, als irrelevant für eine psychotherapeutische Behandlung. Geduldige Auseinandersetzung mit Schmerz und Leid wird über Bord geworfen zugunsten oberflächlicher Lösungen, mit ständigem Risiko eines Rückfalls. Die Verwerfungen eines von Trauma und Vernachlässigung gezeichneten Lebensweges, die angeblich zur Charakterbildung beitragen, werden übersehen oder als nicht erreichbar oder nicht heilbar bezeichnet. Genau hier liegt nach wie vor das Tätigkeitsfeld psychoanalytischer Psychotherapie.

Ein breiter angelegtes Ziel meines Buches ist daher – über eine Einladung zum Dialog mit Kollegen über die Berührungspunkte von Psychoanalyse und Bindung hinausgehend –, mit der psychotherapeutischen Zunft einen Denkprozess zur Rolle von Psychoanalyse anzustoßen und den Diskursrahmen dafür abzustecken. Es kann in diesem Sinne als Beitrag zur Debatte über die »gemeinsame Sprache der verschiedenen Therapieschulen« (vgl. Holmes und Bateman 2002) verstanden werden, indem es die implizite »Sprache des Denkens« (Cheney und Seyfarth 2007) ergründet, die sowohl der psychoanalytischen Schule als auch dem Dialekt, der eines jeden Therapeuten Mundart ist, zugrunde liegt.

Zur Methodik und Struktur

Die Ursprünge dieses Buches sind in einer Kombination aus theoretischer Synthese und Mutmaßungen, angestellt über Beobachtungen im Behandlungszimmer, zu suchen. Ich greife, wann immer möglich, auf relevante Forschungsergebnisse zurück. Genauso wie Psychoanalyse und Bindungstheorie, so sind auch Theorien und Ergebnisse aus der Primatenverhaltensforschung, Kinderentwicklungspsychologie und gelegentlich der Neurowissenschaft eingeflossen. Ein Hauptanliegen ist es mir zu vermitteln, wie hilfreich das Denken im Bindungsrahmen für die psychoanalytische Arbeit sein kann. Kein theoretisches Modell, mag es noch so gut fundiert sein, wird je das Geschehen im Behandlungszimmer vollständig erfassen können. Der Therapeut trägt sein eigenes implizites Ethos in die therapeutische Beziehung hinein, das sich aus folgenden Bestandteilen zusammensetzt: Respekt, Aufmerksamkeit, Bestätigung, Verschwiegenheit, Spontaneität, Vertrauen, Wertschätzung des Ausdrucks emotionaler Authentizität, Wahrung von Grenzen und das Eingestehen von Fehlern sowie der Pflicht, diese zu beheben. Bindung kann bei der Konzeptualisierung einiger dieser Komponenten hilfreich sein, aber im Grunde sind Therapeut und Patient mit ihrer Beziehung zueinander und mit den menschlichen Qualitäten, die daraus hervorgehen, auf sich allein gestellt. Es gehört zum Genius der psychoanalytischen Psychotherapie, einer Beziehung Grenzen zu setzen, um mit der Kreativität, die gerade mit diesen Grenzen einhergeht, und den aus ihnen resultierenden Beschränkungen zu arbeiten. Da ich beide Perspektiven, theoretische Verankerung wie auch Unwägbares, einbeziehe, lässt sich die Methodik des Buchs als »klinische Vignette und ihr Kontrapunkt« verdichten. Der Begriff »Vignette« stammt vom französischen *vigne*, Weinrebe; die leeren Räume auf Buchseiten wurden einst mit gemalten Trauben und Weinblättern ausgefüllt und ausgeschmückt.

Psychotherapie beschäftigt sich auf ganz spezielle Weise mit der unausgesprochenen Wahrheit, mit den »leeren Räumen« oder mit dem, was im offiziellen Text einer Lebensgeschichte nur zwischen den Zeilen steht. Diese psychischen Räume zu füllen ist eines der psychoanalytischen Hauptanliegen.

Und doch erweist sich die »Fallgeschichte« aus methodischen, theoretischen und ethischen Gründen als intrinsisch problematisch. Methodisch gibt es keine Garantie, dass das berichtete Material und die übermittelten Gespräche akkurat sind – das typische Chaos einer Konsultation ist allzu leicht beim Nacherzählen zu kaschieren oder gar wegzuretuschieren. Klinisches Material kann man immer sehr unterschiedlich interpretieren. Ich möchte erreichen, dass der Blick durch die Bindungs»brille« den klinischen Diskurs nutzbringend erweitert. Außerdem behaupte ich, dass Bindung zur breiteren theoretischen Rechtfertigung der »Polysemie« – der Vieldeutigkeit – psychoanalytischer Theoriebildung beiträgt. Darüber hinaus ist die Schweigepflicht ein schwer zu lösendes Problem, das in vielerlei Hinsicht bewältigt werden kann, inklusive grober Maskierung; als reine Fiktion (falls es so etwas wirklich geben sollte); als Vermengung mehrerer Fälle; nach vorherigem Einverständnis (Gabbard 2000) und durch Verwenden von schon veröffentlichtem Material.

Das Buch besteht aus zwei Teilen. In Teil 1 stecke ich den theoretischen Rahmen von bindungsfundierter psychoanalytischer Psychotherapie samt dazugehörigen Forschungsergebnissen ab. Nach einem Einführungskapitel gehe ich zum Hauptthema des Buches über: Mentalisieren als ein Metakonzept und die Schlussfolgerungen, die sich daraus für die klinische Arbeit ergeben. In den nächsten drei Kapiteln trage ich den drei Hauptkomponenten aller effektiven Therapien Rechnung – der Etablierung einer therapeutischen Beziehung, dem Verstehen sinnhafter Zusammenhänge und dem Ermöglichen von psychischer Veränderung oder Heilung – im Kontext des hier vertretenen bindungsfundierten Ansatzes. In den Kapiteln 6 und 7 setze ich mich mit zwei weiteren Kernkonzepten auseinander: mit der Selbstbefähigung des Klienten und mit Brüchen der Therapeut-Patient-Beziehung, auch mit deren Reparatur. In Kapitel 8, das eine Art Übergang sein soll, ergründe ich die Analogie zwischen Psychotherapie und Poesie.

In Teil 2 – »Praxis« – greife ich diese theoretischen Abhandlungen auf und führe sie einigen klinischen Themen zu: Sex und Sexualität, der Arbeit mit komplexen Fällen und schwergestörten Patienten, Suizid, Träumen und dem Beenden von Therapie. Durchgehendes Ziel ist dabei, Theorie, relevante Ergebnisse aus der Forschung und die Erfahrungen aus dem Behandlungszimmer zu verknüpfen. Hier ändert sich der Tonfall, wird persönlicher und mag mitunter an eine Abschiedsrede erinnern, die meinen Rückzug aus psychiatrischer und die Hinwendung zu psychotherapeutischer Arbeit und Lehrtätigkeit widerspiegelt. Aufgrund meiner psychiatrischen Herkunft werden wohl einige geschilderte Fälle weit über das hinausgehen, was man in einer psychotherapeutischen Praxis sonst zu sehen bekommt.

Allgemeine psychotherapeutische Praxis

Psychoanalytische Theorien können auf merkwürdige Weise ihrem Kontext enthoben sein. Aspekte wie Vermögen, Klassenzugehörigkeit, Geschlecht, ethnische Herkunft und sozialer Bezugsrahmen werden, mit ehrbaren Ausnahmen (Dalal 2002; Ruiz et al. 2005), an den Rand dessen gedrängt, was mitunter als abstrakter, immer gleicher psychoanalytischer Raum präsentiert wird. Da ich der systemischen (und marxistischen) Sichtweise anhänge, dass »materielle Bedingungen« – also der Kontext – das Bewusstsein determinieren, sollte ich zunächst über die generelle Arbeitsweise berichten, mit der ich dieses Buch verfasst habe. Sie bildet zugleich die Basis für die völlig verfremdeten klinischen Fallgeschichten, deren lebendigen Vorbildern ich zu großem Dank verpflichtet bin.

Ich definiere meine Arbeitsweise, im öffentlichen wie auch privaten Bereich, als »allgemeine Psychotherapie« analog zur »Allgemeinpraxis« in der Medizin: das heißt, als einen nicht hoch-spezialisierten Ansatz mit einem Zugang, der allen offen steht. Einer allgemeinen psychotherapeutischen Praxis, wie ich sie sehe, liegt ein besonderes Verständnis von Diagnose, Behandlungsdauer, Technik und Frequenz zugrunde. Dies umfasst:

- die Arbeit mit einer Bandbreite von Klienten (ich verwende die Begriffe »Klient« und »Patient« synonym, ebenso er/sie), angefangen von Ratsuchenden auf hohem Funktionsniveau mit Beziehungsproblemen bis hin zu Patienten mit schweren psychischen Störungen
- Therapien verschiedener Dauer, von kurz über mittel (bis zu einem Jahr) hin zu lang andauernd (mein derzeitiger Rekord liegt bei 22 Jahren)
- das Bestreben, deutende und stützende Ansätze in einem ausgewogenem Verhältnis heranzuziehen
- hauptsächlich psychoanalytische Techniken zu verwenden, aber hin und wieder auch auf Elemente anderer Disziplinen zurückzugreifen wie etwa auf das vom Psychodrama inspirierte Rollenspiel und an die Verhaltenstherapie angelehnte Konfrontationen und Hausaufgaben
- die meisten Patienten einmal wöchentlich zu behandeln; einige zweimal pro Woche; einige, besonders gegen Therapieende, weniger häufig
- vorwiegend mit Patienten individuell, aber gelegentlich auch mit Paaren und Familien zu arbeiten
- in Ausnahmefällen medikamentöse Behandlung mit Psychotherapie zu kombinieren.

Ich bin überzeugt, dass diese Behandlungsform nicht allzu weit von der Norm psychoanalytischer Psychotherapie abweicht. Aber die Antwort auf die Frage, ob der im Folgenden erörterte bindungsfundierte theoretische und praktische Ansatz allgemeine Schlussfolgerungen (für die Psychotherapie) zulässt, überlasse ich dem Leser selbst.

TEIL 1 | **PRINZIPIEN**

KAPITEL 1 | MUTMASSEN

Jeglicher Betätigung, ob intellektuell oder praktisch, liegt eine Ideologie zugrunde: eine Reihe von mehr oder weniger bewussten Grundüberzeugungen und Prinzipien. Diese als selbstverständlich betrachteten Fakten und Theorien bilden die Saat, aus der neue Ideen entstehen, die allerdings, wenn ungeprüft, kreatives Denken genauso einschränken können. Das Ziel dieses Einführungskapitels ist es, die diesem Buch eigenen Grundannahmen aufzuzeigen, also den Boden für alles Folgende zu bereiten. Ich beginne mit einer kurzen Übersicht für Leser, die mit der Bindungstheorie nicht vertraut sind (und einer Auffrischung zum Thema für die Eingeweihten), gefolgt von einer Kurzdarstellung der besonderen psychoanalytischen Sichtweise, die ich in diesem Buch vertrete.

Ein sehr kurzer Abriss zur Geschichte der Bindungstheorie

Die Geschichte der Bindungstheorie kann, besonders in Großbritannien, seit ihrem Beginn vor fast einem halben Jahrhundert, in drei Phasen unterteilt werden (umfassende Darstellung bei Cassidy und Shaver 2008). Der Ausgangspunkt für Bowlby (Großbritannien) und Ainsworth (zuerst in Uganda und später in Baltimore, USA) war zunächst die offenkundige und eigentümlicherweise von psychologischen Theoretikern übersehene Tatsache, dass Individuen jeglichen Alters die Nähe einer erfahrenen und Schutz bietenden »sicheren Basis« suchen, wenn sie sich bedroht, krank, erschöpft oder verletzbar fühlen, und dass andere Motivationssysteme – Sex, Exploration usw. – nicht zur Geltung kommen können, solange diese Bedürfnisse nicht befriedigt sind. Kinder und stark unter Druck stehende Erwachsene suchen dabei physische Nähe. Unter geringerem Stress und bei reiferer Persönlichkeit genügen mündliche Kommunikation (z. B. per Handy) oder visueller Kontakt (z. B. vermittels eines Photos).

Mary Ainsworth entwickelte das Untersuchungsinstrument »Fremde Situation«, und damit konnten Forscher kurze Trennungen der Kleinkinder von ihren Betreuungspersonen beobachten und anschließend die Kinder nach ihrem Bindungsverhalten zwei allgemeinen Kategorien zuordnen: sicher und unsicher gebunden. Die letztere Gruppe wurde darüber hinaus anhand ihrer Verhaltensstrategien in deaktivierende (vormals vermeidende) und hyperaktivierende (vormals ambivalente) Reaktionsmuster unterteilt. Diese neue Nomenklatur stammt aus der amerikanischen Fragebogen-basierten Bindungsforschung, die sich mit jungen Erwachsenen und ihren Partnerbeziehungen befasst hat (Mikulincer und Shaver 2008). Langzeitstudien haben zudem gezeigt, dass diese Muster in der Kindheit und Adoleszenz relativ stabil sind; Kinder wechseln unter bestimmten Bedingungen auch in eine andere Klassifikation über (etwa wenn die Mutter unter Depressionen leidet: sicher zu unsicher; wenn sich die Lebensumstände der Mutter verbessern oder wenn sie sich in psychotherapeutische Behandlung begibt: unsicher zu sicher).

Die zweite Phase in der Geschichte der Bindungstheorie, die mitunter als »Bewegung hin zur repräsentationalen Ebene« bezeichnet wird, begann mit den Arbeiten von Mary Main und ihren Kollegen an der Berkeley University (Main 1995). Bowlby und Mary Ainsworth hatten eine ethologisch beeinflusste Betrachtungsweise des Bindungs*verhaltens* eines Kindes und seiner Eltern vertreten; nun verlagerte sich die Forschungsmethode hin zum Erwachsenen-Bindungsinterview (Adult Attachment Interview, AAI), das Mary Main und Judith Solomon entwickelten. Es klassifiziert die verbalen *Beschreibungen* eines Erwachsenen hinsichtlich seiner kindlichen Bindungserfahrungen, Verlusterlebnisse und Traumata. Das AAI erfasst anhand des narrativen Stils des Interviewten, wie er Beziehungen erlebt, über sie reflektiert, sie in Worte fasst – und sie damit repräsentiert. Einen weiteren wichtigen Beitrag leisteten Main und ihre Kollegen, als sie eine dritte Kategorie unsicherer Bindung identifizierten: unsicher-desorganisiert. Diese Bindungsart ist besonders durch hohen Stresspegel und stärkere psychische Beeinträchtigung bei den betroffenen Kindern wie auch ihren Betreuungspersonen gekennzeichnet (Lyons-Ruth und Jacobvitz 2008).

Eine dritte Phase setzte in den 90er Jahren ein, als Peter Fonagy und Miriam und Howard Steele am University College London als erste eine Serie experimenteller, theoretischer und klinischer Studien durchführten. In einem prospektiven Studiendesign bestimmten sie mit dem AAI die bindungsbezogene mentale Verfasstheit bei zukünftigen Eltern und konnten gleichzeitig das Bindungsverhalten ihrer späteren Kinder in der Fremden Situation vorhersagen (Fonagy et al. 2002). Ihre Subskala »Reflexive Funktion« bezieht sich auf die Fähigkeit der Betreuungsperson, über das »Denken nachzudenken«: das heißt, a) die eigenen Gedanken und die ihrer Kinder als das anzusehen, was diese tatsächlich sind, und nicht notwendigerweise als akkurate Abbilder der Realität und b) andere als autonome Wesen zu begreifen, deren emotionale Regungen von Begehren, Wünschen, Überzeugungen geleitet sind, wie sie ein »inneres« fühlendes Selbst kennzeichnen. Die Fähigkeit der Eltern, eigene mentale Zustände und die ihrer Kinder zu reflektieren, war mit sicherer Bindung des Nachwuchses eng verknüpft. Bindungssicherheit und -unsicherheit werden also von einer Generation zur nächsten weitergegeben.

Die Möglichkeit, »Reflexive Funktion« experimentell zu messen, war schließlich der Kern dessen, was um die Jahrtausendwende tragendes theoretisches Konzept dieser Gruppe wurde – Mentalisieren (Allen und Fonagy 2006; Allen et al. 2008). Mentalisierung bezeichnet das Vermögen, über das Denken an sich zu reflektieren und dabei die Beschaffenheit der Gedanken als von der jeweiligen Perspektive und vom Erfahrungshorizont abhängig zu verstehen. Rahmen-Definitionen von Mentalisieren umfassen »die Fähigkeit, sich selbst von außen und andere von innen zu betrachten sowie über Gefühle nachzudenken und Gedanken zu fühlen«.

Fonagy, Target, Gergely und ihre Mitarbeiter (Fonagy et al. 2002) begreifen Mentalisieren als eine Fähigkeit, die während der ersten fünf Lebensjahre erworben wird und sich über die gesamte Lebensspanne weiter entwickelt und ausdifferenziert. Dieser stellen sie »Prä-Mentalisierungsmodi« gegenüber, in ihrer Terminologie »Als ob« und »psychische Äquivalenz« bezeichnet, die der Entwicklung reifer Mentalisierung vorausgehen und in verschiedenen Formen von Psychopathologie fortbestehen. Während Individuen sich im Als-ob-Modus der Realität entziehen und eine Welt, die von subjektivem Spiel und Wünschen geprägt ist, bevorzugen, ist psychische Äquivalenz von der Annahme geprägt, dass die Welt so ist, wie man sie erfährt, und damit werden die Unterschiede zwischen Gedanken und Realität verwischt. Manche sehen in diesem Gegensatz von Mentalisieren und seinen entwicklungsbedingten Vorläufern Parallelen zur Kleinianischen Dichotomie von depressiver und paranoid-schizoider Position. Ob die Bindungsperspektive zu dieser Dichotomie einen nützlichen Beitrag leisten kann, erörtere ich ausführlich im 2. Kapitel.

Der klinische Impetus, der diesen konzeptionellen Weiterentwicklungen des Mentalisierungsansatzes zugrunde liegt, entstammt dem Versuch, Patienten mit Borderline-Persönlichkeitsstörung (BPS) besser verstehen und ihnen wirksamer helfen zu können; Standardtherapieverfahren waren bisher bestenfalls mäßig erfolgreich gewesen. Mittlerweile häufen sich die Belege, dass die mentalisierungsbasierte Psychotherapie (MBT) einen besseren Verlauf und eine günstigere Prognose bei BPS-Patienten bewirkt (Bateman und Fonagy 2008). Auch andere spezialisierte Ansätze wie beispielsweise Übertragungsfokussierte oder Dialektisch-Behaviorale Therapie haben sich als hilfreich erwiesen.

Ein bindungsbasiertes psychoanalytisches Credo

Wie kann man nun bindungstheoretische Ideen mit der psychoanalytischen Sichtweise, die dieses Buch durchzieht, verbinden? Eine wichtige Brücke zwischen den beiden Disziplinen baut die moderne Evolutionstheorie. Freud selbst war ein Anhänger Darwins (Sulloway 1980).

Der Neo-Darwinismus ist auch die Grundlage für die Verhaltensforschung, die wiederum zu den theoretischen Wurzeln von Bindung gehört. Sie konnte aufzeigen, dass unsere nahen Verwandten, die in abgegrenzten sozialen Gruppen leben, wie zum Beispiel Paviane, ein tiefgehendes Verständnis von sozialen Beziehungen haben (Cheney und Seyfarth 2007; Suomi 2008). Nichtmenschliche Primaten müssen Dominanzhierarchien, soziale Rangordnungen, Regeln des Sexualverhaltens, Sicherheit bietende Beziehungsgefüge, die Betreuung des Nachwuchses und Rangfolgen beim Füttern verstehen und verhandeln, um ihren Fortbestand zu sichern. Trotz nur begrenzter und stereotyper *Ausdrucks*möglichkeiten verfügen nichtmenschliche Primaten über ein subtiles und vielfältiges Verhaltensrepertoire, um die Befindlichkeiten ihrer Artgenossen *aufzunehmen* – wie diese aufeinander reagieren, sich einander nähern, auf Bedrohung antworten und ihre Fütterungs- und Paarungspräferenzen aushandeln. Soziale Beziehungen sind demnach, wenn auch in diesem Falle nicht verbal zugänglich, fest in der Psyche der Primaten verankert. Der psychoanalytisch geprägte Zugang zur Kinderbeobachtung (infans = ohne Sprache) rekonstruiert auf ganz ähnliche Weise die kindliche präverbale Gedankenwelt anhand von Untersuchungen zu sozialem Kontext und Verhalten, Mimik und affektiver Kommunikation. Die eigentliche Domäne der Psychoanalyse ist jedoch die »Gedankensprache« (im Sinne einer repräsentationalen Theorie des Geistes) und das Vermögen, dieser eine Stimme zu verleihen.

Freuds erste große Entdeckung auf theoretischem Feld war, dass in allen intimen menschlichen Beziehungen zwei »Gespräche« gleichzeitig geführt werden: bewusst und unbewusst oder verbal und non-verbal (Freud 1911 b). Die non-verbalen, auf biologischer Ebene wirksamen Kommunikationsaspekte bleiben im »normalen Leben« jedoch im Verborgenen oder werden verdrängt. Wenn ich eine Freundin anrufe, so geht es mir darum, einfach nur mit dieser Freundin zu telefonieren – und nicht etwa darum, ob ich darauf zählen kann, dass sie mich beschützt oder ernährt, ob wir beide miteinander ins Bett gehen werden oder eine Allianz gegen einen stärkeren Konkurrenten bilden. Dies führt uns zu dem grundlegenden Paradoxon, mit dem sich die Psychoanalyse auseinandersetzt. Einerseits ist es von Natur aus verstörend, sich der sexuellen, kompetitiven, hierarchischen und nach Sicherheit strebenden Aspekte einer Interaktion bewusst zu werden. Andererseits, diese Domäne komplett auszublenden würde bedeuten, sich wie ein Schlafwandler in neue Beziehungen hinein und durch diese hindurch zu bewegen, getrieben von Kräften, über die man sich völlig im Unklaren ist.

Um über dieses Dilemma – dass Gewahrwerden psychisches Leid bedeutet und dies zu vermeiden dennoch ungleich mehr Leid mit sich bringt – nachzusinnen, braucht man zuallererst Sicherheit. Angst ist der Feind des Mentalisierens. Es bedarf einer Bindungsperson, der wir uns zuwenden können, und je sicherer diese Bindung, desto besser werden wir imstande sein, unsere wahre Natur zu erkunden.

Bindung und Liebe waren für Bowlby Synonyme. Die sichere Basis ist sein »gutes Objekt«. Als sichere Basis fungiert ein Mensch, der in Notsituationen erreichbar ist und gleichzeitig ein einzigartiges Verständnis für den Hilfe Suchenden aufbringt. Wer als gutes Objekt fungiert, muss in der Lage sein, sich in den anderen hineinzuversetzen und dabei die Erfahrungswelt des anderen zu verstehen. Eine sichere Basis dient dazu, über die Klippen und Abgründe – die »Brüche« – in Beziehungen hinweggetragen zu werden. Die sichere Basis/das gute Objekt ist imstande, die durch Trennung hervorgerufene Frustration zu tolerieren und währenddessen die geliebte Person weiter präsent zu halten.

Freuds zweite großartige Erfindung, diesmal praktischer Art, war das Behandlungszimmer und darin die Couch. Die analytische Beziehung ist ein *in vitro*-Experiment in Intimität. Das Sprechzimmer ist dabei der Ort, an dem die »Gedankensprache« artikuliert, Angst erlebbar, Sehnsucht beschrieben und Kummer in Worte gefasst wird. Der Analytiker ist die Sicherheit gebende Bindungsfigur, die unsicheres Terrain zu erforschen erlaubt. Und es sind gerade diese verunsichernden Gefühle, die durch die Anwesenheit des Analytikers hervorgerufen werden – Sehnsucht, Rivalität, die Angst vor Ablehnung, Erniedrigung, Vernachlässigung, Ausbeutung und so weiter. Was als »Übertragung« beginnt – unartikulierte, non-verbale Resonanzen in einer speziellen Beziehung –, hat am Ende den Charakter von »Einsicht und Erkenntnis«, also der Fähigkeit, die eigene »Gedankensprache« und die anderer zu verstehen. Der Analytiker ist in der Phantasie derjenige, »der es wissen müsste« (Zizek 2006), der Experte auf dem Gebiet des »noch nicht gedachten Wissens« (Bollas 1987). Mit fortschreitender Therapie leugnet der Analytiker dies und hilft Schritt für Schritt seinen Patienten, ähnlich einem Allergologen, der desensibilisiert, sich in verdaulichen Portionen ihrer unbewussten Scham und Angst zu stellen.

Theorie und Praxis in psychoanalytischer Psychotherapie

Ich rechtfertige dieses Buch mit einer *Lücke zwischen Theorie und Praxis* (vgl. Canestri 2006) – oder wie Fonagy dies elegant formuliert hat: »Psychoanalytische

Theorie zieht nicht zwangsläufig klinische Technik nach sich.« Psychoanalytische Therapie kann man nicht so ohne Weiteres wie ein Möbelstück aus einem Mitnahme-Markt zusammenbauen, indem man nur der Montagezeichnung folgt (wobei in meinem Fall normalerweise eine oder zwei Schrauben locker bleiben!).

Was sich tatsächlich in Therapiestunden abspielt – verbal, non-verbal, interaktionell, physiologisch, bewusst und unbewusst –, ist bestenfalls ansatzweise durch theoretische Positionen erfassbar. Um die Details von Therapeut-Patient-Interaktionen zu erforschen, bedarf es einer empirisch unterfütterten und auf Entwicklungspsychologie basierenden Meta-Theorie. Der Ansatz, den ich in diesem Buch vorschlage, geht davon aus, dass die Bindungstheorie mit ihren klaren Annahmen, was in therapeutischen Beziehungen hilfreich und abträglich ist, einer solchen Heuristik zuarbeiten kann.

O'Neill (2008) nimmt Donnets Gedanken (2001) des psychoanalytischen »Orts« auf und führt ihn weiter. Danach sei ein »Ort« eine geographische Metapher, die sich auf eine Konstellation von Abläufen und den ihnen zugrunde liegenden Theorien bezieht, die zusammen die Essenz, den Schauplatz oder die »Verortung« eines bestimmten kulturellen Phänomens ausmachen.

Innerhalb der Psychoanalyse werden heftige Debatten darüber geführt, was als »echte« Analyse anzusehen ist. Die Suche nach einem »gemeinsamen Nenner« hat sich angesichts der Vielzahl an Theorien und Praktiken als aussichtslos herausgestellt, was manche als essentiell für das Überleben der Psychoanalyse betrachten (Wallerstein 1990), für andere jedoch eine flüchtige und nur schwer fassbare Chimäre darstellt (Green 2005). In dem von Tucket et al. (2008) durchgeführten Europäischen Psychoanalyse-Projekt untersuchen Analytiker verschiedener kultureller, sprachlicher und psychoanalytischer Zugehörigkeit ihre jeweiligen Arbeitsmethoden. Sie zeigen auf, wie schwierig es für Analytiker unterschiedlicher Traditionen oder Sprachen ist, andere »psychoanalytische« Ansätze als valide anzuerkennen. Auf diesem unsicheren Boden ersetzen allzu oft analytische Bravour und angemaßte Autorität – und manchmal subtile Verachtung und Verunglimpfung – die Exploration und eine unvoreingenommene Debatte.

Tucket et al. (2008) entwickelten einen Forschungsansatz mit dem Ziel, theoretisch zu fassen und zu verstehen, was Psychoanalytiker tatsächlich tun – im Gegensatz dazu, was sie behaupten oder glauben zu tun. Sie unterteilen psychoanalytische Interventionen dabei in fünf weit gefasste Kategorien:

1 Anmerkungen zur »Hausordnung« im weiteren Sinne, die der Aufrechterhaltung des Settings dienen (z. B. »Ich erinnere daran, dass ich nächste Woche nicht hier bin«)

2 kurze »unverdaute«/mehrdeutige (widersprüchliche) Kommentare, die den analytischen Prozess fördern (z. B. »Barrieren!«, »ein Mund ohne Zähne?«!)
3 Fragen und Klärungen
4 diverse Formen interpretierender Kommentare, die entweder die Beziehung zum Analytiker im Hier und Jetzt betreffen oder Verbindungen zwischen Gegenwart und Vergangenheit herstellen
5 spontane »Fehler« (wahrscheinlich herbeigeführtes Ausagieren) seitens des Analytikers – z. B. unangebrachte stützende oder beruhigende Bemerkungen – deren spätere Exploration durchaus fruchtbar sein kann.

Im Folgenden verwende ich eine einfachere Klassifikation (Castonguay und Beutler 2006), die psychoanalytische Interaktionen in drei Teilbereiche gliedert. Im Anschluss an eine Diskussion des Mentalisierungsbegriffs erörtere ich diese Teilbereiche in jeweils einem eigenen Kapitel ausführlicher (vgl. Holmes 2008a):

1 Eine *therapeutische Beziehung* mit den folgenden Eigenschaften: a) Intensität; b) »Kontingenz« dahingehend, dass der Therapeut hauptsächlich auf die Initiative des Patienten reagiert; c) eine »sichere Basis«, die vom Patienten so erfahren wird, dass sie seine Ängste, wie intensiv auch immer, aushält und lindert; d) wenn diese einmal gelindert sind, werden Stimulation und ein Begleiten im Sinne von *companionable interaction* (vgl. weiter unten) möglich, die e) von andauernder Selbstbeobachtung und von Reparaturprozessen gekennzeichnet ist.
2 Eine Hauptaufgabe im *Herstellen von Bedeutungs- oder Sinnzusammenhängen*, während Therapeut und Patient beginnen, problematische oder symptomatische Erfahrungen und Verhaltensweisen zu verstehen. Die Hauptdatenquellen für diesen Prozess des Bedeutung-Zuschreibens finden sich a) in freiem Assoziieren, bei dem das Material, das vom Patienten in die Sitzung gebracht wird, genauso im Hinblick auf seine Beziehung zur inneren Welt des Patienten wie auch auf seinen manifesten Inhalt hin analysiert wird; b) in Träumen; c) in der Sprache, wobei Worte als Manifestationen einer Kette unbewusster Bedeutungen aufgefasst werden; d) in der therapeutischen Beziehung selbst, d. h. Übertragungsgefühlen und Ausagieren, hervorgerufen durch den therapeutischen Prozess; e) in Mustern in der Entwicklungsgeschichte des Patienten, anhand derer die Langzeitwirkungen von Traumata der (frühen) Kindheit näher ergründet werden.
3 *Therapeutisches Handeln oder therapeutische Veränderung*, hervorgebracht durch ein gewisses Maß an Anspannung oder gutgemeinter Herausforderung, die a) hilft, die Fähigkeit des Patienten zu fördern, über seine eigenen Gefühle und Handlungen sowie die anderer nachzudenken; b) es dem Patienten leichter

macht, verdrängte, verleugnete oder projizierte Affekte oder Selbstanteile wieder zu integrieren mit einem resultierenden stärkeren Gefühl von Lebendigkeit, Effektivität und »Wirklichkeitsempfinden«; c) die emotionale Ausdrucksfähigkeit verbreitert, inklusive Trauern und dem Verarbeiten von Verlust- oder Traumaerlebnissen; d) rigide und übertragungsmotivierte Wiederholungshandlungen durch kreative, fließende, zwischenmenschliche und narrative Fähigkeiten ersetzt.

Darwin hat unmissverständlich, aber keineswegs unwidersprochen dargelegt, dass der Ursprung unserer Spezies am besten durch Evolution über natürliche Selektion zu erklären ist, aber in seiner Zeit, lange bevor die Genetik aufkam, musste er über die dafür verantwortlichen Mechanismen im Unklaren bleiben. In ähnlicher Weise wissen wir, dass psychoanalytische Psychotherapie »funktioniert« (siehe Kapitel 5), aber uns ist nicht klar, *wie* und *was genau* Veränderung hervorbringt – therapeutisches Charisma, präzise Deutungen, sichere Bindung, Verbesserung der Mentalisierungsfähigkeit oder andere, bisher unbekannte Faktoren. In diesem Buch werde ich versuchen zu klären, welchen Beitrag die Bindungstheorie zu einem besseren Verständnis hierzu leisten kann, also gewissermaßen zur schwer fassbaren DNA unserer Disziplin vorzudringen.

KAPITEL 2 | MENTALISIEREN

Als ich zum ersten Mal von »Mentalisieren« hörte, erschien mir der Begriff mit seinem pseudo-fachwissenschaftlichen Klang etwas abstoßend, so als wäre er ein weiteres Beispiel für Molières bürgerlichen Kavalier, der entdeckt, sein ganzes Leben lang nur in Prosa gesprochen zu haben. Dann wurde mir klar, dass Mentalisieren einen entscheidenden Aspekt von psychischer Gesundheit erfasst wie auch das Anliegen des Psychotherapeuten, diese herzustellen. Im Folgenden will ich den Leser auf eine ähnliche intellektuelle Entdeckungsreise mitnehmen.

Wie schon im 1. Kapitel erwähnt, haben Fonagy, Target, Gergely, Bateman (Bateman und Fonagy 2004, 2008; Fonagy et al. 2002) und Allen (2006, 2008) den Begriff und das zugehörige Substantiv *Mentalisierung* im Rahmen ihrer Bemühungen, eine bessere Behandlungsmethode für Patienten mit Borderline-Persönlichkeitsstörung zu entwickeln, in die angloamerikanische Welt eingeführt. Aber dieses Mentalisieren kann man auch als viel breitere, die gesamte Psychotherapie durchdringende Strömung betrachten. Deshalb werde ich im Weiteren näher auf Definition, Erscheinungsformen, intellektuellen Ursprung und klinische Anwendungen dieser Methode eingehen.

Bollas (2007) führt an, dass der Analytiker dank der steigenden Anzahl ihm zur Verfügung stehender theoretischer Ansätze besser ausgerüstet ist, den vielfältigen Erfahrungen in der täglichen Arbeit zu begegnen. Für Bion (1962, S. 88) dagegen liegt der Wert der Psychoanalyse nicht in der theoretischen Vielfalt, sondern im Vermögen des Analytikers, sämtliche klinischen Eventualitäten unter Rückgriff auf möglichst wenige theoretische Zugänge zu meistern. Im Folgenden unterziehe ich also das Mentalisierungskonzept einem Bion'schen »Sparsamkeitstest« und überprüfe es darauf hin, ob es eine hilfreiche und echte neue Perspektive auf unsere Arbeit eröffnen kann.

Definition

Weder »mentalising« noch »mentalisation« sind in der Kurzform des *Oxford English Dictionary* oder im *Chambers Dictionary* zu finden, genauso wenig tauchen sie in Rycrofts *Critical Dictionary* (1995) oder im *Psychoanalytischen Vokabular* von

Laplanche und Pontalis (1973) auf. Bateman und Fonay (2004, S. xxi) definieren Mentalisieren als den »*mentalen Prozess*, bei dem ein Individuum die eigenen Handlungen und die anderer implizit oder explizit als *bedeutsam* auf der Basis *intentionaler mentaler Zustände* wie persönlicher Sehnsüchte, Bedürfnisse, Gefühle und Überzeugungen *interpretiert* (Hervorhebungen v. Verf.).

Diese Definition lässt vermuten, dass einige Aspekte des Konzepts in wechselseitiger Beziehung zueinander stehen. Mentalisieren ist »metakognitiv«, weil es sich auf die Fähigkeit bezieht, Gedanken und Handlungen zu *interpretieren* – über das Denken an sich nachzudenken (das Denken an sich zum Gegenstand des Nachdenkens zu erheben), »mind-minded« zu sein (Meins 1999). Gleichwohl ist Mentalisierung kein überwiegend intellektuelles oder rationales Phänomen. Vollständig entwickeltes explizites Mentalisieren ist ein Prozess in drei Etappen. Den Ausgangspunkt bildet eine »automatische« affektive, auf einer Sinnes*erfahrung* beruhende Reaktion – ein »Gedanke«, der häufig von einer somatischen Sensation und/oder einem inneren Bild begleitet wird. Dem folgt das *Bewusstsein* oder Gewahrwerden, dass man denkt und fühlt. Schließlich, und dies trifft nur für explizites und nicht implizites Mentalisieren zu, wird der gerade gedachte Gedanke zum Gegenstand des *Denkens*.

Diese Prozesse laufen auch während impliziten Mentalisierens ab, allerdings unterhalb der Wahrnehmungsschwelle. Wir Menschen sind recht erfolgreich, als Fußgänger nicht zusammenzustoßen. Der Kopf »berechnet« den eigenen Weg und den der anderen genauso wie deren Absichten und sorgt auf diese Weise für sicheres Aneinander-Vorbeilaufen. Nur wenn dies scheitert, wenn Fußgänger A im gleichen Moment nach rechts ausweicht und Fußgänger B nach links und beide, oft mit nachfolgender beiderseitiger Entschuldigung und Belustigung, zusammenprallen, werden die ablaufenden Prozesse explizit und bewusst.

Außerdem beschäftigt sich Mentalisierung mit der Bedeutung oder dem Sinn, den wir unseren eigenen wie auch den Handlungen anderer zuschreiben – also den *impliziten oder expliziten* Hypothesen, die wir zugrunde legen, um zu verstehen, warum wir oder ein Anderer dies oder jenes gedacht oder getan haben mag. Das hängt mit einem weiteren entscheidenden Aspekt des Mentalisierens zusammen, der es nur für Personen und nicht für die unbelebte Objektwelt gelten lässt. Bestandteil des Mentalisierungsbegriffs ist Dennetts (1987) *intentionaler Standpunkt* – unser Vermögen, Absichten, Bedürfnisse und Wünsche zu haben. Mentalisieren steht in Bezug zu Empathie, weil es die Fähigkeit umfasst, sich in einen anderen hineinzuversetzen, den Anderen als eine fühlende Person zu sehen und nicht als bloßes »Ding«. Und schließlich beschreibt Mentalisieren keine starre psychische Kapazität, sondern etwas *Prozesshaftes* oder eine Fertigkeit, die stärker oder schwächer ausgeprägt sein kann.

Das Mentalisierungsmodell Fonagys und Targets ist aus empirischer Forschung mit dem Erwachsenen-Bindungsinterview (Fonagy et al. 1997) hervorgegangen. Mit der Skala zur »Reflexiven Funktion« besitzen wir nun ein operationalisiertes quantitatives Messinstrument zur Erfassung von Mentalisierung. Die Transkripte der Bindungsinterviews wertet man nach den hier aufgeführten Kriterien aus (Bateman und Fonagy 2004, S. 75), aber die jeweiligen Beispiele stammen von mir:

- ein Verständnis der Charakteristika mentaler Zustände (»Manchmal frage ich mich, ob ich mir das alles nur einbilde«);
- ein explizites Bemühen, die mentalen Zustände, die einem bestimmten Verhalten zugrunde liegen, herauszufinden (»Ich nehme mal an, dass unsere Mutter damals ziemlich gestresst war und daher nicht viel Platz für Gedanken über uns Kinder war«);
- ein Erkennen der Entwicklungsaspekte mentaler Zustände (»Ich war so jung damals, dass mit gar nicht klar war, dass die Dinge, die mein Stiefvater von mir verlangte, nicht ganz normal waren«);
- ein Gewahrsein mentaler Zustände in Beziehung zum Interviewer (»Jetzt hier zu sein heißt, ich zeig mich von meiner besten Seite, aber innerlich fühl ich mich ganz aufgewühlt und durcheinander«).

Erscheinungsformen des Mentalisierens

Bevor ich den theoretischen Hintergrund des Mentalisierens betrachte, werde ich mit einigen Fallbeispielen zunächst den Nutzen des Konzepts für alltägliche wie auch klinische Phänomene aufzeigen.

Mary und Elizabeth: Einsetzendes Mentalisieren im Kontext eines traumatischen Verlusts

Mary, 85 Jahre alt, war seit 65 Jahren mit John, 90, verheiratet gewesen. Durch einen Sturz mit Hüftfraktur wurde John bettlägerig. Er wurde ins Krankenhaus eingewiesen und dort verschlechterte sich sein Zustand. Mary lebte während dieser Zeit allein, aber sie telefonierte sehr häufig mit ihrer Tochter Elizabeth. Als diese anrief, um ihre Mutter nach den Fortschritten ihres Vaters zu fragen, entgegnete Mary: »Irgendetwas stimmt mit Dad heute nicht. Es muss an diesen Tabletten liegen, die sie ihm verschrieben haben.« Am nächsten Tag hieß es am Telefon: »Die Ärzte meinten, dass es gar nicht gut um John steht.« Elizabeth, die ziemlich weit entfernt lebte, beschloss, dass sie jetzt ihrer Mutter besser beistehen sollte. Als sie bei ihr ankam, war Mary imstande, ihr zu offenbaren: »Weißt du was, ich glaube, es fällt mir recht schwer, mir vorzustellen, dass es Dad vielleicht nie wieder besser gehen wird.«

Zwischen Erregung/Affekregulierung und Mentalisieren besteht eine komplexe, »U-förmige« Beziehung. Bei schwacher emotionaler Erregung ist explizites Mentalisieren nicht vonnöten – wir kommen mit den Dingen zurecht, ohne allzu viel über sie nachzudenken. Andererseits ist Mentalisieren über ein gewisses Erregungsniveau hinaus unmöglich und Verhaltensmuster wie Flucht, Kampf oder Dissoziation werden aktiviert. Marys direkte Reaktion darauf, ihren Mann vielleicht zu verlieren, war von Nicht-Mentalisieren geprägt: durch Verleugnung und Projektion. Die Schwierigkeiten schrieb sie den Ärzten und ihren Tabletten zu. Sie hielt sich ihre Gefühle vom Leibe, indem sie sich mit den Ansichten der Ärzte und nicht mit ihren eigenen Sorgen befasste. Erst nach der Ankunft ihrer Tochter war es ihr möglich, ihre eigenen Gefühle darüber zuzulassen, dass John wahrscheinlich doch sterben werde, und sich einzugestehen, wie schwierig es war, sich dieser Situation zu stellen.

An diesem Beispiel werden drei entscheidende Gesichtspunkte von Mentalisierung deutlich: erstens der interpersonelle Aspekt und der Zusammenhang mit sicherer Bindung. Erst in Gegenwart ihrer Tochter konnte Mary ihr Verleugnen überwinden, weil die Tochter für Mary als sichere Basis fungieren konnte, die Stress linderte, ihre Aufregung besänftigte und es ihr erlaubte, ihre Gefühle zu explorieren. Durch dieses »Gewahrwerden des Gewahrseins« konnte sie ihre Verzerrungen der Realität erkennen, die zuvor wichtig waren, um schmerzliche Affekte abzuwehren.

Dieses Beispiel veranschaulicht zweitens, dass Mentalisieren kein »Alles oder Nichts«-Prinzip, sondern ein gradueller Prozess ist, der vom Bindungskontext beeinflusst wird. Als sich Mary der schmerzlichen Wahrheit bewusst geworden war, brauchte sie nicht mehr auf einen Nicht-Mentalisierungsmodus zurückzugreifen und konnte sich mithilfe der Wahrnehmung der mentalen Befindlichkeiten anderer (»Die Ärzte meinten, dass ...«) eines höheren Grades an Selbst-Mentalisierung bedienen (»Ich glaube, es fällt mir recht schwer, dass ...«).

Drittens illustriert dieses Beispiel, dass Mentalisieren auf fünf verschiedenen Ebenen operieren kann, aber diese nicht immer alle gleichzeitig wirksam sind:

1 Mentalisieren bezüglich des Selbst – sich der eigenen Gefühle bewusst sein
2 Mentalisieren bezüglich anderer – Gewahrsein, was in anderen vorgehen könnte
3 Mentalisieren bezüglich des Selbst-mit-anderen – die eigenen Gefühle gegenüber anderen betreffend
4 Mentalisieren bezüglich der anderen-mit-einem-selbst – die Gefühle anderer gegenüber dem Selbst

5 Mentalisieren bezüglich des Selbst-und-anderen – in der Lage sein, die Interaktionen zwischen Selbst und anderen von einem neutralen Standpunkt aus zu verstehen

Die folgenden Beispiele sollen illustrieren, inwieweit frühe Entwicklungsprozesse Einfluss auf die Entwicklung der Mentalisierungsfähigkeit nehmen und wie stark diese Fähigkeit vom Kontext und von der jeweiligen Beziehung abhängt.

Mentalisieren und Mutterschaft

Ein sechs Monate altes Baby schreit in der Nacht und weckt seine Eltern auf. Seine Mutter, noch im Bett, wendet sich an ihren Partner. Sie sagt: »Dieser kleine Teufel, sie *weiß* genau, dass ich morgen sehr zeitig aufstehen muss, um arbeiten zu gehen. Ich werde total fertig sein. Sie macht das mit Absicht.« Daraufhin begibt sie sich zu ihrem Kind und sagt zu sich selbst oder sogar laut zu dem Baby: »Du armes kleines Ding … Ich weiß gar nicht, was mit dir los ist um diese Zeit … hast du Hunger, ist dir zu heiß, ist deine Windel nass … hattest du einen schlechten Traum?« Sie nimmt das Baby auf den Arm, beruhigt es, tut alles, was im Augenblick nötig ist, und in ein paar Minuten schläft die gesamte Familie wieder.

Nun kann man eine recht ähnliche Situation konstruieren, allerdings mit einer alleinerziehenden, vielleicht zusätzlich noch gestressten oder alkoholisierten Mutter. Diese wird sich schließlich auch dem schreienden Kind zuwenden, es möglicherweise jedoch mit folgenden Worten anschreien: »Du kleiner Teufel … das machst du doch nur, um mich auf die Palme zu bringen … wie kannst du es nur wagen, mich zu wecken … und jetzt schlaf gefälligst weiter!«

Im ersten Fall unterläuft der Mutter anfänglich ein kleiner Mentalisierungsfehler – in ihrem unausgeschlafenen Zustand kann sie nicht zwischen ihren eigenen Gefühlen und denen ihres Babys unterscheiden (»Äquivalenzmodus«, vgl. unten). Die Erfahrung, die ihr weinendes Kind macht, betrachtet sie nur aus dem Blickwinkel ihrer eigenen Befindlichkeiten von Panik und Paranoia. Aber dank der Anwesenheit ihres Partners kann sie eine mentalisierende Haltung wiedererlangen und über ihren eigenen mentalen Zustand und den des Kindes nachdenken. Sie kann ihre Irritation und den Widerstand dagegen, geweckt worden zu sein, aufgeben oder wenigstens im Zaum halten und diese Gefühle als das betrachten, was sie tatsächlich sind – ihre eigenen Gefühle und nicht die des Babys. Dies wiederum eröffnet ihr die Chance, vermittels ihrer Sensibilität und ihrer Fähigkeit, sich in die Lage des gestressten Kindes zu versetzen, sich ihm im Sinne einer sicheren Basis zuzuwenden. Eine Analogie ist hier zum Therapeuten zu sehen, der, wie jeder sterbliche Mensch auch, gute und schlechte Tage hat, seine eigenen Probleme und Sorgen; allerdings kann er sie während der Therapiesitzung ausklammern, falls sie nicht gar zu drängend sind.

Im zweiten Fall ist die Mentalisierungsfähigkeit der Mutter stark beeinträchtigt. Sie ist selbst gestresst und entweder hochgradig erregt oder unter Drogeneinfluss, beides unvereinbar mit Mentalisierung (Bateman und Fonay 2004). Sie reagiert nur zögerlich, und als sie sich schließlich aufrappelt, betrachtet sie den Stress ihres Babys nur aus ihrer eigenen, nicht aus der Perspektive des Kindes.

Diese selbstbezogene, von Lyons-Ruth (Lyons-Ruth und Jacobvitz 2008) als feindlich/intrusiv (übergriffig) beschriebene Reaktion ist offenbar zum einen regelmäßig bei Eltern anzutreffen, deren Kinder eine »desorganisierte« Bindung aufweisen. Zum andern werden Eltern mit diesem Verhaltensmuster als »ängstlich« hinsichtlich ihrer Bindungsrepräsentanzen beschrieben. Von einem desorganisiertängstlichen Elternteil könnte man in diesem hypothetischen Beispiel annehmen, dass er einfach vor lauter Panik und Hilflosigkeit im Bett liegen bleibt, ohne auf den Stress des Kindes einzugehen.

Diese Reaktionsmuster erinnern an das Verhalten der Personen, die beruflich mit psychisch Erkrankten zu tun haben, sobald sie mit den Schwierigkeiten ihrer Patienten konfrontiert werden (vgl. Kapitel 10). Zunächst ähneln die Reaktionen oft denen der ersten Mutter: Überwältigungsgefühle in der Gegenübertragung, starke Angst und beeinträchtigtes Mentalisieren. Nicht selten glaubt man, dass ein Patient das Personal absichtlich auf die Palme bringt, ihm nur das Übelste will oder gefährlich ist. Dies wiederum kann nicht-mentalisierendes Verhalten wie etwa eine sofortige Entlassung oder umgekehrt eine von übergroßer Vorsicht motivierte Zwangsfixierung des Patienten zur Folge haben. Mit der Hilfe von Teamsupervision können derartige Reaktionen, ähnlich wie im Fall der schläfrigen Mutter und ihres Partners, entschärft und eine mentalisierende Grundhaltung zurückgewonnen werden.

Abigail: Opfer sexuellen Missbrauchs und Mentalisieren

Während die alleinerziehende Mutter der zehnjährigen Abigail die Spätschicht in einem nahen Supermarkt übernahm, wurde das Kind von einem scheinbar hilfsbereiten, freundlichen Nachbarn beaufsichtigt, der, wie sich herausstellte, Abigail sexuell missbrauchte. Als sie sich weigerte, weiterhin zu diesem Babysitter zu gehen, drohte ihr die wutentbrannte Mutter an, sie in ein Heim zu geben. Abigail sagte, dass der Mann »nicht sehr nett« zu ihr gewesen sei, was die Mutter nur noch rasender machte. Sie entgegnete: »Du hast kein Recht, so etwas über einen so liebenswürdigen Mann zu sagen.«

Linehan (1993) meint, dass Menschen, die an einer Borderline-Persönlichkeitsstörung leiden, in einem Klima des Verneinens aufwachsen. Abigail erfährt eine zweifache Ablehnung, zuerst durch den missbrauchenden Bekannten, dann ein zweites Mal durch ihre Mutter, die den Hilferuf ihrer Tochter nicht ernst nimmt. Der mentalisierenden Reaktion wohnt gewissermaßen per Definition etwas Bestätigendes inne. Wäre die Mutter in der Lage gewesen zu mentalisieren, so hätte sie Abigails Weigerung, den Babysitter wiederzusehen, als bedeutsam und dem Bedürfnis folgend, sich zu schützen, interpretiert. Dies hätte die Mutter außerdem vielleicht angeregt, ihre eigenen Gefühle gegenüber diesem Mann – dass er etwas Unheimliches an sich hatte – näher zu ergründen (im Sinne von Selbst-Mentalisierung), aber diese Gefühle hatte sie beiseite geschoben, um finanziell zu überleben. Wie Befunde zu Rhesusaffen und ihrer Nahrungsbeschaffung zeigen (Suomi 2008), hängt auch das Fürsorgeverhalten dieser hypothetischen Mutter von ihrem psychischen Zustand und den Bedingungen ab, die ihre Umwelt bietet. Stress ist der Feind des Mentalisierens: Wenn Angst eine bestimmte Intensität überschreitet, schaltet sich das mentalisierende Gehirn ab und das psychische Funktionsniveau ist von einem puren »Überlebensmodus« bestimmt (Allen 2006).

Partielles Mentalisieren: Der Fall Hamlet

Ein Beispiel für nur partielles Mentalisieren ist Hamlets berühmte Klage über seine Depression:

> Ich habe seit kurzem, – ich weiß nicht, wodurch – alle meine Munterkeit eingebüßt, meine gewohnten Übungen aufgegeben, und es steht in der Tat so übel um meine Gemütslage, dass die Erde, dieser treffliche Bau, mir nur ein kahles Vorgebirge scheint; seht ihr, dieser herrliche Baldachin, die Luft, dies wackre umwölbende Firmament, dies majestätische Dach mit goldnem Feuer ausgelegt: kommt es mir nicht anders vor als ein fauler, verpesteter Haufe von Dünsten. Welch ein Meisterwerk ist der Mensch! Wie edel durch Vernunft! Wie unbegrenzt an Fähigkeiten! … Im Begreifen ähnlich einem Gott! Das Vorbild der Lebendigen! Und doch, was ist mir diese Quintessenz von Staube? Ich habe keine Lust am Manne – und am Weibe auch nicht – wiewohl ihr das durch euer Lächeln zu sagen scheint. (Hamlet, 2. Aufzug, 2. Szene)

In dieser Passage gelingt es Hamlet, der über seine Depression mentalisiert, seine Wahrnehmung der Welt der Realität dieser Welt gegenüberzustellen und zu erkennen, wie falsch seine »Freudianischen« Schulfreunde Rosenkranz und Güldenstern mit ihrer Vermutung liegen, seine Probleme seien sexueller Natur, während seine

Libido in Wirklichkeit durch die Depression gebrochen ist. Hamlets Mentalisierungsfähigkeit ist zwar vorhanden, allerdings nur teilweise: Ihm ist klar, dass er nichtwissend ist – »ich weiß nicht, wodurch«. Der Rest des Dramas ist eine Exploration dieses Nichtwissens und der emotionalen Lähmung, die ihm entspringt. Die weitere Handlung ringt ihm schließlich eine Konfrontation mit seiner ödipalen Ambivalenz ab – sein Hass auf und die Ehrfurcht vor der Vaterfigur Laertes. Erst im 5. Aufzug ist es ihm mit Hilfe der beruhigenden Gegenwart Horatios (als sicherer Basis) möglich, die potentiell tödlichen Konsequenzen seines Handelns in Betracht zu ziehen. Nur im Modus vollständiger Mentalisierung und mit einem Verständnis der eigenen psychischen Unzulänglichkeit ausgerüstet, kann man die Freiheit zu entscheiden und zu handeln erfahren.

Um die verschiedenen Aspekte der Mentalisierungfähigkeit noch einmal zusammenzufassen:

a) Ihr Ausgangspunkt ist in der Empathie zu sehen, in der Fähigkeit, sich in die Lage anderer hineinzuversetzen.
b) Sie umfasst das Vermögen, sich und seine Gefühlszustände von außen sowie die anderer Personen von innen zu sehen und zu bewerten.
c) Mit ihr geht die Kompetenz einher, Realität an sich von den durch Realität hervorgerufenen Gefühlen zu unterscheiden.
d) Sie ist ein gradueller Prozess, kein Alles-oder-nichts-Phänomen.
e) Sie hängt vom Grad emotionaler Erregtheit ab.
f) Sie wird durch die Anwesenheit eines Sicherheit bietenden und beruhigenden Partners oder einer anderen nahe stehenden Person verstärkt.

Geistige Wurzeln des Mentalisierens

Dem Mentalisierungsbegriff liegen vier konzeptionelle Wurzeln zugrunde (vgl. Choi-Kain und Gunderson 2008): kognitive Psychologie, psychoanalytische Objektbeziehungstheorie, Psychoanalyse des französischen Sprachraums und die von der Bindungstheorie geprägte Entwicklungspsychopathologie. Diese werde ich im Folgenden der Reihe nach vorstellen.

Kognitive Psychologie und Verhaltensforschung

Die kognitive Psychologie hat sich des philosophischen Begriffs »theory of mind« (Theorie des Mentalen) bedient, um einige Schwierigkeiten, die an Autismus Erkrankte erleben, und die damit einhergehenden formalen und entwicklungsbedingten Unterschiede zwischen autistischem und »normalem« Denken zu beschreiben (Baron-Cohen 1995; P. Hobson 2002). Um an den Interaktionen der zutiefst sozialen Umwelt teilzuhaben, ist ein Verständnis vonnöten, dass andere psychisch ähnlich und dennoch nicht in identischer Weise funktionieren.

Schon Kleinkinder besitzen die Fähigkeit, zwischen unbelebten und belebten Objekten zu unterscheiden und in Bezug auf Letztere sogar zwischen Personen und nicht-menschlichen Lebewesen. Die für Autismus charakteristischen Schwierigkeiten auf sozialer Ebene sind offenbar zumindest teilweise auf die Unfähigkeit der Betroffenen zurückzuführen, andere Menschen als Wesen mit distinkten (und damit von den eigenen verschiedenen) mentalen Zuständen zu erkennen. Diese werden daher nicht klar von anderen unbelebten Objekten unterschieden und nicht als Personen, die ihre eigenen Vorstellungen, Wünsche, Pläne oder Gefühle haben, begriffen. Deshalb erleben sie die soziale Welt als nicht-erklärbar und unvorhersagbar, was Abwehrverhalten wie Rückzug oder Selbstbeschäftigung nach sich zieht.

Bei normal entwickelten Kindern konnte man überzeugend nachweisen, dass sich »theory of mind« im Lauf der ersten fünf Lebensjahre entwickelt. Im Rahmen von Untersuchungen zu falschen Überzeugungen werden Kinder aufgefordert vorherzusagen, wo eine Person, die zuvor den Raum verlassen hat, bei ihrer Rückkehr nach einem versteckten Gegenstand suchen wird. Nur dem Kind, nicht aber dieser anderen Person ist klar, dass der Gegenstand in ihrer Abwesenheit von der ursprünglichen in eine andere Kiste verlagert wurde. Bis zu einem Alter von etwa drei Jahren sind Kinder überzeugt, dass die Perspektive des Anderen mit ihrer eigenen übereinstimmt, und vermuten daher, dass der »Getäuschte« weiß, wo er nach dem Gegenstand zu suchen hat. Aber im Alter von fünf Jahren wissen sie um den Begriff Täuschung oder Irreführung und damit um die Möglichkeit, dass die Sichtweisen zweier Individuen unterschiedlich sein können und dass der nach dem Gegenstand suchende Erwachsene diesen höchstwahrscheinlich an der falschen Stelle vermutet. Von hier ist es nur noch ein kleiner Schritt zum Mentalisieren – der Erkenntnis, dass »die Welt« durch eine »subjektive Brille« gefiltert wird, die eine mehr oder weniger exakte Wahrnehmung der Realität liefert.

Dieses klassische Experiment wird normalerweise zur Veranschaulichung des Entwicklungsaspekts von Kognition angeführt: Es illustriert das Stadium, in dem Kinder anfangen zu begreifen, dass die Welt, von unterschiedlichen Standpunkten aus betrachtet, auch unterschiedlich aussieht. Implizit geht es in dieser Studie auch um soziale Beziehungen. Mit einer Theorie des Mentalen ausgerüstet können Kinder die Bedeutung von Täuschung, Besitz oder den Kampf um Ressourcen (das »Objekt« der Begierde ist hier meist etwas Essbares) in sozialen Gruppen verstehen lernen und darüber hinaus unterscheiden, ob sich solche Aktionen im spielerischen Kontext oder »in echt« ereignen. Vergleichbare Fähigkeiten kann man im übrigen auch im Tierreich, beispielsweise bei Vögeln, aber vor allem bei unseren Primatenvorfahren beobachten. Die Primatenforscher Cheney und Seyfarth (2007, S. 270–272) behaupten, dass das *Verstehen sozialer Beziehungen* den Grundstein zur Entwicklung von Sprache legte:

> Um zu überleben, Stress zu vermeiden, sich fortzupflanzen und Nachwuchs aufzuziehen, der sich ebenfalls durchsetzen kann, benötigen Individuen sowohl ein System der Kommunikation, um das Verhalten anderer Tiere zu beeinflussen, als auch ein *System der mentalen Repräsentationen*, das es ihnen ermöglicht, die Beziehungen anderer Tiere zu erkennen und zu verstehen … Da diese mentalen Repräsentationen andere Lebewesen betreffen und dazu angelegt sind, Verhalten vorherzusagen, umfassen sie *Informationen … zu den mentalen Zuständen anderer Individuen* und *kausale Beziehungen zwischen sozialen Ereignissen* … Lange bevor unsere Vorfahren sprechen konnten, hatten sie eine *Gedankensprache*, in der sie die Welt im Sinne von Akteuren, Handlungen und denen abbildeten, auf die sich diese Handlungen bezogen. (Hervorhebungen v. Verf.)

Freuds »Formulierungen über die zwei Prinzipien des psychischen Geschehens« (1911b) müssen im Zusammenhang mit diesen Erkenntnissen der Verhaltensforschung revidiert werden. Freud stellt Sekundärprozessen (verbal, Denken im Sinne von Propositionen) primärprozesshaftes psychisches Erleben (von Phantasien geprägt, nicht-logisch, nicht-verbal, zeitlos) gegenüber. Wenn aber Cheneys und Seyfarths Thesen zutreffen, wäre auch das Denken in Primärprozessen elementar sprachvermittelt, weil soziale Beziehungen es auch sind. Derartiges Denken hat zum Gegenstand, wie sich eine Person (ein Subjekt) gegenüber einer anderen Person (einem Objekt) verhält (Verb). Vielleicht bezieht sich Lacan (1977) darauf, wenn er postuliert, dass »das Unbewusste wie Sprache strukturiert ist«, ähnlich Roycrofts (1995) Sicht, wonach die Psychoanalyse eine »biologische Theorie der Bedeutung« ist.

Der Gegensatz ist zwischen der »Gedankensprache«, deren Inhalt größtenteils unbewusst und mit intimen sozialen Beziehungen (Sexualität, Dominanz, Sicherheit usw.) befasst ist, und einer »Sprache im eigentlichen Sinne« zu sehen. Obwohl Letztere der »Gedankensprache« zuträglich und ihr im Fall von Lust, Verführung, Dominanz, Irreführung etc. auch sehr nützlich sein kann, ist sie nicht direkt an Repräsentationen sozialer Beziehungen gebunden. Deshalb kann man die von einem

Patienten im klinischen Setting geäußerten Worte nicht nur als informative, sondern auch performative Kommunikation verstehen, deren Ziel es ist, einen Effekt auf den Analytiker auszuüben – Interesse hervorzurufen, ihn abzulenken oder auf Distanz zu halten (vgl. Busch 2009). Mentalisieren bezeichnet die Fähigkeit, das Unbewusste zu »lesen«, der tatsächlichen Sprache die »Gedankensprache« zu entnehmen.

Einer der Hauptunterschiede zwischen beiden Denkmodi liegt darin, dass die »Gedankensprache« weitgehend ohne Syntax auskommt und daher nach Gleichheit strebt (Matte-Blanco 1975). Gesprochene Sprache dagegen folgt sehr exakten Vorgaben zum Satzbau, wodurch sich unendlich viele subtile und komplexe Ausdrucksmöglichkeiten für Unterschiede (»Asymmetrien«) wie auch Gemeinsamkeiten eröffnen. Während im Gültigkeitsbereich der »Gedankensprache« ein Vater, ein Rivale am Arbeitsplatz und der Therapeut aufgrund von Übertragungsphänomenen auf ähnliche Weise psychisch repräsentiert werden, gelingt in der gesprochenen Sprache mit Hilfe von Affektregulation und Mentalisierung eine feine Differenzierung dieser Stimuli und des jeweiligen Kontexts, aus dem sie hervorgegangen sind.

Psychoanalyse ist dann erfolgreich, wenn es gelingt, das freizusetzen, was Henry Rey die »Dem-Kaiser-was-des-Kaisers-ist«-Funktion nannte – dem Vater zuschreiben, was zu ihm gehört, der Chefin, was für sie relevant ist (Rey 1975, persönliche Mitteilung); wenn es also gelingt, die unbewussten Beziehungsgeflechte zu entwirren. Das trifft genauso für das Verhältnis eines Individuums zu seinem Körper zu – zum Mund, was dem Mund gehört, den Genitalien, was zu ihnen gehört und so weiter.

Zusammenfassend kann man sagen, dass unter den kognitiven Aspekten des Mentalisierens das Beobachten von Primärprozessen durch Sekundärprozesse zu verstehen ist oder auch die Möglichkeit, »Gedankensprache« durch gesprochene Sprache zu beschreiben.

Bion und Objektbeziehungen

Bion (1962, 1967) führte eine schematisierte Theorie zu den Ursprüngen des Denkens ein. Ihm ging es um eine allgemeine Theorie zu Grundlagen des Denkens selbst, nicht um die eher spezifischen mentalen Fertigkeiten, die der Begriff »Mentalisierung« zu fassen versucht. Trotzdem sind seine Ansichten hilfreich, wenn wir genauer ergründen wollen, was zum Mentalisieren gehört.

Bion geht von Freuds These aus, dass das Denken letztlich – die Psyche an sich – gewissermaßen eine Antwort oder ein Bollwerk gegen Abwesenheit, Verlust und daraus folgende Frustration ist. Denken hält trotz der Unterbrechungen der Bindungskontinuität ein Gleichgewicht aufrecht – das sechsjährige Kind geht fröhlich zur Schule, weil es einen Gedanken, eine Erinnerung, ein inneres Bild von einem liebevollen Elternteil mit sich trägt, dem es sich bei Stress oder drohender Gefahr zuwenden kann. Laut Bion entsteht das Denken – was ebenso als »Image-ination« verstanden werden kann – als Reaktion auf Verlassenwerden: keine Brust mehr, dafür eine imaginierte Brust. Die Abwesenheit eines Objekts kommt einem tatsächlichen Verlust gleich und wird, in Bions kleinianischer Sicht, von einem Kind als »schlecht« und frustrierend erlebt und erfordert daher ein Von-sich-Weisen/eine Projektion, um die nur aus »Gutem« bestehende paradiesische innere Welt zu schützen.

Bion unterscheidet zwischen »Gedanken« und dem »Apparat« (sein Begriff), der die Gedanken erzeugt. Er bezeichnet die Fähigkeit, Gedanken zu denken, mit der »Alpha-Funktion«. Die Alpha-Funktion transformiert »Beta-Elemente« (Gedanken ohne deren Urheber) in »Alpha-Elemente«, die dann zum Gegenstand des Denkens werden können.

Bion postuliert eine konflikthafte Beziehung zwischen dem Wunsch, die aus einer Verlusterfahrung resultierenden und damit von Natur aus verstörenden »schlechten« Gedanken durch Projektion loszuwerden, und dem Vermögen, sie so zu verarbeiten, dass sie tatsächlich »gedacht« werden können. Das Ergebnis dieses Konflikts ist für Bion entscheidend durch die möglicherweise genetisch angelegte Fähigkeit zur »Frustrationstoleranz« bestimmt (die in seinem Modell für das Denken unabdingbar ist) sowie von dem Vermögen der »Brust«, es dem Säugling in seiner Frustration zu erleichtern, Projektionen anzunehmen und diese so behutsam wieder zurückzugeben, dass sie nun »gedanklich« verarbeitet werden können. Dieser Prozess steht in engem Zusammenhang mit dem *Benennen* von Gefühlen: »Mami geht mal kurz weg, aber keine Sorge, sie kommt gleich wieder.« Explizites Mentalisieren oder die Alpha-Funktion beruht wesentlich auf Wörtern; diese helfen uns, die durch Separation verursachten Leerstellen in unserer Existenz zu überbrücken, ob diese nun ohne unser Zutun über uns gekommen oder von extrem aggressiven Gefühlen wie Hass motiviert sind.

Nach Bions Auffassung führt die Abwesenheit einer haltenden *(containing)* Mutter oder zu geringe Frustrationstoleranz zu »exzessiver projektiver Identifizierung«, die zur Entstehung von Psychopathologien im späteren Leben und einem Mentalisierungsdefizit beiträgt. Die gestresste Mutter aus dem vorigen Abschnitt erlebt ihr Kind durch projektive Identifizierung als Ankläger, anstatt sich durch Mentalisieren in einen Zustand zu versetzen, in dem sie emotional empfänglich für das Kind sein kann. Dies wiedcrum behindert die Entwicklung der Mentalisierungsfähigkeit des Kindes, weil seine Gefühle von der Mutter nicht anerkannt und »real-isiert« (so Bion) werden. Stattdessen durchdringen die mütterlichen Gefühle das kindliche Selbst (»Du weckst mich doch nur, um mich auf die Palme zu bringen«) und bilden dort einen »fremden« Nidus, ein »malignes« oder bösartiges Nest (vgl. Fonagy et al. 2002).

Bion richtet unsere Aufmerksamkeit auf den »rekursiven« Aspekt des Denkens. Bei Cheney und Seyfarth heißt es:

Mentale Zustände sind rekursiv, weil ihr Inhalt in ihnen eingebettet ist … Als Beispiel: »Sie denkt, er wüsste nicht, dass sie ihn mag.« Wir propagieren, dass rekursives Denken zuerst im sozialen und technologischen Wissen der Menschenartigen auftrat, die durch das Repräsentieren mentaler Zustände anderer (und ihrer selbst) einen reproduktiven Vorteil erlangten.

Nach Bion führt die erfolgreiche Transformation von »Beta«- in »Alpha«-Elemente zur Errichtung einer »Kontaktsperre«, wie sie Freud ursprünglich zwischen unbewusstem und bewusstem Denken postuliert hatte. Dies bedeutet, dass ein Individuum zwischen somatischer Wahrnehmung, nicht benennbaren Bedürfnissen und Proto-Gefühlen, die sogenannte »Vorverständnisse« (Präkonzeptionen, »Beta«-Elemente) umfassen, einerseits und andererseits den Gedanken und »gedankenähnlichen Vorstellungen« (Konzeptionen, »Alpha«-Elemente), die Gegenstand rationalen Denkens sind, unterscheidet. Damit ist es in der Lage, die Realität souverän von der Phantasie abzugrenzen, und das ist der Hauptbestandteil des Mentalisierens. Wo diese Kontaktsperre schwach ausgebildet ist, kann Phantasie rationales Denken verdrängen oder überfluten und damit zu verzerrter Realitätswahrnehmung und zur Unfähigkeit führen, die eigenen Gefühlszustände in Betracht zu ziehen. Diese Schwäche kann genetischer (Autismus), entwicklungsbedingter (in einer von Missbrauch oder Vernachlässigung geprägten Umgebung) oder situativer (unter Drogeneinfluss oder starker Erregung) Herkunft sein.

Eine weitere Verbindung zwischen den hier vorgetragenen Ideen und Bions Schema sehen wir in seinem Konzept »K« und »–K«. K steht für »Wissen« oder »Wissen-Wollen«, –K für »Nicht-Wissen«. Letzteres beruht laut Bion auf »Angriffen auf Verbindungen« (seine Version der grollenden Reaktion des ödipalen Kindes auf den elterlichen Geschlechtsverkehr). Bions »K« kommt dem Begriff »Exploration« aus der Bindungstheorie gleich, die auch Teil unseres Buchtitels ist. So wie Angst Exploration unmöglich macht und diese durch Bindungsverhalten ersetzt, verhindert Furcht einen »K-ähnlichen« Zustand – dem Analytiker kommt es dann zu, die Angst zu identifizieren, damit sich »K« entfalten kann.

Containment und mütterliche Alpha-Funktion haben einen ähnlich förderlichen Einfluss auf Explorationsverhalten oder Selbsterkenntnis, wie er im Konzept der sicheren Basis zu finden ist. Aber in der Bindungstheorie gilt – K oder Nicht-Wissen als Leere oder Defizit, während dies für Bion ein aktiver Status von Hass und Destruktion des versagenden Objekts war.

Frankophone Psychoanalyse

In vielfacher Hinsicht kann man sie von ihrer angelsächsischen Verwandten unterscheiden, unter anderem auch durch ihr stärkeres Festhalten an Freuds frühen Thesen und der Auffassung von Psychoanalyse als eigenständiger philosophischer Weltanschauung. Lecours und Bouchard (1997) nehmen in ihrem Zugang zu Mentalisierung Freuds Idee – enthalten in seinem unveröffentlichten »Entwurf« von 1895 (Freud 1950c [1895]) – auf, dass ein Gedanke eine »Bindung« ansonsten entfesselter Triebenergien repräsentiert (Bion sieht Bindung aus eher interpersoneller und nicht aus intrapsychischer Perspektive – die Mutter bindet den vom Kind projizierten Affekt). Bleibt dieses Binden aus, entlädt sich psychische Energie laut Lecours und Bouchard entweder durch Handeln oder sie wird in somatische Prozesse umgeleitet – klinisch im »Ausagieren« oder Somatisieren zu beobachten.

Luquet (1981) und Marty (1991) gehen vom klinischen Phänomen der Somatisierungsstörung aus, als *pensée opératoire* – operationales oder roboterähnliches Denken – verstanden, frei von jeglichem Affekt. *Pensée opératoire* ist das Pendant zum angelsächsischen Begriff Alexithymie – der Unfähigkeit, Gefühle in Worte zu fassen. Aus dieser Perspektive betrachtet ist Mentalisierung die Antithese zur *pensée opératoire* oder, wie Lecours und Bouchard (1997) meinen, ein »zerstörerischer Antrieb« (d.h. ein »Ausagieren). Mentalisieren umfasst die Fähigkeit, Triebe in Gefühle zu transformieren, diese zu repräsentieren, zu symbolisieren, zu sublimieren, zu abstrahieren, über sie zu reflektieren und ihnen Bedeutung zuzuschreiben. Ohne Mentalisierung ist ein Wiederholen im Sinne des Ausagierens unvermeidlich. Schon Freud postulierte: »Hysteriker leiden an Erinnerungen.« Werden traumatische Erfahrungen jedoch erinnert – in Worte gefasst und mentalisiert –, entfällt der Zwang, sie auszuagieren. Mit der Fähigkeit zum Mentalisieren geht also Freiheit einher. Santayanas (1905, S. 102) gleichermaßen bekannte Version dieser Idee besagt, dass »diejenigen, die sich nicht der Vergangenheit erinnern, dazu verurteilt sind, sie erneut zu durchleben« (oft falsch zitiert als »sie zu wiederholen«).

Der Begriff Mentalisieren ist im Englischen (und Deutschen) ein Neologismus, aber in der frankophonen Psychoanalyse war er schon seit einem Vierteljahrhundert geläufig. Lecours und Bouchard (1997) haben eine anspruchsvolle hierarchische Klassifikation des *Ausmaßes* von Mentalisierung vorgeschlagen. Das eine Ende des Spektrums bilden »unmentalisierte libidinöse Erregungen«, die sich auf chaotische Weise als »Somatisierungen, grob gewalttätiges Verhalten und Selbstverstümmelung äußern, die der Phantasie entglittene Konflikte auf die interpersonale Bühne bringen« (Lecours und Bouchard 1997, S. 862). Am anderen Ende erkennen sie ein abstrakt-reflexives Stadium, das einen Patienten im psychoanalytischen Kontext zu folgender Äußerung veranlassen könnte: »Ich weiß, dass ich jedes Mal, wenn mich dieses Gefühl von Müdigkeit und Abgeschlagenheit überkommt, irgendetwas ignoriert habe, dass ich ärgerlich bin, aber es aus irgendeinem Grund nicht so richtig fühlen kann.« (Lecours und Bouchard 1997, S. 865)

Dieses frankophone Verständnis von Mentalierung ist mit Stiles' »Assimilationsmodell« (1990) zu vereinbaren, das aus einer ganz anderen Tradition der Psychotherapieforschung hervorging. Darin werden »problematische Erfahrungen« entlang einem Kontinuum festgemacht, die nur undeutlich, wenn überhaupt wahrgenommen werden – entsprechend dem »ungedachten Bekannten« bei Bollas (1985) – bis hin zu Problemen, die klar artikuliert und bearbeitet werden können. Psychoanalytische Ansätze, die den Klienten helfen, ihre unverdauten Gefühle und ihr Ausagieren in »mentalisierte Affektivität« (Fonagy et al. 2002) zu übersetzen, sind dem vagen »unbewussten« Ende dieses Kontinuums näher, während kognitive Verhaltenstherapien eher im Umfeld »gewussten Wissens« zu lokalisieren sind.

Bis hierher kann man also resümieren: Lange bevor der Begriff Mentalisieren in die empirische, bindungsbasierte psychoanalytische Forschung Einzug hielt, haben ihn Bion implizit und die französischsprachige Psychoanalyse explizit auf konzeptioneller Ebene vorweggenommen.

Entwicklungspsychopathologie

Laut Fonagy et al. (2002) sind Defizite im Bereich des Mentalisierens die größte Schwierigkeit bei Patienten mit Borderline-Persönlichkeitsstörung. In einem Ansatz, der aus der Entwicklungspsychologie stammt, entwerfen die Autoren für die Betroffenen ein Stufenmodell des affektiven/kognitiven Verständnisses eigener mentaler Zustände und der Zustände, die diese anderen Personen zuschreiben. Psychopathologie muss demnach als Fortbestehen früherer und »primitiverer« Entwicklungsphasen im Erwachsenenalter gesehen werden – ein Modell, das mit dem Konzept neurologischer Defizite nach Hughlings Jackson verwandt ist; Freud hatte es für den Bereich der psychosexuellen Entwicklung, von der oralen über die anale und die phallische Phase hin zu genitaler Reife, übernommen.

Obwohl von frankophoner Psychoanalyse beeinflusst, bringen Fonagy und seine

Kollegen auch eine gute Portion britischen Empirizismus und Winnicott'schen Interpersonalismus in die Debatte ein. In Winnicotts (1971) Metapher vom »Übergangsraum« wird Bions Kontaktsperre zwischen »bewusst« und »unbewusst« zur Puffer*zone*, einer Art »Zweimannsland«, in der sich Phantasie und Realität überschneiden. In diesem »Spielraum« wird jeglicher Zweifel aufgehoben und existiert nicht mehr: Gedanken und Gefühle können spielerisch erkundet werden, als seien sie teilweise real. Umgekehrt kann die tatsächliche Realität in einer Welt der Phantasie, und damit aus sicherer Distanz, bewältigt werden. Wright (1991), in der Tradition der »unabhängigen Gruppe« innerhalb der britischen Psychoanalyse und mit Bezug auf Winnicott, nimmt das Konzept Mentalisieren mit seinem Begriff »Vision« vorweg, der – wörtlich und metaphorisch – die Trennungserfahrungen überbrückt, die unserer menschlichen Existenz innewohnen und unvermeidlich sind. Das Kind sieht sich im Gesicht der Mutter (vgl. unten 3. Kapitel) und auf diesem »Sehen« basiert das Verstehen.

Das Winnicott'sche Modell findet man bei Fonagy und Target (1997) unverkennbar in der Unterscheidung zwischen teleologischem, Als-ob- und psychischem Äquivalenzmodus des Denkens wieder; der Letztgenannte lässt natürlich auch an Segal (1991) denken. Laut Fonagy und Target durchläuft die Entwicklung des Mentalisierungserwerbs drei Vorstadien.

Im ersten Stadium, gekennzeichnet durch *teleologisches* oder zielorientiertes Denken, wird das Verhalten anderer nicht im Sinne von Wünschen, Plänen, und Projekten gesehen, sondern folgt einem »Wenn A, dann B«-Schema. Haustiere sind besonders gut im teleologischen Denken. Wenn man die Leine in die Hand nimmt, »bedeutet« dies: »Auf geht's nach draußen.« Teleologisches Denken, das auch als assoziativ beschrieben werden könnte, ist ein Modus des Nichtmentalisierens. Es ist unwahrscheinlich, dass der Hund zu ergründen versucht, ob sein Herrchen sich nach einem Streit mit seiner Ehefrau davonschleicht, sich von einem schönen Frühlingstag nach draußen gezogen fühlt, allein sein möchte oder abwägen will, wie sein neues Buch am besten zu gliedern sei. In ähnlicher Weise »wissen« prä-mentalisierende Kinder im präverbalen Entwicklungsstadium eine ganze Menge über die Welt und die Ursachen und Wirkungen von Handlungen, ohne aber die Psyche anderer Menschen vollständig verstehen zu können.

Peter und die Krankenschwester

Peter gehört zu denen, die nach diesem »Wenn A, dann B«-Schema funktionieren und unter Druck zu selbstverletzendem Verhalten neigen, dabei überwiegend ohne Zugang zu seinen eigenen Gefühlen und den Gefühlen anderer Menschen. Er hatte daher große Schwierigkeiten, den Ursprung der seinen Handlungen zugrunde liegenden emotionalen Zustände zu verstehen. Anstatt zu folgen: »Ich ritze, weil ich mich zurückgewiesen und nicht verstanden gefühlt habe und weil sich sowieso niemand um mich kümmert«, würde er denken (und sagen): »*Natürlich* ritze ich; die haben mir die Tabletten nicht gegeben, nach denen ich gefragt habe.«

Peter litt an einer Borderline-Persönlichkeitsstörung und war von einer stationären Abteilung in unsere Borderline-Klinik überwiesen worden. Am Ende eines sehr schwierigen Interviews fragte ich ihn, ob es denn auf der Station wirklich niemanden gebe, der ihn versteht. Niemanden, darauf beharrte er.

»Wie sieht es mit der Bezugspflegerin aus?« (von der ich wusste, dass sie eine ausgezeichnete Krankenschwester war), fragte ich.

»Ach, die denkt doch nur, dass ich das Allerletzte bin, wie alle anderen auch«, antwortete er.

»Meinen Sie wirklich?«

»Na ja, ich glaube, sie denkt das nicht wirklich, aber die meiste Zeit fühlt es sich eben so an.«

Hier mentalisiert Peter für einen kurzen Moment und lässt teleogisches Denken hinter sich – er kann erkennen, dass ihn die Krankenschwester wahrscheinlich nicht zurückweist, sondern dass vielmehr die Art, wie er sie *wahrnimmt*, problematisch ist. Um ihn an diesen Punkt zu bringen, war es nötig, ihn ein wenig herauszufordern und ihm gleichzeitig das Gefühl zu vermitteln, »gehalten« zu werden, damit sein Erregungsniveau nicht zu stark anstieg und die fragile Mentalisierungskapazität zunichte machte.

Im zweiten Stadium, der *psychischen Äquivalenz*, wird die reale Welt missverstanden oder mit dem emotionalen Innenleben eines Individuums gleichgesetzt (anders als Hamlet zuvor, der diese beiden klar unterscheiden konnte). Einem Kind zum Beispiel, das nicht zwischen Als-ob- und psychischem Äquivalenzmodus differenzieren kann, wäre es *nicht* möglich zu fragen: »Mami, bist du mir wirklich böse heute oder machst du dir nur Sorgen wegen der Rechnung?« Im Äquivalenzmodus ist die externe Realität gänzlich von Gefühlszuständen, die der inneren Welt entstammen, durchdrungen.

Naomi: Denken im Äquivalenzmodus oder Mentalisierung

Naomi war Sekundarschullehrerin für Biologie, 30 Jahre alt und unverheiratet. Intime Beziehungen fand sie sehr schwierig. Sie fühlte sich jedes Mal benutzt, dominiert oder missverstanden, wenn sie sich auf eine neue Beziehung einließ. Dies ging mit einem gefühlten Verlust ihrer Identität einher und führte zu abrupten Beziehungsabbrüchen.

Sie suchte therapeutische Hilfe nach mehreren Episoden suizidaler Depression. Als Kind einer alleinerziehenden Mutter stand sie dieser nach wie vor sehr nahe und hatte das Gefühl, sie beschützen und sich um sie kümmern zu müssen.

Im Verlauf der Therapie war sie auf eine eher milde Art kritisch gegenüber ihrem Therapeuten – sie beschwerte sich über sein staubiges Behandlungszimmer, das geschmacklose Arrangement seiner Bilder an den Wänden und seine unablässigen Kommentare über ihre Unpünktlichkeit. Während einer Stunde teilte sie mir mit, dass ich ganz eindeutig von ihr gelangweilt sei, weil ich dauernd gähnte und – noch schlimmer – vor dem Stundenbeginn einen starken schwarzen Kaffee trinken musste, um wach zu bleiben – und hier sei der Beweis (sie zeigte auf eine leere Tasse auf meinem Schreibtisch).

Ihre Überzeugung, dass die Tasse meine Langeweile bewies, schien mir ein Beispiel für Prä-Mentalisieren im Äquivalenzmodus zu sein – ihr Gefühl bezüglich der Tasse repräsentierte in erster Linie ihr eigenes inneres Erleben. Zugegeben, die stehengelassene Tasse kann durchaus auch eine leichte Verwirrung, die diese Patientin in mir hervorgerufen haben mag, verkörpert haben und damit vielleicht ein Ausagieren dieses Gefühls meinerseits.

Die Bedrohlichkeit und die Angst, die Naomi mit der Intimität der therapeutischen Situation assoziierte, ließ für sie nur eine Sichtweise möglich erscheinen – dass es für den Therapeuten unerträglich war, die Langeweile auszuhalten, die ihre Depression hervorrief. Da die »Kontaktsperre« zwischen unbewussten und bewussten psychischen Inhalten fehlte, musste sie das Produkt ihrer depressiven Vorstellungen als Realität ansehen.

In einem Versuch, ihr Mentalisieren zu fördern, sagte ich: »Oje! ... Es ist zwar nicht unmöglich, dass ich gelangweilt bin (auch wenn ich glaube, dass dem nicht so ist), aber es ist offenbar auch schwierig für Sie, in Betracht zu ziehen, dass ich vielleicht müde sein könnte, weil ich letzte Nacht schlecht geschlafen habe, oder dass ich einfach gern Kaffee trinke. Und trotzdem: Ich weiß ja, wie schnell Sie sich zurückgesetzt fühlen, und deshalb *war* es unachtsam von mir, die Tasse dort stehen zu lassen. Denn sie scheint große Bedeutung zu haben: Ich überlege jetzt, ob sie uns auf Ihr Gefühl des Enttäuschtseins gestoßen hat, enttäuscht von Leuten – und das schließt mich ein –, die Sie nicht wirklich verstehen?«

Eine nicht abgeschwächte Übertragung – die Wahrnehmung des Therapeuten als genauso von ihr »gelangweilt« wie ihr abweisender Vater – steht in starkem Gegensatz zum Mentalisieren. Die Therapie kann als ein Versuch angesehen werden, einem Patienten zu helfen, Übertragungsgefühle allmählich als das zu *erkennen*, was sie sind, also vom Äquivalenzmodus, in dem Wahrnehmung und Realität nicht voneinander getrennt bestehen, in die Als-ob-Denkweise überzugehen, die man in der Realität immer hinterfragen kann und die von der Stimmigkeit der Wahrnehmung abhängt. Das Dilemma mit Klienten wie im geschilderten Fall liegt im *Interpretieren* ihrer mentalen Zustände. Der Therapeut muss sich zuerst in die Weltsicht des Patienten hineinbegeben (und diese damit bestätigen oder annehmen), bevor er sie in Frage stellen kann.

Das Ziel der Intervention war es, die Abgrenzung zwischen Phantasie und Realität zu stärken; der Unterschied zwischen dem, was ist, und dem, was nur sein könnte, wurde betont. Der therapeutische Diskurs wurde dabei von der Ebene des Konkreten auf eine metaphorische gehoben. Metaphern haben insofern schon von sich aus mentalisierenden Charakter, als sie, obwohl wichtige psychische Wahrheiten enthaltend, per definitionem in der Innenwelt einer Person entstehen, und nicht »da draußen« in der Realität. Naomi konnte anhand der Tasse als Metapher für ihr Selbstwertgefühl ihre Mentalisierungsfähigkeit entwickeln: Metaphern bestärken das Spielerische und eröffnen einen »Übergangsraum«, weil die Beteiligten auf kreative Weise gegenseitig ihre symbolischen Vorstellungen verändern und erweitern. Für jemanden im Äquivalenzmodus können Metaphern allerdings auch verwirrend sein und schlichtweg zum Zusammenbruch der Realitätsprüfung führen, anstatt diese zu stärken.

Im dritten Stadium, dem *Als-ob-Modus,* wird die externe Welt komplett ausgeblendet und das Kind lebt in einem ausschließlich imaginierten Raum, unbeeinflusst von der Realität. Ist eine Person in diesem Als-ob-Funktionslevel gefangen, zeigt sie dies durch Rückzug in eine Art inneres Phantasiereich oder sie zeigt überkontrollierendes Verhalten, wenn beispielsweise ein imaginärer Freund unbedingt zur gleichen Zeit gefüttert oder angekleidet werden soll (»Kontrollverhalten« ist eine häufige Entwicklungskonsequenz desorganisierter Bindung; Lyons-Ruth und Jacobvitz 2008). Im Gegensatz zum Äquivalenzmodus, in dem die »Kontaktsperre« zwischen Realität und Phantasie zu durchlässig ist, wird Realität im Als-ob rigoros ausgeschlossen; die Abgrenzung ist damit rigide und undurchdringlich.

Tom im Als-ob-Modus

Auch eine Therapie kann manchmal Als-ob-Denkmodi verfestigen – wenn sie zum »psychischen Rückzugsort« (Steiner 2002) wird oder »selbst zur Krankheit, wo sie Heilung vorzugeben scheint« (Reik 1948). Der Patient kann der Versuchung erliegen, sich von der Welt abzuwenden und sich in einen »Therapieraum« zurückzuziehen, der von einer glückseligen, alle anderen ausschließenden Beziehung zu einem idealisierten Therapeuten geprägt ist. Das reale Leben des Patienten kommt darin nicht vor, und wenn es einmal geschieht, dann ohne seine gefühlsmäßige Beteiligung.

Toms Leben war ein einziges Chaos. Er trieb von einer oberflächlichen Beziehung in die nächste, fühlte sich depressiv und von seinen Kindern, die bei der von ihm geschiedenen Frau lebten, abgeschnitten. Nichts von alldem kam in der Therapie zur Sprache. Vor jeder Stunde sah er in seinem Traumtagebuch nach, lernte dieses auswendig, um seinen Therapeuten mit endlosen, komplexen und bedeutungsschweren Träumen zufriedenzustellen. Schließlich meinte der sonst um Traumdeutungen nicht verlegene Therapeut: »Ich zerbreche mir den Kopf wegen Ihrer Träume, aber sie ergeben einfach keinen Sinn – sie scheinen mir so wirr, wie Ihr Leben es im Moment auch ist ... vielleicht sollten wir uns darauf konzentrieren.« Erst jetzt war Tom imstande, sich seine Hilflosigkeit und Verletzlichkeit einzugestehen und den Gedanken zuzulassen, dass der Therapeut ihn und sein Leben für stupide und inadäquat hielt.

In Phasen der Prämentalisierungsmodi – die als vorübergehende Zustände bei Kindern (wie auch bei Erwachsenen) durchaus normal, aber wenn sie länger anhalten, der Psychopathologie zuzurechnen sind – kann das Kind nicht erkennen, dass die Welt, so wie sie *wahrgenommen* wird, bei der Beurteilung dessen, was tatsächlich der Fall ist und was nicht, mit in Betracht gezogen werden muss. Die Fähigkeit, zwischen Als-ob- und Äquivalenzmodus zu differenzieren, beide als separat zu erkennen und einen Austausch zwischen beiden zuzulassen im Sinne von Bions semipermeabler »Kontaktsperre« zwischen bewussten und unbewussten Gedanken, ist Bestandteil des Mentalisierens.

Mentalisieren umfasst sowohl eine Fertigkeit, die man sich aneignet, als auch einen Prozess, der bestimmte mentale Zustände kennzeichnet. Selbst Erwachsenen mit vollständig entwickelter Mentalisierungfähigkeit kann diese Eigenschaft »abhanden kommen«, wenn sie übermäßigem Stress, starker Aufregung, Gefahr oder Drogen etc. ausgesetzt sind. In einer Kampf/Flucht-Situation kann Mentalisieren tatsächlich von Nachteil sein. Wenn man kurz davor ist, von einem Löwen zerfleischt zu werden, ist es nicht sonderlich hilfreich, sich näher mit dessen Gemütszustand zu beschäftigen. Auch wenn Kinder, die aus sicheren Familienverhältnissen stammen, »Theory of mind«-Aufgaben früher bewältigen als andere mit eher ungünstigen Hintergrund, erlangen Letztere im Alter von sechs Jahren einen gewissen Grad dieser Fertigkeit (Gergely 2007). Affektregulierung ist auf das Engste mit Mentalisierung verbunden – nur wenn Gefühle innerhalb handhabbarer Grenzen gehalten werden, kann man beginnen, über sie zu reflektieren. Wenn man das Maß und die Bedeutung von Mentalisierung in jedweder Situation abschätzen will, braucht man ein dynamisches Modell, das entwicklungs- ebenso wie kontextbedingte Faktoren in Betracht zieht.

Welche Prozesse liegen aber diesen beiden Faktoren, die den Erwerb der Mentalisierungsfähigkeit bei Kindern und Erwachsenen fördern, zugrunde? Fonagy hebt die Rolle der intensiven interaktiven Prozesse zwischen Bezugsperson und Kind in den ersten Lebensjahren hervor (Fonagy et al. 2002). Im Rahmen einer normalen Entwicklung legen »Übergangsphänomene«, vor allem *spiegelnde* Interaktionen zwischen Bezugsperson und Kind die Basis für ein Gefühl des eigenen Selbst. Durch das spielerische Widerspiegeln seiner eigenen Gesten durch die Bezugsperson lernt das Kind, wer es ist und was seine Gefühle ausdrücken. Im Lauf der weiteren Entwicklung, im Spiel allein oder mit anderen, bildet sich Schritt für Schritt auch das Vorstellungsvermögen und ein Gespür dafür heraus, die Welt so wahrzunehmen, wie sie tatsächlich ist. Dabei lernt das Kind, sich ein Bild davon zu machen, wo innere und äußere Realität beginnen und aufhören. Damit kann es sich schließlich den Einfluss seiner eigenen Gefühlszustände beim Verstehen der Welt verdeutlichen. Parallel zur Entstehung dieser Selbstmentalisierungskompetenzen oder womöglich schon vorher beginnt das Kind, das Mentalisieren anderer als Erklärung für deren Verhalten und Handeln heranzuziehen. Die Rolle der Bezugsperson ändert sich nun vom schlichten Spiegeln hin zur »Triangulation« (vgl. Cavell 2006 und Kapitel 6), wobei ein ständiges dynamisches Wechselspiel zwischen den Wahrnehmungen des Kindes und der jeweiligen Bezugsperson vorherrscht, das sich durch sprachliche Prozesse mehr und mehr verfestigt.

Besonders beim Familienspiel »Pictionary« werden diese Triangulierungsprozesse deutlich. Alle Mitspieler werden in zwei Teams eingeteilt. Ein Unparteiischer hält eine Liste mit Wörtern und Wortgruppen bereit. Jeweils ein Mitglied der beiden Teams bekommt ein solches Wort vorgelegt, zeichnet es oder stellt es dar, ohne dabei Worte zu verwenden, und seine Mannschaft muss es erraten. Ist diese erfolgreich, geht es immer weiter und es siegt, wer zuerst alle Wörter der Liste erraten hat. Das Spiel hat insofern mit Mentalisierung zu tun, als die Aufgabe darin besteht zu ermitteln, welches Wort der Zeichner oder Darsteller im Kopf hat. Eine Triangulierung vollzieht sich dabei während des ständigen Abgleichens des Rateteams mit den nonverbalen Reaktionen des Vorzeichners und untereinander, um nachzuvollziehen, ob es richtig oder falsch liegt. Das jeweilige Wort wird so zur gemeinsamen Währung, die alle beteiligten Psychen miteinander verbindet. Es muss dazu in die »Gedankensprache« und wieder aus ihr rückübersetzt werden.

Eine weitere Analogie aus dem Bereich der Spielewelt bilden Dennetts (2006) Betrachtungen zur Religionspsychologie. Er beschreibt, wie Novizen Kartenspiele zuerst mit offenen Karten lernen und erst nachdem sie die Regeln verstanden haben, mit verdeckten Karten spielen. Dennett meint, dass ein allessehender Gott, genauso wie ein allwissender Erzähler in einem Roman, für das »menschliche Spiel« mit »offenen Karten« steht und uns damit hilft, Beweggründe und Gefühle zu verstehen, die im wahren Leben nie vollständig durchschaubar wären. Psychoanalytische Psychotherapie als Disziplin, die sich durch Mentalisierung auszeichnet, kann als drittes Beispiel für dieses »Aufdecken« betrachtet werden: Die Übertragungsgefühle des Patienten und die Gegenübertragungsreaktionen des Analytikers (zumindest für ihn selbst, so er seine nicht-analytischen Reaktionen für die Dauer der Stunde außen vor lassen kann) werden fast vollständig zum Gegenstand von gründlicher Erforschung und eingehender Diskussion.

»Erworbene Sicherheit« und Mentalisieren

Im Rahmen normaler Entwicklung wird die Ausbildung der Mentalisierungsfähigkeit durch das ständige Zirkulieren von Gedanken, Gefühlen und Bildern von der Bezugsperson hinein in die innere Erlebenswelt des Kindes ermöglicht. Ein dem Mentalisierungskonzept zugrunde liegender Hauptaspekt findet sich in dem empirischen Befund wieder, dass hohe reflexive Kompetenz (RK) des Elternteils, wenn der Bindungsstatus vor der Geburt des Kindes erhoben wurde, eine spätere sichere Bindung des Kindes voraussagen konnte, auch im Fall benachteiligter oder missbrauchter Mütter (Fonagy et al. 1997). Dies legt den Schluss nahe, dass RK – also Mentalisierungsfähigkeit – eine Art protektiver Faktor im Rahmen von Erfahrungen wie Vernachlässigung oder Missbrauch ist, die sonst die psychische Entwicklung eines Kindes ungünstig beeinflussen würden. Patienten, die an Borderline-Persönlichkeitsstörung leiden, haben meist frühkindliche Erfahrungen gemacht, die ihre reflexive Kompetenz beeinträchtigen. Umgekehrt scheinen Menschen, die sich durch ein hohes Maß an Resilienz und Belastbarkeit nach einem Trauma auszeichnen, zugleich über ein Mentalisierungsvermögen zu verfügen, das sie vor nachhaltigen psychischen Folgen solcher Erfahrungen schützt. Hesse (2008, S. 568) verwendet die Formel »erworbene Sicherheit«, um diese letztgenannte Gruppe zu beschreiben, deren Mitglieder trotz ungünstiger Entwicklungsbedingungen eine sichere Bindung und ausdifferenzierte Mentalisierungsfähigkeit aufweisen.

Ein aktuelles Beispiel bietet Barack Obama. In seiner Autobiographie (2009) beschreibt er seine Gedanken im Zug durch Afrika auf der Suche nach seinem Vater:

> Ich versuchte mir vorzustellen, was ein namenloser britischer Offizier bei der Jungfernfahrt dieses Zuges empfunden haben mochte, in seinem Abteil mit

Gasbeleuchtung, beim Blick über die weite Savanne. Hatte er so etwas wie Triumph dabei empfunden, dass das strahlende Licht der europäischen Zivilisation endlich auch das afrikanische Dunkel erfasste? Oder hatte er eine leise Ahnung, dass das ganze Unternehmen töricht war, dass das Land und seine Bewohner am Ende gewinnen und die imperialen Träume verblassen würden? Ich versuchte, mir den Afrikaner vorzustellen, der dieses stählerne, qualmende Ungetüm beobachtete, das zum ersten Mal sein Dorf passierte. Hatte er den Zug mit neidischem Blick verfolgt, sich vorgestellt, eines Tages in dem Abteil zu sitzen, in dem der Engländer saß, endlich erlöst von der Bürde seines Daseins? Oder schauderte ihn bei dem Gedanken an Krieg und Zerstörung? (Obama dt. 2009, S. 373)

Das ist Mentalisierung auf höchstem Niveau. Mit großer Vorstellungskraft versetzt sich der Autor in die Lage verschiedener Personen, spekuliert, was diese jeweils fühlen mögen, und betrachtet diese Vermutungen als durchaus vorläufig; das Abschätzen, was ein anderer Mensch fühlen mag, erfordert immer eine gewisse Bestätigung durch die Realität – eine Triangulierung. Der Mentalisierende ist sich immer bewusst, dass er gerade mentalisiert – über sein Denken nachdenkt. Mit seinen vielfältigen Talenten, Intelligenz, Sportlichkeit, gutem Aussehen und einer belastbaren Ehe vereint Obama viele der als etabliert betrachteten Eigenschaften von Resilienz und erworbener Sicherheit. (Ganz im Sinne von Mentalisierung sollten die Fallstricke erwähnt werden, die sich einem beim »Psychoanalysieren« einer Person des öffentlichen Lebens bieten – einer Verlockung, der auch Freud nicht widerstehen konnte mit der Psychobiographie eines anderen Präsidenten der USA: Woodrow Wilson.)

Die allgemeine Annahme des entwicklungspsychologischen Ansatzes geht davon aus, dass sichere Bindung zur Entstehung von Mentalisierung führt und diese umgekehrt ein Merkmal sicherer Bindung ist. Es gibt eine beeindruckende Fülle an Belegen dafür, dass mütterliches Eingestelltsein auf die Nachkömmlinge *(mind-mindedness)* und Spielen zuverlässige Korrelationen mit Bindungssicherheit bei diesen Kindern haben (Slade 2005; Meins 1999). Umgekehrt häufen sich die Studien, die belegen, wie extreme Formen von Unsicherheit, insbesondere desorganisierte Bindung, die Mentalisierungsfähigkeit stark beeinträchtigen. Darin wiederum liegt, wie ich in Kapitel 10 zeigen werde, ein Vulnerabilitätsfaktor für die Entstehung einer Borderline-Persönlichkeitsstörung.

Mögliche Einwände gegen das Mentalisieren von psychoanalytischer Seite

Um zu unserer theoretischen Diskussion zurückzukehren: Mentalisieren als Konzept hat drei unterschiedliche geistige Ursprünge. Bion und die kognitiven Psychologen berufen sich auf eine philosophische Tradition, die auf Kants Unterscheidung zwischen dem Gegenstand an sich (nur Gott allein begreiflich) und unserem Verständnis desselben beruht. Die frankophonen Psychoanalytiker bleiben Freud treu, indem sie heutige klinische Praxis mit Freuds »Entwurf« (1950c [1895]), der zu dessen Lebzeiten unpubliziert blieb, und frühen, auf die Triebtheorie gestützten Konzeptionen verknüpfen. Fonagy und Kollegen führen in der Tradition des angloamerikanischen Empirizismus klinische Erfahrung mit Forschungsergebnissen der Entwicklungspsychopathologie zusammen. Diese Letztgenannten zeichnen sich dadurch aus, dass sie den Begriff Mentalisieren äußerst präzise und in einem eng gefassten Rahmen verwenden. Der frankophonen Schule und Bion geht es um globale Erklärungsversuche von Denkprozessen an sich, während sich Fonagy und Kollegen auf einen spezifischen Aspekt des Denkens konzentrieren, auf die Fähigkeit, andere und sich selbst als intentionale Akteure zu verstehen. Dieses eher bescheidene Ansinnen mag sich, so paradox es klingt, als viel weiter reichend erweisen als Versuche, mithilfe psychoanalytischer Konzepte die Wirkungsweise der menschlichen Psyche insgesamt zu erklären.

Vergleicht man Fonagys Mentalisierungsbegriff mit Bions Konzepten, werden sowohl auffallende Gemeinsamkeiten als auch signifikante Unterschiede erkennbar. Für Bion hängt die Fähigkeit des »Denkens« von der »Reverie« der Mutter (und folglich des Analytikers) ab, also davon, wie gut sie in der Lage ist, ihr kleines Kind zu lieben, seine Projektionen anzunehmen, sie zu containen, zu verarbeiten und zum Zweck der Re-Introjektion zurückzugeben, wenn der richtige Moment dafür gekommen ist.

Dies kommt Fonagys Modell, wonach die kindliche Entwicklung des Selbst, der Sicherheit und letztendlich der Fähigkeit zu reflexiver Funktion von der mütterlichen Fertigkeit abhängt, im Kontext einer sicheren Basis ihre eigenen Gefühle hintanzustellen und die mentalen Zustände des Kindes akkurat widerzuspiegeln, sehr nahe. Durch dieses Interagieren kann das Kind ein inneres Bild seiner selbst entwickeln, das dank der Ansprechbarkeit der Mutter und ihrer korrekten Reflexionen seiner Stimmungen, Gefühle und Wünsche introjiziert wird.

Ein Hauptmerkmal beider Modelle ist der Begriff Affektregulation. Bion bezeichnet sie in seiner Terminologie mit »Frustrationstoleranz«. Wenn man Fonagys Ansatz folgt, versteht man unter sicherer Bindung die Fähigkeit, schmerzhafte

Affekte zu modulieren und herunterzuregulieren, unterstützt durch eine Bezugsperson, die durch den Distress des Kindes nicht über Gebühr aufgebracht ist und ihn »nicht persönlich nimmt«. Diese relative Gelassenheit angesichts von Stress ist dem Mentalisieren förderlich, weil alle klinischen, entwicklungspsychologischen und neurophysiologischen Studien bestätigen, dass exzessive Erregung und Mentalisieren sich gegenseitig ausschließen.

In gleicher Weise kann man Mentalisieren mit dem ganz anderen Denken in paranoid-schizoider und depressiver Position in Beziehung setzen, der in Melanie Kleins Ansatz eine so bedeutende Rolle spielt. Sich psychisch in der depressiven Position zu befinden bedeutet, Hass und Liebe als Teilgefühle zu betrachten, die aus Spaltungsprozessen resultieren können und sich unweigerlich in bestimmten Situationen auf ein und dasselbe Objekt beziehen. Die Mentalisierungsperspektive weist in die gleiche Richtung, denn sie geht davon aus, dass eine Person Folgendes denkt: »Ich weiß, dass ich dir gegenüber gerade diesen Hass empfinde, aber ich erkenne, wie sehr das meiner augenblicklichen Gefühlslage geschuldet ist und dass du in der Realität ein liebevoller Elternteil bist, dessen Fürsorge aber manchmal auch nicht ausreichend sein kann.«

Außerdem bestehen wichtige Unterschiede zwischen Bions Alpha-Funktion/ Containment-Theorie und dem Mentalisieren. Bion wollte eine Theorie formulieren, die psychotische formale Denkstörungen einschließt. Aber da Menschen mit eingeschränkter Mentalisierungsfähigkeit in vielen Bereichen ihres Lebens relativ gut zurechtkommen, scheint es nicht hilfreich, alles, was als nicht-mentalisierend bezeichnet wird, als »Beta-Elemente« zu betrachten. Nicht alle hier gemeinten Personen sind in einem tatsächlichen Sinne »psychotisch«, obwohl man vielleicht behaupten kann, dass es im Innern ansonsten normal funktionierender Persönlichkeiten »psychotische Inseln« gibt, die unter extremem Stress, auch sogar auf der analytischen Couch, zum Vorschein kommen.

Darüber hinaus erkennt man Unterschiede, wie die Verantwortlichkeit in bezug auf Gesundheit oder Pathologie gewichtet wird. Die Rolle der Mutter ist in Bions Modell eher passiv, wie der Begriff »Reverie« impliziert, auch wenn er ihn als eine Form »aktiven Zuhörens« fasst. Die Aufgabe der Mutter ist es nach diesem Verständnis, das Kind gewissermaßen »tagträumerisch« zu phantasieren und damit zu erfassen. Das Kind ist im Gegensatz dazu der Initiator einer Aktion: Sein Unvermögen zur Frustrationstoleranz und dazu, sich unerwünschter Gefühle zu entledigen, liegt der Fähigkeit oder Unfähigkeit zum produktiven Denken und zur Unterscheidung zwischen dem zugrunde, was real ist und was nicht. In Fonagys Modell begibt sich die Mutter, die ein Gefühl der sicheren Basis vermittelt, geradezu geschmeidig in den mentalen Raum des Kindes hinein und erbringt die »markierte« und »kontingente« Spiegelungsleistung, die das Kind in seiner Entwicklung benötigt (vgl. Kapitel 3). Während Bions Modell weniger rein-intrapsychisch ist als die klassische Triebtheorie, auf die sich die frankophone Schule beruft – eher stärker angelehnt an Objektbeziehungen –, ist sein interpersoneller Schwerpunkt weit weniger ausgeprägt als im Winnicott-Fonagy-Modell. Nach diesem befinden sich zwei interagierende Subjektivitäten im Wechselspiel. Laut Bion ist der Andere (die Mutter) hauptsächlich Empfänger der kindlichen Projektionen ohne einen von gegenseitigem Mentalisieren durchdrungenen, interpersonalen Raum zwischen beiden.

Drittens ist Bions Modell trotz all seiner quasi-mathematischen Formelhaftigkeit im Wesentlichen eine Metapher, die sich explizit auf Vorgänge der Ernährung bezieht. Bion schreibt fast ausschließlich im Sinne von »Brust/Brustwarze« und Mund. Ein Großteil der Forschungsarbeiten, die Fonagys Modell stützen, bezieht sich auf den beobachtbaren Gesichts- und Augenkontakt zwischen Mutter und Kind und, in letzter Zeit, auf funktionelle Bildgebung (Zeki 2008). Ein Modell kann im Vergleich zu einer Metapher operationalisiert und damit experimenteller Überprüfung oder Falsifizierung unterzogen werden; eine Metapher kommt eher einem poetischen Bild gleich, das intuitiv als mehr oder weniger zutreffend empfunden wird. Diese beiden Ansätze entspringen unterschiedlichen Diskurswelten.

Mehrere mögliche Einwände gegen das Mentalisierungskonzept ergeben sich aus diesen Überlegungen. Die Fonagy'sche Sichtweise folgt einem Defizitmodell, das den Umweltfaktoren große Bedeutung beimisst, d.h., dem Kind wird durch unzureichende Erziehung oder feindselig eingestellte Eltern die Möglichkeit zum optimalen Erwerb des Mentalisierens genommen. Andere Psychoanalytiker wie Caper (1999) widersprechen diesem Ansatz vehement, theoretisch und fachwissenschaftlich, und betrachten ihn als anti-analytisch, denn sie sehen darin die Gefahr einer Kollusion mit dem Patienten, die nur zu stützender Hilfe, nicht aber zu psychischer Strukturveränderung führt. Aus soziologischer Perspektive könnte man vorbringen, dass es sich um ein Modell handelt, in dem die alleinige Verantwortung bei der Mutter liegt, ohne die Rolle abwesender oder missbrauchender Väter wie auch die sozialen Zwänge, die zur Trennung von Familien führen, näher zu betrachten.

Bateman und Fonagy (2004) argumentieren ganz im Gegenteil, dass die Unfähigkeit zu mentalisieren ein strukturelles Defizit ist und dass psychoanalytische Deutungen und Rekonstruktionen kaum wirksam sind, solange das Mentalisieren nicht möglich ist. Ihr therapeutisches Grundprinzip bei der Behandlung von Patienten mit Borderline-Persönlichkeitsstörung ist, ganz speziell die Mentalisierungsfähigkeit zu fördern – durch Gruppenarbeit oder individuelle Therapie, sodass die Patienten sich selbst und ihre Handlungen beständig durch ihre Mitpatienten reflektiert sehen. Die Therapie ist damit notwendigerweise stützend und greift auf Deutungen zurück, insofern sie eine sichere Basis bietet und beständig »Reparaturarbeiten« an ihr vornimmt, denn psychische und physiologische Sicherheit sind die Voraussetzung zum Mentalisieren.

Ein weiterer Einwand besteht in dem Vorwurf, dass Mentalisieren dem bewährten analytischen Konzept der Einsicht lediglich einen neuen Begriff verleiht (Choi-Kain und Gunderson 2008). Bateman und Fonagy (2004, S. xi) sehen in »Mentalisieren« ganz offen ein »neues Wort für alte Konzepte«. Aber mit Einsicht werden normalerweise bestimmte Teilbereiche des Selbstverständnisses beschrieben, z. B. wenn jemand dazu neigt, sich in Gegenwart älterer Männer aggressiv zu verhalten, oder zwanghaft verheiratete Frauen verführt. Einsicht zu erlangen heißt, diese Verhaltensweisen aus ödipaler Sicht verstehen zu können – Mentalisieren bezeichnet einen *Prozess* oder eine Funktion. Fonagy postuliert einen bestimmten Defekt im Gedanken*apparat* (um Bions Begriff zu benutzen), und die Therapie ist darauf angelegt, reflexive Fertigkeiten auszubilden oder sie substantiell weiterzuentwickeln, bevor dem traditionellen Ziel nachgegangen werden kann, Einsichtsfähigkeit zu fördern.

Vielleicht kann man dem Mentalisieren vorwerfen (sofern man gegen abstrakte Begriffe eine Anklage vorbringen kann; das wäre wie Ex-Präsident Bushs »Krieg gegen den Terror«), für den psychoanalytischen Geschmack zu »kognitiv« orientiert zu sein. Man mag sich fragen, wo der Unterschied zwischen einem psychoanalytischen Verstärken der Mentalisierungsfunktion und der Verhaltenstherapie liegt, in der ein Patient ermutigt wird, seine irrigen Denkmuster zu hinterfragen und nach Wegen zu suchen, diese zu ändern. Eine mögliche Antwort wäre, die tatsächlichen Überschneidungen zwischen psychoanalytischer mentalisierungsbasierter Therapie einerseits und Verhaltenstherapie und dialektisch-behavioraler Therapie (Linehan 1993) andererseits herauszustellen und zu betonen, dass integrative Konzepte die künftige Psychotherapie generell kennzeichnen (Holmes und Bateman 2002; Gabbard et al. 2005). Verhaltenstherapeutische Ansätze zur Behandlung von Borderline-Persönlichkeitsstörungen sind, relativ gesehen, wahrscheinlich genauso wenig effektiv wie traditionell psychoanalytische, wenn sie nicht zunächst eine ausreichende Mentalisierungskompetenz bei den Patienten herzustellen vermögen, bevor sie die spezifischen Situationen genauer untersucht, in denen sie entweder erfolgreich angewendet wird oder fehlschlägt.

Schließlich unterscheidet sich der hier vertretene Mentalisierungsansatz deutlich von Verhaltenstherapie dahingehend, dass es bei dieser »nichts Gutes oder Schlechtes gibt, außer wenn es unser Denken zu etwas dergleichen macht«, dass wir also, um unsere »Realität zu ändern, nur unsere mentale Einstellung zu ihr ändern müssen. Dem Mentalisieren[2] liegt eine Sichtweise zugrunde, wonach der Königsweg zur Realität in der Erkenntnis besteht, dass jegliche Wahrnehmung durch unseren Geist oder unsere Psyche geformt wird. Klinische Veränderung wird hervorgerufen a) interpersonell durch kollaborative Realitätsprüfung mit einem verlässlichen Partner (»Triangulierung«, siehe Kapitel 6) und b) intrapsychisch, indem die unbewusst ablaufenden Prozesse der Psyche nachverfolgt und akzeptiert werden, mit all den anachronistischen Verzerrungen, die dies mit sich bringt.

Zusammenfassung

Psychoanalytische Ideen stehen und fallen mit der Frage, ob sie zu klinischer Besserung führen. Ich hoffe, dass dieses Kapitel eine ausgewogene Darstellung des Begriffs Mentalisieren geboten hat, wenn auch vielleicht etwas zu seinen Gunsten befangen. Ich bin überzeugt, dass es Klinikern helfen kann, sich des Mentalisierens bewusst zu sein und dadurch klarer zu sehen, was sie intuitiv im Behandlungszimmer tun und sagen. Mentalisieren ist weniger ein Erklärungsmodell als vielmehr die Beschreibung eines Aspekts intimer Beziehungen, besonders dann, wenn sie einer Reparatur bedürfen.

Das Nachdenken über Mentalisieren ist in erster Linie aus dem Bedürfnis hervorgegangen, verschiedene Gruppen schwieriger Patienten besser zu verstehen und effektiver mit ihnen arbeiten zu können. Klinische oder diagnostische Phänomene sind der Ausgangspunkt jeder der vier zuvor diskutierten theoretischen Traditionen. Den Verhaltenspsychologen geht es um ein Verständnis sozialer und interpersoneller Defizite, die mit Autismus assoziiert sind. Bion befasste sich mit formaler Denkstörung, wie man sie bei der Psychose antrifft (psychoanalytisch, nicht psychiatrisch gesprochen), wenn Patienten unter Defiziten beim »Verbinden« leiden, also nicht in der Lage sind, zwischen ihren eigenen Gedanken und/oder den Deutungen des Analytikers eine Verbindung herzustellen. Die frankophonen Psychoanalytiker gingen von Somatisierungsstörungen aus: Menschen, bei denen sich nach ihrer Ansicht Emotionen somatisch und nicht verbal manifestieren. Fonagy und seine Kollegen fokussieren auf die schmerzhaften Beziehungserfahrungen, die Borderline-Patienten mit sich selbst und anderen machen.

Mentalisieren regt Therapeuten und Patienten gleichermaßen an, ihre Ideen und Gefühle einer ständigen Prüfung zu unterziehen, um der Wahrheit ein Stück näher zu kommen. Ein modern gefasster Begriff von »Gegenübertragung« ist ein spezifisches Beipiel für das Mentalisieren – der Therapeut muss sich fortlaufend fragen,

---

2 Im Englischen hier umschrieben als »life couching as opposed to life coaching«. [Anm. d. Übs.]

was er beim jeweiligen Patienten gerade denkt und fühlt. Das trifft sowohl in Bezug auf unsere Vorlieben für bestimmte theoretische Ansätze als auch auf die Deutungen selbst zu, die wir gegenüber unseren Patienten äußern. Wenn man sie ernst nimmt, ist die Anwendung mentalisierungsbasierter Gegenübertragungsarbeit postmodernistisch und schulenübergreifend. Für den Therapeuten, der sich gänzlich dem Mentalisieren verschrieben hat, existieren keine unverrückbaren theoretischen Bezugspunkte, keine Gewissheit außer der einen, dass es keine letzte Gewissheit gibt, keinen Fixpunkt in einer sich um ihre eigene Achse drehenden Welt, kein »O« (vgl. Bion 1987) – keine ultimative Wahrheit. Jeder theoretische Standpunkt, und darunter fällt auch der bindungstheoretisch fundierte mentalisierungsbasierte Ansatz, muss selbstkritisch den Fragen nachgehen: Wie kommt es, dass ich diese oder jene Position beziehe? Welchen und wessen bewussten und unbewussten Interessen dient dies? Woher kommt das? Welche Rechtfertigung liegt dem zugrunde oder handelt es sich um eine bloße Rationalisierung? Sich diesen Herausforderungen täglich zu stellen ist eine pädagogische, praktische und moralische Aufgabe für Therapeuten.

KAPITEL 3 | BINDEN

Menschen, die therapeutische Hilfe suchen, befinden sich in den unterschiedlichsten Situationen von Unzufriedenheit, Ausweglosigkeit, Konflikten, ernsthaften Problemen, psychischem Schmerz und psychischer Krankheit. Die Besonderheit psychoanalytischer Therapie liegt darin, dass sie einen Raum bietet, Distress wiederzuerleben wie auch genauer unter die Lupe zu nehmen. Die Art, wie Patienten ihre Schwierigkeiten schildern, »enthält« oft schon die beschriebene Erfahrung. Schon die Begegnung mit einem Therapeuten ruft Ängste hervor; wie diese Angst gehandhabt, abgewehrt wird, wie man ihr erliegt oder sie vermeidet, darin zeigt sich schon die spezifische Geschichte eines jeden Patienten. In diesem Kapitel beleuchte ich die einzelnen Bestandteile der therapeutischen Beziehung. An den problematischen Zügen einer jeden therapeutischen Beziehung manifestieren sich die jeweiligen Schwierigkeiten, weswegen ein Patient Hilfe sucht. Der Therapeut muss geschickt genug sein, um eine Beziehung zum Patienten aufzubauen, während er diese gleichzeitig von außen beobachtet und dadurch dem Patienten ermöglicht, von der Art dieser Beobachtungen zu profitieren.

Von einer Bindungsperspektive aus betrachtet entspringt das Verständnis der therapeutischen Beziehung theoretischen und praktischen Konzeptualisierungen intimer Beziehungen im Allgemeinen. Diese umfassen Eltern-Kind-Bindungen, Partner- oder sonstige romantische Beziehungen und mitunter auch Beziehungen zwischen Geschwistern oder unter guten Freunden. All diesen Beziehungen ist eine Balance zwischen dem Wunsch nach Intimität und einer charakteristischen Abwehr von Nähe gemeinsam, die meist auf früheren, oft ungünstigen Entwicklungs- und Beziehungserfahrungen beruht.

Bindungsstile

Die Bindungstheorie bietet ein Modell der Therapeut-Klient-Beziehung an, wonach diese genau das Medium darstellt, in dem dieses besondere Wechselspiel zwischen zwei Menschen abläuft. Stress löst Bindungsverhalten aus. Dieses schaltet, wenn einmal aktiviert, alle anderen Motivationssysteme – explorative, spielerische, sexuelle, gustatorische und andere – ab. Dem Bindungsverhalten ist die Suche nach einer Person inhärent, die in der Lage ist, Stress zu lindern; bei Kindern ist dies ein älterer und erfahrenerer Mensch. Erst nach Beruhigung und dem Vermitteln von Sicherheit, und nur dann, ist die Person, die zuvor gelitten hat, imstande, ihre Welt – die innere und äußere – im Kontext von *companionable interaction* (Heard und Lake 1997) zu explorieren.

Die beiderseitige Unvereinbarkeit von bedrohungsgetriggertem Bindungsverhalten und Exploration ist gewissermaßen das Leitmotiv, auf das sich die klinische Sichtweise von Bindung immer wieder beruft. Dies manifestiert sich im Falle von Säuglingen und Kindern an beobachtbarem Verhalten – einer Zuwendung zur sicheren Basis bei Bedrohung, einem Hinwenden zu Spiel und Exploration, wenn Sicherheit verspürt wird. Hemmungen und Kompromisse hinsichtlich dieses Musters kennzeichnen unsicher gebundene Kinder. Bei Erwachsenen vollziehen sich diese Umschwünge subtiler, obwohl die meisten zweifellos ihre Erfahrungen des »Fest- oder Zurückhaltens« von physischem oder emotionalem Schmerz in der Öffentlichkeit gesammelt haben. Und dies geschieht so lange, bis die verlässliche Anwesenheit einer nahestehenden Person das sichtbare Äußern des Schmerzes ermöglicht, normalerweise durch ein begleitendes Halten oder Umarmen hervorgerufen.

Die Architektur der therapeutischen Beziehung zeichnet sich aus durch a) eine Person in Distress auf der Suche nach einem sicheren Hafen, einer sicheren Basis; b) eine Bezugsperson, die fähig ist, Sicherheit zu geben, zu beruhigen und Exploration zu ermöglichen; und c) die daraus resultierende Beziehung mit ihrer jeweils einzigartigen Qualität, die nicht einfach aus der Summe der beiden beteiligten Individuen abzuleiten ist. Dieser Prozess bezieht sich sowohl auf den Anfang der Therapie als auch auf den Beginn jeder Sitzung und die sonstigen emotional aufgeladenen Momente während der Stunden. Eines der Hauptziele von Psychotherapie besteht darin, Gefühle, die »begraben« sind, wieder abzurufen und näher zu betrachten. Im Verlauf einer Sitzung wird ein Zyklus, bestehend aus affektiver Erregung, Aktivierung des Bindungssystems sowie dessen »Ruhigstellung« durchlaufen, gefolgt von gemeinsamer Exploration der auslösenden Gefühle, was wiederum zu weiterem Hochregulieren von Affekt führt und so fort.

Dieser Prozess ist notwendigerweise durch frühere Erfahrungen geprägt, vor allem hinsichtlich der Erwartungshaltung an eine Bezugsperson, wie diese auf geäußerten Distress reagiert. Dies kann, da der Patient größtenteils unbewusste Schemata in die Beziehung hineinträgt, als Übertragung verstanden werden, als innere Arbeitsmodelle, die zwar nicht mit früheren Erfahrungen von Fürsorge identisch sind, aber auf diesen beruhen.

Die meisten Menschen, die sich in Therapie begeben, haben in ihrer Vergangenheit sub-optimale oder widrige Bindungserfahrungen gemacht. Mit großer Wahrscheinlichkeit sind ihre Bindungsstile daher unsicher. Unsichere Bindung wiederum kann in organisiert und desorganisiert unterteilt werden. Wie in Kapitel 1 erwähnt, wurden ursprünglich zwei typische Muster organisierter Bindung, anhand der Reaktion eines Kindes auf Separation in der Fremden Situation, unterschieden (Ainsworth et al. 1978): vermeidend, wobei Bindungsbedürfnisse bei brüsker Fürsorgezurückweisung minimiert werden; und ambivalent, wobei ein Kind diese Bedürfnisse übersteigert äußert, um die Nähe zu einer unbeständigen und unzuverlässigen Bezugsperson aufrechtzuerhalten.

Desorganisierte Bindung ist ein relativ seltenes Muster in normalen Stichproben, wird aber in bis zu 70 Prozent in Familien mit offensichtlichen psychischen oder sozialen Schwierigkeiten angetroffen (Van IJzendoorn und Sagi-Schwartz 2008). Das Wesen der Desorganisation besteht darin, dass *keine* klare Struktur in der Interaktion zwischen Kind und Bezugsperson festzustellen ist. Das Kind nimmt vielmehr Zuflucht zu bizarren Verhaltensäußerungen wie monotonem Hin- und Herschaukeln, Kopf-gegen-die-Wand-Schlagen oder dissoziativen Zuständen, in denen es emotional unerreichbar scheint.

Organisierte unsichere Bindungsmuster sind bei Kindern wie auch bei Erwachsenen insofern als notwendige psychische Abwehrstrategien zu verstehen, als sie ihre Angst auf einem beherrschbaren Level halten und ein Minimum an Sicherheit ermöglichen. Das Konzept »Bindungsstile« beschreibt, wie nahe Beziehungen meist bewältigt werden. Abwehrmechanismen, die organisiert-unsichere Bindung kennzeichnen, sind naturgemäß interpersonal: Kompromisse oder »Tauschgeschäfte« zwischen den widersprüchlichen psychischen Bedürfnissen eines Kindes nach Sicherheit auf der einen Seite und völliger emotionaler Entfaltung und Exploration auf der anderen Seite müssen zwischen dem Kind und seiner Bezugsperson ausgehandelt werden. Desorganisierte Bindung ist eine eher autistische Abwehrform, bei der das Kind auf Dissoziation und Selbstberuhigung verfällt, um bei überwältigender Bindungsangst einen Anschein von psychischer Integrität zu bewahren. Später kann man Versuche beobachten, Ängste durch Kontrolle anderer zu beherrschen.

Shaver und Mikulincer (2008) klassifizieren die unsicheren Bindungsstile Erwachsener eher anhand eines Spektrums, das von der Deaktivierung von Bindungsbedürfnissen (analog zur Vermeidung bei Kindern) am einen Ende bis hin zur Hyperaktivierung (ambivalent) am anderen Ende reicht. Mit dieser Dichotomie von Hyperaktivierung/Deaktivierung kann man die Beziehungserwartungen von Patienten erfassen, die diese meist ins Sprechzimmer mitbringen. Manche scheinen zu »mauern«, wirken cool, intellektuell, schildern ihre Probleme auf klischeehafte, kurz-angebunden wirkende Art und entziehen sich allen Nachfragen bezüglich Gefühlen. Andere wiederum überschwemmen sich selbst und den Therapeuten geradezu mit Emotionen, werfen Gegenwart und Vergangenheit durcheinander, geben dem Therapeuten kaum Gelegenheit, ihren Gefühlsschwall aufzuhalten oder Distress zu mildern, damit die Schwierigkeiten aus der Distanz und reflektierend betrachtet werden könnten. Die mit desorganisierter Bindung einhergehenden Schwierigkeiten behandle ich gesondert in Kapitel 10.

Therapeuten in ihrer täglichen Praxis sind alles andere als passive Beobachter, die in neutraler Weise ihren Patienten »Material« entlocken und völlig objektiv deren Probleme kommentieren. Es ist sogar wahrscheinlich, dass sie selbst eine unsichere Bindungsorganisation aufweisen, eher in Richtung zum hyperaktivierenden Extrem hin (Diamond et al. 2003). Therapeut und Patient begeben sich gemeinsam in einen Zyklus von Bindung und Exploration, in dem die Aktualität dessen, was der Therapeut anbietet und der Patient erhofft, durch lang gehegte Erwartungen und charakterliche Prädispositionen aufgewogen wird, die genau diesen Prozess des produktiven Sich-aufeinander-Einlassens auf die Probe stellen.

Malinckrodt et al. (2005) illustrieren, wie sich erfahrene Therapeuten auf die vom Patienten mitgebrachten Eigenheiten im Bereich von Bindung einstellen und diese nach und nach modifizieren. Sie vertreten den Standpunkt, dass eine erfolgreiche Therapie vor allem Übereinstimmung und »Konkordanz« (vgl. Racker 1968) auf Seiten des Therapeuten voraussetzt. Dies bedeutet, zumindest teilweise eine Rolle zu übernehmen, die ihm aufgrund der unbewussten Erwartungen des Patienten von diesem zugeschrieben werden. Dies mag sich zum Beispiel darin äußern, dass er bei deaktivierenden Patienten ein gewisses Maß an Intellektualisierung zulässt oder geduldig darauf vertraut, dass Gefühle allmählich vermehrt zum Vorschein kommen, zum Beispiel im Zusammenhang mit einem Urlaub: »Ich bin mit Unterbrechungen immer ganz locker umgegangen, ich habe mir gesagt, dass ein hart arbeitender Therapeut auch ein Recht auf Urlaub hat; jetzt ärgert es mich richtig, wenn Sie weg sind, und ich frage mich, warum Sie nicht da sein können.« Umgekehrt ist bei Patienten mit Reaktionen vom hyperaktivierenden Typ eine gewisse Flexibilität hinsichtlich der Grenzen des analytischen Settings sowie der Art, wie man auf bestimmte Bedürfnisse des Patienten reagiert, erforderlich: Briefe und SMS zwischen den Sitzungen zu akzeptieren und gelegentlich zusätzliche Stunden anzubieten kann dazugehören. Im Verlauf der Therapie arbeitet der Therapeut dann vermehrt komplementär (im Gegensatz zu konkordant), eine den Patienten eher herausfordernde Rolle, die maladaptive Erwartungen des Patienten nicht bedient und damit den Weg für psychische Reorganisierung frei macht. Sicher gebundene Therapeuten verändern die Bindungsunsicherheit ihrer Patienten, während unsicher gebundene diese eher verstärken.

Die therapeutische Beziehung kann, aus einer Bindungsperspektive betrachtet, als das Resultat zweier entgegengesetzter Kräfte betrachtet werden. Einerseits versucht der Therapeut, im begrenzten Rahmen der Therapie, eine sichere Bindungserfahrung zu ermöglichen, also Bindungsbedürfnisse zu identifizieren und zu befriedigen und Exploration zu erleichtern. Andererseits begibt sich der Patient mit Erwartungen, die durch frühere sub-optimale Fürsorgeerfahrungen geprägt sind, in diese Beziehung – unbewusst eine zurückweisende und/oder nicht vertrauenswürdige Bindungsperson erwartend – vornehmlich auf der Suche nach Sicherheit. Der Bindungsperspektive liegt die Annahme zu Grunde, dass die therapeutische Beziehung sowohl von der Dynamik ihrer Aktualität als auch von den verzerrenden Effekten der Übertragung gestaltet wird. Mit Fortschreiten der Therapie gewährleistet die beruhigende Präsenz des Analytikers, dass sich der Patient zunehmend exponiert und dadurch in die Lage versetzt wird, höhere Angstlevel zu tolerieren.

Emotionale Verbundenheit

Was macht eine potentiell sichere Basis »sicher«? Woher weiß ein Kleinkind, an wen es sich wenden soll, wenn Bindungsbedürfnisse aktiviert sind? Wie bilden sich Bindungshierarchien, an deren Spitze normalerweise die Mutter steht, gefolgt von anderen Verwandten wie Tanten, älteren Geschwistern, vom Vater, von den Großeltern und nichtverwandten »Allo-Eltern« (Hrdy 1999) wie Erziehern? Bei Erwachsenen: Ab wann wird aus Freundschaft »Liebe« und wie hängt diese mit dem Fundament einer sicheren Basis zusammen? (Als Versuch, dies zu erfassen, frage ich in Erstgesprächen routinemäßig, wen ein Patient in einer Krise oder in einem Notfall als erstes kontaktieren würde, und weiterhin, was »Liebe« für ihn bedeutet.) Damit zusammenhängend, wann ändert sich die Rolle des Therapeuten vom helfenden Fachmann hin zur unersetzlichen Bindungsfigur und wie geht dies mit dem Einsetzen eines »analytischen Prozesses« einher? Die Bindungsforschung kann zumindest einige dieser Fragen teilweise beantworten.

Konrad Lorenz ([1949] 1998), Bowlbys Mentor und Kollege, erlangte durch seine Prägungsexperimente Berühmtheit. Durch sie konnte er demonstrieren, dass Gänseküken jedes sich bewegende Objekt, dem sie ihren ersten Lebensstunden ausgesetzt waren, als ihre Mutter anerkennen und ihm folgen würden – ganz gleich, ob es sich dabei um ihre tatsächliche Mutter, Lorenz selbst oder sogar um einen Pappkarton handelte. Für die viel »elastischeren« Beziehungssysteme von Primaten und insbesondere beim Menschen scheinen diese zeitlich engen Prägefenster nicht zuzutreffen. Die essentiellen »Zutaten« bestehen bei diesen vielmehr aus kontinuierlicher intimer Nähe, Verfügbarkeit und einem »Wissen darüber« – einem Im-Geiste-gehalten-Werden während Abwesenheit von Bezugspersonen oder Unterbrechungen von Beziehungen, was für elterliche und partnerschaftliche Liebe so charakteristisch ist. Die Literatur zu Mutter-Kind-Studien legt nahe, dass Eltern, die als sichere Basis fungieren, die Bereitschaft zu Ansprechbarkeit (Slade 2005), Verlässlichkeit und Konsistenz, *mind-mindedness* (Meins 1999) und die Fähigkeit zum Reparieren von Brüchen der emotionalen Verbundenheit zwischen Elternteil und Kind besitzen (Tronic 1998). Diese einzelnen Fäden bilden, wie sich zeigen wird, den Webstoff für eine erfolgreiche therapeutische Beziehung.

Die emotionale Verbundenheit zwischen dem, der Fürsorge sucht, und dem anderen, der sie bietet, ist das Hauptmerkmal der sicheren Basis (Farber und Metzger 2008). Die Beschränkung, ausfernde Betonung oder Entkopplung dieses Verbundenseins führt zu den drei Varianten unsicherer Bindung. So wie bei sicheren Beziehungen ist die Bindungsperson auch bei unsicherer Bindung psychisch als diejenige präsent, die im Fall von Bindungsaktivierung aufgesucht wird. Allerdings herrscht hier eine Diskrepanz zwischen dem, was dringlich verlangt wird, und dem, was real verfügbar ist. Die Übertragungsanalyse in der Therapie ist als das Bestreben zu verstehen, die genauen Einzelheiten dieser Diskrepanz unter dem therapeutischen Mikroskop zu betrachten.

Kontingenz und Markierung

Kann man Analogien zwischen der therapeutischen Intimität und entwicklungspsychologischen Studien zu Eltern-Kind-Interaktionen herstellen? Gergely und Watson (1996) richten in ihrem bahnbrechenden Aufsatz das Augenmerk auf die Abfolge affektiver Interaktionen zwischen Eltern und Kindern. Sie zeigen auf, dass »Kontingenz« und »Markierung« im Kontext intensiven gegenseitigen Blickaustausches spiegelnde Interaktionssequenzen bilden, in denen gemäß Winnicotts (1971, S. 51) Beschreibung das »Gesicht der Mutter der Spiegel ist, in dem das Kind beginnt, sich selbst zu erkennen«.

Kontingenz beschreibt die Art, wie sich eine Bezugsperson zurückhält, bis das Kleinkind affektive Äußerungen initiiert. Ihre Antwort ist insofern »markiert«, als sie die kindliche verbale und mimische affektive Äußerung leicht übertrieben nachahmt. Wenn das Kind zum Beispiel ein wenig bedrückt ist, zieht die Mutter, während sie intensiven Augenkontakt zu ihrem Kind hält, ein Gesicht, das eine Karikatur kläglicher Trübsal ist, und sagt mit gehobener »Ammenstimme«: »Ach, uns geht es aber schlecht heute, nicht wahr?« Dabei spiegelt sie den Affektzustand des Kindes vermittels einer visuellen/auditiven Repräsentation. Damit gibt sie den

Anstoß, dass das Kind seine Gefühle erkennen und als ihm zugehörig empfinden kann.

Die Kontingenzerfahrung vermittelt dem Kind das Gefühl, eine Person mit Urheberschaft zu sein, die ihre interpersonale Welt beeinflussen und dort Prozesse in Gang setzen kann, und es entwickelt außerdem ein Verständnis für die dialogische Beschaffenheit von Interaktionen, die Sinn und Bedeutung transportieren. Durch Markierung werden Repräsentationen (zuerst im Gesichtsausdruck der Mutter, später vom Kind selbst re-repräsentiert) an die Handlungen und inneren Gefühlszustände des Kindes gekoppelt, wobei diese gleichzeitig als dem Kind und nicht der Mutter eigen gekennzeichnet werden. Dieser proto-linguistische Vorgang hat eine beruhigende, affektregulierende Wirkung.

Die interaktiven Sequenzen bestehen daher aus a) *Affektäußerung* des Kindes; b) *empathischer Resonanz* auf Seiten der Mutter, die in der Lage ist, sich in das Kind hineinzuversetzen; c) *Affektregulierung*, wobei der Elternteil in Abhängigkeit der kommunizierten Emotion auf das Kind entweder hoch- oder herunterregulierend einwirkt (stimulierend auf ein gelangweiltes, beruhigend auf ein gestresstes Kind). Dies resultiert in d) gegenseitiger Freude und gemeinsamer Verspieltheit oder, um Stern (1985) zu zitieren, dem Hervorrufen von »Vitalitätsaffekten« oder einer *Belebung*, die zu e) *explorativem Spiel* (*companionable interaction* bei Heard und Lake 1997) führt – kurz, zur »Exploration in Sicherheit«.

Ziel-korrigierte empathische Abstimmung

Ähnliche Sequenzen sind wohl auch in der Therapeut-Patient-Interaktion zu finden. McCluskey (2005) beschreibt mehrere empirische Studien, in denen sie Therapeuten in Ausbildung mit vorgeblichen Patienten filmt und dies kodiert. Dadurch kann sie belegen, dass ein Sich-auf-den-Patienten-Einstellen, also eine spiegelnde, *Affekt identifizierende* Reaktion durch den Therapeuten allein nicht für eine zufriedenstellende therapeutische Interaktion ausreicht. Weitergehende Schritte sind nötig, um Exploration und gemeinsames Interagieren zuzulassen. Die nächste Stufe bildet die Affektregulierung seitens des Therapeuten, wobei dieser den ihm kommunizierten Gefühlszustand durch seinen Gesichtsausdruck, den Ton seiner Stimme und nachdrückliches Hervorheben modifiziert oder »reguliert«: Behutsam geäußerte Gefühle von Traurigkeit werden verstärkt, unter Umständen ein gewisser aggressiver Aspekt dabei akzentuiert; manische Aufgeregtheit wird gemildert, nur vage Formuliertes pointiert wiederholt. Das Spiegeln bekommt dadurch etwas Dialogisches.

Dieses Vorgehen ist vergleichbar mit dem Schema bei Gergely und Watson

(1996). Ein Therapeut könnte beispielsweise sagen: »*Was* haben Sie gemacht?«; »Das hört sich *nicht gut* an«; »*Aua*«; »Es klingt so, als ob es Sie *jetzt im Moment* ziemlich traurig sind«; »Ich frage mich, ob hinter all dem nicht auch eine Menge *Ärger* steckt.« Ein historisches Beispiel stammt aus Freuds »Fall Dora«. In einer Fußnote beschreibt er, wie er die »genauen Worte« von Doras Äußerung wahrnahm, weil diese »mich stutzig machten« (vgl. Bollas 2007, S. 31, übersetzt anhand der deutschen Originalausgabe).

Es ist aufschlussreich, diese historische Darstellung mit Grotsteins (2007, S. 27) Bericht von seiner Analyse bei Bion zu vergleichen:

Nahezu jedes Wort, das meine Assoziationen beschrieb, wurde von ihm aufgegriffen, weiterverwendet und in neuen Formulierungen benutzt, so dass ich von ihm eine veränderte und irgendwie vertiefte Version dessen, was ich zuvor von mir gegeben hatte, zurückbekam. Das fühlte sich an, als ob ich mich in einer Echokammer oder einem Klangspiegel befand, wobei das von mir Gesagte verstärkt und gleichzeitig ediert wurde ... das, was ein klassischer Analytiker als Widerstand herausarbeiten würde, deutete er als Fokus großer Angst.

Der Therapeut ist also ein »Klangspiegel« oder Echogeber, der dem Analysanden sein Selbst präsentiert. Darüber hinaus wird »Widerstand« im Sinne von Angst begriffen, die reduziert werden muss, wenn die Analyse voranschreiten soll. Das heißt, zwei sehr verschiedene theoretische und epistemologische Standpunkte konvergieren in einer ähnlichen technischen Schlussfolgerung: Bions quasi-mathematische Sichtweise der Transformierung von Beta-Elementen durch die haltende Alpha-Funktion des Analytikers und bei Gergely die Verwendung der Mead'schen Theorie von Gestik und Selbstrepräsentation auf der Basis empirischer entwicklungspsychologischer Studien. Der gemeinsame Nenner ist die Affektregulierung und die Spiegelung als Zugang zum Selbstverständnis.

Wenn man dies in die Praxis des Behandlungsraums überträgt, vermittelt der Therapeut dem Patienten, dass er dessen Gefühlsäußerungen gehört und verstanden hat, ihre Intensität reguliert und ihnen implizit oder explizit etwas hinzufügt, etwa die der Manie zugrunde liegende Traurigkeit oder den bisher uneingestandenen Ärger als Bestandteil einer Depression. Die mit dem Verstandenwerden einhergehende Sicherheit führt zu einer Bereicherung des psychischen Erlebens beim Patienten. Dies wiederum ermöglicht eine gemeinsame Exploration von Inhalt und Bedeutung, die dem gerade aktuellen Thema innewohnen. McCluskey (2005) bezeichnet diesen Vorgang als *Ziel-korrigierte empathische Abstimmung* (ZKEA), als kontinuierlichen Prozess des Sich-aufeinander-Einstellens oder Zieljustierens zwischen Patient und Therapeut, während beide, emotional und thematisch, versuchen, die Affektzustände des Patienten und deren Ursprung zu durchdringen. Mentalisieren ist als Überbegriff zu sehen, der all diese Aspekte einschließt.

Ruptur und Reparatur

Die oben beschriebenen Interaktionssequenzen sind natürlich der Idealfall. Genauso wie Eltern und Partner und in der Tat jeder, der eine andere Person umfassend verstehen will, liegen Therapeuten regelmäßig »daneben«. Die Kategorien therapeutischen Handelns, die Tucket et al. (2008) als »plötzliche und krasse Reaktionen, die nicht gerade einfach mit der normalen Methode eines Analytikers überein gebracht werden können«, sind als Brüche zu verstehen, die auch im Bereich von Eltern-Kind-Bindung auftreten und dort als völlig normal und erwartbar gelten. In gut funktionierenden Dyaden werden diese Brüche wieder gutgemacht, sobald die Mutter auf die Signale von kindlichem Distress reagiert.

Die ZKEA-Sichtweise lehrt uns, dass Verstandenwerden Angst reduziert, Vitalitätsaffekte freisetzt und Exploration stimuliert. Missverstandenwerden dagegen steigert Ängste und führt zu Aversion, die Rückzugs- und Vermeidungsverhalten und/oder Abwehr und Ärger auslösen. Aber genauso wie Sicherheit bietende Mütter in der Lage sind, Fehler in Bezug auf das Eingehen auf ihr Kind wiedergutzumachen, ist auch die Fähigkeit, »Rupturen« in der Therapie zu »reparieren«, ein von Safran und Muran (2000) entwickeltes Konzept, mit guten Therapieergebnissen verbunden.

Bindungsforscher haben mithilfe des »Still-Face-Paradigmas« die Beziehung zwischen Bindungsstilen und der Qualität der Mutter-Kind-Dyade untersucht, wobei es zu einem kurzen, einminütigen Rückzug auf Seiten der Mutter kommt, wenn sie aufgefordert wird, ihren Gesichtsausdruck »einzufrieren« und danach den affektiven Kontakt wiederaufzunehmen (Crandell et al. 2003). Die Kinder sicher gebundener Mütter lassen sich von diesem Vorgang am wenigsten verstören. Kinder unsicherer Mütter hingegen reagieren mit selbsttröstendem Verhalten, indem sie im Spiegel ihr eigenes Gesicht betrachten, sobald die Verbindung zur Mutter unterbrochen ist. Aber sie nehmen im Allgemeinen den Kontakt nach der kurzen Unterbrechung wieder auf. Bei desorganisierten Kindern ist es am wenigsten wahrscheinlich, dass der Austausch mit der Mutter wieder aufgenommen wird, und selbsttröstendes Verhalten tritt am häufigsten auf. Dieser Gruppe gelingt es nicht, sich im Sicherheit vermittelnden Blick der Mutter wiederzufinden, sobald dieser wieder verfügbar ist.

Überträgt man diese Ergebnisse auf die Psychotherapie mit Erwachsenen, kann man schlussfolgern, dass Therapeuten hochsensibel auf die Reaktionen ihrer Patienten bei Unterbrechungen im Kontakt während einer Stunde wie auch bei den üblichen Unterbrechungen durch Urlaub oder Krankheit eingehen sollten. Obwohl psychoanalytische Psychotherapeuten speziell darin ausgebildet sind, Anzeichen »negativer Übertragung« im Blick zu behalten, legt die Befundlage nahe, dass Patienten gegenüber ihren Analytikern negative Gefühle genauso zurückhalten wie Patienten in anderen Therapiemodalitäten auch (Safran und Muran 2000). Die Bindungsperspektive postuliert, dass a) Missverständnisse in einer intimen Beziehung an der Tagesordnung und daher normal sind, dass b) deren Auswirkungen zum Teil von vorhergehenden Erwartungen und den Bindungsstilen beider Beteiligter abhängen und dass es c) nicht der Schwerpunkt therapeutischer Arbeit sein sollte, diese Missverständnisse auszuschließen, sondern sie unter die Lupe zu nehmen und wieder geradezurücken. Übertragungserwartungen spielen eine wesentliche Rolle in Bezug auf reguläre Fehler, Schwächen und persönliche Eigenarten – was auf die Therapieform und den Therapeuten zutrifft. Wenn Therapeuten »ausagieren« (wie verspätetes Beginnen einer Stunde, Müdigkeit, Unaufmerksamkeit, Aufdringlichkeit), muss dies auf eine Art zur Sprache gebracht werden, die nicht vermittelt, dass sich der Therapeut angegriffen fühlt. Solche Rupturen werden als »induziert« verstanden, oft außerhalb des Bewusstseins von Therapeut und Patienten (Wallin 2007), in der unbewussten Matrix, die jeder Bindungsbeziehung zugrunde liegt. Gemeinsames reflektierendes Durcharbeiten dieser Brüche stärkt die therapeutische Bindung und stellt an sich schon einen Faktor therapeutischen Fortschritts dar, indem es die Fähigkeit des Patienten zur Selbsterfahrung und dessen Geschicklichkeit, intime Beziehungen zu meistern, stärkt. Das folgende Beispiel soll dies illustrieren.

Miriam: Was nicht »hilfreich« ist

Miriam, Mitte 30 und Single, Computerprogrammiererin, begab sich aufgrund einer Depression in Behandlung; außerdem wollte sie gern verstehen, warum es für sie so schwierig war, einen durchaus ersehnten Partner zu finden, mit dem sie ihr Leben teilen konnte. Ihre Kindheit kam mit der Scheidung der Eltern zu einem abrupten Ende. Danach sah sie von ihrem kontrollierenden zwanghaften Vater, der noch dazu ein Geizhals war, recht wenig – abgesehen davon, dass sie im anschließenden unangenehmen Sorgerechtsprozess als Zeugin befragt wurde. Ihre Art, damit umzugehen, war von emotionalem Rückzug und Karrierebezogenheit gekennzeichnet.

Während des Erstgesprächs empfand der Therapeut großes Mitgefühl und den

Wunsch, dieser beherzten Frau ein »guter Vater« zu sein – ihre Suche nach einem liebenden Partner zu unterstützen, ihr das Gefühl von Attraktivität zu vermitteln und stolz auf das von ihr Erreichte zu sein. Das Ausmaß dieser Gegenübertragungsgefühle ließ auf abgespaltene Versorgungsbedürfnisse schließen, die Miriam, um psychisch überleben zu können, verdrängt hatte. Sie stellten außerdem ein durchaus gerechtfertigtes, gegenübertragungsfreies Ansinnen an jeden mit ihr arbeitenden Therapeuten dar. Sie brauchte tatsächlich eine Sicherheit gebende Person, mit der sie ihre Sehnsucht nach Liebe wie auch die Wut über deren Ausbleiben näher betrachten konnte. Wurde sie jedoch ermuntert, diese Gefühle genauer zu erforschen, fühlte sie sich unter Druck gesetzt und reagierte sehr aufgewühlt. Das, wonach sie so sehr verlangte, löste gleichzeitig größte Ängste aus. Der erste Schritt bestand also darin, diese Ängste anzuerkennen und zu mindern (hauptsächlich durch einen wohlwollenden Tonfall und abwartenden, nichtbedrängenden Zugang zu ihr), bevor eine tiefergehende Exploration in Angriff genommen werden konnte.

Im Idealfall hätte sie zunächst durchgearbeitet, wie wenig sie anderen Menschen allgemein (Therapeuten eingeschlossen) vertrauen konnte, und einen Zusammenhang mit ihrem Vater und ihrer wenig verfügbaren Mutter hergestellt. Ein Verständnis für ihre unbewusste »Wahl« nicht vertrauenswürdiger Männer, die ihre negativen Erwartungen bestätigen würden, hätte sich im Falle von besser tolerierbaren Angstniveaus einstellen können. Stattdessen ließ sich der Therapeut zu handfestem Ausagieren verleiten, wenn auch mit guter Absicht. Er wollte der gute Vater, den sie nie hatte, *sein*. So geschah es, dass er ihr vorschlug, doch eine Therapeutin aufzusuchen, die ihr höherfrequente Sitzungen in ihrer Nähe anbieten könne. Es war keine große Überraschung, dass sie darauf nicht mit größtem Enthusiasmus, sondern vielmehr recht verstört reagierte und einigen nachfolgenden Sitzungen fernblieb.

Nachdem eine sicherere Bindungsbeziehung wieder etabliert werden konnte, waren Therapeut und Patientin in der Lage, diese Episode als Wiederholung der elterlichen Scheidung zu verstehen, als sie vom Vater verlassen und an die Mutter weitergereicht wurde. Dies verstärkte bei ihr das Gefühl, unerwünscht zu sein, vergrößerte ihre sexuelle Unsicherheit und forcierte ihren emotionalen Rückzug. Der Therapeut hatte nicht nur dahingehend versagt, als sichere Basis zu fungieren, sondern auch durch unbewusstes Ausagieren seiner bedrohlich starken Gegenübertragungsgefühle und der negativen Erwartungen seiner Patientin an sich selbst und ihre Fähigkeit, Zuwendung bei den Menschen zu erwirken, deren Aufgabe es ist, sich um sie zu kümmern, aktiv Unsicherheit verstärkt.

Miriams anfänglich unerträgliche Bindungsangst hatte in diesem Beispiel zur

Konsequenz, dass Exploration wirkungsvoll verhindert wurde: »Ich kann nicht wirklich frei sprechen, ich fühle mich so unter Druck gesetzt.« Während es hier unmöglich war, über ihre Gefühle zu sinnieren, äußerten sich diese mittels projektiver Identifizierung oder in der »Gedankensprache« des Therapeuten. Miriam kommunizierte unbewusst ihre Sehnsucht nach einem guten Vater, die sich in der »positiven« Gegenübertragung ihres Therapeuten äußerte und als Wunsch zu schmerzlich war und mit der tatsächlichen Abwesenheit ihres Vaters in Verbindung stand, anstatt diese Sehnsucht bewusst zu erleben. Ihre Bindungsangst war so stark, dass weder sie noch der Therapeut imstande war, klar zu denken (zu mentalisieren) – er konnte keine sichere Basis bieten, und ihr fehlte eine solche, an die sie sich hätte wenden können. Damit waren Tür und Tor zum »Ausagieren« geöffnet, wobei der Therapeut die Zurückweisung durch den Vater mit der angeregten Überweisung zu einer »angenehmeren« (weniger angstauslösenden?) Therapeut*in* re-inszenierte. Indem Miriam von einem passiven in einen aktiven Verhaltensmodus überging, äußerte sie ihre Verlassenheitsgefühle indirekt durch das Versäumen ihrer Sitzungen.

»Väterliche« Aspekte der Bindungs- und therapeutischen Beziehung

Zu den ersten Ergebnissen, die der Bindungsforschung (Ainsworth et al. 1978) zu verdanken sind, gehörte der Befund, dass die mit der Fremden Situation ermittelte Bindungsklassifikation nicht mit Temperament assoziiert, sondern ein beziehungsspezifisches Merkmal ist: Einjährige Kinder waren sicher bezüglich ihrer Mutter, aber unsicher hinsichtlich ihres Vaters oder umgekehrt gebunden (im Alter von 30 Monaten scheint die Bindung zur Mutter ausschlaggebend zu sein; Ainsworth et al. 1978). Der Rolle der Bindung zum Vater wurde vergleichsweise wenig Beachtung geschenkt, im Falle der Forschung zu desorganisierter Bindung, weil leider die meisten untersuchten Kinder bei allein erziehenden Müttern lebten (Lyons-Ruth und Jacobvitz 2008). Die Longitudinalstudien der Grossmanns bilden hier eine Ausnahme (Grossmann et al. 2005), denn sie belegen, wie groß während der Kindheit der Anteil der Väter an der Entstehung sicherer Bindung ihrer Kinder ist, gemessen im jungen Erwachsenenalter. Der Einfluss beider Elternteile zusammen ist außerdem größer als die Summe der Einflüsse von Mutter und Vater allein. Die Grossmanns unterscheiden zwischen »mütterlicher« und »väterlicher« Rolle (die, um jegliche sexistischen Implikationen dieser Dichotomie zu vermeiden, treffender als »sicherheitgebend« und »ermutigend« reformuliert werden sollten). Wenn Väter aufgefordert sind, mit ihren Kindern eine handwerkliche oder sportliche Aufgabe zu meistern (ihnen zum Beispiel das Schwimmen beizubringen), dann geben Sicherheit vermittelnde Väter ihrem Nachwuchs eine Botschaft wie »Du schaffst das schon« auf den Weg, stellen eine schützende Atmosphäre her, in der sensomotorische Entwicklung statthaben kann. Im Experiment der Fremden Situation neigen Väter zu kurzen Ausbrüchen von Aktionismus und intensivem Ablenken, um ihre Kinder zu beruhigen, im Gegensatz zum eher sanften Crescendo und Diminuendo von mütterlichem Trost und beruhigender Umarmung.

Mütterliche Sensitivität allein hat sich in Studien zur Kindesentwicklung als unzureichend herausgestellt, um das Phänomen von Sicherheitsvermittlung aufzuklären; auch die Dimension »Alles im Griff haben« trägt zur Varianzaufklärung bei, was nicht nur Schutz an sich, sondern ebenso die Präsenz eines kompetenten Erwachsenen in der kindlichen Erlebniswelt des Spielens reflektiert. Diese Auffassung kommt der Wygotski'schen Theorie der »Zonen der nächsten Entwicklung« recht nahe, wonach ein Kind sich solchen Aufgaben zuwendet, die weder zu leicht noch zu schwierig zu bewältigen sind (Leiman 1995), sowie einem physischen »zu verteidigenden Raum«, der das Kind umgibt und dessen Schutz in die Verantwortlichkeit der Eltern fällt. Therapeuten stellen in Anlehnung daran einen therapeutischen Raum zur Verfügung (der darüber hinaus ein »zeitlicher Raum« ist, vgl. Lakoff und Johnson 1980) und haben Freuds Rat (1914g) beherzigt, dass Deutungen auf die momentan aufkommenden Gedanken abzielen und weder zu »tiefgehend« noch zu oberflächlich sein sollten.

Effektive Psychotherapie hat eine beruhigende wie auch ermutigende Funktion. McCluskey (2005, S. 87) drückt dies, mit Verweis auf Heard und Lake (1997), in ihrer Betonung des *ziel*-orientierten Aspekts von Exploration aus. Für sie kommt der Effekt sicherer Bindung durch effektive Linderung von Bindungsverhalten zustande,

> was der wirkungsvollen Fähigkeit einer Person, ihre Umwelt zu beeinflussen, entspricht ... Das, was für jemanden, der Fürsorge bedarf, wichtig ist ... ist eine Beziehung mit einer Person, durch die man das Gefühl bekommt, mit oder ohne Hilfe, seine Ziele zu erreichen; oder falls diese nicht realisierbar sind ... durch dieses Zusammensein ein Gefühl des Wohlbefindens (vgl. »*Vitalitätsaffekte*«), das aus dem intensiven Kontakt mit dieser Person entsteht, die *benennen* kann, was man empfindet, anstatt es zu leugnen, ändern zu wollen oder davor flüchten zu wollen. (meine Hervorhebungen)

In der westlichen Welt wird das Benennen von etwas als väterlich/maskulin betrachtet. In Henry Reeds (Gardner 1972) bekanntem Gedicht über den Zweiten

Weltkrieg, *Naming of Parts*, wird ein in Gedanken versunkener Gefreiter von seinem Unteroffizier instruiert, sein Gewehr auseinanderzunehmen, zu reinigen und wieder zusammenzusetzen. Dabei driftet er immer wieder ab und verliert sich in (mütterlich-gefärbten) Tagträumen über den Duft und Anblick der ihn umgebenden Blumen:

> Heute ist das Benennen der einzelnen Teile dran. Gestern
> Hatten wir tägliches Saubermachen. Und morgen Schießen. Aber heute,
> Heute ist das Benennen der einzelnen Teile dran. Japonica
> Schimmert wie Korallen in all den Gärten der Nachbarn,
> Und heute ist das Benennen der einzelnen Teile dran.

Lacans geistreicher Gleichklang »le nom (non) du père« (der Name des Vaters; das Nein des Vaters) drückt ein »negatives« väterlich-ödipales Verbot aus, das der kindlichen Phantasie, mit der Mutter zu verschmelzen, ein Ende setzt. Ihm wohnt aber gleichermaßen auch etwas »positiv« Befreiendes inne – die linguistische Funktion, eine andere Perspektive mit mehr Abstand einzunehmen, eine Erfahrung besser wahrnehmen und verarbeiten zu können und damit letztlich das eigene Selbst umfassender zu verstehen (was in westlichen Kulturen die Übernahme des väterlichen Familiennamens einschließt). Um die Ängste der Patienten zu mildern, reicht es nicht aus, als Therapeut empathisch zu sein, sondern er muss ihnen auch ein Gefühl vermitteln, dass die Dinge zu bewältigen sind (Bewältigung im übertragenen Sinn mit einem »väterlichen« Grundton) – ein Gefühl, dass der Therapeut weiß, was zu tun sei, den therapeutischen Rahmen fest einhält (ohne kontrollierend zu sein) und entspannt genug ist, die eigenen Gefühle zu mentalisieren. Kompetenz und Empathie schließen sich hier nicht gegenseitig aus (so wie es implizit in Reeds Gedicht der Fall ist), sondern kennzeichnen eine gute »Ur-Verbindung«[3] von Sensibilität und Befähigung, auf deren Basis der Patient beginnen kann, seine Lebensprobleme anzugehen.

Die »psychoanalytische Grundregel«

Ein Merkmal sicherer Bindung, ob nun zwischen Eltern und Kind oder zwischen Partnern, ist die immer mögliche offene Kommunikation (»ich kann meiner Mutter/meinem Mann alles sagen und weiß, dass sie/er mich dafür nicht verurteilen

---

3 Im Original »primal marriage«, in Anlehnung an den analytischen Begriff Urszene. [Anm. d. Übs.]

wird.«). Der Romancier Joseph Conrad beschrieb in *Nostromo* ([1904] 1995) die Intimität zwischen zwei Menschen als

> die freie unreservierte Expression vor einem anderen menschlichen Geschöpf aller Gedanken und Empfindungen; als all die ziellose und nötige Aufrichtigkeit des eigenen innersten Daseins in dem Ansinnen, auf die Sympathie einer anderen Existenz zu reagieren.

Die Freud'sche Grundregel (Aufforderung an den Patienten, alles zu äußern, was ihm durch den Kopf geht, ganz gleich wie unwichtig oder peinlich es ihm auch erscheinen mag) lässt sich als Versuch begreifen, eine ähnliche Kultur im Behandlungszimmer zu etablieren. Ein Großteil der Arbeit psychoanalytischer Psychotherapie besteht darin, Barrieren, die diese freie Kommunikation behindern, zu erkennen und aus dem Weg zu räumen. »Freies Assoziieren« bedarf daher einer interaktiven Kultur, in der der Therapeut abwartet und den Patienten den Anfang machen lässt. Erst wenn eine Sicherheit gebende Sphäre hergestellt ist, kann eine uneingeschränkte Kommunikation erfolgen, was oft erst dann der Fall ist, nachdem die unzähligen Manöver, mit denen ein Patient gewöhnlich emotionale Nähe zu Gunsten von Sicherheit vermeidet, erkannt und genauer betrachtet worden sind.

Bollas (2008) beklagt, dass freie Assoziation in der derzeitigen psychoanalytischen Praxis ihren Stellenwert verloren hat. Die Ursache sieht er in einer Überbetonung der Übertragungsdeutungen und der allzu starken Beschäftigung mit ihnen. Das Gütesiegel »guter« Analyse verdient aus seiner Sicht eine solche, die den Fluss freier Assoziation ermöglicht. Auch wenn eine excessive Fokussierung auf Deutungen vom Typ »die andere Person bin eigentlich ich, der Analytiker«[4] einige eher rigide Analytiker verwirren mögen, ist kein intrinsischer Widerspruch zwischen Übertragungsdeutung und freier Assoziation zu erkennen. Für Freud selbst war es nur dann ratsam, Übertragungsphänomene zu deuten, wenn diese den Fluss freien Assoziierens unterbrachen. Deutungen kann man also als Hilfsmittel betrachten, bestimmte Stellen zu erkennen, an denen sich der Patient in der Gegenwart des Analytikers unsicher fühlt. Eine Deutung, mit deren Hilfe ein schmerzvoller Affekt zur Sprache kommt und verständlich wird, bereitet – wenn auf den Übertragungskontext bezogen – den Weg für Exploration, sobald größere Sicherheit/Intimität wiederhergestellt ist.

Bisher habe ich die therapeutische Beziehung mit all ihre Aspekten in den Mittelpunkt gerückt, ohne genauer auf die Prozesse einzugehen, mit deren Hilfe Bedeu-

---

4 Im Original »you mean me«. [Anm. d. Übs.]

tungszusammenhänge erstellt und ein psychisches Gesunden des Patienten ermöglicht werden können. Diese Dreiteilung ist natürlich insofern willkürlich herbeigeführt, als ein tragendes therapeutisches Bündnis an sich schon ein Faktor ist, der zur psychischen Besserung beiträgt und von manchen gar damit gleichgesetzt wird (Stiles 1990). Auf ähnliche Weise kann eine vom Patienten empfundene positive Veränderung seines Zustandes genauso wie ein tiefergehendes Wissen um die Sinnhaftigkeit der durch Therapie angestoßenen Prozesse die therapeutische Verbindung nur stärken – so wie die Reflexion über diese spezielle Allianz ein zentraler Teil des Verständnisprozesses an sich ist. Dennoch: Ohne eine sichere Bindungserfahrung kann eine Veränderung nicht stattfinden. So treffsicher Deutungen auch sein mögen – solange der Analytiker nicht als sichere Basis wahrgenommen werden kann, finden sie kein Gehör. Die nächste Aufgabe besteht also darin, genauer zu ergründen, was Bindung zum Verständnis therapeutischer Prozesse von Bedeutungszuschreibungen oder Sinngebung beitragen kann, und das betrachten die meisten analytischen Therapeuten als Kernbestandteil ihrer Arbeit.

KAPITEL 4 | BEDEUTEN

Allen Therapieformen, von volkstümlichen Heilansätzen über Schamanenrituale bis hin zur Psychoanalyse selbst, ist gemeinsam, dass sie Bedeutungszusammenhänge herstellen *(meaning making)*. Alle versuchen, die intrinsische Unordnung oder Unfassbarkeit, die eine physische oder psychische Erkrankung mit sich bringt, zu erklären und damit verständlich zu machen (Holmes und Bateman 2002). Allein das Angebot eines Erklärungsrahmens reduziert schon die Angst und bietet außerdem eine Art Gerüst für weiteres Explorieren, sobald die Bindungsangst gemildert ist. Ein Symptom oder eine schwierige Erfahrung wird in ein neues Erklärungssystem oder -modell überführt und damit »umformuliert« (ein Begriff aus der systemischen Therapie), und damit fällt es dem Patienten leichter, sein psychisches oder physisches Leiden einzuordnen und diesem einen »Sinn« zu geben. »Sinn« in diesem Kontext heißt, dass seine Bedeutung über bloßes kognitives Verstehen hinausgeht und letztlich körperlichen Empfindungen entspringt.

Die Suche nach Bedeutung oder Sinn, die der Psychoanalyse innewohnt, unterscheidet diese noch nicht von anderen Therapien. Ihr wichtigster Beitrag liegt a) in der idiographischen Suche nach spezifischer und individuell relevanter Bedeutung; sie greift nicht auf vorgefertigte diagnostische Kategorien zurück (auch wenn diese wie etwa »ödipal«, »prä-ödipal« nicht gänzlich vermieden werden) und b) in dem konzeptionellen Rahmen, den sie für das Erforschen unbewusster, auf Beziehungen fokussierender und die persönliche Entwicklungsgeschichte berücksichtigender Bedeutung bietet. Im Folgenden betrachte ich jeden einzelnen Punkt genauer.

Unbewusste Bedeutung

In der heutigen psychoanalytischen Debatte kann man mindestens vier verschiedene Konnotationen mit der Idee des Unbewussten in Verbindung bringen. Im klassischen Sinne wird von einem Urtrauma ausgegangen, wobei sich das Kleinkind seiner absoluten Verletzlichkeit in Bezug auf den nährenden Körper der Mutter ausgesetzt sieht. Das Bewusstsein dieser Hilflosigkeit, im Einklang mit der unscheinbar wahrgenommenen, aber als gleichermaßen traumatisch empfundenen Intrusion ihrer Sexualität (vgl. Kapitel 9) führt zur »primären Verdrängung«. Gedanken und Gefühle der Angst und des Begehrens, die eine fragile kindliche Psyche ansonsten überfordern würden, werden dabei auf radikale Weise aus dem Bereich der Wahrnehmung verbannt. Die »Beseitigung« dieser undenkbaren Gedanken konstituiert die Ursprünge des Unbewussten, eines Teils der Psyche, der nicht direkt in Erscheinung treten kann, das Bewusstsein aber auf dem Umweg über Träume, Psychosen oder sämtliche Formen von Kreativität erreicht. Aus bindungstheoretischer Sicht kann dies als eine Art dunkle Vorahnung des Kindes verstanden werden, dass sein Überleben völlig von der Mutter abhängt.

Der neokleinianische Ansatz (Hinshelwood 1994) geht in ähnlicher Weise von einem für die kindliche Psyche intolerablen Trauma aus. Allerdings sind es hier die kindlichen Gefühle von Wut und Neid bezüglich der als unentbehrlich erlebten – jedoch autonomen und nicht zu kontrollierenden – Brust und nicht die mit dieser assoziierten sexuellen oder Sicherheit gebenden Apekte, die nicht bewusst werden dürfen. Verdrängung ist ein Mittel, dies zu erreichen. Viel wichtiger sind allerdings Prozesse von Spaltung und Projektion, mit denen unerwünschte Gefühle in eine andere Person verlagert werden. Das kann durchaus die liebende Mutter/Brust selbst sein, die dann bei der Re-Introjektion dieser Gefühle eine wichtige Rolle spielt. Wenn dieser Mechanismus fehlschlägt, werden andere – ohne davon zu wissen – im Dienste des psychischen Überlebens in die Pflicht genommen. Dieses Phänomen, das auch als »exzessive projektive Identifizierung« bezeichnet wird, tritt besonders häufig bei komplexen und gestörten Geisteszuständen auf (vgl. Kapitel 10), kann allerdings auch sonst die Oberhand gewinnen, wenn das Angstniveau eine nicht mehr handhabbare Höhe erreicht wie im zuvor geschilderten Fall Miriam.

Folgt man einer dritten Anschauung, meist einer neujungianischen oder der Winnicott'schen Variante der Objektbeziehung, so ist das Unbewusste weniger ein Behältnis für alles, was unerträglich erscheint, sondern vielmehr Quell von Kreativität und Energie. Die Aufgabe des bewussten Teils der Psyche besteht hier eher darin, in freudvoller Übereinstimmung mit dem Unbewussten zu kooperieren – die Basis für gesundes/kreatives Leben – und nicht von schmerzlicher Einsicht in die Macht des Unbewussten getragen zu sein.

Viertens, und dies bedeutet eine radikale Abweichung von Freuds ursprünglichem Konzept, offeriert der in diesem Buch vertretene relationale und von der Bindungstheorie inspirierte Ansatz ein Verständnis des Gegensatzes von »bewusst« und »unbewusst«, der mit Begriffen wie Verdrängung und Spalten/Projektion nicht vollständig erfasst werden kann. Diese Prozesse sind tatsächlich notwendig, um schmerzhafte Gefühle, besonders solche, die im Zusammenhang mit ungünstigen Entwicklungspfaden im Kontext von Traumatisierung oder Vernachlässigung stehen, auf Distanz zu halten. Das »Freud'sche Unbewusste« ist aber nunmehr eine

Facette der *alles durchdringenden* Unbewusstheit mentaler Vorgänge, ganz gleich ob diese durch intrinsische Automatismen (wie beispielsweise Verdauungsvorgänge), Verdrängung oder die Abwesenheit von Mentalisierungsfähigkeit gekennzeichnet sind. Die Paviane bei Cheney und Seyfarth (2007) mit ihrer »Gedankensprache« sind »bewusstlos«, weil ihnen ihr Bewusstsein nicht gegenwärtig ist, und trotzdem müssen sie, solange sie im Wachzustand sind, beständig über soziale Beziehungen nachdenken (und vielleicht sogar diese »unbewussten Gedanken« im Schlaf weiterverarbeiten, weil Tiere, wie wir wissen, träumen können). Aber diese Gedanken werden weniger verdrängt als vielmehr schlicht nicht geäußert.

Was diese säkulare Auffassung von Psychoanalyse umtreibt, ist nicht so sehr »das Unbewusste« als vielmehr das Bewusstsein selbst. Das derzeit große Interesse an Konzepten wie *mindfulness* (Mace 2008) und an Therapieansätzen, die die Mentalisierungsfähigkeit fördern, bezeugt dies. Damit ist es zum Therapieziel geworden, das Bewusstsein im umfassenden Sinne zu erweitern, verstanden als Erwerb einer sozialen Fertigkeit, und nicht mehr, unbewusstes Material aufzudecken. So wie die »Gedankensprache« den Pavianen hilft, ihr begrenztes und dennoch emotional aufgeladenes soziales Umfeld zu verstehen, ermöglicht den Menschen das Gewahrwerden von Bewusstsein, ein glücklicheres, erfolgreicheres und effizienteres Leben (im evolutionären Sinne) zu führen als andere, bei denen diese Fähigkeit weniger ausgeprägt ist. Wer positive, gelungene Entwicklungserfahrungen sammeln durfte, gibt diese im Schoß der Familie weiter, und wem diese Erfahrungen verwehrt blieben, der braucht unter Umständen eine Psychotherapie, um solche Erfahrungen »nachzuholen«.

Der Bedeutungsbegriff in Beziehungen

Die Bedeutungsschemata und Muster als Basis psychoanalytischer Arbeit sind interpersonaler oder relationaler Natur: Sie beschäftigen sich damit, was eine Person *in der Begegnung mit* einer anderen fühlt – Liebe, Neid, Begierde, Hass, Unterlegenheit, Ablehnung, Erregung, Angst etc. Selbst wenn das Symptom, aufgrund dessen eine Behandlung begonnen wird, vom Wesen her intrapsychischer Art ist, etwa bei einer Depression, kann es psychoanalytisch in einen Beziehungskontext übersetzt werden. Wie von Freud (1916 – 1917 g) konzeptualisiert, kann man den bei Depression auftretenden Selbsthass als nach innen gewandte Feindseligkeit gegenüber einer anderen Person begreifen. Aus Sicht der Bindungstheorie ist Depression mit Verlust assoziiert und spiegelt Hoffnungslosigkeit und Trennung in Folge eines Verlassenwerdens durch eine Bezugsperson wider. Daran kann man die Bedeutung der Übertragung festmachen, denn gerade in der Beziehung zum Analytiker finden sich Hinweise auf die wiederkehrenden (und daher charakteriologischen) Beziehungsmuster, die dem Problem des Patienten zugrunde liegen.

Ob *jedes* noch so winzige Detail, das der Patient ins Behandlungszimmer bringt, Material für Übertragungsdeutungen darstellt, darüber lässt sich streiten (Budd 2008). Es ist durchaus möglich, dass Übertragungsdeutungen, indem sie dem Therapeuten ein Gefühl vermitteln, die Situation zu beherrschen, ihren positiven Effekt erzielen, weil sie ihm eine beständige und kohärente Richtschnur bieten. Dies wirkt genauso beruhigend auf den Patienten, was, wie ich oben ausgeführt habe, allein schon das Gefühl von Sicherheit fördert. Bedeutung (verstanden als »den Dingen einen Sinn geben«) entsteht – unabhängig vom jeweiligen Erlärungsmodell – dadurch, dass der Therapeut eine sichere Basis ist; bei einem sicheren Therapeuten erhöht sich die Wahrscheinlichkeit, dass diese sichere Basis effektiv und verlässlich ist.

Für den Therapeuten ist es ein Balanceakt, einerseits das Nichtwissen, oder wie Keats es nannte: »die negative Befähigung«, die implizit in Bions Imperativ über »Gedächtnis und Wunsch« hinaus enthalten ist, auszuhalten und andererseits ein Bedürfnis zu verspüren, mit dem Patienten gemeinsam Bedeutungszusammenhänge herzustellen. Der Therapeut ist beständig bemüht, in jeder Sitzung oder vielmehr in jedem Augenblick einer Sitzung auf eine Psychodynamik (eine Mini-Theorie oder Hypothese) hinzuarbeiten, mit deren Hilfe sich das zwischen ihm und dem Patienten im Moment Geschehende sowie dessen sonstiges Leben sinnvoll erschließen. Der rekursive Aspekt des Mentalisierens besteht darin, dass das Verständnis dieser Dynamik immer nur vorläufig ist, offen für »Visionen und Revisionen« (Eliot 1988) und damit selbst Bestandteil des dynamischen Verstehensprozesses.

Mehr zu Miriam

Miriam fühlte sich, wie oben schon geschildert, in der Therapie gehemmt und in Verlegenheit oder unter Zugzwang gebracht. Sie beschrieb in einer Sitzung, wie schwierig es für sie sei, in Gesellschaft eines anderen das zu tun, wonach ihr gerade war, und dies, obwohl sie, wenn sie allein war, ihre Bedürfnisse klar benennen konnte. Als Beispiel schilderte sie, wie sie sich auf der Suche nach Stoffen für ihr neues Haus während des Einkaufens mit einer Freundin zu etwas überreden ließ, das gar nicht ihrem Geschmack entsprach. In seinen Gedankengängen dazu ließ sich der Therapeut von »Malans Dreieck« (Malan und Della Selve 2006) leiten. Während er im Stillen eine Verbindung zwischen Gegenwart und der Vergangenheit herstellte, überlegte er, ob der Prototyp dieser bestimmten Schwierigkeit in der Beziehung zu Miriams Vater lag. Diesen hatte sie als kontrollierend und ausfällig erlebt und die damit assoziierten Ängste hinderten sie daran, klar zu denken. In dem Versuch, das »Dreieck« zu vervollständigen, befasste er sich dann mit der dritten Seite des Konfliktdreiecks, Miriams momentaner Situation beim Therapeuten und der Frage, ob diese den therapeutischen Prozess hemmte. Er sagte: »Ich frage mich, ob das jetzt gerade einen Einfluss auf uns hat. Wenn ich nicht hier hinter Ihnen und der Couch säße, würde es Ihnen vielleicht überhaupt nicht schwerfallen, Ihre Gedanken zu denken.« Sie lachte zustimmend, was zu einer Neuausrichtung der Dynamik führte: Basierend auf den gerade beschriebenen Beobachtungen schien Intimität – wegen der desorganisierten Bindungsqualität – Bindungsängste eher zu verstärken als zu mildern. Danach explorierte der Therapeut weitere Details der chaotischen Kindheit, die sie durchlitten hatte.

Bedeutung im Kontext (psychischer) Entwicklung

Psychoanalytisches Verständnis oder psychoanalytische Bedeutungszusammenhänge sind in aller Regel von einem Entwicklungskontext geprägt, insofern Gefühle, die einem Erwachsenen unverständlich (d. h. sinn-los) erscheinen, erst dann einen Sinn ergeben, wenn sie in eine Kindheitsperspektive übersetzt werden. »Übersetzung« ist dabei als linguistische Metapher zu sehen, deren Ursprung die Bewegung eines Objekts im Raum wie auch in der Zeit umfasst. Das ist auch der Grund, warum Beobachtungen an Kindern Teil der psychoanalytischen Ausbildung sind. Dabei lernen die Kandidaten, prä-verbale Gestiken und Interaktionen bei denen, die noch »sprachlos« sind, zu verstehen.

Die Rolle erlittener Traumata im frühen und späteren Kindesalter (Vernachlässigung; physischer, emotionaler oder sexueller Missbrauch; Verlust und Trauer) in Bezug auf spätere psychische Probleme lässt sich in die zwei Aspekte unterteilen: a) Defizite in der Fähigkeit des kognitiven und affektiven Apparats des Kindes, ein Trauma vollständig zu verstehen und es »abzuwehren«, und b) Defizite der »Umwelt« (d. h. der Bezugspersonen), dem Kind im Umgang mit dem Trauma wirkungsvoll zu helfen, ganz besonders dann, wenn Bezugsperson und Täter ein und dieselbe Person sind. Eine Therapie bietet den Raum dafür, schmerzliche Affekte wieder aufleben zu lassen, häufig indem schwache Echos der traumatischen Situation in der Übertragung hörbar werden (vgl. Casement 1985), über die nun innerhalb der benignen therapeutischen Beziehung reflektiert werden kann. Wird Angst so weit reduziert, dass sie tolerierbar ist, dann kann der Patient die mit dem Trauma assoziierten Ohnmachtsgefühle mit Hilfe des Mentalisierens so verarbeiten, dass sich die Chance zu deren Bewältigung eröffnet.

Unbewusste Bedeutungen sind per definitionem implizit. Zu den unverwechselbaren Aspekten des psychoanalytischen Ansatzes gehört die Sichtweise, dass kein Erklärungsrahmen der bewussten Psyche vollständig zugänglich ist. Wie von Freud in seiner Analogie vom »blinden Fleck« im Gesichtsfeld hervorgehoben, muss auch jedes reflektierte Selbst einräumen, dass es immer Lücken in seiner Selbstwahrnehmung geben wird. Psychoanalytiker gehen davon aus, dass vieles, wie sehr man auch »durchanalysiert« sein mag, unverstanden bleibt und nie verständlich wird. Psychoanalyse ist eine reflexive Spiegelkammer (vgl. Kapitel 9) und genauso ein »Strahl intensiver Dunkelheit« (Grotstein 2007).

Sprache

Wie entsteht Bedeutung während des verbalen Schlagabtauschs in der psychoanalytischen Arbeit? Zuallererst, indem der Sprache große Aufmerksamkeit geschenkt wird. Freud betrachtete die der Sprache innewohnende Mehrdeutigkeit von Beginn an als Zugang zum Unbewussten; Wörter bildeten für ihn Weichen oder Verbindungspunkte zwischen bewussten und unbewussten Gedanken oder, um eine heutige Metapher zu verwenden, Knotenpunkte in neuronalen Netzwerken (Gabbard 2005). Die Analyse linguistischer Vieldeutigkeit wurde besonders von Autoren der Unabhängigen britischen Schule wie Sharpe (1940) oder Rycroft (1985) und der Lacanschen Psychoanalyse (Zeal 2008) hervorgehoben. Um ein nichtklinisches Beispiel heranzuziehen: Der Kommentar eines Radiomoderators gegenüber seinem Befragten lautete: »Ich bin entzückt zu hören, dass Sie meine Leidenschaft für Chopin teilen.« In einem klinischen Setting würde dies einen gewissen Grad von Narzissmus andeuten und eine weniger selbstbezogene Person hätte sich eher wie folgt geäußert: »Offenbar teilen wir eine Leidenschaft für Chopin« oder: »Uns beiden ist eine Begeisterung für Chopin gemeinsam.«

Tucket et al. (2008) bezeichnen einige Interventionen als »ungesättigt« und »polysemisch« von Seiten des Analytikers. »Ungesättigt« bezieht sich auf Bions (1988) chemische Metapher: Eine ungesättigte Lösung kann immer noch mehr aufnehmen, ohne dass sich ein Bodensatz bildet; eine ungesättigte Beziehung ist aufgrund einer ungesättigten »Hülle« oder eines nicht ausgeschöpften Bindungspotentials zu weiteren Reaktionen fähig. »Polysemie« lässt sich mit »viele Bedeutungen« übersetzen; zusammen mit der mangelhaften Sättigung beschreibt dies die Möglichkeit multipler (oder gar unendlich vieler) Bedeutungen. Der Literaturkritiker Eagleton (2007, S. 22) äußerte: »Von Sprache gibt es immer mehr.« Therapeut und Patient erschaffen gemeinsam einen Raum, um Gefühle, Verhalten und Sprachakte aus allen nur möglichen Perspektiven zu betrachten, konkret, metaphorisch, sexuell, erwachsen, kindisch, erzwungen, eingeschüchtert, angstbeeinflusst und so weiter. Der Therapeut ist immer geistesgegenwärtig und aufmerksam, was die vom Patienten benutzten Wortspiele oder die Polyphonie seiner Wörter und Wendungen angeht, und bereit, deren zahlreiche Bedeutungen zu explorieren, die dabei enthüllt werden oder verborgen bleiben.

Tom und der unsichere Fahrer

Tom, ein begeisterter Läufer, bewegte sich eines Winterabends über eine vereiste Straße. Die Randbereiche der Straße waren besonders rutschig. Die Anweisung »Pass auf den Straßenrand auf« fiel ihm plötzlich ein. Dann erinnerte er sich, dass sein Vater, der Offizier im Zweiten Weltkrieg gewesen war, mit genau dieser Anweisung einem Jeep-Fahrer zu verstehen gab, wie dieser am D-Day durch ein Minenfeld steuern solle – nur wenige Minuten bevor sie in die Luft flogen, mit fast fatalen Konsequenzen. Diese frei-assoziierte Anekdote kam während einer Sitzung zu Tage, in der sich der Patient sträubte, dem Drängen seines Therapeuten nachzugeben, über die vielen Verlusterlebnisse und Traumata in seinem Leben zu sprechen. Diese Übertragungssituation mit dem Therapeuten – der de facto sagte »Kommen Sie schon, machen Sie den Zugang zu ihrem Trauma frei« – rief die Metapher »die Straße« in diesem vielschichtigen Bedeutungskontext hervor.[5] Im Sprechzimmer ist es die Sensibilität gegenüber dem Wechselspiel von Bindung und Exploration, die einen versierten Therapeuten ausmacht. ZKEA bedeutet auch, wie ich oben im 3. Kapitel erläutert habe, den Distress des Patienten aus der »sicheren Basis« heraus zu beantworten. Dies ist überwiegend eine Frage des Timings und des Tonfalls; das genaue verbale Benennen von Gefühlen – also das Auftauchen gemeinsamer Bedeutung – ist an sich schon beruhigend und die Exploration, die sich im Anschluss entfalten kann, sobald die Angst reduziert ist, wird zur »Konversation über eine Konversation«.

Wie in jeder intimen Beziehung – zwischen Partnern, Eltern und Kind, zwischen Geschwistern und in engen Freundschaften – so werden auch in der Therapeut-Patient-Beziehung hochspezifische Bedeutungen, die den Details der Lebensgeschichte einer Person entnommen sind, von diesen beiden gemeinsam geschaffen. Diese persönliche Mundart oder den »Idiolekt« (Lear 1993) sorgfältig herauszuarbeiten ist ein entscheidender Bestandteil psychotherapeutischer Arbeit. In Bollas' (2007) Terminologie: Das »rezeptive Unbewusste« des Analytikers ist auf das »expressive Unbewusste« des Klienten eingestellt. Die Aufgabe des bewussten Ichs des

---

5 Im Englischen: »the road«, als Anspielung auf das bekannte Gedicht von Robert Frost *The Road Not Taken*, das eine weitere Bedeutungsebene aufzeigen könnte. [Anm. d. Übs.]

Analytikers ebenso wie der hinreichend guten Mutter nach Winnicotts Modell des Kindes, das »allein in der Gegenwart der Mutter« spielt, ist es, den therapeutischen Raum auf nicht-intrusive Weise zu schützen.

Die bedeutungsgebende Funktion der Therapie liegt darin, Bedeutsames aus dem nicht endenden Fluss des freien Spiels der Vorstellungskraft oder aus dem Strom des Bewusstseins herauszuarbeiten. »Manchmal durchzucken ganze Gedankenströme das Gehirn wie bloße Sinneswahrnehmungen, ohne dabei in menschliche Sprache übersetzt zu werden« (Dostojewski); »diese Wörter repräsentierten in Kurzform die 1000 und einen Gedanken, die ihm durch den Kopf gingen« (Balzac). Die Sprache filtert bedeutungsgeladene Sinnzusammenhänge heraus und schützt sie davor, von unbewussten Prozessen gelöscht zu werden, so wie es der »verrückten Affenseele« im Buddhismus ergeht, die sich ohne Unterlass von Ast zu Ast hangelt im weitverzweigten Dschungel des Gehirns. Sobald jedoch verbal »fixiert«, können Therapeuten und Patienten die Bedeutungen aus allen möglichen Blickwinkeln betrachten, überprüfen, verfeinern, modifizieren; man kann sie sich zu Eigen machen und an ihnen festhalten oder sie als unzutreffend verwerfen.

Mary Main hat den für die Bindungstheorie so entscheidenden »Schritt hin zur Repräsentationsebene« getan (Main et al. 1985), d.h. die Verankerung von Bindungsbeziehungen in der Psyche. Natürlich ist »Repräsentation« dabei nicht ausschließlich oder zwangsläufig verbaler Art. »Teleologisches« Denken, charakteristisch für prä-verbale, prä-mentalisierende Kleinkinder (Fonagy 2006b; vgl. Kapitel 2), ist insofern sowohl repräsentational als auch bedeutsam, als das Kind eine geistige Karte der interpersonalen Welt zu entwickeln beginnt, die einer »Auf-dies-folgt-jenes«-Logik folgt. Dennoch ist die Fähigkeit, das Selbst und andere und ihre Beziehung untereinander verbal zu erfassen, ein enormer Entwicklungsschritt. Er ermöglicht den Kindern, die zwischenmenschliche Ebene zu verhandeln, also die Matrix des gesamten weiteren Lebens, nachdem die rein physische Matrix (d.h. die Mutter als Mittelpunkt der Existenz) aufgegeben wurde. Die Sprache bildet die Basis für ein Selbst als Zentrum aller Erfahrungen und als Objekt in der Welt, das erörtert und betrachtet werden und an dem man »arbeiten« kann – bei den Aufgaben des Alltags oder, wenn nötig, in einer Therapie.

Eine Analogie kann man vielleicht in der Entwicklung und Niederschrift musikalischer Noten sehen, die etwa am Beginn des 2. Jahrtausends v. Chr. einsetzte. Durch mündliche Tradition ist Musik von jeher integraler Bestandteil menschlicher Kultur gewesen. Mit der Einführung von Notation aber wurden weitaus komplexere musikalische Strukturen möglich, angefangen von der Polyphonie bis hin zum vollen symphonischen Repertoire des 19. und 20. Jahrhunderts. Auch psychologische Theorien, die Psychoanalyse eingeschlossen, mag man sich ganz ähnlich als »Notationen« vorstellen, mit deren Hilfe man über die Komplexitäten des inneren psychischen Erlebens nachdenken und reflektieren kann (vgl. Bollas 2007).

Narrative Stile und die Bedeutung von Begriffsinhalten (Bedeutung von Bedeutung)

Das Erwachsenen-Bindungsinterview legt nahe, dass die Art, *wie* wir über uns selbst und unser Leben sprechen, genau so viel über die Beschaffenheit unserer inneren Welt aussagt wie das, *worüber* wir berichten. Wie der »flüssige Aufmerksamkeitsblick« (Main 1995) des sicher gebundenen Kindes, das die Übergänge zwischen Aufsuchen der sicheren Basis, sozialem Referenzieren und explorativem Spiel nahtlos meistert, so charakterisiert Main die Narrative sicher Gebundener als »flüssig autonom« – weder zu sehr noch zu wenig elaboriert und zu einer dem jeweils diskutierten Thema angemessenen Ausgewogenheit zwischen Affekt und Kognition imstande.

Im Kontext von Therapie sind sichere narrative Stile insofern »bedeutsam«, als sie ein (nicht endendes) »Sprachspiel« (Wittgenstein [1953] 2001) mit unbefristetem Ende zwischen Therapeut und Klienten ermöglichen. Unsichere Stile führen demgegenüber zu therapeutischer Konversation, die von Bedeutung über- oder untersättigt ist (abweisend bzw. verstrickt) oder sichtlich jeglicher Bedeutung entbehrt (inkohärent), je nachdem, ob sie deaktivierende, hyperaktivierende oder unverarbeitete Bindung verkörpert. »Bedeutung« wohnt dem interaktiven Austausch im Spiel der Worte inne. Natürlich ist es möglich, eine private Sprache zu haben, wie zum Beispiel in der Psychose. Aber nur wenn sie zum Mitteilungsgegenstand wird, ist Sprache mit Bedeutung aufgeladen im dem Sinne, wie sie hier verstanden wird. Therapie kann daher als kontinuierliche Unterstützung gesehen werden, den Patienten aus einem Raum privater Bedeutung zu einer mit dem Therapeuten geteilten Bedeutung hinüberzugeleiten.

Ein Hauptansinnen therapeutischer Arbeit, weit entfernt von der exklusiven Beschäftigung mit »korrekten Interpretationen«, besteht dann darin, den Patienten – basierend auf einem Sicherheit vermittelnden narrativen Stil – zur Exploration gegenseitiger Bedeutungen zu bringen (»Können Sie etwas mehr davon erzählen?«, »Was genau meinen Sie damit?«, »Ich kann mir nicht ganz genau vorstellen, was Sie damit meinen, können Sie mir dabei helfen?«, »Wie hat sich das für Sie angefühlt?«, »Ich bringe das ein wenig durcheinander, können Sie das etwas langsamer berichten?«, »Ich habe den Eindruck, dass wir da was übersehen haben; in Ihrer Schilderung fehlt vielleicht noch etwas?«). Der Therapeut klarifiziert auf diese Art und fragt nach Bildern und Metaphern, die es ihm erleichtern, in seinem inneren Ohr und Auge Erfahrungen des Patienten nachvollziehbar zu machen. Diese können dann die Gestalt eines Objekts oder eines »Dritten« annehmen (Ogden 1989; Benjamin 2004), was schließlich »mit einem Begleiter« (Heard and Lake 1997) näher untersucht und, im Fall von Metaphern, spielerisch bearbeitet wird.

Es ist belegt, dass eine erfolgreiche Therapie mit einem Wandel von unsicheren zu sichereren narrativen Stilen assoziiert ist (Avdi und Georgaca 2007), eine qualitative Veränderung, die ich als »autobiographische Kompetenz« bezeichnet habe (Holmes 2001). Eagle und Wolitzky (2008) stellen diese als valides Veränderungskriterium jedoch in Frage. Es könne sich dabei auch nur um eine Manifestation von Compliance und/oder Intellektualisierung handeln oder um einen Prozess, der nur im Behandlungszimmer auftritt und nicht mit Veränderung im »realen Leben« des Patienten oder gar struktureller Veränderung der Persönlichkeit einhergeht.

In Mary Mains Schema wird die Fluidität des sicheren Stils mit der Fixiertheit, Weitschweifigkeit oder Inkohärenz der unsicheren Stile kontrastiert. Psychische Gesundheit wird von einigen psychoanalytischen Autoren als harmonische und kreative Kollaboration zwischen unbewussten und bewussten Anteilen der Psyche beschrieben (z. B. Loewald 1980; Rycroft 1985). Sichere narrative Stile sind wie offene, polysemische (mehrere Bedeutungen zulassende) Systeme, »unbegrenzt« – im Sinne von Matte-Blancos (1975) Auffassung des Unbewussten als »unbegrenztes Set« – im Gegensatz zu erstarrten, überbordenden oder noch sehr ungelenken Narrativen bei unsicherer Bindung.

Die richtige Bedeutung finden

Als Therapeuten sind wir ständig bemüht, die »richtige« oder wahre Bedeutung aus der schier endlosen Vielzahl von Möglichkeiten herauszukristallisieren. Der Patient muss wissen, ob eine spezielle Bemerkung des Analytikers oder eine Idee, deren Urheber er selbst ist, sich »richtig anfühlt«. Damasio (1994) meint, dass unser Körper entscheiden wird, wann wir kognitiv und intellektuell auf dem richtigen Weg sind. Es ist ein Bestandteil von Cavells (2006) Konzept der »Triangulierung« (genauer in Kapitel 6), dass ein Kind die Wahrhaftigkeit und Gültigkeit seiner Wahrnehmungen der Welt an denen seiner Bezugspersonen überprüft und sich damit ein Abbild der Realität verschafft, das sich von seinem eigenen unterscheidet. Wenn ein solches Überprüfen am anderen hinsichtlich innerer Erfahrungen nicht auf direktem Wege möglich ist, so lassen Konzepte wie Spiegelung oder empathische Feinabstimmung doch vermuten, dass sich unser eigenes Selbst-Verständnis durch das unserer Bezugspersonen entwickelt. Therapeuten stellen während der Sitzungen Vermutungen bezüglich der mentalen Zustände des Patienten an, die diese »Verständnisangebote«

damit abgleichen, was sie durch Introspektion zu ihren Gefühlen wahrgenommen haben. Therapie hilft dem Patienten, sich selbst nach und nach besser zu verstehen, weil in der Therapie den kleinen Missverständnissen oder den Momenten des Sich-fast-Verstehens nachgespürt werden kann (Empathie bedeutet nie das vollständige Mitfühlen mit dem Anderen, sondern mehr ein Mitschwingen, das zu weiteren Verstehensmöglichkeiten führt).

Mace (2008) gibt einen Überblick zu Studien, die ergaben, dass die Fähigkeit zur Aufmerksamkeit oder *mindfulness* eine psychische Fertigkeit für Therapeuten und Patienten gleichermaßen darstellt. Verhaltenstherapeuten haben festgestellt, dass eine Erweiterung der konventionellen therapeutischen Strategien um *mindfulness*-Trainings die Rückfallquote bei chronischer Depression (Williams et al. 2000) und Borderline-Störungen (Linehan et al. 2006) senken konnte. Mace assoziiert *mindfulness* mit der von Freud propagierten »gleichschwebenden Aufmerksamkeit« und Bions (1970) Mahnung, dass Analytiker »Erinnerungen und Sehnsüchte« weitgehend außen vor lassen sollten, wenn sie aufnahmebereit und spontan sein wollen.

Bindung und Empathie, zwei scheinbar abstrakte Konzepte, sind eigentlich psychische Phänomene. Sicherheit wird auf vielfältige Weise gesucht – taktil (Umarmen, auf jemandes Schoß sitzen), über das Telefon oder visuell mit einem Bild, das man von seinem inneren Auge abruft. Das verringert die stresshafte Erregung – der Puls verlangsamt sich, man schwitzt weniger, schüttet Oxytocin aus (Zeki 2008). Eine Konversation, in der Elemente des Mentalisierens eine große Rolle spielen (z. B. eine Therapiesitzung), kann man durchaus in der Wirkung damit gleichsetzen. Die körperliche Haltung und der Ton der Stimme vermitteln den Gefühlszustand eines Patienten. Der Therapeut entwickelt eine innere Vorstellung davon oder gibt diesem Zustand tatsächlich einen Ausdruck (vermittels der Kontingenzerfahrung markierter Affektspiegelung, wobei er vielleicht selbst seine Körperhaltung ändert). Dies ruft durch »Spiegelneurone« (P. Hobson 2002) wiederum eine Version dessen, wie sich der Patient fühlt, im Wahrnehmungsapparat des Therapeuten hervor, welche differenziert betrachtet, identifiziert und in Worte gefasst werden kann. Damit ist bereits ein Prozess der Veränderung in Gang gesetzt. Wenn ich nicht mit dem Affektzustand eines Patienten mitschwingen kann, richte ich meine ganze Aufmerksamkeit auf einen Punkt oberhalb seines Brustbeins und versuche, seine somatischen Gefühle zu erspüren (ein Vorgang, den ich »Therapie am offenen Herzen« nenne), bis ich spüre, dass ich sie vielleicht in Worte fassen kann.

Die »richtige« Bedeutung zu finden ist ein Prozess, der in drei Etappen vor sich geht. Zu Beginn, in einem Zustand der »Reverie« (Ogden 1989), wendet sich der Therapeut seiner eigenen affektiven und körperlichen sensorisch-affektiven Welt zu, also seiner »Gegenübertragung«. In der zweiten Etappe werden diesen in dem Bemühen, sie verbal zu fassen, Worte zugeschrieben, und dabei werden »Prä-Konzeptionen« in eigentliche Vorstellungen transformiert (Bion 1970). Etappe drei umfasst den kompletten Prozess des Bedeutung-Zuschreibens. Dabei versucht der Therapeut, in einem Guss a) seiner eigenen affektiven Reaktion, b) dem Wissen um die Lebensgeschichte des Patienten auf c) relevantem Verständnis entwicklungspsychologischer/psychoanalytischer Theorie basierend, Ausdruck zu verleihen, um die innere Welt des Patienten im Kontext der interpersonalen Situation zu erfassen, die sich in der momentanen intimen Atmosphäre der Sitzung entfaltet (vgl. Canestri 2006).

Hierin liegt das Argument für psychoanalytischen Pluralismus. Die affektive Reaktion des Therapeuten auf seinen Patienten ist unwillkürlich und, wenn er gute Arbeit leistet, unvermeidlich. Aber die Aufgabe besteht darin, eine theoretische Metapher oder eine deckungsgleiche Entsprechung für dieses Gegenübertragungsgefühl zu finden. Je nachdem, was in der Therapie gerade aktuell ist, kann man mit den Abwehrmechanismen, Verlusterfahrungen, der Spaltung, der parallel existierenden Angst vor Bindung bei gleichzeitiger Sehnsucht danach, dem fragilen narzisstischen Selbst oder der Wut arbeiten. Die Mischung aus Gegenübertragungsreaktion und Psychodynamik eines Falles machen den vorherrschenden »Fokus« (Balint 1968) der Sitzung aus. Je mehr theoretische Sichtweisen dem Therapeuten vertraut sind, desto differenzierter kann seine Reaktion sein.

Sandras Träume – den Wölfen knapp entkommen

Sandra begann eine Sitzung mit der Schilderung eines langen, komplizierten Traums, der sie sehr erschreckte. Gegen Ende dieses Alptraums sah sie sich *von einem »Doktor« verfolgt, der ihr eine heilsame Injektion anbot, aber die Spritze war mit Strychnin aufgezogen.*

Sofort dachte ich, dass sich dieses Material auf die »Behandlung«, die ich ihr zukommen ließ, beziehen musste und die, obwohl als hilfreich angepriesen, von ihr als potentiell todbringend angesehen wurde. Der Traum schien etwas über ihre Haltung gegenüber Männern auszusagen, deren »Spritzen« in ihren Augen bestenfalls mehrdeutig waren.

Aus irgendeinem Grund – sich selbst als Therapeut zu voreilig zum Thema zu machen kann oft zu direkt und selbstbezüglich sein – schien es mir ratsam, mich in Zurückhaltung zu üben. Stattdessen äußerte ich nur, dass mir »das Ende des Traums sehr angsteinflößend und bedrohlich vorkam …«.

Sie antwortete unverzüglich, indem sie von einem sich wiederholenden Traum berichtete, den sie oft als Kind hatte (eine häufig anzutreffendes Phänomen: ein Traum führt zum nächsten):

Ich bin in einem Wald hinter unserem Haus, zusammen mit meinem Bruder. Da sind Wölfe, die es auf uns abgesehen haben. Ich schlage vor, dass wir auf einen Baum klettern, um uns in Sicherheit zu bringen, aber all die Nadelbäume haben keine niedrigen Äste. Endlich finde ich eine behelfsmäßige Plattform, die ich selbst gebaut habe, und wir kauern uns darauf zusammen.

Meine erste Assoziation war, in den astlosen Bäumen Menschen ohne Arme zu sehen. Das Szenario des Traums versinnbildlicht typisches Bindungsverhalten, wenn keine »sichere Basis« vorhanden ist. Es gibt eine Bedrohung, und das Kind wendet sich seiner Bezugsperson zu, findet aber keine fürsorglichen Arme, in denen es sich verbergen kann. Die Basis ist eine unsichere und auf der Suche nach Schutz muss sich das Kind, so gut es kann, eine eigene sichere Basis schaffen – die wackelige Plattform. Dies schien Sandras Erfahrungsschatz widerzuspiegeln. Sie kann es sich nicht erlauben, anderen zu sehr zu trauen, und darf sich nur auf sich selbst verlassen (im Traum dient ihr dazu ein »brüderliches«, maskulines Alter Ego – jeder Charakter eines Traums ist ein gewisser Weise Ausdruck der psychischen Verfasstheit des Träumenden). Dafür zahlt sie den Preis von Einsamkeit und Depression. Sie sehnt sich nach Nähe, aber beschützende Arme werden nicht über ihr ausgebreitet.

Sie nimmt meine Deutung nur skeptisch an. Dies mit offenen Armen zu tun käme dem Verlassen ihrer Plattform der *self reliance* gleich, sie müsste ihre Abhängigkeit eingestehen, die mit dem Risiko einhergeht, den Wölfen meiner Therapie ausgeliefert zu werden.

Unbewusste Bedeutungen kann man auf dreierlei Art erforschen, erstens, indem man den Traum so versteht und ernst nimmt, dass er eine Geschichte über die Patientin repräsentiert, die es zu entschlüsseln und zu verstehen gilt; zweitens durch die Sprache und ihre Spiegelungen, die dem Traum und seiner Erörterung implizit innewohnen – »offene Arme«, Wolf-Metaphern; drittens durch den Verweis auf die Beziehungen zum Therapeuten. Die Sprache jedoch, die wir benutzen, wenn wir über unbewusste Prozesse sprechen, der theoretische Bezugsrahmen, auf den wir uns stützen, hängt von unserer Person ab – charakterologisch, entwicklungsbedingt, soziologisch, pädagogisch, philosophisch.

Als Bindungstheoretiker habe ich den Traum natürlich »automatisch« im Hinblick auf die Problematik der sicheren Basis betrachtet. Mit gleichem Automatismus wären einem Jungianer wohl auf Archetypen beruhende Assoziationen gekommen, beispielsweise, dass der Wald Sandras Unbewusstes repräsentiert und dass ihr die Angst zu schaffen macht, darin zu versinken; aber auch ihre räuberische, schöne Persona (eine Frau, die, wenn sie nur wollte, mit den Wölfen umherziehen könnte) und ihre Kreativität (die von ihre gebaute Plattform) sind repräsentiert.

Ein Neo-Freudianer hätte sich vielleicht auf die sexuellen Konnotationen der Spritze und der aufrechten Bäume gestürzt als Symbol von Maskulinität und der Bedrohung ihres Bundes mit der Mutter, was sie völlig wehrlos erscheinen lassen würde (bis zum 10. Lebensjahr hatte sie bei ihrer allein erziehenden Mutter gelebt).

Ein Kleinianer hätte den Traum sicher als geradezu perfekten Ausdruck der »paranoid-schizoiden« Position verstanden. Das Bild der Spritze lässt sich als projizierter »Neid auf die Brust« interpretieren: Wer in der Lage ist, etwas Gutes zu vergeben (eine heilsame Spritze), besitzt etwas Begehrenswertes und löst daher Neid aus, sodass man ihm nicht trauen kann. Die gute Medizin wird damit zum Gift. Dieses Motiv wird wiederholt, wenn die gefräßigen Wölfe, die ihre eigene Unersättlichkeit, Rage und (erneut) Neid verkörpern, ihren Wunsch nach Wiedergutmachung und Beschützerinstinkt gegenüber ihrem Bruder zunichte machen wollen.

Es wäre beruhigend, sagen zu können, dass eine Deutung zutreffend war und die anderen falsch. Das zu tun würde nach meiner Auffassung eine der tragenden Säulen der Psychotherapie niederreißen – die Fähigkeit, Mehrdeutigkeit und Unsicherheit auszuhalten, dem Patienten etwas Vorläufiges anzubieten und es ihm zu überlassen, dies anzunehmen oder abzulehnen, ihm also das letzte Wort darüber zu belassen, was er als richtig empfindet.

Zusammenfassend sei festgestellt: Der Beitrag der Bindungstheorie zum Prozess der Bedeutungszuschreibung liegt in einer meta-theoretischen Betrachtungsweise, wonach nicht so sehr die spezifische Deutung ausschlaggebend ist, sondern die Wiederherstellung oder Erweiterung der Fähigkeit, geteilte Bedeutung zu kreieren, unabhängig von deren Inhalt. Die Boston Psychic Change-Gruppe (Lyons-Ruth and the Boston Change Process Study Group 2001) hat ganz ähnliche Grundsätze mit ihrer Fokussierung auf wirksame »nicht-interpretative« Aspekte psychoanalytischer Arbeit. Therapeut und Klient treffen in einem »Gegenwartsmoment« aufeinander (Stern 2004). Bedeutung an sich verändert noch nichts, es ist das Gemeinsame und der Austausch im Prozess des Bedeutungszuschreibens, was zählt. Dies bringt uns zum dritten tragenden Element der Psychotherapie: dem Fördern von Veränderung.

KAPITEL 5 | VERÄNDERN

Die Psychoanalyse hat zum Ziel, das Leben der Analysanden zu verbessern. Im Gegensatz zu Therapien, die auf Suggestion beruhen (angefangen von Freuds Beschreibungen des therapeutischen Charismas über Placeboeffekte bis hin zu den »suggestiven« Wirkungen der Hausaufgaben, die Verhaltenstherapeuten den Patienten mitgeben), wird in der psychoanalytischen Psychotherapie auf explizite Bemühungen, Veränderung hervorzurufen, verzichtet – auch wenn ihr implizites Bestreben durchaus auf diese abzielt. Die Ursache für dieses Paradox liegt im theoretischen Fundament der Psychoanalyse. Menschen sind mit psychischen Problemen aufgrund von Konflikten zwischen bewussten und unbewussten Anteilen ihrer Psyche konfrontiert. Jedes direkte Ansprechen des bewussten Anteils eines Leidenden in der Therapie wird daher unweigerlich Widerstände gegenüber Veränderungen des Status quo durch das Unbewusste hervorrufen und sich als kontraproduktiv erweisen. Dem Unbewussten muss man sich vielmehr »hinterrücks« und überraschend nähern. Die Schwierigkeiten zu überwinden, die sich durch ein solches Paradox ergeben, erfordert paradoxe Strategien.

Welche Art von Veränderung aber will die Psychoanalyse bewirken? Ein Rückgang spezifischer Symptome wird gemeinhin als »Nebenprodukt« betrachtet, wenn sich die psychische Gesundheit allgemein bessert. Die heutige psychoanalytische Psychotherapie setzt sich erster Linie mit Charakterpathologien auseinander, also nicht mit spezifischen Symptomen, die, zumindest anfangs, besser pharmakologisch oder durch Verhaltenstherapie zu behandeln sind.

Die verschiedenen psychoanalytischen Schulen formulieren unterschiedliche Behandlungsziele und bevorzugen entsprechende Behandlungstechniken. Das Bestreben in der klassischen Psychoanalyse war es, dem Patienten zu helfen, verdrängte Emotionen zu erkennen und auszudrücken, insbesondere ödipale Wünsche, Ängste und Wut, die sich danach, so wurde angenommen, nicht mehr als Symptom manifestieren würden, sobald sie erst einmal bewusst gemacht waren. Eine zeitgenössische Form dieses Konzepts ist die intensive, psychodynamische Kurzzeittherapie (im Englischen ISTDP; Malan und Della Selva 2006). Dieser Ansatz begreift die Freisetzung verdrängter Gefühle a) als Belebung und Entfaltung der zuvor gehemmten Persönlichkeit und b) als Mittel, verdrängte Traumata und Verlusterlebnisse durchzuarbeiten und damit zu lösen. ISTDP braucht einen aktiven, herausfordernden und recht zielsicher vorgehenden Therapeuten, der Abwehrmechanismen bearbeitet und die Affekte direkt anspricht, die hinter diesen verborgen liegen.

Vertreter der Objektbeziehungs-Psychoanalyse, vor allem in ihrer neo-kleinianischen Variante (Steiner 1996), stellen die Integration der Persönlichkeit in den Mittelpunkt ihrer therapeutischen Bemühungen (Hinshelwood 1994). Sobald der Patient projizierte Persönlichkeitsanteile wieder in sich aufnimmt und intolerable Affekte nicht mehr durch »projektive Identifizierung« in anderen Personen lokalisiert, können sich konfliktärmere zwischenmenschliche Beziehungen und ein gestärktes Selbst- und Autonomiegefühl entwickeln. Der Analytiker fokussiert vor allem darauf, wie die Wahrnehmung und Auseinandersetzung des Patienten mit der externen Welt – und dem Analytiker im Besonderen – durch projektive Prozesse geformt werden. Diese Dynamiken werden dem Patienten fortlaufend als Deutungen rückgemeldet. Die daraus resultierende »Einsicht« ist mehr als nur eine intellektuelle Übung. Der Abgleich zwischen dem Selbsterleben des Patienten und einer »externen« neutralen Perspektive, wie sich dieses auf andere (den Analytiker) auswirkt, erzeugt eine innere Spannung, die wie ein Katalysator auf die Restrukturierung des Persönlichkeit wirkt.

Nach der Winnicott'schen Auffassung von Objektbeziehungen sind Verspieltheit und Kreativität die wesentlichen Merkmale psychischer Gesundheit. Der Therapeut fungiert als »Transformationsobjekt« (Bollas 1987), »real« und »nicht real« (und damit für Projektionen verfügbar) – in einem Behandlungszimmer, das im übertragenen Sinne als »Spielraum« zu verstehen ist. Der Patient lernt im Verlauf der Therapie zu differenzieren, was zur inneren Welt und was zur Realität gehört. Zu den Hauptaufgaben des Analytikers gehört das »Containment« (Bion 1970) oder »Halten« (Winnicott 1971); diese Funktionen gehen dem Deuten voraus. Ohne sie würde es beim Patienten völlig wirkungslos und ungehört verhallen.

Beides, Containment und Halten, festigt die therapeutische Beziehung und spiegelt, aus der Bindungsperspektive gesprochen, Erfahrungen der sicheren Basis wider, wie sie der Therapeut vermitteln muss, um Exploration zu ermöglichen. Um unseren Leitsatz zu wiederholen: Ein Gefühl von Sicherheit ist die Vorbedingung zum Erforschen anderer Affektzustände, zum Beispiel sexueller oder aggressiver Natur. Mikulincer und Shaver (2008) haben in mehreren brillanten Experimenten gezeigt, dass unsicher gebundene Probanden, wenn sie die Erfahrung von Bindungssicherheit machen (sogar wenn diese subliminal erzeugt wird), psychischen Schmerz eher konfrontativ angehen, als diesen abwehrend zu minimieren oder übersteigert auf ihn zu reagieren. In einer dieser Studien (Mikulincer und Shaver 2008, S. 317) wurden Probanden, die einen Fragebogen zu Bindungsstilen ausgefüllt hatten, aufgefordert, eine Begebenheit zu beschreiben, in der sie sich von ihrem Partner tief verletzt fühlten. Im Anschluss daran präsentierte man ihnen unterschwellig, also unterhalb der Wahrnehmungsgrenze, Sicherheit vermittelnde (»Liebe«, »Sicherheit«, »Zuneigung«) oder neutrale Wörter (»Lampe«, »Gebäude«). Daraufhin sollten sie sich das verletzende Ereignis noch einmal durch den Kopf gehen lassen und beschreiben, wie sie sich fühlen würden, sollte es ein weiteres Mal eintreten. Unter der neutralen Priming-Bedingung berichteten die Probanden mit deaktivierender Bindungsstrategie weniger Schmerz und die durch Hyperaktivierung charakterisierten Probanden mehr Schmerz als in der Anfangsaufgabe. Das war auch zu erwarten, weil mit fortschreitender Zeit die gewohnten Abwehrstrategien zur Geltung kommen würden. Aber bei den Probanden, die sich der positiven Induktion unterzogen hatten, reduzierten sich die gemessenen Werte für Bindungsangst wie auch für -vermeidung und sie waren nicht mehr von sicher gebundenden Versuchsteilnehmern zu unterscheiden. Mikulincer und Shaver (2008, S. 318) schlussfolgern:

> Eine schützende Rüstung kann zumindest zeitweise mithilfe eines »Aufgusses« gefühlter Sicherheit durchdrungen werden ... selbst ein kleiner Sicherheitsschub kann es einer vermeidenden Person ermöglichen, sich innerem Schmerz mehr zu öffnen ... was dann klinisch bearbeitet werden kann.

Auf die klinische Situation übertragen bedeutet dies, dass der wohlwollende Therapeut eine validierende, ermutigende Atmosphäre schafft, in der es dem Patienten gelingen kann, Erfahrungen von Schmerz und Trauma zuzulassen, sie auszuhalten, zu verarbeiten, mit ihnen zu leben, sie zu bewältigen und in den Griff zu bekommen, sie hinter sich zu lassen und zu inkorporieren. Dabei spielt es keine Rolle, ob diese Erfahrungen externer Natur sind oder inneren Wut- oder Neidaffekten unserer Psyche entstammen. Die Psychoanalyse nach Klein wird manchmal insofern karikiert, als sie sich, im Gegensatz zu den von der Bindungstheorie beeinflussten Ansätzen, ausschließlich mit negativen Emotionen wie Aggression beschäftigen würde. Wenn die Therapie in den richtigen Händen liegt, besteht eine solche Unvereinbarkeit allerdings nicht. Positives Priming durch die validierende Gegenwart des Analytikers ist eine Vorbedingung, dass negative Emotionen und ihre Bedeutung ergründet werden können. Andererseits läuft eine rein stützende Technik, ohne den Patienten zu fordern, Gefahr, dessen Gegenübertragungsphantasien zu »bedienen«, ohne echte Veränderungsprozesse einzuleiten.

Das Paradox, seine Patienten psychisch gesunden sehen zu wollen, ohne derartige Veränderungen explizit zu befördern, spiegelt sich darin, wie die Rolle des Analytikers in den verschiedenen Schulen konzeptualisiert ist. Der therapeutischen

Beziehung wird im Allgemeinen eine zentrale Rolle zugeschrieben, in bezug auf Übertragung wie auch auf Aspekte des »Hier und Jetzt« – basierend auf Freuds (1912e) Formulierung, dass »niemand *in absentia* oder *effigie* erschlagen werden kann«. In intensiver psychodynamischer Kurzzeittherapie versucht der Therapeut beispielsweise, problematische Affekte des Patienten gegenüber dem Therapeuten (Ärger, Sich-eingeschüchtert-Fühlen, Vermeidung) herauszuarbeiten, damit diese verstehbar werden und transformiert werden können. Verbal formulierte Bedeutungszusammenhänge in der Therapie rufen etwas in einer Person hervor und bezeichnen es deutlich; sie sind performativ und deklarativ. Wir reden mit unseren Patienten nicht nur über Liebe oder Wut oder Neid oder Angst, sie/wir erleben diese Affekte, direkt oder stellvertretend, mit fortschreitender Therapie.

Die Selbstpsychologie und die relationale Psychoanalyse betrachten die therapeutische Beziehung als unweigerliche und wünschenswerte neue Erfahrung. Neutralität ist in diesem Zusammenhang ein unerreichbares Ideal, denn das Unbewusste des Therapeuten wie auch des Patienten manifestiert sich permanent und beide agieren verschiedene Rollen aus (Aron 2000). Begrenzte Selbstoffenbarung auf Seiten des Therapeuten wird dabei durchaus angeregt, weil dies problematische Erfahrungen des Patienten zu relativieren hilft und Prozesse der Selbstmentalisierung veranschaulicht, mit denen sich der Patient identifizieren und die er internalisieren kann. Gabbard und Westen (2003, S. 837) behaupten, dass die Debatte darüber, was vom Standpunkt der heutigen Psychoanalyse aus als therapeutisch angesehen wird,

> eine empirische Frage ist, die, genauso wie die Frage, welche Behandlung einer Herzerkrankung die bessere ist, nur bedingt durch Logik und Diskurs beantwortet werden kann.

Diese etwas verschlagene Formulierung bei Gabbard und Westen täuscht darüber hinweg, dass durchaus Aspekte von Logik und Diskurs zur Debatte stehen. Nach Gustafson (1986) – der sich auf Bateson (1972) bezieht, welcher seine Ideen wiederum auf Bertrand Russells »Theorie der logischen Typen« aufbaut – geht psychische Veränderung untrennbar mit dem Einnehmen einer *Meta-Perspektive* oder eines *»höheren logischen Typs«* hinsichtlich der problematischen Erfahrungen oder Verhaltensweisen einher, die jemanden therapeutische Hilfe aufsuchen ließen. »Mentalisieren«, das Reflektieren über das Denken oder *mind-mindedness* (Meins 1999), erfüllt ganz zweifellos dieses Kriterium Gustafsons. Ein Entwicklungsprozess von impulshaftem Handeln hin zur Reflexion über eigene mentale Zustände und die Anderer ist ausschlaggebender Bestandteil psychoanalytischer Psychotherapie und vielleicht aller psychotherapeutischen Ansätze (Allen 2008).

Paradoxie und Veränderung in der Psychotherapie

Das psychoanalytische Verständnis von Veränderung ist vom alles bestimmenden Prinzip der ödipalen Triangulierung geleitet und der Art, wie sich diese in der Übertragung widerspiegelt, wenn auch, je nach theoretischer Schule, in unterschiedlicher Ausprägung. Laut Malan und Della Selva (2006) nehmen der Therapeut, der Patient und dessen wichtigste Bezugsperson die Rollen von Mutter, Vater und Kind ein. Durch Aufdecken eines Musters, das alle Drei verbindet, kann der Therapeut eine »allumfassende Deutung« an den Patienten richten. Für Neo-Kleinianer liegt in der kindlichen Fähigkeit, die sexuelle Vereinigung (»intercourse«) der Eltern – und im übertragenen Sinne den Therapeuten als eigenständige Person – zu tolerieren, der erste Schritt hin zu Objektivität und zum Vermögen, Dinge aus mehreren Perspektiven zu betrachten. In Bions Terminologie kann man dies als »intercourse« zwischen Gedanken und Ideen sehen, »Attacken auf das Verbinden« dagegen als das durch Neid verursachte Leugnen von Fortpflanzung (und Kreativität).

In Ogdens (1989) Schriften und in der Tradition der relationalen Psychoanalytiker wie Benjamin (2004) bezieht sich der »analytische Dritte« nicht so sehr auf die ödipale Konstellation als vielmehr auf die analytische Beziehung selbst. Da sie sich von den beiden Beteiligten unterscheidet, liegt etwas Neues in ihr, die Chance, ein an Kreativität reicheres psychisches Innenleben zu entwickeln oder wiederzuerlangen. Aus bindungstheoretischer Sicht setzt die Kombination von »mütterlicher« Sicherheit und Empathie (die genauso gut vom Vater stammen kann) und »väterlichem« Bewältigen (wobei dies genauso gut von der Mutter erworben werden kann) Spieltrieb und von Freude gekennzeichnete Interaktionen frei.

Die Sonderstellung des Ödipusmythos innerhalb der psychotherapeutischen Metapsychologie geht mit einer paradoxen Sicht der psychischen Realität einher. Allzu oft sind wir uns selbst die ärgsten Feinde, auf verquere Weise beschwören wir genau die Gefahren oder Unglücksfälle herauf, die wir am meisten befürchten, lieben diejenigen, die wir gleichzeitig hassen, und kommen uns selbst oft ganz fremd vor. Es ist das Ziel von Therapie, diese tragische Vorstellung dadurch zu ersetzen, dass wir unser Schicksal und unser unbändiges kindliches Selbst auf eine ironische Art und Weise annehmen (Schafer 1983).

Menschen wenden sich den paradoxen Versprechungen der psychoanalytischen Therapie dann zu, wenn sie mit ihrem gesunden Menschenverstand allein nicht weiterkommen. Indem der Bock zum Gärtner gemacht wird, bedient sich die Psychoanalyse der Paradoxien, um die »Verdrehtheit«, die psychischen Störungen innewohnt, gewissermaßen zu überlisten. Man geht davon aus, dass sich das führende Symptom in der therapeutischen Beziehung manifestiert und dann in den Mittelpunkt der therapeutischen Arbeit rückt. Paradoxerweise ist auch die Intensität dieser Beziehung sowohl »real« – der Patient mag eine Intimität mit dem Therapeuten entwickeln, die stärker als jede andere ist, die er in seinem bisherigen Erwachsenenleben verspürt hat – als auch »unreal«, denn die Beziehung bleibt durch den ethischen und physischen Rahmen, den der Behandlungsvertrag und das Behandlungszimmer vorgeben, eng begrenzt. Letzten Endes verkörpert der Therapeut eine quasi-sichere Basis weit mehr, als etwas Reales in dieser Hinsicht zu sein.

Auch andere Therapiemodalitäten beziehen paradoxe Vorgehensweisen in ihre therapeutische Technik ein. In der »Mailänder« Familientherapie (siehe Gustafson 1986) arbeitet man mit Aussagen, die vermitteln, dass keine Veränderung zu erwarten ist, oder »verordnet das Symptom« (»Wir legen Caroline nahe, sich zu Tode zu hungern, weil sie ja davon ausgeht, dass die ganze Familie auseinanderbricht, wenn sie nicht mehr in der Sorge um Caroline vereint wäre und wenn Caroline zunehmen würde«). Diese Strategie ist sich der Macht bewusst, die von Stillstand und der Abwehr ausgeht, und verhindert auf subtile Weise, dass es zu therapeutischem »Versagen« kommen kann. Eine solche Vorgehensweise wie in diesem Beispiel verstärkt entweder den Einfluss des Therapeuten oder ruft eine gesunde Rebellion und Autonomie hervor. In ähnlicher Weise vermittelt man in der dialektischen Verhaltenstherapie (Linehan 1993; Linehan et al. 2006) den Borderline-Patienten deutliche sogenannte change/no change-Botschaften, die alle symptomatischen Verhaltensweisen der Patienten als Versuch anerkennen, mit ihrem nicht tolerierbaren psychischen Schmerz umzugehen, und ermutigt sie gleichzeitig, weniger selbstdestruktive Alternativen zu suchen.

Auch Fonagys Bezug zu den mentalisierungsfördernden Aspekten von Psychotherapie kann durchaus als »paradox« bezeichnet werden. Bleiberg (2006) begreift Mentalisierung als unumgängliche soziale Fertigkeit, ohne die ein Leben in Gruppen nicht möglich wäre. Als unsere Vorfahren lernen mussten, in Gruppen zusammenzuarbeiten, um sich im evolutionären Wettbewerb durchzusetzen, erwies es sich als entscheidend, mentalisieren oder abschätzen zu können, was im Kopf eines Anderen vorging, und damit Freund-Feind-Abwägungen vorzunehmen. Sobald der Andere als nicht bedrohlich erkannt ist, wird das Mentalisieren heruntergefahren. Wenn man nicht mehr auf der Hut sein muss, steht psychische Energie für andere Prozesse zur Verfügung. Extremvarianten dieses Vorgangs kann man bei engen Beziehungen zwischen Mutter und Kind oder zwischen Liebespartnern beobachten. Die Aktivierungsmuster im Gehirn sind in beiden Fällen sehr ähnlich; die neuroanatomischen Regionen, die für Mentalisierungsprozesse eine wichtige Rolle spielen, zeigen in beiden Fällen weniger Aktivität (Zeki 2008). Da der Andere nicht mehr ständig neu beurteilt werden muss, wird psychische Energie frei, und dies erklärt vielleicht, warum in solchen Beziehungen (mein Baby, mein Partner, meine Mutter ist das beste Baby, der beste Partner, die beste Mutter auf der ganzen Welt) negative Wesenszüge dieses Anderen weitgehend ausgeblendet oder heruntergespielt werden.

Das trifft in ähnlicher Weise auf Psychotherapie zu, wenn der Patient beginnt, dem Therapeuten und der therapeutischen Situation Eigenschaften der sicheren Basis zuzuschreiben, sich gehalten zu fühlen und sich folglich entspannen zu können (ganz wörtlich, falls er auf der Couch liegt). Obwohl der Therapeut es unterstützt, dass Vertrauen entsteht, beharrt er zugleich darauf, dass der Patient seine Gefühle unter die Lupe nimmt – um Mentalisierungsfähigkeit zu erwerben, zu aktivieren oder auszubauen. Das Geschehen in der Psychotherapiesitzung ist insofern *rekursiv* (auf sich selbst Bezug nehmend), als es wie eine Schleife zum Patienten selbst zurückkehrt, was in normalen Beziehungen eher nicht vorkommt. Um ein gängiges Beispiel heranzuziehen: Oft entstehen Meinungsverschiedenheiten zwischen Therapeut und Patient – besonders wenn dieser deaktivierende Bindungsstrategien benutzt – über dessen Reaktion auf Unterbrechungen der Therapie. So mag der Patient äußern, dass es mehr als gerechtfertigt ist, wenn sein Therapeut Urlaub nimmt (»jeder muss sich mal erholen, speziell in Ihrem Beruf«), während dieser unablässig versucht, Anzeichen für Enttäuschung, Ablehnung oder Wut aufzuspüren, was manchmal für den Patienten sehr irritierend sein kann. Der Patient wird angehalten zu mentalisieren, um therapeutische Veränderung zu erzielen.

So gesehen bringt die Psychoanalyse den Patienten in ein »benignes Dilemma«. Nach Batesons klassischer Auffassung vom *double bind* (1972) erhält der psychotische Jugendliche von seinen »schizophrenogenen« Eltern eine Botschaft, die sowohl Annäherung als auch Vermeidung signalisiert. Dies ruft eine psychotische Antwort hervor, als einzige Möglichkeit, dieser unerträglichen Zwickmühle zu entkommen. Dieses ätiologische Modell ist zwar eindeutig widerlegt, aber es lebt in Mary Mains Konzept von Annäherung/Vermeidung bei desorganisierter Bindung fort. Weil sich das Kind durch dieselbe Person bedroht fühlt (durch einen Elternteil), von der es sich normalerweise Schutz und Beistand bei Bedrohung erhofft, entsteht eine positive Rückkoppelungsschleife. Je stärker Bindungsverhalten ausgelöst wird, desto dringlicher verlangt das Kind nach der sicheren Basis. Wenn es sich aber dieser erhofften sicheren Basis und gleichzeitig dem Ursprung der Bedrohung nähert, fühlt es sich nur noch bedrohter und so fort. Die bizarren Manifestationen von selbstberuhigendem Verhalten bei desorganisierter Bindung wie Sich-in-sich-selbst-Verkriechen, Hin- und Herschaukeln oder Kopf-gegen-die-Wand-Schlagen müssen als Versuch betrachtet werden, dieses unmögliche Dilemma zu lösen oder ihm zu entflichen.

Da *double binds* unweigerlich zu *irgendeiner* Veränderung führen, können sie auch positive Entwicklungen bestärken. In der Therapie sieht sich der Patient einer paradoxen Zwickmühle von »Veränderung/keine Veränderung« oder »Mentalisieren/Mentalisieren unterbinden« ausgesetzt, die das Entstehen neuer Strukturen erzwingt und die Fertigkeiten des Patienten im Umgang mit anderen erweitert. Diese Patienten sind »gezwungen«, über Gefühle und ihre Identität in einer neuen Art und Weise nachzudenken, wo dies zuvor durch Verdrängung, Vermeidung, Ausagieren oder Projektion verhindert wurde. Hier handelt es sich um eine potentiell überprüfbare Theorie, weil Bindung und Mentalisieren unter verschiedenen neuroanatomischen Schaltkreisen subsumiert werden (Jurist und Meehan 2008) – ein neuronales Netz A für Bindung, das die mittleren präfrontalen Lappen umfasst, und ein »theory of mind«-Kreislauf (wofür Mentalisieren ein Beispiel ist), der sich auf die Amygdala bezieht. Normalerweise bleiben diese voneinander getrennt und schließen sich gegenseitig aus, aber nach der hier vertretenen Auffassung werden in der Therapie beide aktiviert.

Ein klinischer Ansatz, der damit vereinbar ist, findet sich bei Lear (1993) als Erweiterung von Stracheys (1934) Hypothese zur klassischen »mutativen« Deutung, die therapeutische Veränderung herbeiführt. Lear konzipiert die transformative Übertragung als einen dreigliedrigen Prozess: Der Therapeut bekommt zunächst Zugang zur bereits bestehenden inneren Welt des Patienten – mit all ihren Annahmen, einer vorgefassten Weltsicht und deren sprachlichen Manifestationen (den beiden Personen gemeinsamen Assoziationen und Bedeutungen, die sich im Laufe der Therapie entwickeln, oder dem »Idiolekt«). Wurde ihm dieser Zutritt gewährt, beginnt er in einem zweiten Schritt, die an ihn gerichteten Übertragungserwartungen zu entkräften, indem er jegliches Kollidieren mit der ihm zugeschriebenen Rolle vermeidet und gleichzeitig verhindert, dass der Patient ihn als fremd, unwichtig und nutzlos herabsetzen und sich damit distanzieren kann. Der Patient befindet sich jetzt in einer Zwickmühle. Seine innere Welt ist durch die Therapie »kolonialisiert« worden, aber der Therapeut geht weder konform mit dieser, noch lässt er sich im Sinne einer »Entkolonialisierung« aus ihr vertreiben. Daher ist der Patient, drittens, gezwungen, seine Erwartungen, Annahmen und Schemata zu intimen Beziehungen zu revidieren. Während dieses Prozesses ändern sich seine Selbstwahrnehmung, die Wahrnehmung des Therapeuten und ihrer Beziehung zueinander; außerdem verlieren Übertragungsphänomene an Einfluss, so dass der Patient sie realistischer bewerten und besser mit ihnen umgehen kann.

Wenn man diese Perspektive mit der dreiteiligen Bindungstypologie verknüpft, wird klar, wie durch den Einfluss der zuvor beschriebenen Paradoxien plötzlich ein »Kippen« von einem Bindungsstil in einen anderen möglich wird. Das zeigt sich vielleicht am ehesten, wenn ein Patient, der zuvor deaktivierende Strategien benutzte, plötzlich von Panik und Angst überflutet wird und Fürsorgewünsche entwickelt, also zeitweise deutliche Zeichen von Hyperaktivierung aufweist (Eagle und Wolitzky 2008). Andererseits kann dies aus psychoanalytischer Sicht als Zeichen hysterischer Abwehr gewertet werden, wobei der Patient, entfremdet von seinen wahren Gefühlen, ein Scheinbild seiner emotionalen Befindlichkeit mitteilt, oft aufgrund von neid-beherrschter Identifizierung mit dem Elternpaar (Britton et al. 1989). Wenn der Patient unvermittelt erkennt, dass er, trotz »Sturm und Drang«, eigentlich *gar nichts* wirklich empfindet, dann ist schon der erste Schritt auf dem Weg zu einer weniger selbstentfremdeten inneren Realität getan. De- und Hyperaktivierung sind also nicht unveränderliche Charakterzüge, sondern alternative epigenetische Pfade, wobei eine der beiden Strategien überwiegt. Dieses Verhältnis ist jedoch, wenn es mit dem therapeutischen Paradox angegangen und reorganisiert werden kann, plastisch; es wird neuen und weniger maladaptiven neuronalen Verarbeitungsmustern und externalen Beziehungen zugänglich.

All dies bleibt spekulativ, aber es stimmt weitgehend mit der »Chaostheorie« (Gleick 1987) überein, einer mathemathischen Theorie, die man auch auf die von Unstetigkeit und ständigem Wandel gekennnzeichnete Welt zwischenmenschlicher Beziehungen anwenden kann. Sie besagt, dass die Zufuhr von Energie in ein geschlossenes instabiles System – chemische Reaktionspartner oder das Wetter beispielsweise – zur Entstehung neuer und komplexerer chemischer oder meteorologischer Strukturen führt. Veränderungsprozesse in der Psychotherapie kann man analog dazu beschreiben (vgl. Scharff und Scharff 1998).

Wie viele Deutungen sind nötig, um einen Lucho zu ändern?

Das Meisterwerk des »magischen Realismus«, der Roman *Tante Julia und der Schreibkünstler* von Mario Vargas Llosa (Vargas Llosa [1977] 2011), soll dazu dienen, die Überlegungen, die ich in den vorigen Kapiteln vorgetragen habe, anhand einer quasi-klinischen Abhandlung des peruanischen Dichters zu veranschaulichen. In typisch postmoderner Manier verpackt er mehrere einzelne Geschichten in die eigentliche Romanhandlung. So wird der reisende Pharmareferent Lucho, dessen Frau drei Monate nach der Hochzeit schwanger ist, in einen Autounfall verwickelt. Ein Kind rennt plötzlich vor sein Auto, er hält an und wird, während er das sterbende Kind auf der Autobahn genauer untersucht, selbst von einem Laster überfahren, dessen Bremsen versagt haben. Das Kind stirbt und er ist schwer verletzt.

Von den körperlichen Verletzungen erholt sich Lucho vollständig, trägt aber eine schwere posttraumatische Belastungsstörung (PTSD) davon, und er kann nicht mehr normal schlafen, sich konzentrieren und entspannen oder auch nur in Erwägung ziehen, mit dem Auto zu fahren. Seine Frau hat eine Fehlgeburt und die Ehe zerbricht, und sie zieht wieder zu ihren Eltern. Schließlich schickt ihn seine Firma zu einer renommierten Psychotherapeutin: Dr Acémila: eine kultivierte Frau mittleren Alters, die einen formidablen Ruf genießt.

Schon die Gesprächseröffnung verblüfft den Patienten: Sie fragt ihn nicht nach seinen Schwierigkeiten, sondern nach seiner Darmverstopfung und gibt ihm augenblicklich auf, regelmäßig Pflaumen zum Frühstück zu sich zu nehmen. Erst dann sagt sie:

> Sie können mir [nun] erzählen, was Sie bedrückt. Aber ich warne Sie im Voraus, ich werde Sie nicht von Ihrem Problem befreien. Ich werde Ihnen beibringen, es lieben zu lernen, stolz auf es zu sein so wie Cervantes auf seinen nutzlosen Arm oder Beethoven auf seine Taubheit.

Hier beobachten wir ihren äußerst geschickten Umgang mit Luchos Bindungsangst. Wie einem Elternteil in der Fremden Situation gelingt es ihr, seine Panik mithilfe von Ablenkung und körperlichem Trost auf ein handhabbares Maß zu reduzieren. Sie bietet ihm eine positive Sicht als Alternative an und beruhigt sein zerbrechliches Ego, in dem sie einen Zusammenhang zu berühmten Männern herstellt (Neurologen trösten Patienten, die unter Epilepsie leiden, indem sie diese daran erinnern, dass auch Julius Cäsar und Dostojewski davon betroffen waren). Nun ist Lucho bereit und in der Lage, seine Gefühle genauer zu betrachten.

Nachdem sie ihm dies auseinandergesetzt hat, geht sie sofort dazu über, der geschilderten Begebenheit Bedeutung zuzuschreiben, und formuliert eine auf den ersten Blick schockierende Deutung. Sie legt ihm dar, dass es »sogenannte Unfälle nicht gibt, sie sind nur Ausflüchte von Männern, um vor sich selbst zu leugnen, wie bösartig sie eigentlich sind«:

> Sie *wollten* das kleine Mädchen umbringen ... Und dann, da sie sich dessen, was Sie getan hatten, schämten und Angst vor der Polizei oder der Hölle hatten, *wollten* Sie von einem Laster überfahren werden, als Strafe für das, was Sie getan hatten, oder als Alibi für den Mord.

Ihre Äußerung an sich ist mentalisierend. Sie teilt Lucho unauffällig mit (»Ihre Geschichte ... ist so banal und stupide, dass sie mich langweilt«), dass ein Teil seiner Psyche mörderische Impulse beherbergt. Dieser – ihm unbekannte – Teil seines

Selbst versetzt ihm einen derartigen Schrecken, dass er sich unerbittlich mit psychischem Schmerz selbst bestraft.

Nun, da Bindung und Bedeutungszuschreibung abgehakt sind, fährt Dr Acémila mit ihrer Verordnung fort, die auf Veränderung abzielt. Das von ihr empfohlene Durcharbeiten umfasst eine Veränderung in Luchos Einstellung und eine Hausaufgabe. Sie trägt ihm schriftlich auf: »Übe, aufrichtig leben zu lernen.« Wenn er ein authentisches Leben führen will, muss er seine feindseligen Gefühle gegenüber Kindern annehmen und akzeptieren, wie fordernd, schwierig und geld- und zeitraubend Kinder sein können. Er muss Zugang zu seinen Aggressionen finden und zulassen, bettelnde Kinder oder die jammernden, kotzenden Kinder seiner Freunde nicht zu mögen, und sich damit abfinden, dass sie die Vollkommenheit weiblicher Schönheit zerstören und einen Keil zwischen Frauen und ihre Männer treiben. Zusätzlich verlangt Dr Acémila von ihm, den Unfallhergang nachzuspielen, in dem er ein Modell davon aus Kinderspielzeug anfertigt – um das Trauma, in Winnicotts Terminologie, in den Bereich von Omnipotenz zu verlagern (Casement 1985).

Lucho befindet sich in einer derart verzwickten Lage, die einfach zu einer Heilung führen muss. Wenn er Dr Acémilas Anordnungen nicht befolgt und nicht lernt, Kinder zu lieben, würden seine guten Gefühle zurückkehren; wenn er sich ihr aber geschlagen gibt, untergräbt dies die lähmenden Schuldgefühle und die von ihm empfundene Hilflosigkeit würde nachlassen.

Eines Tages erschrickt er über sich selbst, weil er denkt, er könnte tatsächlich ein Kind physisch angreifen. In wilder Panik ruft er ein Taxi, um rasch zu Dr Acémilas Praxis zu gelangen. Plötzlich stellt er fest, dass er sich zu ihr aufgemacht hat, ohne auch nur darüber nachzudenken, dass er ein zuvor so gefürchtetes Auto benutzen muss. Er ist »geheilt«. Er versöhnt sich mit seiner Frau und sie wird erneut schwanger. Aber Lucho ist besorgt, dass sein Hass auf Kinder zurückkehren könnte, und diesmal auf sein eigenes Kind, und er überlegt, ob er ein Kindsmord-Wiederholungstäter sein könnte. Dr Acémila entgegnet: »Seien Sie unbesorgt: Sie werden genesen sein, bevor dem Fötus Augen gewachsen sind.« Wie es sich für ein postmodernes Märchen gehört, bleibt man im Unklaren, was das Konzept »Heilung« angeht; wir erfahren nicht, ob man Dr Acémilas sicherer Überzeugung trauen kann oder ob sie sich am Ende als verrückter als ihre Patienten (oder ihre »Freunde«, wie sie diese zu bezeichnen pflegt) entpuppen wird.

Allerdings muss man Zugeständnisse an die dichterische Freiheit machen. Dr Acémilas Kombination von Ernährungsberatung, kleinianischer Deutung und Verhaltenstherapie kann man natürlich nicht routinemäßig anwenden (ich habe einmal in Los Angeles eine Anzeige in einer Zeitung: »Psychoanalyse und Darmspülung: erste Sitzung kostenlos« gesehen). Trotz allem ist die Moral der Geschichte eng mit meiner bisherigen Argumentation verwandt. Dr Acémilas Dreiklang aus Bindung, Bedeutungszuschreibung und Beförderung von Veränderung zeitigt Erfolg. Und das literarische Genre magischer Realismus ist ja selbst paradox oder widersinnig. Der Roman geht von der fragwürdigen Grundannahme aus, dass ein 18-Jähriger sich über das ödipale Inzesttabu hinwegsetzen und glücklich mit einer 32-Jährigen verheiratet sein kann. Der Leser ist hin- und hergerissen, ob er stellvertretend den sündhaften, grenzüberschreitenden Aspekt dieser sexuellen Beziehung genießen (vgl. Kapitel 9) oder eher realistisch als zum Scheitern verurteilt betrachten soll. Aber indem man sich in seiner Vorstellungswelt umschaut, wie weit Phantasie das »reale Leben« durchdringen kann, wird die »Kontaktsperre« zwischen bewussten und unbewussten Anteilen der Psyche gefestigt – eine Voraussetzung für psychische Gesundheit.

Ergebnisforschung in psychoanalytischer Psychotherapie

Das Hauptaugenmerk in diesem Buch liegt auf den *Prozessen*, die sich in psychoanalytischer Psychotherapie abspielen, mit der Absicht, Bindung und psychoanalytische Ideen zusammenzuführen, um die theoretische Basis effektiver klinischer Praxis zu stärken. Aber schon allein da das Wort »effektiv« als Charakteristikum benutzt wird, sind die Geister der psychotherapeutischen *Ergebnis*forschung auf den Plan gerufen (z. B. Malan und Della Selva 2006; Parry et al. 2005; Leichsenring und Rabung 2008). Aber der grundlegenden Frage, bei Krankenkassen sehr beliebt und in der Lage, Analytiker in Angst und Schrecken zu versetzen, besonders wenn sie in Einrichtungen der öffentlichen Hand praktizieren: »Ist psychoanalytische Psychotherapie hilfreich?«, kann man schließlich doch nicht ausweichen. Im letzten Abschnitt dieses Kapitels werde ich mich diesem Thema kurz zuwenden.

In randomisierten kontrollierten Studien (RCTs) hat sich gezeigt, dass mehrere unterschiedliche Formen psychoanalytischer Psychotherapie für ein breites Diagnosespektrum effektiv sind. Dazu gehören leichte bis mittelschwere Depression (Shapiro et al. 1994), Persönlichkeitsstörungen (Bateman und Fonagy 2004, 2008; Abbass et al. 2008), Panikstörung (Milrod et al. 2007), Somatisierungsstörungen (Guthrie et al. 1991) und Essstörungen (Dare et al. 2001). Darüber hinaus gibt es mehrere Kosten-Nutzen-Analysen (Gabbard et al. 1997), die belegen, dass psychoanalytische Psychotherapie, wenn auch ressourcenintensiv, sich aufgrund der Einsparungen – kürzere stationäre Verweildauer, geringere Medikationskosten, weniger Krankengeld, schnellere Rückkehr ins Berufsleben und entsprechend mehr Steueraufkommen – im Vergleich zu *treatment as usual* (unspezifischer, allgemeiner Behandlung) selbst trägt. Im Gegensatz dazu sind die Befunde zum Abschneiden psychoanalytischer im direkten Vergleich zu Verhaltenstherapie weniger überzeugend: Es gibt weniger Studien, diese mit weniger eingeschlossenen Patienten, geringer Replikationsrate und Verzerrungen der Ergebnisse durch unvermeidliche Effekte aufgrund der Loyalität des Forschers gegenüber dem von ihm bevorzugten Verfahren (sogenannten *allegiance effects;* Roth und Fonagy 2006).

Es existieren, kurz gesagt, drei Strategien, die psychoanalytische Psychotherapeuten anwenden, um diese Kritikpunkte (Gabbard 2005), allen voran den unvorteilhaften Vergleich mit Verhaltenstherapie, zu entkräften. Erstens liegt es in der Natur der Sache, dass psychoanalytische Psychotherapie mit den einschlägigen wissenschaftlichen Methoden schwieriger zu untersuchen ist. Randomisierung steht in starkem Gegensatz zu dem, was psychoanalytische Psychotherapie ausmacht, sind doch Motivation zur Therapie und die Annahme, »die richtige Therapie für den jeweiligen Patienten zu finden«, die wichtigsten Grundsätze. Psychoanalytische Therapien dauern darüber hinaus länger, was das Problem der Finanzierung entsprechend aufwendiger wissenschaftlicher Studien aufwirft. Vor diesem Hintergrund muss man auch in Betracht ziehen, dass aufgrund der Dauer einer Behandlung externe Ereignisse im Leben des Patienten als konfundierende Variablen das Therapieergebnis beeinflussen können. Drittens zielt psychoanalytische Psychotherapie auf weit mehr als nur Symptomreduktion, nämlich auf strukturelle Veränderungen der Persönlichkeit ab. Dies zu untersuchen erweist sich als überaus komplex, zeit- und kostenintensiv.

Hier vertrete ich die Ansicht, dass man mit genügend Zeit und ausreichenden Ressourcen zeigen kann und zeigen wird, dass psychoanalytische Psychotherapie genauso effektiv wie andere Therapiemodalitäten ist, wenn nicht sogar besser abschneidet, und dass sich ihre besondere Stellung hinsichtlich bestimmter Indikationen nach und nach abzeichnen wird; die Abwesenheit von Beweisen spricht noch nicht für den Beweis von Abwesenheit. Die Metaanalyse von Leichsenring und Rabung (2008) zu psychoanalytischer Langzeittherapie (LTPP, mit definierter Behandlungsdauer von mindestens einem Jahr) bestätigt dies. Im Vergleich mit psychoanalytischer Kurzzeittherapie (nach deren Ende Rezidive häufig zu beobachten sind) und *treatment as usual* (siehe oben) zeigten sich bei Patienten in LTPP Effektstärken von 1.8 bezüglich der Zielsymptome, der generellen Effekivität und des Persönlichkeitsfunktionsniveaus, was einer sehr respektablen Größenordnung entspricht (höher als Antidepressiva im Durchschnitt). 96 Prozent der LTPP-Patienten ging es nach der Therapie besser als denen in den Vergleichsgruppen. Obwohl nur zehn Studien den strengen Einschlusskriterien der Autoren genügten, besagen die Auswertungen, dass 350 Studien mit entgegengesetzten Ergebnissen vonnöten wären, um ihre Schlussfolgerungen als reinen Zufall erscheinen zu lassen.

Das Forschungsprojekt zur Borderline-Persönlichkeitsstörung von Bateman und

Fonagy (2004, 2008) ist ein Beispiel für die eingeschlossenen Studien. Es handelt sich hier um ein intensives Behandlungskonzept, das beachtliche Erfolge hinsichtlich der Reduktion von Suizidalität, der Inanspruchnahme stationärer medizinischer Betreuung und psychiatrischer Behandlung auch fünf Jahre nach Therapieende gezeigt hat (vgl. Kapitel 10; Levy 2008). Diese Befunde sind umso bedeutsamer, als andere Ansätze (inklusive psychoanalytische Kurzzeittherapien) bei dieser Patientengruppe zu Verschlechterung führen können oder, wie im Fall von Verhaltenstherapie, die therapeutischen Erfolge nach Therapieende nicht von Dauer sind (Levy 2008).

Obwohl dies im Widerspruch zu Letzterem steht, lässt das zweite Argument zur Verteidigung psychoanalytischer Psychotherapie das berüchtigte »Dodo«-Verdikt wieder aufleben, wonach die Therapieergebnisse der verschiedenen therapeutischen Modalitäten sich nicht unterscheiden. Im Großen und Ganzen sprechen die Vergleichsstudien zwischen psychoanalytischer Therapie und Verhaltenstherapie für gleiche Therapieergebnisse, ohne wesentliche Unterschiede feststellen zu können (z. B. Shapiro et al. 1994), wobei diese wenigen eine leichte Überlegenheit von Verhaltenstherapie anzudeuten scheinen. Dies wird darauf zurückgeführt, dass sogenannte »Allgemeinfaktoren« wie die therapeutische Beziehung oder remoralisierende Effekte den Anteil, der der jeweiligen Technik einer speziellen Therapie in Bezug auf Therapieergebnisse zuzuschreiben ist, bei weitem überragen (Wampold 2001). Dieser Befund gereicht psychoanalytischer Psychotherapie insofern zum Nachteil, als man mit ihm kostengünstigere, kürzere Therapieformen, die weniger Ausbildungs- und Therapiezeit erfordern, rechtfertigen kann. Es gibt allerdings gute Belege für einen »Dosis-Effekt«, wonach generell längere Therapien bessere Therapieergebnisse nach sich ziehen (Seligman 1995). Außerdem liegt in der therapeutischen Beziehung der wichtigste der »Allgemeinfaktoren«, einschließlich der Fähigkeit des Therapeuten, das »Kitten« von aufgetretenen Brüchen in der Beziehung zu initiieren – was zur ganz besonderen Fachkompetenz von psychoanalytischen Psychotherapeuten gehört.

Ein drittes Argument, das ironischerweise dem Kern dessen am nächsten kommt, was psychoanalytische Psychotherapie ausmacht, und dennoch am wenigsten geeignet erscheint, in der öffentlichen Wahrnehmung zu bestehen, ist die Tatsache, dass Ergebnisforschung grundlegend fehlgeleitet und konträr zum eigentlichen Geist der Psychoanalyse mit ihrem Hauptaugenmerk auf idiographische individuelle Lebensgeschichten, nicht aber auf normierte, instrumentalistische »Schnäppchen« oder »Sonderangebote« aus ist. Dies trifft insbesondere für die eigentliche Psychoanalyse (z. B. fünf Mal pro Woche für eine Dauer von fünf Jahren) zu, die bisher nicht und vielleicht auch in der Zukunft nie Gegenstand von RCTs wird, auch wenn man ihre Wirksamkeit mit methodischen Modifizierungen sehr wohl untersuchen kann – mit Befunden, die durchaus für sie sprechen (vgl. Sandell et al. 2000). Obwohl dies auf den ersten Blick wie ein unhaltbares Plädoyer eines Hinterwäldlers erscheinen mag, wird es durch die wachsende Unzufriedenheit mit übertechnisierter, in kleine Bruchstücke zergliederter Gesundheitsversorgung und durch ein steigendes Interesse an qualitativen Studien und Narrativ-basierter, sprechender Medizin eher bestätigt (Greenhalgh und Hurwitz 1998; Avdi 2008). Psychoanalyse sollte diesen Entwicklungen aufgeschlossen gegenüberstehen. Das soll uns als Überleitung zum nächsten Kapitel dienen: Macht und Psychoanalyse – welche Art von Macht übt sie aus und wie äußert sich dies im Sprechzimmer?

KAPITEL 6 | BEFÄHIGEN

Die meisten Patienten, die psychotherapeutische Hilfe suchen, fühlen sich auf die eine oder andere Art macht- und hilflos: unsicher, unfähig, ihre Ziele im Leben zu erreichen, nicht mehr Herr über ihre Leben und ihre Gefühle, schwach, marginalisiert, unbedeutend ... – sie beschreiben sich ganz kläglich als »das nutzloseste Wesen auf Erden« (ein Patient träumte einmal, seine selbstauferlegte Zwecklosigkeit und Impotenz beleuchtend, von einem Eindringling namens Nils Borrodoss, der sein Haus »besetzt« hatte – ein »Nichts«, ein ewiger Borger, der sich in seiner »Zitadelle« nur »aufs Ohr haut«).

Das Chambers-Wörterbuch (1972) definiert Macht so: »die Fähigkeit, eine Wirkung hervorzurufen, Stärke, Energie, das Recht zum Befehlen, Autorität«. Therapeuten hoffen, dass die Behandlung die Fähigkeit eines Patienten, selbstwirksam zu sein, verbessert – das Selbstempfinden verstärkt, einen Sinn von Autorschaft und Autorität hinsichtlich Selbsterkenntnis und Erkenntnis des eigenen Lebens vermittelt. Aber wie vollzieht sich das in einer Psychotherapie? In einigen Therapieformen ist die Stärkung oder Befähigung des Selbst (engl. *empowerment*[6]) ein expliziter Fokus – in der Selbstbehauptungstherapie bekommen die Patienten spezifische Hausaufgaben: fehlerhafte Waren im Laden umtauschen, gegenüber ihren Partnern für sich einstehen, wenn sie sich unterdrückt oder eingeschüchtert fühlen. In diesem Kapitel werde ich den Nutzen der Bindungs- oder relationalen Perspektive in Bezug auf die Aspekte psychoanalytischer Psychotherapie aufzeigen, die den Patienten stärken und ihn ermächtigen.

Die Machtverhältnisse in der Beziehung zwischen Therapeut und Patienten

Eltern befinden sich in einer Situation, in der sie Macht über ihre Kinder haben. Genauso üben Therapeuten, zumindest symbolisch, Macht über ihre Patienten aus.

---

6 Da der Begriff *empowerment* vermehrt ins Deutsche Einzug zu halten scheint, wird er im Folgenden nicht nur mit »Befähigung« oder ähnlichen Umschreibungen übersetzt, sondern stellenweise auch in der englischen Form beibehalten. [Anm. d. Übs.]

Der Therapeut setzt die Rahmenbedingungen der therapeutischen Beziehung fest, richtet das Behandlungszimmer her, diktiert – wenn auch nach Verhandlung und Vertrag – die Frequenz und Dauer der Sitzungen und entscheidet, wie am besten im Leben des Patienten zu intervenieren sei oder auch nicht. Theoretisch kann der Patient diese Bedingungen anfechten oder jederzeit die Therapie abbrechen, was einem Baby nicht möglich ist (vgl. Holmes und Lindley 1997). Andererseits, ob unbewusst oder sonstwie, bedeutet das Patient-Sein, Verletzlichkeit und Machtlosigkeit in die Hände des Analytikers mit seinem Wissen und seiner Stärke zu legen.

Geht alles gut, so hat sich das Blatt am Ende der Therapie gewendet. Die Machtlosigkeit des Therapeuten, was das Geschehen über das Sprechzimmer hinaus angeht, trägt zur Befähigung und Stärkung des Patienten bei, der nach der Therapie sein eigenes Leben führt, während der Therapeut, zumindest vorübergehend, sich so fühlt, als ob ihm etwas weggenommen worden wäre.

Meine Argumentation in diesem Kapitel lautet wie folgt:

1 In der Psychotherapie gibt es eine implizite Ethik, die authentische Befähigung/Bestärkung bei verschiedenen Pathologien bezüglich Macht gegenübergestellt – diese sind zumeist durch ein Zuviel oder Zuwenig an Kraft/Macht gekennzeichnet.
2 Machtverhältnisse sind in der psychoanalytischen Literatur ein wenig zu kurz gekommen, mit einer ehrenwerten Ausnahme: Alfred Adler.
3 Die Bindungstheorie ermöglicht einen entwicklungspsychologischen Kontext, um Prozesse wie Selbstbefähigung *(empowerment)* oder Entmachtung *(disempowerment)* theoretisch zu fassen.
4 Mentalisieren, das sich in sicherer Bindung entwickelt, ist ein entscheidender Faktor in der Stärkung und Befähigung, die einem Patienten durch die Analyse geboten wird.

Die Ethik der Befähigung

Macht ist allen sozialen Beziehungen eigen – eine Gesellschaft übt durch den Staatsapparat über ihre Bürger nicht nur physische, sondern auch psychische Macht aus. Wie sich anhand dieser Gegenüberstellungen zeigt, kann diese Macht zum Wohl oder Verderben gebraucht oder missbraucht werden: Tyrannei versus Demokratie, Fremdbestimmtheit versus Autonomie, Herr-Sklave-Verhältnis versus vertraglich festgesetzte, freiwillig eingegangene Beziehungen, Macht *über* versus Macht, *etwas zu veranlassen*, Konformität versus Autorschaft, Omnipotenz/Impotenz versus eingeschränkte, aber reale Macht. Die Psychoanalyse sieht sich mit der positiven Seite dieser Ethik verbunden, denn *empowerment* entsteht nach ihrer Auffassung hauptsächlich durch ein besseres Sebstverständnis. *Scientia potentia est*: Wissen ist Macht. Aber dieses Wissen geht über das Verständnis des Selbst hinaus, es ist ein Wissen um das Selbst in Beziehung zu anderen und ungekehrt oder, wie in Kapitel 2 dargelegt: durch Mentalisieren erworbenes Verständnis. Wissen bedeutet, in Einklang mit der Realität zu sein – zu differenzieren zwischen dem, was ich und Andere wahrnehmen und fühlen, und »den Dingen, wie sie tatsächlich sind«. Wenn man »befähigt« wurde, diese Unterscheidung zu treffen, steigen die Chancen, die physische und soziale Welt um einen herum erfolgreich zu akzeptieren.

Psychoanalyse und Macht

Die obige Liste der Polaritäten enthält implizit auch eine Gegenüberstellung wissenschaftlicher und sozialer Definitionen von Macht. Für Freud, der in den wissenschaftlichen Paradigmen des 19. Jahrhunderts heimisch war, ist Macht gleichbedeutend mit der quasi-materiellen Energie von Trieben, ob sie nun libidinöser, aggressiver Natur sind oder Thanatos betreffen. In seinem Modell des psychischen Determinismus ist es die Macht unbezwungener, nicht greifbarer unbewusster Kräfte, die uns unweigerlich, wie Billardkugeln (oder Planeten) Richtung Unzufriedenheit und Neurose treibt.

Tom: Verwirrung und Klarifizierung

Tom, den ich schon im 4. Kapitel erwähnt habe, war depressiv und hatte sich aufgegeben. Seine Frau hatte eine Affäre. Ohne dass beide wirklich über ihre Gefühle diskutiert hätten, bestand er darauf, sie solle aus dem gemeinsamen Haus ausziehen, und nun war er mit den beiden Kindern allein. Er war unglaublich verwirrt – unfähig zu verstehen, was gerade vor sich ging, was er nun tun sollte – und fühlte sich dazu noch schuldig und impotent. Er hatte das Gefühl, dass seine Ehe irreparablen Schaden genommen hatte und dass *er* hätte gehen sollen, wozu er sich jedoch zu schwach fühlte, und deshalb hoffte er, der Therapeut könnte ihm irgendwie vermitteln, was zu tun sei. Tom wurde während des Zweiten Weltkriegs geboren; sein Vater war nach einer schweren Verwundung an der Front für mehrere Monate zur Genesung nach England zurückgekehrt. Die Mutter brachte Tom daraufhin bei ihren Eltern unter, um ihrem Mann am Krankenbett beizustehen.

Der Therapeut deutet an, dass seine derzeitige Verwirrung aufgrund des Scheiterns der Ehe eine Wiederholung dieses Kindheitstraumas darstellt. Tom war von seiner Frau verlassen worden, als diese eine Affäre hatte, genauso wie er sich damals von seiner Mutter verlassen fühlte. Als er seine Frau aus der gemeinsamen Wohnung manövrierte, drehte er die Situation zu seinen Gunsten um: Jetzt war er es, der sie »verließ«. Daher seine Schuldgefühle und seine Verwirrung.

In den Sitzungen verhielt er sich natürlich vermeidend – fast nicht imstande, über seine Gefühle zu sprechen, und wenn er es tat, dann auf eine distanzierte, affektlose und wenig differenzierte Art. Besonders schwer fiel es ihm, in Kontakt mit der Wut darüber zu kommen, dass seine Frau ihn betrogen hatte. Der Therapeut bemerkte dazu, wie sehr er doch anscheinend damals, als er klein war, seine Gefühle – besonders die wuterfüllten – »abgeschaltet« hatte. Vielleicht war es ein Mangel an Wärme und Präsenz in der Ehe, der seine Frau bewog, eine Affäre anzufangen. »Sie wollen mir also nahelegen, dass ich irgendwie dieses Fremdgehen ›eingefädelt‹ hätte ...«, antwortete er. Darauf der Therapeut: »Ja, Ihr Unbewusstes ›kehrt an den Ort des Verbrechens zurück‹, in diesem Fall zu Ihrem Trauma in der Kindheit.« Eigenartigerweise schien ihm diese Erklärung eine Last von den Schultern zu nehmen. Die Erkenntnis, dass er ganz unbekannten, unbewussten Kräften ausgeliefert war, bewirkte, dass er sich weniger hilflos fühlte. Dadurch bestärkt, gelang es ihm besser zu mentalisieren, und voller Trauer beendete er tatsächlich die Ehe. Dabei konnte er Verantwortung für den Schmerz, den er verursacht hatte, übernehmen, ohne aber von narzisstischen Schuldgefühlen überwältigt zu sein.

Alfred Adler (Ansbacher und Ansbacher [1956] 1985), Wegbereiter der relationalen Psychoanalyse, befasste sich intensiv mit den sozialen Aspekten von Macht. Spezifische Machtgefüge sind allen menschlichen Beziehungen eigen, von der Kernfamilie bis zum kaiserlichen Rom. Wer hat Macht über wen und wie wird sie ausgeübt? Die Macht, die von einem schreienden Baby ausgeht, ist – letztlich – nichts im Vergleich zur potentiellen Kindstötung durch die Eltern (Hrdy 1999). Menschen können nicht von ihrem sozialen Kontext getrennt betrachtet werden; wie konzentrische Kreise umgeben uns unsere Beziehungen zu Mutter und Vater, Familie, Arbeit und Freundeskreis, zur Gesellschaft im weiteren Sinne mit all den Machtverhältnissen, die jede Nische dieser Matrix durchziehen. Aus dieser quasi-soziologischen Perspektive sollte der Machtaspekt der Analytiker-Patient-Beziehung genauso objektiv wie die Triebe beleuchtet werden, auch der mutmaßliche »Machttrieb«.

Die ungeschriebene britische Verfassung unterscheidet zwischen »powers spiritual« (Klerus) und »powers temporal« (König, Parlament, Regierung etc.). Aufgrund seiner Herkunft von den »Korridoren der Macht« ausgeschlossen, versuchte Freud, Teil des »spirituellen« Machtgefüges zu werden. So konzeptualisierte er (1921) die Machtbeziehungen in Gruppen im Wesentlichen als regressiv, infantil und maligne. Die Macht einer Führerfigur mobilisiert primitive ödipale Wünsche und Ängste. Die Psychoanalyse selbst ringt bis heute darum, als gleichwertiger Part innerhalb der »powers temporal« angesehen zu werden.

Aber es gibt kein Entkommen, was die sozialen Dimensionen von Macht angeht, nicht einmal in der geschützten Abgeschiedenheit des Sprechzimmers und noch weniger in der aufgeheizten Atmosphäre psychoanalytischer Politik. In jedem Machtverhältnis gibt es ein Bedürfnis nach absoluter Autorität, einer »letzten Berufungsinstanz«, die Machtkämpfe schlichten soll. Innerhalb der Psychoanalyse bestehen demokratische und autoritäre Tendenzen nebeneinander. Die Autorität der Gründerväter (und -mütter) und die apostolische Berufung zum altgedienten (Lehr-)Analytiker haben immer noch hohe Bedeutung, was unweigerlich Risse und Spaltungen mit sich bringt. Aber auch die offene Diskussion und das Anhören gegensätzlicher Standpunkte ist intrinsischer Bestandteil des psychoanalytischen Ethos, obwohl dies in der Praxis oft schwierig umzusetzen ist (Tucket et al. 2008). Für Freud war stets die Hinwendung zur »Realität« das entscheidende Indiz für psychische Gesundheit und die Neurose immer ein Abwenden von der Realität (Freud 1916–1917g). Die Psychoanalyse ist eine Machtbeziehung mit dem Anliegen, Macht zu dekonstruieren. Ich werde aufzeigen, dass Psychoanalyse – via Triangulation und Mentalisieren – eine interpersonale *Methode* ist, um die Wahrheit aufzuspüren, nicht aber ein Set spezifischer Wahrheiten oder Interpretationen.

Gerade im Fall physischer und psychischer Gesundheit ist Macht unabdingbar (Armut – ökonomische Machtlosigkeit – geht mit stark erhöhter Morbidität und Sterblichkeit einher). Macht ermöglicht den Zugang zu Ressourcen, die zum Überleben, zur Reproduktion und für ein lebenswertes Leben so entscheidend sind: Sicherheit, materielles, sexuelles und soziales »Kapital« (Ansehen, Anerkennung, Beliebtheit etc.). Letztendlich liegt der Zweck von Macht, wie Freud ihn sah, in der »Liebe«, im Überleben und Vermehren eigennütziger Gene. Unter normalen Umständen sind Kooperation und ausbalancierte Machtstrategien erfolgreicher als nackte Machtausübung, wie Machiavelli sie einst empfahl (Dawkins 1978). Das Streben nach grenzenloser, ungezügelter Macht als Selbstzweck ist letztlich selbstzerstörerisch. Die meisten politischen Karrieren enden mit einem Absturz. In Shelleys Sonett fordert der Pharao Ozymandias (Ramses) die nachfolgenden Generationen auf, sich »meine Ruinen und meine Verzweiflung anzuschauen«. Der mächtige Herrscher hatte »in der Schau nach vorn gelebt, aber sein Leben erst in der Schau zurück verstanden«. Mentalisieren eröffnet die Chance, »in der Schau nach vorn« zu verstehen und damit die Wahrscheinlichkeit von Versagen und Hoffnungslosigkeit zu mindern.

Bindungstheorie und Macht

Macht und Sicherheit sind in der Bindungsperspektive eng miteinander verknüpft. Die Schwachen suchen den Schutz Stärkerer, sowohl individuell als auch kollektiv. Wer als »sichere Basis« fungiert, verfügt über die »Macht«, der verletzlichen Person wieder ein Gefühl der Sicherheit zu vermitteln. Ein sicher gebundenes Individuum fühlt sich nicht nur sicher und geschützt, sondern auch befähigt und bestärkt, sich mit Neugier die Welt zu erschließen und seine eigene innere Kraft und Sicherheit zu finden.

In der sicheren Bindungsbeziehung vermittelt die Person, die für eine sichere Basis sorgt, die für das psychische Wachstum und die Entwicklung so wichtige Fähigkeit, die Dinge zu meistern. Im Gegensatz dazu stehen bei unsicherer Bindung die Machtverhältnisse zwischen der Betreuungsperson und dem Kind im Vordergrund, was das Explorationsverhalten beeinträchtigt: Macht bleibt für den Sicherheit Suchenden problematisch; sie wird nicht mühelos als etwas ganz Normales vom Sicherheit Gebenden vermittelt.

Deaktivierende und hyperaktivierende Kinder fechten fortwährend kleine Machtkämpfe mit ihren Betreuungspersonen aus. Die deaktivierende, unsicher-vermeidende Person (Main 1995; Mallinckrodt et al. 2008) wuchs im Allgemeinen mit einer Bezugsperson auf, bei der, wie »liebevoll« sie auch gewesen sein mag, Machtausübung oder Kontrolle die Zuwendung überwog. Daher muss das Kind seine gefühlten und geäußerten Bedürfnisse herunterspielen, um ein Minimum an Sicherheit zu erreichen – wobei es ungefähr sagt: »Ich bin doch gar nicht so fordernd und schwierig, bitte kümmere dich um mich!« Später, im Schulalter, »mag sich das Kind mit dem Aggressor identifizieren« und als Konsequenz Andere schikanieren. Dagegen ist es wahrscheinlich, dass die Erfahrungen eines hyperaktivierenden, unsicher-ambivalenten Individuums von einer Bezugsperson geprägt sind, die im Hinblick auf ihre Erreichbarkeit eher unzuverlässig war; ihre Zuwendung konnte nicht als selbstverständlich vorausgesetzt werden. Um überhaupt Beachtung zu finden, stellt das Kind seine Abhängigkeitsbedürfnisse völlig übertriebcn dar und übt damit »schwache« Macht oder die Macht eines Opfers aus: »Ich mache jetzt so ein Gezeter, dass du keine andere Wahl hast, als dich mit mir zu befassen.«

Bei einer desorganisierten Bindung ist die Bezugsperson entweder machtlos (hilflos/ ängstlich) oder, als Kompensationsmechanismus, machthungrig (intrusiv/ selbstbezogen); damit reguliert sie ihre eigene extreme Machtlosigkeit und Vulnerabilität, indem sie, auf mitunter abartige Weise, ihr Kind kontrolliert (Welldon, 2009). Machtausübung wird damit zum allumfassenden Aspekt der Beziehung. Bei einer Bindungsperson, die selbst massiv geängstigt ist, kommt es häufig zu einem

Rollentausch, und das Kind nimmt in der Folge unangemessenen Einfluss auf die Mutter. Das intrusiv/feindselige Bindungsmuster führt zu noch stärkerer Identifizierung mit dem Aggressor, bei der das Missbrauchsopfer selbst zum Täter wird. In sado-masochistischen Beziehungen steht dem »Herrn« immer ein »Sklave« zur Verfügung, der dessen projizierte innere Schwächen und Vulnerabilität bereitwillig annimmt; der Sklave wird immer von einem Herrn beschützt, ganz gleich, wie viel er von seiner eigenen Macht und seinem Einfluss aufgeben muss, um diesen Zustand zu erreichen.

Adlers Begriff »Minderwertigkeit von Organen« kann als Vorläufer des Konzepts unsicherer Bindung gelten (Ansbacher und Ansbacher 1985). Der »Wille zur Macht« ist eine Reaktion auf diese Unsicherheit: »Nie wieder werde ich mich machtlos fühlen, wenn ich selbst der Herr bin und Andere zu Sklaven mache, die als ›Container‹ für meine projizierte Hilflosigkeit dienen müssen.« Für Freud ist Ödipus' Schicksal unumgänglich und intrapsychisch; seine Blindheit gegenüber dem übermächtigen »Ödipuskomplex« bedeutet, dass er phylogenetisch dazu verurteilt ist, seine Mutter zu begehren und seinen Vater zu hassen. Laut Adler muss man Ödipus in seinem Beziehungskontext und im Sinne von gelebter Erfahrung verstehen. Er kompensiert die »Minderwertigkeit seiner Organe« – der verletzte/geschwollene Fuß, der ihm seinen Namen gab – mit einem »Streben nach Macht«. Auf einem Berggipfel ausgesetzt und ohne Eltern, die schützend die Hände über ihn halten, würde es für ihn bedeuten, sein Trauma erneut zu durchleben, wenn er seiner Verletzlichkeit ins Auge sehen und sie akzeptieren würde. Er beruft sich auf das, was er intuitiv über Behinderungen weiß, um die Botschaft der Sphinx zu »entschlüsseln« – er begreift die gewissermaßen »schwankende« Vergänglichkeit des menschlichen, aufrechten Gangs. Er ist nicht blind, was seine sexuellen und aggressiven Triebe angeht, aber gegenüber seiner Schwäche oder, um einen anderen Mythos zu bemühen, seiner Achillesferse. Seine frühkindliche Hilflosigkeit verwandelt sich, einer Metamorphose gleich, in das tragische Streben nach Macht und nicht in mentalisierte Befähigung. »Heiratet« er seine Mutter, so erlangt er damit eine immer bereite, sichere Basis. Wenn er seinen Vater tötet, um die Herrschaft über Theben an sich zu reißen, nimmt er Rache für seine Schwäche und weicht damit seiner Vulnerabilität und letztlich seiner eigenen Sterblichkeit aus.

Spielman und ein Büchse saure Gurken

Mentalisieren ist nicht zwangsläufig nur von Vorteil. Genau wie totalitäre Regime auch, sind Dichter und Psychotherapeuten Experten, was Bindungen angeht, aber auch darin, wie man sie zerstört. Sie nutzen ihre Macht, um Familien auseinanderzubringen, Eltern von ihren Kindern zu trennen, Kinder von ihren Eltern, Ehepartner voneinander, sie nehmen den Menschen ihren Besitz, ihre Kleidung und ihre Rollen – dies sind die erprobten Mittel, um zu zerstören, was die Essenz des Menschlichen ausmacht.

Selbst Brutalität kann eine Form von Bezogenheit sein. So besteht selbst im Sado-Masochismus ein gewisses Maß an Sicherheit: Wer dich verletzen will, gibt zu verstehen, dass du ihm etwas bedeutest. Wer die Macht hat, einen anderen zu verletzen, vergewissert sich damit, nicht ganz so allein auf dieser Welt zu sein. Wenn man zuerst alle Bindungen zerstört, kann man anschließend sicher sein, dass die blutende Hand des Opfers den Rettungsanker annimmt, den man ihr hinhält. Auf diese Art werden Kinder zu Terroristen, versklaven Regime ihr Volk und sogar mitten demokratischen Gesellschaften entstehen Psychose und Trauma.

Menschen können nicht leben, ohne in Beziehung zu Anderen zu sein. Ohne den Anderen existiert kein Selbst. Wie freie Radikale ist der beziehungslose, ungebundene Zustand instabil. Schon als Neugeborene unterliegen wir einem »Zwang«, Bindungen einzugehen. Wir müssen jemanden oder etwas finden, mit dem wir in Beziehung treten können. Dabei ist fast alles recht, selbst wenn das bedeutet, einen Teil des eigenen Körpers wie einen »Anderen« zu behandeln.

In *König Lear* ist der Arme Tom, obdachlos in der stürmischen Heide, »das Ding an sich« …; »das arme, nackte, zweizinkige Tier« greift nach dem Wind, in der Hoffnung, dort jemanden zu finden. Selbst die Zinken bedeuten ein äußeres Merkmal, etwas, mit dem man eine Beziehung eingehen kann. Eine Hand kann eine andere ergreifen, ein Bein sich ums andere schlingen. Konrad Lorenz' Gänsen reichte ein Pappkarton an einem Strick als Mutter(ersatz). Genitalien haben ihr eigenes Leben, sodass man sich ihnen zuwenden kann, wenn Trost durch Andere nicht möglich ist. Roman Polanskis Film *Der Pianist* beruht auf der wahren Geschichte des Musikers Władysław Szpilman (im Film Spielman), der die deutsche Besetzung Polens und das Warschauer Ghetto überlebt hat. Szpilmans ganze Familie wird deportiert und endet in den Gaskammern; er hat keine Freunde, denen er vertrauen kann; gelegentlich übernachtet er in einer leeren Wohnung, in der ein Flügel steht, aber er traut sich nicht, darauf zu spielen, um sich nicht zu verraten. Als großes Talent, das sich einem Publikum mitteilen will, ist er auf tragische Weise zu Stille verdammt.

Völlig einsam zieht er von Haus zu Haus, bis er schließlich ein verfallenes, ausgebranntes Gebäude in der Nähe des Hauptquartiers der Nazis findet. Ausgehungert sucht er überall nach etwas Essbarem und findet schließlich eine Büchse saure Gurken, die von anderen Flüchtigen übersehen wurde. Wie soll er sie öffnen? Er wiegt die Büchse wie eine Mutter ihr Baby und umklammert sie wie ein Kind sein

Lieblingsspielzeug. An einer Feuerstelle findet er schließlich einen provisorischen Haken sowie einen Hammer, um die Büchse zu öffnen (vielleicht als ironische Anspielung auf die Anschlaghämmer eines Klaviers). Aber der Lärm, den er damit verursacht, ist sein Verderben. Ein Offizieller der Nazis hört und entdeckt ihn. Glücklicherweise ist der Mann ein Musikliebhaber – und lässt Szpilman auf einem wie durch ein Wunder unversehrten Klavier spielen. Der magische Klang seines Spiels rettet ihm das Leben. Der Nazi versorgt ihn mit Essen und Szpilman überlebt, bis die Russen einrücken – um ihn erneut festzunehmen und zu deportieren. Er stirbt einige Jahre später im Gulag.

All seiner familiären Zusammenhänge beraubt, sind es die Bindungen, die Spzilmans Weiterleben möglich machen – zu der Büchse Gurken, zur Musik, ja sogar zu seinem Nazi-»Retter«. Der Zuschauer erlebt, wie die Struktur und die Schönheit, die ganz großer Kunst eigen sind, helfen, Feindseligkeit und Krieg zu überwinden. Verstehen ist ein erster Schritt hin zum Vergeben und zur Wiedergutmachung.

Wie kann psychoanalytische Therapie zu Empowerment führen?

Das Wissen darum, dass jemand für sein Unglück selbst verantwortlich ist, wenn auch unbewusst und unwissentlich, wirkt laut Freud bereits befreiend. Wissen ermöglicht es Platons Wagenlenker, Kontrolle auszuüben, anstatt von den »Pferdestärken« des Unbewussten überwältigt zu werden. Aus kleinianischer Perspektive führt die Analyse projektiver Prozesse in der Übertragung zu einer Rückgewinnung zuvor abgelehnter oder nicht-zugänglicher Selbstanteile (Britton et al. 1989). Auch dem Winnicott'schen (1971) Modell der Analyse als »Lernen im Spiel« liegt der Gedanke zugrunde, sich der Kraft der Vorstellung zu bedienen.

Nach dem Verständnis der Bindungstheorie ist die Machtbeziehung zwischen Patient und Therapeut sowohl real als auch imaginär (d.h. in der Übertragung). Um meine Hauptthese ein weiteres Mal zu strapazieren: Ein Grundprinzip von Bindung besagt, dass eine Person in Not oder Bedrängnis – in welchem Lebensabschnitt auch immer – nach einer schützenden, ratgebenden, sicheren Basis sucht, um ihre Angst zu lindern. Exploration, und das schließt das Denken an sich ein, wird erst möglich, wenn Bindungsbedürfnisse befriedigt sind. In der Erfahrung, eine sichere Basis zu vermitteln, liegt die »wirkliche« Macht, die der Therapeut dem Patienten anbietet. Wenn diese Macht mit Bedacht eingesetzt wird, befähigt dies den Patienten, seine authentische Lebensgeschichte aufzudecken, während gleichzeitig die Mentalisierungskompetenz verstärkt wird.

Parallel zu dieser realen Machtbeziehung spielen auch die »Mächte der Gegenübertragung« eine Rolle: die Projektion absoluter Macht auf den Therapeuten und der dazugehörige Gegenpart oder die »reziproke Rolle« (Ryle 1990), in der der Patient völlige Machtlosigkeit und Vulnerabilität annimmt, beruht auf suboptimalen Bindungsmustern in der frühkindlichen Entwicklung. Es kommt oft vor, dass Patienten sich mit der Sehnsucht nach totaler Sicherheit, Schutz und Verständnis in Therapie begeben. Die Erkenntnis, dass diese Idealvorstellung ihre Grenzen hat, zwingt sie, die Realität zu akzeptieren – und das ist an sich schon »heilend«.

In der Therapie wird die Dialektik zwischen realer Machtbeziehung und dem Teilaspekt von Macht, der sich in der Übertragung abspielt, bearbeitet. Wie durch ein trübes Glas betrachtet, wird die therapeutische Beziehung Minute für Minute durch den »Übertragungsdunst« verschleiert; für einen Augenblick klärt er sich auf, und in einem »neuronalen Fenster«, der günstigsten Phase für Lernprozesse, kann der Patient das »Ding an sich« erkennen, bevor sich der Nebel wieder senkt. Wenn sich die Therapie ihrem Ende nähert, lichtet sich, mit ein wenig Glück, das Dickicht der Übertragung dauerhafter oder verschwindet ganz (vgl. Kapitel 13). Der Patient kann sich selbst und den Therapeuten als die Personen betrachten, die sie tatsächlich sind, mit ihren Stärken und Schwächen. *Empowerment* bedeutet, echte Kraft für sich selbst zu finden, aber auch, seine Grenzen zu akzeptieren.

Triangulierung

Die Philosophin und Psychoanalytikerin Marica Cavell (2006) hat Davidsons Konzept »Triangulierung« weiterentwickelt, um Kants Paradoxon aufzulösen: Wie können wir, wo doch die gesamte Realität immer durch unseren eigenen Geist gefiltert wird, zwischen dem, was real und was imaginär ist, unterscheiden? Laut Cavell liegt der Schlüssel dazu in der »triangulierten Referenz«. Ein Baby greift nach einer Tasse. Die Mutter »verweist« auf die Tasse, verbal und visuell, indem sie ihren Blick »gemeinsam« mit dem Baby auf sie richtet. Sie sagt »Tasse« und lässt das Kind diese anfassen, halten und an ihr riechen. Sie stellt einen Bezug (eine Referenz) zu ihr her: Das Baby schaut auf die Tasse, sieht, wie seine Mutter die Tasse betrachtet, und sieht, wie es dabei von seiner Mutter betrachtet wird. Somit ist ein Dreieck gebildet: Mutter-Kind-Tasse – zwei Personen beim Anblick der Realität. Mutter und Kind schauen auf dieselbe reale Tasse, auf ähnliche, aber nicht identische Weise: beide aus der jeweils eigenen Perspektive – der Winkel, aus dem sich die Tasse auf der jeweiligen Retina abbildet, unterscheidet sich nur um wenige Grad.

Jetzt beginnt das Kind, die *Realität* der Tasse zu erfassen, und durch Sprache wird diese Realität gefestigt. Das Kind erkennt, dass sich seine eigene Erfahrung mit der Vorstellung überschneidet, die seine Mutter bezüglich seiner Erfahrungen hat. Wenn wir eine Wahrnehmung von einer Halluzination unterscheiden wollen, benutzen wir den gleichen Mechanismus: »Hast du auch gerade dieses Geräusch gehört?«, fragen wir. Wenn der Andere verneint, erkennen wir, dass wir uns etwas eingebildet haben. Wo diese Bezugnahme/Kontrolle nicht möglich ist, entweder entwicklungsbedingt oder weil die Wahrnehmung des Anderen durch Angst getrübt ist, ist es nicht mehr weit bis zur Paranoia.

Das oben genannte Beispiel bezieht sich auf ein physisches Objekt, eine Tasse – vielleicht ist es aber auch auf einer »Symbolebene« zu verstehen, wobei Tasse »Brust« bedeutet. Das gleiche Prinzip kann man auf emotionales Verstehen anwenden. Die Sicherheit vermittelnde Bindungsperson geht davon aus, das das Kind psychisch eigenständig und ihr dennoch ähnlich ist. Trotz ihrer unterschiedlichen Perspektiven gibt es eine gemeinsame Tasse »da draußen«. So sieht die Realität aus, die Tasse ist ein objektives Faktum, sie existiert tatsächlich. Wenn das Kind froh oder aufgebracht ist, schreibt die mentalisierende Mutter der fühlenden, kleinen Person Bedürfnisse und Absichten zu. Dabei taucht sie in die Erfahrungswelt des Kindes ein und erleichtert es ihm, indem sie seine Gefühle »spiegelt« und benennt, diese als etwas wahrzunehmen, das nicht weniger real ist als andere Dinge auf dieser Welt.

In der Psychotherapie gleicht die »Tasse« den Gefühlen des Patienten. Das Dreieck besteht nun aus Patient, Therapeut und den gelebten Erfahrungen des Patienten. Was auf dem Spiel steht, ist die Realität dieser Erfahrung. Je mehr der Patient seine Gefühle und den Kontext, in dem diese entstehen, erkennen, sie benennen und die Asymmetrie zwischen ihnen und der »Realität« nachvollziehen kann, desto besser kann er sein Schicksal in die eigenen Hände nehmen. Übertragungsgefühle sind dadurch gekennzeichnet, dass ihr äußerer Bezugspunkt archaischer und nicht aktueller Natur ist. Diese »archaischen« Gefühle mögen wegen des Bedürfnisses, sich sicher zu fühlen, auch erklären, warum die Nähe zu einem machtvollen Objekt gesucht und gewahrt wird. Diese Gefühle davon zu unterscheiden, was sich tatsächlich abspielt, ist ein wichtiger Schritt auf dem Weg zu mehr Selbstverständnis.

Madelaine und die Kreditkrise

Madelaine hatte nach dem Schulabschluss immer im Banksektor gearbeitet. Verheiratet, aber kinderlos, hatte sie geplant, sich mit 50 zur Ruhe zu setzen und mit einer üppigen Bonuszahlung ihrer Leidenschaft für Reiten und Pferdezucht nachzugehen. Die ökonomische Krise der Weltwirtschaft brachte all dies zu Fall und sie wurde depressiv. Dies führte zu einem Wiederaufleben eines lebenslang gehüteten Geheimnisses, einer schambesetzten Sorge, die in ihrer Adoleszenz begonnen hatte. Sie war überzeugt, dass sie im Gesicht von einem äußerst unansehnlichen Haarwuchs befallen war, und sie verbrachte Stunden damit, sich vor dem Spiegel zu untersuchen. Sie wurde zunehmend öffentlichkeitsscheu und zog sich aus ihrem sozialen Umfeld zurück.

Sie war ohne Vater aufgewachsen und ihre recht exzentrische Mutter heiratete, als Madelaine fünf war. Sie hatte zwei Halbgeschwister und stets das Gefühl, dass der Stiefvater die beiden Schwestern bevorzugte. Sie gab weiterhin an, dass sie selbst glücklich verheiratet war und dass es in der Ehe nie zu Streitigkeiten kam. Sie gebrauchte das Wort »Scham« mehrmals während der ersten Sitzungen – sie schämte sich, ihr Gesicht zu zeigen, außerdem dafür, ihrer Depression und übersteigerten Beschäftigung mit Hirsutismus erlegen zu sein.

Ich merkte an, dass ihr Schamgefühl vielleicht mit der Abwesenheit ihres Vaters zu tun haben könnte, durch die sie sich von den anderen Kindern in der eher konservativen dörflichen Umwelt, wo sie aufgewachsen war, unterschied. Sie mag sich, so deutete ich an, ohne einen »echten« Vater verletzlich und hilflos gefühlt und ihr Streben nach Geld und Erfolg als Versuch »gesehen« haben, dies zu kompensieren. Die Finanzkrise hatte sie in ein Gefühl von »Illegitimität« zurückkatapultiert, das ihr aus der Kindheit so vertraut war. Hinter ihrer lächelnden Fassade verbarg sie Gefühle von Neid und Wut, die sie, koste es was es wolle, zurückgehalten hatte. Ihre Sorgen, was da sozusagen unter ihrer Haut entstehen oder wachsen könnte, sind als Manifestationen dieses Konflikts zu verstehen.

In einem verhaltenstherapeutischen Ansatz hätte man Madelaine vielleicht aufgefordert, mehr über Hirsutismus im Gesichtsbereich herauszufinden und ihren eigenen Haarwuchs auf einer objektiven Skala von 1 bis 10 im Vergleich zu einer Normalperson zu bewerten. Die dabei entstehende Triangulierung könnte man mit dem oben beschriebenen Beispiel »Tasse« vergleichen – auf der sichtbaren Ebene von Objekten. In der psychoanalytische Psychotherapie liegt der Fokus nicht auf der »objektiven« An- oder Abwesenheit der Haare, sondern vielmehr auf den emotionalen Zuständen, die damit zusammenhängen. Es gelang Madelaine, sich gedanklich mit dem Hinweis zu beschäftigen, dass Gefühle von Neid eine wichtige Rolle spielen. So sprach sie von Kollegen, die ihre Bonuszahlungen trotz der Krise erhalten hatten, und davon, wie ungerecht sie dies fand, und sie konnte einen Zusammenhang zu den Gefühlen herstellen, die sie als Kind gegenüber ihren Halbgeschwistern hatte. Als ich wegen eines Krankheitsfalls in meiner Familie eine Sitzung absagen musste, gab ihr das die Gelegenheit, über mich verärgert zu sein. Sie sagte, es komme ihr selbst doch sehr komisch vor, über so etwas ärgerlich zu sein, war aber in der Lage, dies mit den Gefühlen gegenüber ihren Halbschwestern in Verbindung zu bringen: An meiner Familie war mir offensichtlich viel mehr gelegen als an ihr, genauso wie sie dies bei ihrem Stiefvater erlebt hatte. Indem wir uns Prozesse der Triangulierung zunutze machten, konnten wir eine Begebenheit in unserer Beziehung näher betrachten und ihre wahren Gefühle, die sie als Reaktion auf diese Begebenheit empfand, zu Tage fördern – aktuelle und solche, die in den Bereich der Übertragung gehörten.

Im Märchen *Des Kaisers neue Kleider* von Hans Christian Andersen ruft ein Kind: »Aber er hat ja gar nichts an!« und dekonstruiert damit die vorherrschende (übertragungsähnliche), falsche Wahrnehmung, der Kaiser sei in seine herrlichen neuen Gewänder gehüllt. Das war ein Wunderkind, was seine Mentalisierungsfähigkeit betraf! Es war in der Lage zu triangulieren in Bezug auf a) seine Wahrnehmung des Kaisers (»*Ich* kann keine Kleider sehen«), b) seine von Mentalisierung geleitete Annahme, was die Anderen wohl dachten (»*Die irren sich,* denn aufgrund von verschiedenen Übertragungsprozessen *müssen* sie sich irren: Da ist der Narzissmus des Kaisers, die Abhängigkeit der Höflinge von seiner Macht«) und c) die »Realität« (»höchstwahrscheinlich *ist der Kaiser tatsächlich nackt*«).

Klassische wie auch »relationale« Auffassungen von Psychoanalyse orientieren sich eher am binären als am triangulären Modell von *Empowerment*. Nach klassischem Verständnis hilft der Therapeut dem Patienten bei der Suche nach der Wahrheit, deren Hüter er ist. Die relationale Psychoanalyse (Aron 2000) verwirft dieses »klassische« Modell des allwissenden, alles sehenden Analytikers, der nach und nach sein Wissen an den Patienten weitergibt. Vielmehr spielt das »Ko-Konstruieren«, zu dem Patient und Analytiker bewusst und unbewusst beitragen, eine große Rolle. Das erste Modell ist ein »platonisches« – der Patient findet sein wahres Selbst im Geist oder in der Psyche des Analytikers, sobald Widerstände erfolgreich bearbeitet wurden (Bion 1962, 1967). Die zweite Auffassung ist eine »postmoderne« – es gibt keine absolute Wahrheit, nur mehr oder minder kohärente Erzählstränge (Spence 1987). Im Gegensatz dazu folgt das hier propagierte, bindungstheoriegestützte Modell dem Satz von Karl Popper ([1934] 2007): Die Wahrheit kann nie vollständig erfasst werden, aber Unwahrheiten kann man durch Falsifizieren aufdecken. Der Patient sagt: »Nein, das stimmt nicht ganz …« Die Therapie bietet dem Patienten ein Versuchslabor, in dem er die Realität seiner selbst und die Realität seines Lebens mit der Hilfe eines Therapeuten erforschen kann, der immer wieder Bezüge herstellt. Es wird von der Annahme ausgegangen, dass es eine »wahre« Geschichte gibt, auch wenn unsere mentalen Modelle, wie schlüssig auch immer sie sein mögen, sich dieser nur annähern können. Durch eine polysemische Haltung eröffnet der Therapeut die Möglichkeit, die zahlreichen denkbaren Bedeutungen, die sich einem erschließen können, näher zu betrachten. Mithilfe von Triangulierung kann dann die Bedeutung gefunden werden, die mit der Erfahrungswelt des Patienten übereinstimmt. Polysemie eröffnet viele Bedeutungszusammenhänge, Triangulierung reduziert sie auf den einen zutreffenden. Polysemie kann auch als der »maskuline« Teil betrachtet oder etwas freier übersetzt werden als: sich die semantischen Hörner abstoßen, während Triangulierung auf »femininer« Intuition und damit auf dem beruht, was am ehesten zuzutreffen scheint.

Verbindet man die psychoanalytische mit der Bindungsperspektive, folgt daraus, dass ein Kind an Freiheit gewinnt, wenn es das zeitweilige Ausgeschlossensein vom elterlichen Paar zu tolerieren lernt. Es kann dann beginnen, einen eigenen Standpunkt zu entwickeln und für sich selbst zu denken, wodurch es sich weniger abhängig und im Selbstgefühl bestärkt fühlt. Es sagt dann praktisch zu sich selbst: »Ich verstehe, dass Mama und Papa allein sein wollen, aber das bedeutet nicht, sie hätten mich vergessen oder ich wäre ihnen nicht wichtig. Zugegeben, ich bin eifersüchtig und hätte meine Mama lieber für mich allein, aber ich weiß, das ist nur so ein Gefühl und wird bald vergehen. Wenn mir wirklich etwas fehlt und ich sie rufe, dann werden sie für mich da sein. Meine Mama hat wohl meine Bedürfnisse verstanden, als ich ein Baby war, und allmählich begreife ich, dass auch sie eigene Gefühle hat – manchmal möchte ich mehr Zeit mit Papa verbringen und ihr scheint es nichts auszumachen, dann ausgeschlossen zu sein, sie unterstützt das sogar, also ist es wahrscheinlich auch in Ordnung, wenn ich mich im Moment gerade mal ausgeschlossen fühle. Sie können ruhig diese ›Macht‹ zusammen haben, ich fühle mich davon nicht überwältigt und muss nicht voller Wut und Hass um diese Macht kämpfen oder voller Selbstverachtung meine eigene Machtlosigkeit verdammen.«

Diese idealisierte Rekonstruktion soll eine Vorstellung davon geben, wie sich bei einem gesunden Kind die Mentalisierungskompetenz entwickelt. Die Bindungstheorie sieht den Ursprung dieser Fähigkeit in der mütterlichen Kompetenz zum Mentalisieren, die das Kind internalisiert, außerdem in der Fähigkeit der Mutter, als sichere Basis zu fungieren, von der aus das Kind seine Gefühlszustände explorieren kann, und schließlich in den vom Vater vermittelten und schützend begleiteten Schritten in die weite Welt hinaus (wie gesagt, handelt es sich hier um Geschlechterstereotype, die jederzeit austauschbar sind). Die Befähigung des Kindes, über das Denken nachzudenken und sich psychisch »frei zu bewegen«, wurzelt in den Erfahrungen einer sicheren Basis. Ist diese Basis unsicher, dann sind Reflexion und Bewegung eingeschränkt. Als paradoxe Folge entwickeln sich Machtaspekte dann, wenn *Empowerment* durch die Eltern nicht spürbar vermittelt wird, zum problembehafteten Kennzeichen von Beziehungen.

Edwards Zweifel

Edwards Dilemma lag darin: Er wusste, dass er eigentlich seine langjährige und gut zu ihm passende Freundin Miriam heiraten sollte. Aber jedes Mal wenn es auf der Tagesordnung stand zusammenzuziehen, geriet er in Panik und dachte, er könne diesen Schritt nicht vollziehen. Nachdem Miriam dies lange Zeit akzeptiert hatte, wurde sie schließlich ungeduldig und Edward, mittlerweile schon über 30, war sich im Klaren darüber, dass es so nicht weitergehen konnte. Er war ein attraktiver, intelligenter und liebenswürdiger Mensch und die Sitzungen mit ihm waren interessant und anregend. Wir sprachen, vielleicht etwas zu oberflächlich, über Edwards Problem. Lag es daran, so seine Überlegungen, dass er ein gebranntes Kind war, weil seine erste Ehe zerbrach, als ihn seine Frau wegen eines anderen Mannes verließ? Edward hatte darauf wie ein »Gentleman« reagiert, aber nicht weit unter der liebenswürdigen Oberfläche konnten wir Gefühle von tiefster Kränkung und Wut ans Licht bringen. Bereitete ihm der unvermeidliche Verlust absoluter Kontrolle bei einer erneuten Heirat – die Perspektive, »Gefangener seines Glücks« zu sein – solche Sorgen? Als Single konnte er tun und lassen, was und wann er wollte und der Gefahr entgehen, erneut abgelehnt zu werden.

Auch nachdem schon einige Wochen vergangen waren, hatte sich in der Therapie nicht viel getan. Wir führten nach wie vor recht interessante Gespräche, aber diese brachten keinerlei Fortschritt bezüglich Edwards Dilemma. Ich versuchte es mit ein paar halbherzigen, verhaltenstherapeutischen Interventionen, forderte ihn wie Charles Darwin auf, die Gründe aufzuschreiben, die sowohl für eine Heirat als auch für sein Singleleben sprächen. Für eine Heirat ließen sich weitaus mehr Gründe anführen, dennoch kam es nicht zu einer Bewegung oder Entscheidung, diese in die Tat umzusetzen. Ich versuchte einen paradoxen Ansatz: »Vielleicht sind Sie ja nicht fürs Heiraten geschaffen und ziehen ein glückliches Jungesellenleben mit oberflächlichen, aber angenehmen Beziehungen vor, in denen Sie Ihre Unabhängigkeit und Kontrolle behalten können?« »Nein«, antwortete er sehr betont, das sei vollkommen falsch.

Ich sah mich in meinen ersten Überlegungen zu Edwards hochgradig deaktivierendem Bindungsstil bestätigt. Er gab an, dass er, so sehr er diese Frau liebte, sich jedes Mal ganz rasch mit Arbeit oder einem seiner vielen Hobbys ablenkte, wenn er nur an sie dachte, und dadurch schmerzlich an »das Problem« erinnert wurde. Unsere Gespräche waren auf ähnliche Weise angenehm, aber irgendwie recht frei von Affekten. Ich fühlte mich zunehmend irritiert und durch Edwards undurchdringliche Perfektion auf Distanz gehalten – seine glänzend gewienerten Schuhe und seine tadellose Pünktlichkeit fielen mir auf. Lauerte da etwa eine narzisstische Abwehr hinter seinem scheinbaren Gentleman-Verhalten? In der Kindheit konnte er sich als Nachzügler der unbedingten Liebe seiner Mutter gewiss sein, aber er wurde von seinen Brüdern schikaniert und hatte sich daher als Teenager fest vorgenommen, im Sport, beim Studium und finanziell »besser« als alle anderen zu sein, wenn auch auf die denkbar netteste Art.

Nach kurzer Zeit ging mir auf, dass ich ihn dazu bringen musste, im Sinne von »Triangulierung« darüber nachzudenken, was sich zwischen uns beiden abspielte. Es schien eine Parallele zwischen *unserer* Beziehung und der zu seiner Freundin zu geben, so deutete ich an – wir kamen gut miteinander zurecht, hatten interessante Sitzungen, aber nichts änderte sich grundsätzlich. Mein Eindruck war, so fuhr ich fort, dass er, wenn er meine Kommentare und Interventionen tatsächlich zu sich vordringen ließe, der Angst ausgesetzt wäre, die Kontrolle zu verlieren und wieder der verletzliche und schikanierte kleine Junge zu sein – hilflos gegenüber den tyrannisierenden Brüdern und gegenüber dem Verlassenwerden durch seine Frau. Es folgte eine verblüffte Stille, eine Art Mini-Offenbarung, dann begann Edward nahezu haltlos zu lachen: »Wollen Sie damit etwa sagen, dass ich *Angst* davor habe, eine enge Beziehung zu Miriam einzugehen? Das ist wirklich gut! *Sie* wäre von dieser Idee *begeistert*!« Noch mehr Gelächter. »Naja, vielleicht haben Sie *recht*, vielleicht *ist* sie in manchen Dingen stärker als ich. Aber mir kann nichts Angst machen. Ich gehe Bergsteigen. Oder vielleicht *bin* ich … Vielleicht ist ja dieses ganze Macho-Gehabe nur dazu da, mir einzureden, dass ich kein Schlappschwanz bin … Verdammt, das muss ich ihr alles erzählen.« (Und das tat er. Einige Monate später sind sie zusammengezogen.)

Dieses Beispiel illustriert mehrere Annahmen, die relevant für dieses Buch sind: zum einen Lears (1993) Modell, wonach der Therapeut sich in die Welt des Patienten hineinbegeben muss, ohne aber konform mit ihr zu gehen; zum Zeitpunkt meiner Intervention war Edward gezwungen, mir zuzuhören, ohne das Gesagte augenblicklich von der Hand zu weisen; zum andern kann man sein zeitweise konfuses Sprachmuster als Anzeichen einer psychischen Reorganisation im Sinne der Chaostheorie (Gleick 1987) verstehen. Weiterhin spiegelte er meine Kommentare in kontingenter Weise (Gergely 2007), sich auf uns beide beziehend, so wie das eine Bindungsperson normalerweise mit einem Kind tut. Schließlich setzte ein gemeinsamer Triangulierungsprozess (Cavell 2006) hinsichtlich seiner affektiven Reaktionen auf meine Intervention ein – und er war, wenn auch widerwillig, ansatzweise bereit einzugestehen: »Ja, vielleicht macht mir das Angst …«

Ein letzter Punkt zum Thema Macht wird an dieser kurzen Fallvignette deutlich. Winnicott vertritt die Auffassung, dass ein Kind sich entfalten können wie auch das Gefühl vermittelt bekommen muss, dass die primären Objekte seine neidgetriebenen Attacken überstehen: »Hallo Objekt, ich habe dich gerade vernichtet« – das Kind ist wütend auf die Brust, weil sie nicht zur Verfügung steht, wenn es sie braucht. Gleichzeitig bedarf es aber der Rückversicherung, dass die Brust trotzdem intakt und bereit für ihn ist. In der Adoleszenz ist es gleichermaßen wichtig für Kinder, ihre noch stärkeren Eltern herauszufordern, die allerdings die wachsende Macht ihrer Kinder anerkennen und einsehen sollten, dass sie irgendwann einmal den Weg für die nächste Generation freimachen müssen. Da Edward der »Favorit« seiner Mutter war, musste er nie seinen Vater niederringen oder übertrumpfen. Dieser bequemste Weg zur ödipalen Eroberung erwies sich letztlich als Pyrrhussieg. Edward musste nicht in die Welt hinausziehen, um eine Frau zu erobern. Die Erkenntnis, sich vor seiner Freundin zu »fürchten«, konfrontierte ihn mit seiner Verletzlichkeit, die er »triangulieren« musste, um seiner narzisstischen Festung zu entkommen.

Zusammenfassung

Von einem theoretischen Standpunkt aus betrachtet wäre es beruhigend und in Übereinstimmung mit psychoanalytischen Konventionen, nur für ein einziges theoretisches Konstrukt einzutreten, das für die therapeutische Behandlung ausschlaggebend sein soll – in diesem Fall: triangulierendes Mentalisieren, das die Fähigkeit einschließt, sich mit der Realität auseinanderzusetzen und ganz allein *Empowerment* über sie zu erlangen. Die Realität von Therapie gestaltet sich allerdings weit komplexer und facettenreicher, als Theoretiker uns glauben machen wollen (vgl. Gabbard und Westen 2003). Ich plädiere dafür, dass Psychotherapie über einen oder mehrere der folgenden Mechanismen zur Stärkung des Selbst führen sollte:

- *Förderung der Mentalisierungskompetenz,* einhergehend mit einem besseren Verständnis dessen, was zur Realität und was zur Übertragung gehört
- *Reaktionen hervorrufen:* Durch ihre Aufmerksamkeit und Empathie vermitteln Therapeuten, den Patienten, dass sie in der Lage sind, bei Anderen in engen Beziehungen Reaktionen hervorzurufen, was den Effekten geringen Selbstbewusstseins entgegenwirkt
- *Herausfordern:* dem Patienten das Gefühl vermitteln, dass er stark genug ist, beharrliches, aber gut gemeintes Nachfragen durch den Therapeuten auszuhalten, und als eine Person wahrgenommen zu werden, die einer solchen Herausforderung gewachsen ist
- *Reorganisation des ödipalen Dreiecks:* Der Therapeut nimmt nun anstelle des Patienten die Rolle des ausgeschlossenen, »machtlosen« Beobachters ein

- *Humor und Verspieltheit:* Sie vermitteln dem Patienten ein Gefühl von Lebendigkeit und Bedeutung
- *Fördern von Autonomie:* Der Patient wird zunehmend in die Lage versetzt, seine eigenen Lebensentscheidungen zu treffen
- *Erarbeiten von Durchsetzungsvermögen:* Bei hyperaktivierenden Personen werden dadurch unwirksame Strategien und Hilflosigkeit im Erreichen eigener Ziele aufgegeben
- *Größere Akzeptanz von Vulnerabilität:* Bei hypoaktivierenden Personen wird sie zusammen mit der Einsicht erarbeitet, dass dies die eigentliche Potenz nicht untergräbt
- *Reparatur von Beziehungsbrüchen* (Safran und Muran 2000): Die echten Beschwerden des Patienten werden vom Therapeuten ernst genommen und bearbeitet.

Dieser letzte Punkt soll Thema des nächsten Kapitels sein.

KAPITEL 7 | REPARIEREN

Ich bin überzeugt, dass Brüche in Beziehungen wie auch die Fähigkeit, diese zu beheben, ein allgegenwärtiges Charakteristikum aller engen Beziehungen sind – zwischen Müttern und Babys, zwischen Partnern in Liebesbeziehungen oder zwischen Therapeuten und ihren Patienten. In diesem Kapitel werde ich diesen Gedanken aufgreifen und die Beziehung zwischen Mentalisieren und dem »Reparieren« von Beziehungsbrüchen genauer unter die Lupe nehmen. Ich werde dies anhand einer detaillierten Beschreibung einer Therapiesitzung mit einem Borderline-Patienten illustrieren und aufzeigen, wie die Anstrengungen, eine gestörte therapeutische Allianz wieder in eine tragfähige Arbeitsbeziehung zu transformieren, anfänglich torpediert wurden, am Ende aber fruchteten. Im Anschluss daran erörtere ich den psychoanalytischen Begriff »Reparieren« oder Wiedergutmachung.

Reparatur und das »psychische Immunsystem«

Seit Freuds früher (und schließlich verworfener) Verführungstheorie zur Ursache von Hysterie (Freud und Breuer 1895 d) sind Psychotherapeuten dem Trugschluss von *post factum* oder *post hoc, ergo propter hoc* erlegen: dem Versuch, die aktuellen Beschwerden von Patienten kausal mit deren früher Lebensgeschichte zu »erklären«, anstatt sich dieser als Hilfsmittel zu bedienen, um die heutigen Probleme besser zu verstehen. Schwierige Erfahrungen in der Entwicklungsgeschichte, in der Bevölkerung weit verbreitet, werden allzu oft als ausreichende Erklärung für Schwierigkeiten im späteren Leben herangezogen. Aber die Literatur zur Resilienz macht deutlich, wie sehr sich die Menschen in ihrer Beeinträchtigung durch Widrigkeiten in der Kindheit unterscheiden. Verschiedene Faktoren wie zum Beispiel ein unterstützendes Familienmitglied (Großmutter oder Tante), zugewandte Erwachsene wie zum Beispiel Lehrer, aber auch individuelle Eigenschaften wie gutes Aussehen, Sinn für Humor, sportliche oder künstlerische Talente und eine stabile Partnerbeziehung in der Jugend oder im frühen Erwachsenenalter schützen vor psychischer Krankheit, deren Auftreten man als Folge von schwierigen Kindheitserfahrungen erwarten würde. Offenbar sind es gar nicht so sehr diese Erfahrungen selbst, die pathogen wirken, sondern vielmehr die Art, wie sie verarbeitet werden – erst mit der Hilfe einer wohlwollenden Bezugsperson und später intrapsychisch. Resilienz ist also eng mit reflexiver Funktion verbunden; Mentalisieren ist ein entscheidender Faktor hinsichtlich der Auswirkungen negativer Kindheitserfahrungen.

Die Ergebnisse einer frühen Studie von Fonagy et al. (1991) bestätigen diesen Zusammenhang: Probanden, die im Erwachsenenbindungsinterview (Adult Attachment Interview: AAI) mit »unverarbeitetem Trauma oder Verlust« klassifiziert worden waren, zeichneten sich im Vergleich zu den Probanden ohne diese Klassifizierung nicht durch ein Übermaß traumatischer Erlebnisse aus. Was ihnen fehlte, war die »reflexive Funktion«, die man braucht, um Traumata zu verarbeiten. Daraufhin haben Forscher den Zusammenhang zwischen Bindung, die im AAI durch unverarbeiteten Objektverlust gekennzeichnet ist, und dem Auftreten desorganisierter Bindung bei den Kindern dieser Probanden untersucht. Eine wichtige Rolle spielt wohl dabei, ob die Eltern selbst eine Quelle von Angst und Gefahr verkörpern, also das Kind nicht schützen können, weil sie selbst unter ausgeprägter Angst leiden oder das Kind sogar misshandeln oder missbrauchen (Lyons-Ruth und Jacobvitz 2008). Laut Solomon und George (1999) werden die Auswirkungen derartigen Verhaltens auf die Bindungsrepräsentanzen des Kindes wesentlich dadurch bestimmt, wie erfolgreich die Bindungsperson in der Lage ist, nachdem das Kind solche traumatisierenden Erfahrungen gemacht hat, die Beziehung zu ihm wieder zu »reparieren« (Cassidy und Mohr 2001).

Slade (2005) hat darüber hinaus die Beziehung zwischen mütterlicher Mentalisierungsfähigkeit und desorganisierter Bindung genauer erforscht, indem sie Mutter-Kind-Kommunikation mithilfe der von Lyons-Ruth und Jacobvitz (2008) entwickelten AMBIANCE-Methode untersuchte. Diese Methode misst, wie erfolgreich (oder eben nicht) Mütter auf den Distress ihrer Kinder reagieren, wenn diese von ihnen getrennt werden. AMBIANCE beruht auf dem Experiment Fremde Situation, allerdings liegt der Schwerpunkt dieser Methode nicht auf der kindlichen, sondern auf der Reaktion der Mutter auf Brüche der affektiven Mutter-Kind-Verbindung, und *wie die Mutter darangeht, diese Brüche zu beheben.*

Dabei ergab sich eine hohe negative Korrelation zwischen mütterlicher, reflexiver Funktion, gemessen mit dem Parent Development Interview (PDI, einem Ableger des AAI), und dem mit AMBIANCE erhobenen Verhaltensmuster der Mutter gegenüber ihrem Kind. Die Mütter von desorganisierten Kindern hatten hohe AMBIANCE-Werte – d.h. große Defizite in der Fähigkeit, den Stress des Kindes zu erkennen und die fürsorgende elterliche Rolle beizubehalten; stattdessen zeigten sie Rückzugs- oder aggressives Verhalten gegenüber ihren Kindern, die ihrer Zuwendung bedurften. Diese mütterliche Fähigkeit, Beziehungsbrüche zu reparieren und den begleitenden kindlichen Stress zu lindern, scheint ein entscheidender Faktor bei der Entstehung von Bindungssicherheit oder -unsicherheit und insbesondere bei desorganisierter Bindung zu sein. Sichere Bindung entsteht und beruht auf der mütterlichen Fähigkeit, a) die mentalen Zustände des Kindes intuitiv zu erkennen und ihnen Bedeutung zuzuschreiben und sie nicht als irrelevant oder provozierend zu verstehen und b) auf diese mit einem beständigen und beruhigenden Verhaltensrepertoire zu antworten. Wie oben schon mehrfach erwähnt, werden diese Funktionen in der Literatur als »Spiegeln« und »Beherrschen« (im Sinne von Kompetenz) bezeichnet. Mütter müssen, anders gesagt, ausreichend feinfühlig sein, um zu erkennen, dass irgendetwas schief läuft oder schief gelaufen ist, und souverän und selbstsicher genug, eine solche Situation zu meistern.

In einem früheren Versuch, dieses Thema theoretisch zu fassen, habe ich ein »psychisches Immunsystem« (vgl. Holmes 2001) postuliert, angelehnt an das physiologische Äquivalent. Seine Aufgabe besteht darin, die psychische Integrität zu erhalten, indem man, im Kontext von Resilienz, die positiven Aspekte negativer Kindheitserfahrungen (Reparaturstrategien; Safran und Muran 2000) betrachtet. Der Begriff bezieht sich darüber hinaus auf den wichtigen Aspekt, ein gewisses Maß an Kontinuität trotz der unvermeidlichen Brüche und Verzerrungen, die in engen Beziehungen auftreten, beizubehalten. Zunächst wird diese Immunität im Rahmen der Eltern-Kind-Beziehung vermittelt (ähnlich der Antikörper enthaltenden Kolostralmilch in der frühen Phase des Stillens); später wird sie dann internalisiert und ist schließlich eine autonome psychische Funktion. Psychische Schwierigkeiten können im Sinne einer Unter- oder Überreaktivität dieses Systems verstanden werden oder eher als grundlegende Unfähigkeit, geeignete Selbstschutzmechanismen in Gang zu setzen, und deshalb sucht man Hilfe oder man muss aus Erfahrungen lernen.

Reparatur von Brüchen der therapeutischen Allianz

Wenn die Sequenz von Brüchen und den Versuchen, diese zu »kitten«, in engen Beziehungen so allgegenwärtig ist, dann würden wir erwarten, dass diese Prozesse auch in der Psychotherapie eine herausragende Rolle spielen. In der Verhaltenstherapie wurde Depression ursprünglich so definiert, ein Zuviel an »depressiven Kognitionen« führe zu depressivem Affekt. Neuere Forschungsergebnisse legen allerdings nahe, dass es sich nicht nur um ein quantitatives Problem handelt. Depressive Gedanken treten bei Patienten mit dieser Diagnose genauso häufig auf wie bei Gesunden (Kuyken et al. 2005). Nach heutiger verhaltenstherapeutischer Auffassung ist nicht so sehr die Quantität negativer Gedanken ausschlaggebend, sondern viel eher *die Art, wie diese erfahren und intrapsychisch verarbeitet oder gehandhabt* werden. Anstatt depressive Gedanken beseite zu schieben oder sie als das zu betrachten, was sie sind – »bloße Gedanken« –, neigen depressive Personen zum Grübeln; ihre depressiven Kognitionen drehen sich im Kreis und werden dabei mehr und mehr »real«. Jeder Versuch, sich mit gegenläufigen Gedanken zu schützen, erscheint ihnen fadenscheinig und nicht überzeugend. Nicht-depressiven Personen mit intakten »Reparaturmechanismen« gelingt es, negative Gedanken zu verleugnen oder ihnen etwas Positives abzugewinnen (»das nächste Mal versuche ich, es besser zu machen«), und sie können, obwohl solche Gedanken immer wieder auftauchen, ein Grundgefühl von positivem Selbstwert abrufen.

Safran und Muran (2000) haben diesen Sachverhalt und Prozesse von Brüchen und ihrer Reparatur im Kontext von Psychotherapie näher untersucht. Die Psychotherapieforschung konnte wiederholt einen positiven Zusammenhang zwischen einer tragfähigen Allianz und gutem Therapieergebnis belegen und außerdem zeigen, dass schwache Allianzen (oder »Risse«) einen Therapieabbruch oder schlechte Ergebnisse vorhersagen. Als Patienten direkt nach den Sitzungen aufgefordert wurden, ihr Befinden zu beschreiben, berichteten diese oft von unausgesprochenen negativen Gefühlen hinsichtlich der Therapie und ihrer Therapeuten.

Darüber hinaus konnten Safran und Muran zeigen, dass Therapeuten, auch solche, die aufgrund ihrer psychodynamischen Ausbildung solche »negativen Übertragungsphänomene« erkennen sollten, sich über das Ausmaß der negativen Gedanken zur Therapie bei ihren Patienten nicht im Klaren waren. Es gibt immer ein zentrales Versagen im Hier und Jetzt auf Seiten des Therapeuten, auf das der Patient seine früheren Enttäuschungserfahrungen innerhalb der Übertragung projizieren kann. Selbst wenn Therapeuten dies aufgreifen, ist dieses Intervenieren nicht selbstverständlich von Erfolg gekrönt. Piper et al. (1999) haben paradoxerweise eine positive Korrelation zwischen der Anzahl von Übertragungsinterpretationen und Therapieabbruch gefunden. Eine mögliche Erklärung könnte darin zu suchen sein, dass Therapeuten unter dem Eindruck einer sich verschlechternden Allianz auf abwehrende »Deutungen« zurückgreifen, und das hören die Patienten als Anschuldigung oder Vorwurf, was wiederum zu weiterer Entfremdung und schlechtem Therapieergebnis führt.

Trotz allem gibt es auch gute Nachrichten. Wenn Therapeuten und Patienten gemeinsam daran arbeiten, eine belastete Beziehung zu reparieren (Safran et al. 2001), geht dies mit einer deutlichen Verbesserung der therapeutischen Allianz einher. Safran et al. vermuten sogar, dass das »effektive Bearbeiten von Brüchen in der Allianz ... tatsächlich ein intrinsischer Faktor von Veränderungsprozessen ist« (S. 408). Sie haben ein »Modell des therapeutischen Prozesses« zum Bruch und zur Reparatur entwickelt; es umfasst a) das Aufspüren und Beachten frühzeitiger »Rupturmarker«, b) das Explorieren der negativen Gefühle, die diesen Markern zugrunde liegen, c) das weitere Explorieren, warum diese vermieden wurden, und d) das Ansprechen der möglichen Wünsche/Bedürfnisse des Patienten, die zu solchen negativen Gefühlen führten. Die Forscher beschränken sich dabei vor allem auf grobe »Rupturmarker« auf einer Makro-Ebene, wie das Versäumen von Sitzungen oder Streit, also eskalierende Meinungsverschiedenheiten, in denen der Therapeut sich abwehrend verhält, wenn er von einem Patienten attackiert wird. Zum besseren Verständnis im Folgenden ein wenig glorreiches, aber nicht ganz untypisches Beispiel.

Der verpasste Termin und ein Fußmarsch von 8 Meilen

Fred, 35 Jahre alt, Unternehmer, begab sich in Therapie, als seine Firma und seine Ehe aufgrund von Alkoholismus zugrunde gingen, gefolgt von einem ernsthaften Suizidversuch. Er lebte in einem ärmlichen Haus. Ihm war der Führerschein entzogen worden und so lief er die Gesamtstrecke von 8 Meilen zur Therapie und wieder zurück einmal pro Woche zu Fuß. Die Therapie ließ sich gut an. Sein Verlangen zu trinken nahm ab, er stellte den Kontakt zu seinen Kindern wieder her und nahm wieder geschäftliche Aktivitäten auf. Nach drei Monaten seiner Therapie stellte ich eines Tages fest, dass ich »aus Versehen« einen Termin doppelt vergeben hatte, und da mir Fred als der stabilere der beiden Patienten erschien, verlegte ich seine Sitzung. Daraufhin erschien er zu den folgenden zwei Sitzungen nicht, mit der Entschuldigung, »erkältet« gewesen zu sein. Als ich ihn wiedersah, sprach ich sofort das Thema des abgesagten Termins an und dass er die beiden folgenden Termine versäumt hatte, und ich entschuldigte mich für meine Ineffizienz und Unachtsamkeit. Anfänglich spielte er die Episode herunter und meinte: »Oh, ich verstehe, sowas kommt eben vor … mir ist das auch schon mit Kunden passiert.« Auf Nachfragen gab er allerdings zu, verletzt und verärgert gewesen zu sein und dass ihn die ganze Episode zurückgeworfen habe. Sein Heimweg hatte ihn gefährlich nahe an einen Pub geführt und seine »Erkältung« hätte sich fast zu einem richtigen Fehltritt entwickelt, begleitet von einem Rückfall und Depressionen. Als wir diese Begebenheit näher unter die Lupe nahmen, zeigte sich, dass seine dadurch ausgelösten Gefühle denen glichen, die er als Kind verspürte, wenn seine Mutter mit einer Depression ins Krankenhaus eingeliefert wurde. Ihm wurde klar, dass er letzten Endes auf sich allein gestellt war und, so gut es ging, ohne Unterstützung Anderer auskommen musste. Für gewöhnlich wandte er sich dem Alkohol zu, der ihm über die Gefühle von Zurückweisung und Einsamkeit – durch seine Mutter oder seine Ehefrau und nun durch mich verursacht – hinweghalf.

Hier muss ich einen weiteren Aspekt zum Prozessmodell von Safran et al. hinsichtlich des Ausagierens in der Gegenübertragung hinzufügen. Mein Versehen mit der doppelten Vergabe des Termins hatte zu einem Bruch in der Beziehung geführt. Was auch immer meine unbewussten Beweggründe für dieses Verhalten gewesen sein mögen (vielleicht wollte ich seine drängende Bedürftigkeit mit einem »du wirst schön warten müssen« bestrafen, was meine eigenen Kindheitserfahrungen widerspiegelte), so agierte ich unbewusst die Rolle der unerreichbaren Bindungsperson aus Freds Kindheit aus. Beziehungsbrüche entstehen daher durch das Zusammenspiel des Unbewussten zweier Personen – von Patient und Therapeut. Reparaturprozesse bedingen das mentalisierende Verstehen der beiden Anteile dieses Prozesses, sodass aus ihm eine Chance erwächst und kein unvermeidliches Scheitern.

Und doch war mein Fehler bezüglich Freds Termin bedauerlich und, wie ich gern hinzufügen will, eine seltenes Vorkommnis. Das Konzept der empathischen Feinfühligkeit, wie in Kapitel 3 beschrieben, geht davon aus, dass die Mikro-Rupturen, die sich in den Sitzungen ereignen, genauso bedeutsam sind wie große Zerwürfnisse und darüber hinaus viel häufiger auftreten. Sie beruhen auf Diskontinuitäten in der empathischen Verbundenheit, die oft davon gekennzeichnet sind, was Davanloo (Malan und Della Selva 2006) »strategische Abwehr« seitens des Patienten genannt hat – Vermeiden von Blickkontakt, verschränkte Arme und andere abweisende Körperhaltungen, abrupter Themenwechsel, schwammige oder weitschweifige Reden und anderes.

Wenn sowohl Makro- als auch Mikro-Brüche auftreten, sollte der Therapeut a) sich seinen negativen Gegenübertragungsgefühlen wie Desinteresse, Langeweile, Schläfrigkeit, Unbehagen, Irritation, Unzulänglichkeit zuwenden, die anzeigen, dass »dann gerade etwas passiert« (»positive« Gefühle wie freudige Erregung, sexuelles Interesse, Beschützerinstinkt sollten genauso berücksichtigt werden), b) dies von »induzierten« Gegenübertragungsgefühlen trennen, die durch die unbewussten Erwartungen und Rollenzuschreibungen des Patienten hervorgerufen werden, c) diese Prozesse mit den Patienten erörtern und d) Wege finden, deren verschiedene Komponenten mentalisierend zu verarbeiten.

Safran und Muran (2000) haben festgestellt, dass nicht-abwehrendes Verhalten auf Seiten des Therapeuten besonders wichtig ist, um Beziehungsbrüche zu reparieren – eine Grundregel, deren Bedeutung eher zu Tage tritt, wenn man sie missachtet, als dann, wenn man sie befolgt. Es ist schwierig, nicht auf Abwehrmechanismen zurückzugreifen, wenn man sich attackiert sieht. Aber es wirft therapeutische Dividende ab, wenn man dies vermeiden kann. Daher ist es nie falsch, Fehler und Versagen gegenüber seinen Patienten einzugestehen und sich zu entschuldigen. In der Therapie wie auch im »wahren Leben« ist man versucht, dem ein »Aber ...« hinzuzufügen und damit die Entschuldigung in einen als Pseudo-Deutung daherkommenden Gegenangriff umzuwandeln, der wiederum weiteres Abwehrverhalten auf den Plan ruft und den möglichen Nutzen aus dem Geschehen ganz übersieht.

Crispin und sein nicht-mentalisierender Therapeut

Hier sollten wir uns einem ausführlicherem klinischen Beispiel zuwenden, wobei wir noch einmal daran denken, was es bedeutet, sich mit »Ruptur-Markern« zu beschäftigen; dieses Vorgehen erfordert ja auch, dass man über ihre Bedeutungen nachsinnt und versucht, negative Gefühle näher zu ergründen, während man als Therapeut seine Impulse, sich nicht-therapeutisch zu verhalten, im Zaum hält. »Reparatur« bedeutet, ein tragfähiges Arbeitsbündnis wiederherzustellen, in dem Therapeut und Patient gut aufeinander abgestimmt (»auf einer Wellenlänge«) sind, und im Rückblick zu versuchen, die mentalen Zustände von Therapeut und Patient mentalisierend zu verstehen, die zu dem Beziehungsbruch geführt haben, und ein Gefühl von Hoffnung zu wecken, dass eine Reparatur möglich ist.

Crispin litt unter einer Borderline-Persönlichkeitsstörung – seine engen Beziehungen waren äußerst problematisch; er war alkoholabhängig, seine Identität fragil, seine Gefühlszustände schwankend und unvorhersehbar. Er war mittlerweile Ende 30 und hatte seine Anstellung als Mathematiklehrer aufgrund seiner Alkoholkrankheit verloren. Er befand sich im zweiten Jahr seiner psychoanalytischen Psychotherapie von jeweils zwei Sitzungen pro Woche, die er in Folge eines physischen und psychischen Zusammenbruchs begonnen hatte, dem seine Alkoholsucht und die Einlieferung ins Krankenhaus aufgrund eines Leberversagens vorausgegangen waren.

Er hatte eine äußerst schwierige und unstete Kindheit gehabt. Seine Eltern trennten sich kurz nach seiner Geburt. Die meiste Zeit seiner Kindheit verbrachte er damit, zwischen Mutter und Stiefvater, Vater und Stiefmutter und Großmutter hin- und herzupendeln – meistens fühlte er sich unerwünscht und überall fehl am Platz. Eine positive Beziehungserfahrung während der Kindheit hatte er zeitweise mit seinem Großvater, der aber schon starb, als Crispin 14 Jahre alt war. Außerdem fühlte er sich durch einen Lehrer aufgewertet, den er verehrte und der seine mathematische Begabung und sein Geschick beim Schachspiel förderte.

Die folgende Vignette stammt von einer Montagssitzung unserer gemeinsamen Arbeit. Diese fand im Anschluss an eine turbulente Woche statt, in der er einen Rückfall hatte, mit einem zwei Tage dauernden Trinkgelage.

Was als Erstes »passierte« – die so entscheidende Eröffnung der Stunde –, war, dass ich mich fragen hörte: »Wie war Ihr Wochenende?«, anstatt ihn beginnen zu lassen, wie ich das normalerweise handhabe. Dies kann man als Beispiel für eine geringfügige Grenzüberschreitung betrachten (Gabbard 2003), die typisch für die Arbeit mit Borderline-Patienten ist.

»Wie war *Ihres*?« entgegnete er, schnell wie ein Blitz.

Da ich in der Hitze des Gefechts nicht imstande war, diese Antwort zu mentalisieren (herauszuarbeiten, welcher psychische Zustand durch sie repräsentiert war), fiel es mir leichter, die Angst zu identifizieren, die zu meiner Frage geführt hatte, und entschied mich, diese Angst anzusprechen: »Ich glaube, meine Frage war ein verdeckter Weg, festzustellen, ob Sie letztes Wochenende getrunken haben.«

Er entgegnete, dass es am Freitagabend und am Samstag schwierig gewesen sei und dass er um Haaresbreite zu Drogen gegriffen hätte, dass es ihm aber gelungen sei, sich durch den Besuch bei einer Freundin abzulenken, was sein heftiges Verlangen im Zaum halten konnte.

An diesem Punkt war mir nicht klar, was ich davon zu halten hatte, spürte aber deutlich eine mangelnde emotionale Verbindung zwischen uns. Dem analytischen Gebot, »wenn etwas unklar ist, dann besser den Mund halten« folgend, sagte ich nichts.

Als Nächstes erwähnte er, dass er sich mit dem Gedanken trage, Fahrstunden zu nehmen. In dem Ansinnen zu klarifizieren (während ich mich mit Gegenübertragungsgedanken auseinandersetzte, ob er auf der Suche nach einem besseren »Lehrer« sei, als ich es war), sagte ich: »Ich dachte, Sie haben schon einen Führerschein ...?«

»Oh, Sie haben ja wirklich kein gutes Gedächtnis ...« Mein angeblich schlechtes Gedächtnis ist ein erschöpfend diskutiertes Thema zwischen uns beiden, wobei er mir oft vorwirft, die Details seines komplizierten Netzwerks aus Cousinen, Stiefgeschwistern, Halbgeschwistern und so weiter durcheinanderzubringen. Ich selbst hatte mir schon eine Antwort zu meiner Verteidigung zurechtgelegt. Ich hatte ein möglicherweise zutreffendes, aber auf jeden Fall hilfreiches Verständnis parat, dies im Sinne einer in seiner Kindheit abwesenden Bindungsperson zu deuten, mit der Konsequenz, dass Crispins Psyche nicht in der Lage war, seine Familienkonstellation in ein kohärentes Narrativ zu überführen. Diese Verwirrung hatte aufgrund projektiver Prozesse auch auf mich übergegriffen. Dann erwähnte er, dass seine Schwester einst eine alte Tonbandaufnahme ihres Vaters besaß, diese aber auf einem Flohmarkt verkaufte. »Einmal habe ich mir das angehört; er ist zuerst recht nett, aber am Ende schreit er mich an. Wenn ich doch nur dieses Band zurückbekommen könnte! Darin könnte der Schlüssel zu meinen Problemen liegen. Er war mein Held und konnte doch so grausam sein ...« Ich verspürte nun, wie sehr er über mich verärgert war und dass dies irgendwie damit zu tun hatte, was in der Sitzung der letzten Woche passiert oder besser, nicht passiert war: Er berichtete mir, dass er sofort nach der letzten Sitzung trinken wollte, dass mein Gedächtnis mehr als sonst schon zu wünschen übrig ließ, und sprach über einen »grausamen Helden«.

In seiner Anspielung auf die Tonbandaufnahme ging es um den Kontrast zwischen »totem«, gewissermaßen mechanischem Gedächtnis und den lebendigen hoffnungsvollen Erinnerungen an ein bestimmtes Erlebnis. Damit bot sich genug Material für eine Übertragungsdeutung, auch wenn ich mir zu diesem Zeitpunkt nicht im Klaren darüber war, was ich »falsch« gemacht hatte. Ich sagte: »Vielleicht hatten Sie das Gefühl, dass *ich* letzte Woche irgendwie grausam war.«

Daraufhin stellte sich zum ersten Mal in dieser Sitzung ein Gefühl von Verbundensein ein. Gemeinsam betrachteten Patient und Therapeut eine Episode von gescheiterter Beziehung – ein »Ruptur-Marker« und was dieser bedeuten könnte. Er sagte sehr bestimmt: »*Ja*, Sie haben mich im Stich gelassen und mir gesagt, dass ich nicht nur einen Therapeuten, sondern auch eine Suchtberatung bräuchte. Außerdem hatte ich den Eindruck, Sie waren mit etwas ganz anderem beschäftigt, nicht aber mit mir.«

Ich dachte über die vergangene Sitzung nach und versuchte, meinen damaligen mentalen Zustand zu mentalisieren. Er hatte recht, ich überlegte bei mir, dass es gut für ihn wäre, parallel zu den Sitzungen mit mir jemanden zu haben, der seine Trinkgewohnheiten überwachte – eine therapeutische »Mutter« und ein therapeutischer »Vater«, die im Gegensatz zu seinen richtigen Eltern in seinem Interesse zusammenarbeiteten. Erst jetzt ging mir auf, dass er mein gut gemeintes »Ausagieren« eher als Zurückweisung aufgefasst hatte – zu einer Drogenberatung abgeschoben zu werden, genauso wie er als Kind zwischen verschiedenen Betreuungspersonen herumgeschubst wurde, die sich seiner nur widerwillig annehmen wollten.

Dann hatte ich eine Idee, was sich noch zugetragen haben könnte, und entschied mich zu weiterer Selbstoffenbarung (ein weiteres Beispiel, so redete ich mir ein, von gerechtfertigter Grenzüberschreitung): »Mhm, vielleicht hatten Sie recht; es stimmt, Verwandte von mir aus dem Ausland waren zu Besuch und es kann gut sein, dass mich das ein bisschen abgelenkt hat…« (meine Praxis befindet sich in meinem Wohnhaus, weshalb ich während der Sitzung am Rande mitbekam, dass die Gäste angekommen waren).

Er sagte: »Ich wäre heute beinahe nicht gekommen, so schlecht habe ich mich gefühlt…« Durch das Eingeständnis meines »Fehlers« gelang es dem Patienten, mit seinen schlechten Gefühlen in Kontakt zu kommen.

Nun, da unsere Bindungsbedürfnisse zumindest teilweise befriedigt waren – seines nach Sicherheit, meines danach, diese zu vermitteln –, konnte ich auf Crispins anfängliche Replik: »Wie war *Ihr* Wochenende?« eingehen. Mit meinem theoretischen Wissen, dass Kinder mit desorganisierter Bindung oft zu einem Rollentausch neigen (Lyons-Ruth und Jacobvitz 2008), mutmaßte ich, dass mein Mangel an Sensibilität ihn gezwungen hatte, sich um mich zu sorgen. Ich hatte meinen Job, der darin bestand, mich um ihn zu kümmern, nicht richtig gemacht.

Ich sagte: »Ihre Antennen waren letzte Woche empfänglicher als meine. Mir war damals gar nicht klar, dass ich abgelenkt war, aber« – wiederholte ich – »Sie hatten sicher recht. Ein weiteres Mal hatten Sie es mit einer unaufmerksamen, sich nicht kümmernden Bezugsperson zu tun, in diesem Fall mit mir. In diesen Situationen fangen Sie an zu trinken – wenn niemand für Sie da ist oder Sie sich vergessen fühlen. Und die Wut und Grausamkeit dieser Personen macht sich in Ihnen drinnen breit – und am Ende sind Sie grausam und vernachlässigend gegenüber sich selbst.« (Das bezieht sich auf das Konzept der furchteinflößenden, nicht-mentalisierenden, auf sich selbst bezogenen Bindungsperson, die zu einer fremden, inneren Figur wird, die selbstdestruktive Impulse auslöst; Fonagy et al. 2002.)

Diese überlange Rede zog allerdings einen weiteren Bruch nach sich. Er konnte nichts mit meinen Äußerungen anfangen; so sehr sich Borderline-Patienten auch danach sehnen und so notwendig es für sie ist, verstanden zu werden, so problematisch ist es gleichzeitig, denn es bedeutet Kontrollausübung und Missbrauch (vgl. Kapitel 10).« Ich war mit den Kindern meiner Freundin am Strand. Wir hatten viel Spaß. Ich fühlte mich überhaupt nicht beeinträchtigt ...«

Ich versuchte, meine Deutung noch prägnanter anzubringen: »Sie fühlen sich zurückgewiesen und machtlos und sehnen sich nach Trost, dann fangen Sie an zu trinken ... aber Sie haben gemerkt, dass Sie einige innere Ressourcen haben: Sie haben Freunde besucht, ihnen geholfen, waren ein aufmerksamer Betreuer für Andere, auch wenn ich nicht in der Lage war, ein solcher für Sie zu sein ... vielleicht so, wie Sie sich damals um Ihre Mutter kümmern mussten, als sie zu depressiv war, um für Sie da zu sein...«.

Wir waren am Ende der Stunde angelangt. Zögernd meint er: »Soll ich nächste Woche wiederkommen? Letzte Woche konnte ich Sie überhaupt nicht ausstehen ... vielleicht brauche ich ja wirklich eine Alkoholberatung ...«

Endlich schienen wir auf derselben Wellenlänge zu sein. In der vorangegangenen Sitzung sah *er* sich gezwungen, *mich* zu mentalisieren, anstatt ich ihn – und sich zu fragen, was wohl los sei mit mir, weil ich doch so zerstreut wirkte: »Mein Therapeut hört mir heute gar nicht genau zu – es hat wahrscheinlich nichts mit mir zu tun, aber ich werde verdammt sein, wenn mich das zum Trinken verleitet, und ich werde dem Idioten schon zeigen, wie man sich um Andere kümmern *sollte*, indem ich die Kinder meiner Freundin mit zum Strand nehme.« Während wir gemeinsam ergründeten, was in unserem eigenen Kopf und dem des jeweils Anderen vorging, und Verbindungen zwischen beidem herstellten, begannen wir, zuerst mithilfe meiner Gegenübertragungsgefühle und dann durch seine Bestätigung derselben, seine Gefühle von Wut, Verlassensein und dem Bedürfnis nach Trost zu identifizieren und zu artikulieren. Zuerst war es mir möglich, diese zutreffend zu reflektieren und dann ihm, aber erst nachdem ein Mentalisierungs*prozess* zwischen uns eingesetzt hatte.

Borderline-Patienten sind gehandicapt, weil ihre Gefühle ihnen den Weg zu positiven Erfahrungen versperren und es ihnen schwer machen, negative zu vermeiden. Gefühle sind entweder so überwältigend, dass man nicht über sie nachdenken kann, oder so weitgehend verdrängt oder abgespalten, dass der Zugang zu ihnen unmöglich ist. Mentalisieren ohne Affektregulation – die eigenen Gefühle lebhaft genug zu repräsentieren, dass sie einem etwas bedeuten können, aber nicht so extrem, dass sie alles andere ins Abseits stellen – ist nicht möglich. Wenn man sich in der Therapie mit Gefühlen beschäftigt, ohne zu mentalisieren, hat das entweder kaum eine Wirkung oder es löst einen Sturm der Affekte aus. Umgekehrt ist es nur ein rein intellektueller Zeitvertreib, wenn man ohne den Zugang zu Affekten mentalisiert. Erst als dieser Mentalisierungsprozess in Gang gesetzt war, konnte Crispin über seine Gefühle von Wut und Zurückweisung reflektieren.

Reparatur

Wir sollten uns nun wieder dem Thema Reparieren von Beziehungsbrüchen zuwenden. Eine Verbindung zwischen Therapeut und Patient war zerbrochen. Im Verlauf der nachfolgenden Sitzungen wurde dieser Bruch repariert. Was bedeutet es, einen derartigen interpersonellen Riss zu »reparieren«? Dazu fallen einem rasch verschiedene Metaphern ein: Harmonie ist wiederhergestellt, die Beziehung ist im Lot oder im Reinen, Therapeut und Patient sind wieder aufeinander abgestimmt (»in tune«, vgl. Stern 1985). Dazu brauchen wir uns nur die Verwirrung und das starke Unbehagen zu vergegenwärtigen, das in Videoaufnahmen von Kindern zu beobachten ist, deren Mütter im Verlauf einer spielerischen Interaktion gebeten wurden, ihre Mimik erstarren zu lassen, und die Erleichterung, wenn die einminütige Qual, die Mutter nicht »erreichen« zu können, ein Ende hatte (P. Hobson 2002). Wie können wir das Trennende dieses Bruches und das Verbindende, das erfolgreichen Reparaturversuchen innewohnt, theoretisch fassen?

Aus der Bindungsperspektive könnte man sagen, dass die sichere Basis wiederhergestellt und damit weiteres Explorieren ermöglicht wird. Diese Formulierung berücksichtigt jedoch nicht die Gegenseitigkeit – die Bidirektionalität – des Prozesses. Heard und Lake (1997) kommen dem mit ihrem Begriff *companionable inter-*

action als Ergebnis der Erfahrung einer sicheren Basis recht nahe. Lyons-Ruth et al. betonen, wie wichtig die Reparatur dessen ist, was sie als »Gegenwartsmomente« bezeichnen, basierend auf »implizitem, relationalem Wissen«: Die Reparatur eines *gescheiterten* Gegenwartsmoments führt fast schon per Definition zu einem oder mehreren neuen Gegenwartsmomenten innerhalb einer Dyade (Lyons-Ruth und die Boston Change Process Study Group 2001, S. 16).

Dieses Zusammentreffen zweier Psychen oder das Verfehlen ist der Ort, an dem Reparaturprozesse stattfinden. Die reparative Aktivität beginnt mit der Fähigkeit des Therapeuten, seine eigenen mentalen Zustände zu mentalisieren, mit Empathie dem Patienten entgegenzutreten, im Modus eines »wir/uns« zu reflektieren, was sich in der Beziehung an sich abspielt.

Getrenntsein und Verlust sowie das Verlangen, Bindung wiederherzustellen, sind ureigene Charakeristika der Dialektik von Bindung und Trennung in Beziehungen, weitaus mehr als die in Schuldgefühlen wurzelnde Motivation, den Schaden, den man durch Aggressionen angerichtet hat, wiedergutzumachen. In *Jenseits des Lustprinzips* (1920g) konzeptualisiert Freud mit dem »Fort-Da-Spiel«, dem wiederholten Wegwerfen und Zurückholen eines an einem Strick befestigten Spielzeugs, wie er es bei seinem Enkel beobachtete, den Versuch des Kindes, das nicht voraussagbare »Kommen und Gehen« seiner Mutter zu bewältigen: Das Kind transformiert Passivität in Aktivität und Kontrolle. (Eine eher absurde Version dazu ist im 1892 erschienenen Buch *Diary of a Nobody* von Grossmith und Grossmith zu finden, in dem der auf sozialem Terrain unsichere Mr Pooter seinen beiden Freunden triumphierend verkündet: »Isn't it strange that Going is always coming and that Cummings is always going?«)

Der Zyklus von Reparatur und Wiederherstellung in dem Gefüge von immer wiederkehrendem Abbruch und und der darauffolgenden Wiederaufnahme von Kommunikation ist ein entscheidender Aspekt analytischer Therapie. Mentalisieren ist grundlegend reparativer Natur, denn es bewirkt, dass eine lebhafte Präsenz des Anderen aufrechterhalten wird, auch wenn dieser physisch nicht anwesend ist. Im nächsten Kapitel, gewissermaßen ein Intermezzo zwischen dem theoretischen und dem anwendungsorientierten Teil, werde ich diese Überlegungen im Hinblick auf psychotherapeutische und poetische Kreativität weiter ausführen.

KAPITEL 8 | POETISIEREN

In meinem Bestreben, während des Anamnesegesprächs nicht nur nach pathologischen Aspekten zu fragen, sondern auch Ressourcen und persönliche Stärken zu eruieren, frage ich meine Patienten nach ihren Interessen und auch danach, was ihnen Freude bereiten würde (die Wahl des Konjunktivs bei dieser Frage ist schon ein erster Schritt zu »aktiver Imagination«, die sowohl durch Therapie als auch Poesie zum Leben erweckt wird). Äußerst selten findet sich »Lesen« oder »Verfassen von Gedichten« unter den Antworten. Dichten ruft definitiv nur geringes Interesse hervor. Trotzdem wenden sich die Menschen in emotional intensiven Zeiten, in schwierigen wie in erfreulichen, der Poesie zu, trivialer oder auch großer klassischer Poesie, um ihren Gefühlen Ausdruck zu verleihen und sie zu verarbeiten. Da diese Momente genauso wichtig in unserer Arbeit als Psychotherapeuten sind, wenn wir die Tiefe und Qualität unserer Arbeit verbessern wollen, lohnt es sich vielleicht »herauszuhören«, was Dichter uns zu sagen haben. Dafür lassen sich genügend Belege anführen, wenn auch eher persönlicher Natur.

Im Folgenden befasse ich mich eingehender mit einem bestimmten Gedicht und werde, ausgehend von der Fallgeschichte des letzten Kapitels, einige formale Gemeinsamkeiten von Poesie und Psychotherapie skizzieren. Ich werde darüber hinaus das kleinianische Konzept von Reparatur oder Wiedergutmachung (Segal 1991) einer Bindungsperspektive zu diesem Thema gegenüberstellen.

Dichtung und Psychotherapie haben eine erstaunlich große Schnittmenge. Beiden ist gemeinsam, dass sie Argwohn erregen und Unverständnis hervorrufen, und dennoch suchen viele Menschen in Momenten emotionaler Aufgewühltheit – Liebe, Jubel, Hoffnungslosigkeit, Verwirrtheit, Verlust und Trauer – Halt in beiden. Hier kommt erneut Mentalisierung ins Spiel: die Fähigkeit, Gefühlszustände zu reflektieren oder diese als psychisch bedingt zu erfassen. Die »richtigen Worte in der richtigen Reihenfolge zu finden« (Coleridge' berühmte Definition von Poesie) ist eine ungemein wichtige Eigenschaft des Therapeuten (und seiner Patienten) wie auch der Dichter, weil treffende Bilder oder Metaphern beim Zuhörer auf eine bestimmte Art Gefühle hervorrufen oder spiegeln können, die eine empathische Abstimmung mit dem Anderen fördert. Wenn man Kummer in Worte fasst, Gefühle teilt oder objektiviert, wird ihr Potential verringert, allzu überwältigend zu sein. Es ist ein Anliegen von Poesie und Psychotherapie, die allgegenwärtigen Risse im Stoff, aus dem menschliche Erfahrungen und Kommunikation sind, zu »flicken«. Die Gefühle eines Anderen sind uns nie direkt zugänglich. Metaphern sind hier ein unentbehrliches Hilfsmittel, sich der inneren Welt einer anderen Person zu nähern. Wir stellen Fragen wie: »Wie haben Sie sich gefühlt, als Ihre Mutter starb, Ihr Partner Sie verlassen hat, Sie sich umbringen wollten …?« Matte-Blanco (1975) übersetzt Freuds (1911) »Formulierungen über die zwei Prinzipien des psychischen Geschehens« – das eine logisch, klassifizierend, verbal; das andere gefühlsgeladen, auf Bildern beruhend, Gegensätze zulassend – als asymmetrisches und symmetrisches Denken. Der Geist, der seine Umwelt prüft, erschließt, klassifiziert und manipuliert, vergleicht ohne Unterlass die Dinge miteinander, symmetrisch (»Meine Frau ist wie meine Mutter«) und asymmetrisch (»Meine Frau ist das genaue Gegenteil meiner Mutter«). Metaphern haben eine Symmetrie erzeugende Funktion; sie vermitteln, dass eine Sache immer auch einer anderen entspricht. Wenn ein Patient Metaphern oder Vergleiche benutzt, um seine Depression zu beschreiben – »Es kommt mir vor, als ob ich in einem dunklen Raum bin und keinen Weg hinaus finde« –, öffnet sich eine Tür zu seiner inneren Welt. Wir können dann beginnen, uns in ihn hineinzuversetzen und nachzuvollziehen, wie es ihm wohl ergehen mag.

Poetische Methaphern sind natürlich nur eine »Informationsquelle«. Genauso kann man psychotherapeutische Lektionen in einem Akt-Zeichenkurs lernen, wo eine Kombination aus empathischer Identifizierung mit dem Körper und objektiver Wertschätzung seiner feinen Konturen vonnöten ist. Wenn Ihre Leidenschaft dem Golfspiel gilt, eignen sich der Abschlag, sich im Rough zu verlieren oder das Einlochen des Balls als gute Beschreibung der Hochs und Tiefs im psychotherapeutischen Alltag. Da aber Metaphern in der Dichtkunst wie auch in der Psychotherapie so zentral sind – also die treffendste Ausdrucksform zu finden, affektive Erfahrungen zu kommunizieren –, bin ich überzeugt, dass Poesie einen besonderen Beitrag zum Verständnis der Funktionsweise von Psychotherapie leisten kann (vgl. Ogden 1999).

Poesie und ihre Parallelen in der Psychotherapie

Am besten befasst man sich direkt mit einem Gedicht, um zu verstehen, wie das Enträtseln seiner Bedeutung und seiner stilistischen Mechanismen hilft nachzuvollziehen, womit sich Psychotherapeuten auseinanderzusetzen haben. Ich habe mich für *Dinner mit meiner Mutter* des zeitgenössischen englischen Schriftstellers Hugo Williams (1994) entschieden. Biografische Informationen zum Autor würden durchaus Aspekte des Gedichts erhellen, aber der Leser ist angehalten, es als für sich selbst sprechendes »subjektives Objekt« zu betrachten. Auf gleiche Weise ist es manchmal ratsam, das Material, das man in einer Therapiesitzung hört, ganz unbefangen als eine »unbekannte Übersetzung« mit eigener Daseinsberechtigung zu sehen, ohne dass das Wissen um die Lebensgeschichte des Patienten diese Unbefangenheit beeinflusst (Padel 1975, persönliche Mitteilung).

Wie bei einer Fallvignette hoffe ich, dass auch dieses Gedicht durch seine Qualität die Bedeutung und Ausstrahlungskraft von Poesie unterstreicht. Ich habe es aus einer unerschöpflichen Menge anderer Gedichte ausgewählt, weil es kurz, leicht zugänglich und »gut« ist (zumindest nach meinem Verständnis, emotional authentisch und handwerklich überzeugend) und weil es einen scheinbar alltäglichen Vorgang in so starker emotionaler Färbung beschreibt, wie man dies aus gewöhnlichen Psychotherapiesitzungen her kennt. Titel und Inhalt erklären sich von selbst.

Dinner mit meiner Mutter

Meine Mutter sagt »Jetzt«.
»Jetzt«, sagt sie und greift nach einem Kochtopf,
stellt ihn auf die Herdplatte.
Eine ganze Weile lang sagt sie weiter nichts,

So dass die Zeit nur langsam vergeht, während es köchelt,
bis zu einem weiteren »Jetzt«,
als sie unsere Steaks klopft
für Steak Diane.

Ich muss ihr zur Hand gehen in solchen Momenten
beim Tischdecken,
Für Nachschub an Getränken sorgen.
Und sie durch Gespräche aufmuntern.

Aber ich bekomme langsam Hunger
Und nirgends kann man sich hinsetzen.
»Jetzt«, sage ich recht deutlich,
als ich eine Flasche Wein öffne.

Meine Mutter hört mir nicht zu.
Sie ist ganz woanders,
Probiert die Sauce mit einem Löffel,
Und blinzelt durch den Dampf hindurch.

»Jetzt«, sagt sie ganz langsam, was bedeutet,
welcher soll es sein,
lieber Rosmarin- oder Estragon-Weinessig
für das Salatdressing?

Ich halte die Luft an, damit
Nicht irgendetwas im letzten Moment schiefgeht.
Jetzt aber ist es wirklich »Jetzt«,
Zeit, dass wir uns setzen und essen.

Wir gehen zunächst einmal davon aus, dass der Impuls, ein Gedicht zu schreiben oder einen Psychotherapeuten aufzusuchen, zumindest teilweise dem Bedürfnis entspringt, bestimmte Dinge zu verstehen oder psychisch zu verarbeiten, die für die betreffende Person schmerzhaft, verwirrend oder sonstwie beeinträchtigend sind. Kann man irgendetwas über den Prozess der Wiedergutmachung im Einzelnen lernen, wenn man das Gedicht aus psychotherapeutischer Perspektive betrachtet? Womit hatte der Sohn in Williams' Gedicht zu ringen, welche Schlüsse kann man daraus im Bezug auf ihn, auf seine Gefühle gegenüber der Mutter und auf die Beziehung zwischen beiden schließen? Ich untersuche im Folgenden sieben Aspekte zu möglichen Parallelen zwischen dem Dichten und psychotherapeutischer Arbeit.

Raum zum Mentalisieren ermöglichen

Die Schriftstellerin Doris Lessing (2007) hat in ihrer Dankesrede anlässlich der Verleihung des Literaturnobelpreises gefragt:

Hast du den Raum gefunden, den leeren Raum, der dich umgeben sollte, wenn du schreibst? In diesen Raum hinein, gleich einer Form des Zuhörens, einer Form von Aufmerksamkeit, werden die Worte kommen … Inspiration.

Der therapeutische »Rahmen« (die Beständigkeit des Orts, des Raums, der Zeit und der Behandlungstechnik) und die poetische Form (der begrenzte, »unausgefüllte

Raum« einer leeren Seite, die »Form« von Strophe, Reim und Rhythmus) sind die therapeutischen Entsprechungen. Williams nutzt den Raum, den ihm die poetische Form eröffnet, um die schwierigen Emotionen zu beschreiben, mit denen er sich durch den Wunsch, seine Mutter zufriedenzustellen und ihr gleichzeitig nahe zu sein, und wegen ihrer irritierenden und kontrollierenden Reaktion konfrontiert sieht. Mentalisieren erfordert einen geschützten Raum, im wortwörtlichen Sinne das Behandlungszimmer des Therapeuten, aber auch den inneren psychischen Raum.

Die Suche nach entstehender Bedeutung

Für Psychotherapiesitzungen wie auch für Gedichte trifft zu, dass es eine Dialektik zwischen erwartbarer Form und den unendlich vielen Möglichkeiten zur »Entstehung« neuer Bedeutungszusammenhänge gibt (Margison 2002). Die Struktur einer Sitzung ist formal vorgegeben und etwas Vertrautes, dennoch wissen weder Therapeut noch Patient im Vorfeld, was während der nächsten 50 Minuten passieren wird, außer dass es Momente des »Zusammentreffens«, Sich-Verpassens, Momente des Bruches und der Reparatur geben wird. Ganz ähnlich hat Williams' Gedicht, mit seinen sorgfältig arrangierten Vierzeilern und seinem festen Rhythmus, eine äußere Struktur, die einen Teil der Ungewissheit und Anspannung in sich aufnimmt – wir wissen zu Beginn nicht, ob dieses Mahl je auf den Tisch kommen wird. Das »Subjekt« von Poesie und Psychotherapie ist das Verarbeiten schwieriger Gefühle. Solche Gefühle sind imstande, Bindungsverhalten auszulösen – das Suchen nach einer sicheren Basis –, was Explorieren und Mentalisieren unmöglich macht. Der Halt und die Sicherheit, die durch das therapeutische Setting und die poetische Form vermittelt werden, lindern die Intensität von Bindungsverhalten und ermöglichen damit Exploration und spielerisches Auseinandersetzen mit der Welt.

Rekursivität

Eine Therapiesitzung, wie ein Gedicht auch, hat durch ihren festen Rahmen einen Anfang, einen Mittelteil und ein Ende – aber nicht unbedingt in dieser Reihenfolge: wie beispielsweise in T. S. Eliots (1986) oft zitiertem Gedicht *East Coker* (in *Four Quartets*): »In meinem Anfang liegt schon mein Ende.« Einem Gedicht und einer Psychotherapiesitzung wohnt ein rekursiver Aspekt inne. Therapeuten müssen sich mit besonderer Aufmerksamkeit den Details zu Beginn und am Ende einer Sitzung zuwenden, weil diese Details aufgrund gesteigerter Angst in komprimierter Form viel von dem enthalten, was noch folgen wird oder zuvor geschah.

Der Sinn von Crispins Replik zu Beginn der im 7. Kapitel beschriebenen Therapiestunde – »Und wie war *Ihr* Wochenende?« – erschloss sich erst nachdem das Gesagte mit seinen später entstandenen Gefühlen, nicht gehört worden zu sein, und seinem Borderline-typischen Rollentausch in Verbindung gebracht werden konnte. Umgekehrt wurde das spätere Material der Sitzung im Lichte seiner ersten Äußerung verständlich. Williams' trügerisch simpel wirkendes Gedicht bezieht sich auf sich selbst wie eine Rückwärtsschleife, und deshalb erschließt sich seine Bedeutung nur langsam und nach einem genauen zweiten oder dritten Durchlesen. Das wiederholte »Jetzt« wird dabei von einer sprachlichen Eigenart in eine philosophische Aussage zum Wert des Beisammenseins zweier Personen transformiert, die zur selben Zeit am selben Ort sind. Die Bedeutungszusammenhänge einer Psychotherapiesitzung erschließen sich oft erst dann, wenn man mit der Hilfe von Supervision die Anfangsmomente der Sitzung im Lichte der nachfolgenden Entwicklungen betrachtet. Eine beiläufige Bemerkung des Patienten zum Wetter, wenn er das Behandlungszimmer betritt, kann sich dann als erster Hinweis auf seinen Gefühlszustand erweisen. Ein Patient, der sein Zuspätkommen damit entschuldigt, »nur schwer einen Parkplatz gefunden zu haben«, überlegt möglicherweise, ob der Therapeut wirklich genug Raum hat, seine Bedürftigkeit aufzunehmen und so weiter.

»Action Replay«

Wordsworth (1802) hat Poesie in seiner berühmten Definition als »in Stille wieder abgerufene Emotionen« bezeichnet. Poesie und psychoanalytische Arbeit zeichnen sich durch die Fähigkeit aus, die kleinsten Fragmente von Erfahrung aufzugreifen und sie wie eine Wiederholung noch einmal abzuspielen und dabei emotionale Verknüpfungen mit der Vergangenheit wie auch »seitwärts« mit anderen Erfahrungen und Gefühlen herzustellen. Seine Erfahrung dieser Art von verlangsamtem, genauem Studium zu unterziehen entspricht dem Vorgang des Mentalisierens genau. Williams versucht, das einsilbige »Jetzt« seiner Mutter Stück für Stück unter einem poetischen Mikroskop zu betrachten. Genauso ist es ein entscheidender Bestandteil therapeutischer und supervisorischer Arbeit, sich den kleinsten Begebenheiten – den Bruchstücken von Interaktionen (R. Hobson 1985) – zuzuwenden. Wenn der Therapeut eine nonverbale Reaktion auf eine Deutung, etwa einen abgewandten Blick oder ein leichtes Erbleichen, festgestellt hat, mag er eventuell fragen: »Was ist jetzt gerade in Ihnen vorgegangen, als ich diesen Vergleich mit der Beziehung zu Ihrem Vater gezogen habe?« Der Patient mag antworten: »Ich war geschockt; ich hatte das Gefühl, es steht Ihnen nicht zu, so etwas zu sagen«, und so weiter. Genauso kann man in der Supervision ein kleines Segment der therapeutischen Interaktion herausgreifen, um anhand dieses Segments die gesamte Beziehungskonstellation zu rekonstruieren.

Somato-sensorische Erfahrungen

Der Absatz zu »Action Replay« bezog sich auf viele Einzelteile, die zusammen genommen ein schwer greifbares Ganzes ergeben. Unsere Reaktion auf ein Gedicht oder einen Patienten muss die winzigen Bruchstücke und den Gesamteindruck von einem Patienten, einer Sitzung oder einem Gedicht berücksichtigen und sich zwischen diesen beiden Wahrnehmungsmodi hin und her bewegen. Im zweiten Modus ist es so, als ob man den Patienten »tagträumend«, mit der von Freud empfohlenen »gleichschwebenden Aufmerksamkeit« erfasst – was es dem Unbewussten des Therapeuten erlaubt, mit dem des Patienten mitzuschwingen. Der Teufel steckt im Detail oder in den winzigen Einzelheiten, aber auch im grobkörnigen Gesamtbild der therapeutischen Reaktion. Man muss imstande sein, die Ewigkeit in einem Sandkorn zu finden, sich aber auch die ganze Sanddüne vorstellen können.

Ein Gedicht wie auch die therapeutische Sitzung sind somato-sensorische Erfahrungen, die durch »Reverie« erfahrbar werden, durch Tagträume des Lesers oder des Therapeuten, durch »Phantasien, Nachgrübeln, körperliche Wahrnehmungen und Derivate unbewusster intersubjektiver Konstruktionen« (Ogden 1989, S. 76). Laut Bollas (2007) und Ogden liegt in der Fähigkeit, aus diesen traumähnlichen Elementen bewusste und nutzbare Gedanken herauszufiltern, der entscheidende Beitrag der Psychoanalyse zum Erreichen psychischer Gesundheit. Obwohl das Kommunikationsmedium hauptsächlich das gesprochene Wort ist, bilden für den Therapeuten oft körperliche Wahrnehmungen den Ausgangspunkt. In der weiter oben beschriebenen Sitzung »spürte« ich – d. h. ich hatte eine Art physische Empfindung –, dass von Anfang an irgendetwas mit Crispin nicht stimmte an diesem Montagmorgen. Seine Mimik und seine Körperhaltung, gefolgt von seiner verbalen »Attacke« (im musikalischen Sinne *attacca* »gleich anschließen«) des »Wie war *Ihr* Wochenende?«, mussten dies unterschwellig vermittelt haben. Dies wiederum führte zweifelsfrei zu einem von mir wahrgenommenen Unbehagen, was wohl in der Anwesenheit eines unglücklichen und verärgerten Menschen begründet war, obwohl ich zunächst nicht in der Lage gewesen wäre, diese Gefühle in Worte zu fassen.

Eine Therapeutin, die bei mir in Supervision war, berichtete mir, wie ihr ein Patient erzählte, dass einer seiner Freunde »von uns gegangen« sei. Der Gebrauch dieser durchaus üblichen Formulierung machte ihr zu schaffen (es sei darauf hingewiesen, dass sie eine physische Konnotation hat), allerdings wusste sie zuerst nicht, woher das rührte. Im weiteren Verlauf stellte sich heraus, dass dieser Freund in Wirklichkeit Selbstmord begangen hatte. Sich damit zu befassen war für diesen Patienten, dessen Mutter sich auf ähnliche Weise umgebracht hatte, als er noch ein Kind war, so unglaublich schmerzlich, dass er es fast nicht aushalten konnte und deshalb das Geschehene in einen Euphemismus verpacken musste.

Oft löst der Gebrauch eines Wortes oder einer Formulierung nonverbale, oder genauer gesagt »prä-verbale« Reaktionen – ähnlich der zuvor erwähnten »Gedankensprache« – beim Zuhörer aus. Dies wiederum hat die Rückkehr auf die linguistische Ebene zur Folge und ein weiteres Erforschen dessen, was das Geäußerte für die innere, noch nicht in Worte gefasste Erfahrungswelt des Anderen bedeutet. Auf ähnliche Weise ermöglicht die Musikalität von Williams' Gedicht – seine immer gleiche, fast schon starre Metrik, die Wiederholungen und traumgleichen Rhythmen, die durch die knappen Sätze oder Wörter wie »klopft« und die stakkatohaften »Steaks« unterbrochen werden –, dass es zu uns vordringt, gewissermaßen physisch von unserem Körper und Geist aufgenommen wird und wir, wenn es dort erst einmal ist, darüber und über seine vielfältigen Bedeutungen nachdenken (oder in Ogdens Sinne »träumen«) können. In der Poesie wie in der Psychotherapie kommt es zu einem beständigen Wechselspiel zwischen Gefühlen und Sprache. Wie schon dargelegt, besteht die normale Abfolge darin, zuerst zu identifizieren, was nicht viel mehr als ein vages Anklingen eines Gefühls ist, gefolgt von dem Versuch, dies in Worte zu kleiden und ihm schließlich durch den Prozess des Mentalisierens Bedeutung zuzuschreiben. Die Aufgabe des Therapeuten ist es, den »Text«, den der Patient in die Sitzung bringt, zu »lesen« und die Worte in affektive und körperliche Erfahrungen »zurückzuübersetzen«. Er greift dabei auf den umgekehrten Prozess zurück, der in ihm selbst abläuft: Er »liest« seine physischen und emotionalen Reaktionen (Gegenübertragungswahrnehmungen) und versucht, sie in Worte zu fassen.

Diese interpersonellen, physiologischen Wahrnehmungen haben einen zeitlichen Aspekt – sie sind »Gefühle in einem Zeitkontext«, und dies verweist oft schon auf ihre Bedeutung. In Gedichten und Therapiestunden zeigt sich das anhand der Balance zwischen Anspannung und deren Auflösung. Psychoanalytisch betrachtet kann man das Gedicht mit den Anstrengungen eines hungrigen, an der Brust saugenden Kindes vergleichen, das ein Bedürfnis verspürt, sich an die leicht abgelenkte und mit sich selbst beschäftigte Mutter zu klammern. Eine mögliche Lesart von *Dinner mit meiner Mutter* ist, dass das Gedicht den finalen Moment der Glückseligkeit beschreibt, wenn Brust und Brustwarze sich während des »Milchspendereflexes« vereinen und die Milch zu fließen beginnt: »Zeit, dass wir uns setzen und essen«. Eine alternative Sichtweise zum »hohen Grad an Mehrdeutigkeit« (Zeki

2008; vgl. auch Kapitel 10) des Gedichts könnte sich auf die Aussichtslosigkeit des »Nicht-Zusammenkommens« der Mutter, die mit ihren Gedanken ganz woanders ist, mit dem Sohn beziehen, die bis zum trostlosen Ende anhält: Der Sohn im Gedicht sieht sich gezwungen, eine Flasche Wein zu öffnen, wenn er die leicht narzisstische Selbstbeschäftigung seiner Mutter aushalten will. In beiden Varianten handelt die beschriebene Begebenheit von einer Ruptur und dem Versuch, diese zu reparieren, mit oder ohne Erfolg.

Selbstbezogenheit

Laut Eagleton (2007, S. 21) ist Poesie:

> zu einem gewissen Grad immer Sprache, die sich selbst zum Gegenstand hat. Selbst den Gedichten, die sich stark nach außen wenden, ist etwas Zirkuläres oder Selbstreferenzielles eigen. Die Bedeutung eines Gedichts ist weitaus weniger von seinem gesamten Signifikanzprozess zu trennen, als es die Bedeutung eines Straßenschildes ist. Das heißt nicht, dass man keine Zusammenfassung des Inhalts eines Gedichts geben kann… [aber] das Resümee ist wahrscheinlich weniger informativ. Dichtung ist etwas, das wir erfahren, über das bloße Hören von Wörtern hinaus. Die Bedeutung dieser Wörter ist eng mit der Erfahrung verbunden, die sie in uns auslösen.

Die Aussage McLuhans (1964), wonach »das Medium die Botschaft« sei, kann man genauso auf Psychotherapie anwenden. Poesie und Psychotherapie sind insofern »onomatopoetisch« (lautmalerisch), als ihre Form und ihr Inhalt nicht voneinander zu trennen sind. Eine Psychotherapiesitzung ist durch ihre intrinsische, selbstreferenzielle Beschaffenheit gekennzeichnet, die sie von normalen Diskursen unterscheidet – was auch immer der Patient an Material bringt, lässt den Therapeuten fragen: »Was will mir all das, abgesehen von den naheliegenden Konnotationen, außerdem über ›uns beide‹ sagen?« Als Crispin anfängt, darüber zu sprechen, dass er sich einen Fahrlehrer suchen muss, überlegt der Therapeut sofort, ob der Patient nach mehr Rat und Orientierung sucht, als ihm die Therapie geben kann, und wie dies mit dem abwesenden Vater in seiner Kindheit zusammenhängt.

Ähnliche Betrachtungen kann man zum Humor anstellen. Ein humorvolles, wenn auch nicht ganz so gutes Beispiel für das, was ich »Onomatopoesie« nenne, findet sich bei Holt (2008). Der aus Oxford stammende Philosoph J. L. Austin hielt in New York einen Vortrag vor einer Gruppe von Philosophen-Kollegen. Darin behandelte er auch das Thema doppelte Verneinungen. »In einigen Sprachen«, sagte er in einwandfreiem Oxford-Englisch, »entsteht durch doppelte Verneinung eine Bejahung. In anderen führt sie zu einer noch emphatischeren Negation. Aber mir ist keine Sprache bekannt, in der eine doppelte Bejahung die Negation von etwas nach sich zieht.« Aus den hinteren Reihen war in gedehntem professoralen Brooklyn-Akzent ein »Yeah, yeah« vernehmen. Hierbei zeigt sich erneut, dass das Medium die Botschaft ist – Inhalt und Form der Aussage waren deckungsgleich.

Die psychotherapeutische Entsprechung von »poetischen Momenten« liegt in den »Gegenwartsmomenten« (Lyons-Ruth und die Boston Change Process Study Group 2001), in denen es zur Begegnung zwischen Therapeut und Patient (oder zu deren Ausbleiben) kommt und zu den begleitenden Versuchen, die dadurch hervorgerufenen Assoziationen aufzugreifen. Es »passiert« etwas während der Sitzung: Therapeut und Patient befassen sich gemeinsam mit dem Geschehen und versuchen, es zu verstehen. Die Matrix aus Übertragung und Gegenübertragung ist ein Kraftfeld, das solche emotionsgeladenen, unbewussten Erinnerungen hervorruft. Jede Begebenheit, jedes Verhalten, alle Gefühle und Erfahrungen werden in die Stunde gebracht und unter dem Gesichtspunkt der Beziehung zwischen Therapeut und Patient betrachtet. Der eigentliche Prozess des Verstehens ist von dieser eingehenden Untersuchung nicht ausgeschlossen, genauso wie der Einwurf des Philosophen schon das eigentliche Argument ist.

Eagleton meint, dass Gedichte einen expliziten oder verborgenen Bezug zum eigentlichen Vorgang des Dichtens haben. Williams verleiht einem Vorgang Ausdruck, während er dichtet, so wie seine Mutter das Steak »klopft« – indem er Worte und Muster wählt, um eine Erfahrung für sich verständlich zu machen. Der Dichter muss seine Worte mit viel Bedacht aussuchen, wie es auch die Entscheidung für das richtige Salatdressing erfordert. Das Gedicht »brodelt und köchelt« in seinem Kopf so vor sich hin, wie das Essen auf dem Herd; nichts wird gesagt, bis der »Jetzt«-Moment eintritt, an dem es niedergeschrieben werden kann. Die Fähigkeit, die dieser Selbstbezogenheit innewohnt, über das »Denken nachzudenken«, gehört zu den Hauptcharakteristika des Mentalisierens. Die mentalisierende Mutter kann ihre Gefühle bezüglich ihres Kindes spüren – überwältigende Liebe, den Wunsch, es zu behüten, Angst, Frustration, Rage – und sich gleichzeitig dessen bewusst sein, diese Gefühle zu haben, und deshalb Brüche in der Kontinuität ihrer Beziehung reparieren.

Der oben beschriebene, unbehagliche Zustand, in dem sich Crispin befand, als er zur Therapie kam, überträgt sich sofort auf seinen Therapeuten. Dieser hält dieses Gefühl gewissermaßen »fest« und wartet ab, wohin es ihn leiten wird, so wie der Dichter mithilfe seiner Worte das Hungergefühl einfängt. Die Anspannung nimmt zu. Der Therapeut versucht sich in einer zaghaften Deutung – vielleicht ist Crispin verärgert wegen der Sitzung in der letzten Woche. Crispin bestätigt dies und berichtet detaillierter. Der Therapeut geht auf Crispins Kommentare ein, vertieft das Thema, verallgemeinert, objektiviert, stellt Bezüge her und mentalisiert. Dieser Prozess zwischen beiden ist als Teil eines allgemeineren Musters von Bedürfnissen, Ablenkung von diesen und dem Wunsch nach Zuwendung und Trost zu verstehen, ganz ähnlich dem Sohn im Gedicht, der die Weinflasche öffnen muss, um das Gefühl auszuhalten, dass seine Mutter mit sich selbst beschäftigt ist. Crispin bestätigt die Vorahnung des Therapeuten, indem er sagt: »Ich habe Sie letzte Woche gehasst.« In diesem kurzanhaltenden Moment der Begegnung sind Therapeut und Patient eins miteinander, sie kommen zu einem gemeinsamen Verständnis, mentalieren gemeinsam – so wie es sich manchmal anfühlt, wenn man zu sich sagt: »Das ist ein gelungenes Gedicht« oder »Das spricht mich an.«

Vergegenständlichung

Das Gedicht ist, sozusagen als Artefakt, für den Leser über die darin geschilderten Begebenheiten und Gegenstände hinaus, als Ding an sich vorhanden. Daraus resultiert seine Objektivität und allgemeine Bedeutung. Williams' Gedicht ist nicht nur eine einfache Beschreibung, wie Mutter und Sohn eine Mahlzeit vorbereiten – es handelt von Mutterliebe, der Liebe des Sohnes, unmittelbarer, ödipaler Liebe, von der Kluft zwischen den Generationen und vielem mehr. Indem es bestimmte Gefühle und Erinnerungen beim Leser hervorruft, »stellt es etwas mit uns an«, während wir es lesen. Poesie vergegenständlicht uns unsere Gefühle – sie mentalisiert diese für uns. Dadurch kommt es zu einem ständigen Wechselspiel zwischen unserer verbalen Repräsentation der Realität und der Erfahrung, die diese Repräsentation herzustellen versucht. Der Dichter steht immer in einer dyadischen Beziehung zu seinem »Material«. Aus dem »Nichts« des leeren Blattes erschafft er den *Anderen*, mit dem er ein Gespräch beginnt – dieses Nichts kann man als ultimativen Bruch in der Kontinuität der Existenz auslegen. Was dann schließlich als Gedicht entsteht, ist der Versuch des Dichters, dieses »Selbstgespräch« zu verstehen und ihm einen Sinn zu verleihen. Die Rolle des Therapeuten ist genauso zu verstehen, weil er dem Patienten hilft, ein Gespräch mit sich selbst zu führen – ein »Duett für eine Person«.

Bindung und Reparatur

Crispin und ich versuchten während unserer Sitzung nachzuvollziehen, was in dem jeweils Anderen vorging. Tatsächlich konnte er mich in der letzten Sitzung besser verstehen, als ich selbst dazu in der Lage war. Es kam, wie in jeder analytischen Stunde, sowohl zu Verständnis als auch zu Verwirrung und Missverständnis. Wie in dem Gedicht entfaltete sich ein Wechselspiel von Intimität und Gefühlen des Getrenntseins. Wenn sich eine Sitzung dem Ende zuneigt und die folgende schon vorweggenommen wird, kommt das nie endende Hin und Her zwischen Ab- und Anwesenheit, Verlust und Wiederfinden. Das Gedicht dient als Mittel, die Subjektivität von Gefühlen in etwas Objektives umzuformen, das man mit Anderen teilen kann. Die psychoanalytische Sitzung ist, da sie auf die Beziehung zwischen Therapeut und Patient fokussiert, ein Mittel, das *Fort und Da* von Beziehungen zu ergründen und zu »containen«. Die Vergegenständlichung der unvermeidlichen Missverständnisse, Brüche und erfolglosen Kommunikationsversuche ist für den Reparaturprozess ein entscheidender Schritt, der eine Wiederkehr des *Da* bedeutet. Die Poesie wie auch die Psychotherapie können in diesem Sinne als reparativ betrachtet werden.

Für Bion (1987) entstand das Denken aus der Abwesenheit von etwas – wie sein Analysand Samuel Beckett vielleicht gesagt hätte: »Keine Brust vorhanden, dann stell dir eine vor.« In einem engeren Sinne betrachtet, ermöglicht uns das Mentalisieren, mit den unvermeidlichen Brüchen, mit Fehlverhalten, Schwierigkeiten, Versagensgefühlen, narzisstischer Selbstbeschäftigung, mit Störungen und potentiellen Traumata des Alltags zurechtzukommen. Mentalisieren bedeutet, eine Brücke über den Abgrund oder die Lücke zu bauen, die ein Verlust hinterlassen hat.

In der kleinianischen Theorie hat Reparatur die Funktion, die psychische Verwüstung, die mit entfesselter Aggression im Kontext von Mangel und Abwesenheit angerichtet wurde, wiedergutzumachen. Die mörderische und mordende »schlechte Brust«, die den auf sie projizierten Hass enthält, wird durch kreative Prozesse (Segal 1991) wieder lebendig. Aggression und Reparation sind untrennbar miteinander verbunden. Aus bindungstheoretischer Perspektive ist Mentalisieren ein »eingebauter« Reparaturmechanismus, der hilft, die unvermeidlichen und »objektiven« Trennungs- und Verlusterfahrungen – die Kehrseite der Medaille von Bindung –, zu überleben. Schwerwiegende Störungen, die Fürsorge während der Kindheit betreffend, beeinträchtigen das Mentalisieren so stark, dass sich ein Bezug zur Symptomatologie von Borderline-Persönlichkeitsstörungen aufdrängt (vgl. Kapitel 10). Es ist tragisch, aber je schwerwiegender die Fürsorge gestört ist, desto ausgeprägter muss die Mentalisierungsfähigkeit sein, um diesen Störungen etwas entgegensetzen zu können. Kinder, die in der Lage sind, ihre Wahrnehmung ihrer Bezugspersonen als gestresst, unter Drogen stehend, depressiv zu artikulieren, sind im Vergleich zu anderen, die eine solche Einschätzung nicht treffen können, dagegen gefeit, desorganisierte Bindungsrepräsentationen zu entwickeln (Fonagy et al. 2002; Slate 2005). Genauso ist die Fähigkeit, eigene Gefühle von Wut oder Aggression oder Verzweiflung als das zu betrachten, was sie sind – letztlich »nur Gedanken« –, ein Bollwerk gegen selbstdestruktives Ausagieren. Die meisten Therapien für Borderline-Patienten – kognitiv-behavioral, dialektisch, vom Buddhismus inspiriert, übertragungsfokussiert oder kleinianisch – haben zum Ziel, diese Fertigkeit zu fördern.

Welchen Platz hat nun die Poesie in dieser Betrachtung? Es gibt einen starken Zusammenhang zwischen Poesie und Verlust – viele wenden sich der Poesie in Momenten großer Freude oder großer Traurigkeit zu, entweder weil es ein intrinsisches Bewusstsein gibt, dass Glück nicht ewig währt, oder in dem Versuch, Todes- oder Trennungserfahrungen zu verarbeiten. Ein Zweck von Poesie liegt darin, authentische und die Sinne ansprechende Bilder zu schaffen, also gefühlsgeladene, mentale Repräsentationen von Erfahrungen, durch die ein »verlorenes Objekt« psychisch wiederhergestellt werden kann (Segal 1991). Das äußere Objekt ist zwar verloren, aber eine mentale Kontinuität kann beibehalten werden. Poesie hat die Kraft, in unserer inneren Welt Bilder hervorzurufen, die das Weiterexistieren der Realität bei Verlusterlebnissen ermöglicht. Durch das Kreieren einer Sprache, die »onomatopoetisch« Erfahrungen repräsentiert und neu schafft, reicht der Dichter, über die Lücke hinweg, die ein Verlust hinterlassen hat, dem zuhörenden Anderen die Hand.

Wörter in der Poesie stellen durch Reim, Rhythmus, Metrik, Tempo, Ton und Assonanz eine Verbindung und Kontinuität her, und das, obwohl sie uns in einem ödipalen Sinne vom Ur-Fluss der Existenz abschneiden (Lacan 1977). Diese Verbindung von Poesie – die Art, wie Rhythmus, Metrum und Bilder zu uns durchdringen – ist mit dem »Gerüst« der psychotherapeutischen Sitzung zu vergleichen. Das Gedicht wird somit zum lebendigen Ding, das uns, solange wir ihm unsere Aufmerksamkeit widmen, Halt gibt. Genauso kann das Kind oder der Patient, der sich gehalten fühlt, mithilfe des Mentalisierens Verzweiflung überwinden und dadurch in die Lage versetzt werden, selbst hoffnungsvoll zu sein. Wir versuchen für gewöhnlich, den Schmerz, den das Leben, insbesondere traumatische Erlebnisse, mit sich bringt, zu vermeiden, auszublenden oder auszulöschen. Um Odgen (1999, S. 992) zu zitieren:

> Wir wenden uns der Poesie und der Psychoanalyse zu … in der Hoffnung, dass wir vielleicht Formen menschlicher Lebendigkeit zurückgewinnen (oder unter Umständen zum ersten Mal erleben) können, von denen wir uns ausgeschlossen sahen.

Poesie und Psychotherapie spielen in dem sich immer wieder erneuernden Prozess des – metaphorisch gesprochen – »Am-Leben-Bleibens« eine wichtige Rolle; manchmal, wie ich in Kapitel 11 zeige, im wortwörtlichen Sinne.

TEIL 2 | **PRAXIS**

KAPITEL 9 | SEX MÖGEN

Wie der Leser sicher schon bemerkt hat, bin ich von Natur aus eher geneigt, scheinbar Gegensätzliches zu versöhnen als streng auseinanderzuhalten und vieles eher symmetrisch als asymmetrisch zu betrachten. Zwischen der Bindungstheorie und dem psychoanalytischen Gedankengut möchte ich Ähnlichkeiten, Entsprechungen, auch Überschneidungspunkte und Potentiale zu gegenseitiger Ergänzung herausarbeiten. Allerdings scheint mir jetzt der Augenblick gekommen, ein Thema anzusprechen, bei dem sich die beiden Theorien grundsätzlich voneinander unterscheiden: Sex und Sexualität.

Die zeitgenössische Psychoanalyse hat sich, so scheint es, vom Sex verabschiedet. In einer Breitseite gegen den psychoanalytischen Pluralismus beklagt André Green (2005, S. 630) die gegenwärtige »Rolle von Bindung, die angeblich die infantile Sexualität ersetzt; die Konzeptualisierung von Gedächtnis/Erinnerung auf der Basis neurowissenschaftlicher Befunde anstelle von Verdrängung und so weiter«. Fonagy und Target (2005) haben inzwischen den Schwund von Publikationen zur Sexualität in psychoanalytischen Zeitschriften registriert und Budd beobachtet eine merkwürdige Kehrtwendung, in der Sex, für Freud *das* latente Thema, das sich in allen Träumen und jeglicher Form von Psychopathologie verbirgt, jetzt nur noch als der manifeste inhaltliche Bestandteil der Probleme von Patienten gesehen wird, der »tieferwurzelnde« Sachverhalte wie mangelnde mütterliche Fürsorge und andere bindungsrelevante Themen verdeckt.

In einem Punkt ist Greens Sorge berechtigt. Infantile Sexualität und der Ödipuskomplex sind die Ecksteine, auf denen das psychoanalytische Theoriengebäude ruht – was würde ohne sie übrigbleiben? Es trifft ebenfalls zu, dass Bowlby die Bindungstheorie unter anderem auch einführte, um eine Auffassung zu Eltern-Kind-Beziehungen zu propagieren, wonach Sicherheit und nicht Sex das eigentliche Thema ist. Im Folgenden versuche ich darzulegen, dass die Bindungstheorie Annahmen zur infantilen Sexualität tatsächlich radikal in Frage stellt. Aus der Bindungsperspektive liegt der Schlüssel zum Verständnis von Eltern-Kind-Beziehungen im Streben nach Sicherheit. Sexualität gilt als davon verschiedenes Verhaltenssystem, das in der Kindheit und Jugend nur eingeschränkte Bedeutung hat.

Diese beiden Ansätze sind, da sichere Bindung auf angenehmen, freundlichen Interaktionen zwischen Kind und Betreuungsperson beruht, nicht völlig unvereinbar. Als überbrückendes Konzept schlage ich die Formel *hedonische Intersubjektivität* vor. Damit meine ich eine spielerische, selbstbejahende, interaktive Sinnlichkeit – die, wenn auch nur tendenziell, als sexuell beschrieben werden kann. Diese ist der *erotischen Imagination* verwandt, einem Konzept mit Winnicott'schen Anklängen, das seinen Ursprung in den »Übergangsphänomenen« hedonischer Intersubjektivität hat.

In den Anfangstagen der Psychoanalyse schien sich hinter allem latente Homosexualität zu verbergen. Ein ungelöster Ödipuskomplex bedeutete eine gescheiterte vollständige Trennung von der Mutter, glich daher der Identifizierung des Jungen mit seinem Vater oder der Vater war das libidinöse Objekt des Mädchens. In beiden Fällen wurde die andauernde Bindung an die Mutter als Manifestation von »Homosexualität« gesehen. Mittlerweile wird Homosexualität nicht mehr als Zeichen von Pathologie betrachtet; sie hat genauso viel Potential für gesunde Liebe wie ihre heterosexuelle Entsprechung und darüber hinaus genauso viel Raum für »Perversion«. Ich hoffe daher, dass meine Betrachtungen ebenso auf die weibliche oder gleichgeschlechtliche Perspektive anzuwenden sind, obwohl ich aus einem hauptsächlich heterosexuellen und männlichen Blickwinkel schreibe.

Sex theoretisch fassen

Freuds Theorie zur infantilen Sexualität besteht aus zwei wesentlichen Komponenten: a) der Sichtweise, dass sich die neurotischen Schwierigkeiten erwachsener Patienten letztlich auf sexuelle Traumata und Verdrängung zurückführen lassen, und b) einer entwicklungspsychologischen Annahme, wonach frühe Kindheitserfahrungen den Keim für das spätere psychische Erleben legen (Freud 1905e). Wenn Neurosen im Erwachsenenalter immer sexueller Natur sind und dies eine Kontinuität in der Entwicklung vom Kindes- zum Erwachsenenalter bedeutet, muss Sexualität folglich für Kinder und Erwachsene gleichermaßen von besonderer Bedeutung sein. Wie ich darlegen werde, folgt die Bindungstheorie diesem allzu glatten logischen Schluss nicht; sie weist ihn vielmehr als grundsätzlich falsch zurück, weil die grundlegenden Erfahrungen im Leben eine andere Sprache sprechen. Meine Argumentation richtet sich daher im Weiteren gegen die doppelte Tendenz, alle Affekte nur auf Eros und Thanatos zu beziehen, und im Gegenteil darauf, dass sexuelle Liebe, Verliebtheit und mütterliche Liebe verschiedene, wenn auch miteinander verwandte psychische und neurologische (vgl. Zeki 2008) Zustände sind.

In der klassischen psychoanalytischen Theorie werden Bindungsbeziehungen als Manifestationen der sexuellen Triebe und ihrer Veränderungen betrachtet. Infantile Sexualität – anfänglich die orale Lust, die das Kleinkind beim Saugen an der Brust empfindet – bindet das Kinder an die Eltern. Die Libido entwickelt sich von polymorpher Perversion zu genitaler Sexualität weiter, die als grundlegende Kraft die menschliche Gesellschaft zusammenhält und aufgrund der ihr innewohnenden Ambivalenz bezüglich der ödipalen Situation (»die Mutter, die ich begehre, gehört einem Anderen«) jederzeit die Drohung eines explosionsartigen Ausbruchs in sich trägt.

Für Freud wurzelte die psychische Vulnerabilität des Menschen in dem Gegensatz zwischen physischer Unreife und »erwachsenen psychischen Impulsen« (Liebe, Hass, dem Wunsch, zu besitzen und besessen zu werden), mit den damit einhergehenden physischen Manifestationen (Erregung der verschiedenen Körperregionen). Um es sehr stark zu vereinfachen: Der kleine Junge kann seine Mutter nicht vollständig »besitzen/haben«, weil er dafür weder groß noch stark genug ist, seinen Vater im Kampf um sie zu besiegen. Liebe und Hass, Bindung und Separation sind letztlich auf infantile sexuelle Wünsche und die unvermeidlich damit zusammenhängenden Gefühle von Neid und Kastrationsangst zurückzuführen.

Im Gegensatz dazu ist in der Bindungstheorie mit ihrem ethologischen Begriff von Sicherheit und Schutz vor Bedrohung das Bedürfnis nach Sicherheit, um Familien und Gesellschaften zusammenzuhalten, die primäre Motivation: Gemeinsam sind wir stark, getrennt gehen wir unter. Bindung und das sexuelle Verhaltenssystem sind verschieden und voneinander getrennt. Beide haben ihre eigenen Auslöser, ihr eigenes Timing und, um in Freuds Terminologie zu bleiben, ihre eigenen Ziele und Objekte.

Die Bindungstheorie geht von einem Bedürfnis der Eltern und anderer Betreuungspersonen aus, dem hilflosen Kleinkind in einer feindseligen und potentiell bedrohlichen Umwelt Sicherheit zu vermitteln. Wie auch Freud betrachtete Bowlby die Hilflosigkeit des menschlichen Kleinkindes als einen entscheidenden Entwicklungsfaktor. Insofern dürfte die Bindungstheorie mit der Psychoanalyse übereinstimmen, als beide den eigentlichen biologischen Zweck allen Lebens in der Fortpflanzung sehen. Anstatt den sexuellen Impuls als im gesamten Lebenszyklus omnipräsent zu fassen, geht die Bindungstheorie davon aus, dass das Kind *bis zu seiner sexuellen Reife überleben muss,* um sich fortpflanzen zu können. Physiologisch mögen Sexualhormone und das Immunsystem wenig gemeinsam haben, aber ohne ein intaktes Immunsystem könnte niemand durch Sexualhormone zur Paarung veranlasst werden. Gleiches gilt für das »psychische Immunsystem«, das durch Bindungsbeziehungen vermittelt wird (Holmes 2001).

»Erfolgreicher Sex« besteht aus mehreren einzelnen Komponenten: a) optimale Partnerwahl – einen ausreichend »guten« Partner zu finden, der dem entspricht, was das eigene »soziale Kapital« zulässt, b) dementsprechend in der Lage zu sein, mentalisierend die Intentionen und Qualitäten des Anderen erfolgreich zu »lesen«, c) »unmittelbare« Fähigkeiten, die später weiterhin erforderlich sind, um Lustgefühle in einem selbst und beim Partner freizusetzen, was die Wahrscheinlichkeit erfolgreicher Fortpflanzung und d) dauerhafter Bindung erhöht, und diese wird wiederum aufgrund der langen Phase gebraucht, in der ein Kind auf seine Eltern angewiesen ist. Eben dies ist als ein Resultat des »großen« (und deshalb zum Mentalisieren befähigten) menschlichen Gehirns zu sehen.

Obwohl Bowlby darauf beharrte, dass Bindung und Sexualität als unterschiedliche Systeme betrachtet werden sollten, räumte er ein, dass es trotzdem eine enge Verbindung zwischen beiden gibt (Bowlby 1971). Die Schwierigkeit, Sex und Bindung zu entflechten, liegt darin, dass beide – trotz nachweislich verschiedener Verhaltensrepertoires, Emotionen und Konstrukte – in einer engen und wechselseitigen Beziehung zueinander stehen. Wenn sich sexuelle Anziehung und das Umwerben eines Partners entwickeln, werden Bindungsgefühle aktiviert. Ist eine Partnerschaft erst einmal etabliert, bietet die enge Bindungsbeziehung zwischen zwei Erwachsenen den normalen Rahmen für alltägliche Sexualität. In bewährten Beziehungen verstärken sich Sex und Bindung gegenseitig. Das »Bindungshormon« Oxytocin wird nicht nur während des Sexualakts freigesetzt, sondern auch bei nicht sexueller Annäherung wie zum Beispiel inniger Umarmung (Zeki 2008). Sex kann auch innerhalb einer Partnerbeziehung viele und verschiedene Formen annehmen. Man kann aus einer Bindungsperspektive heraus spekulieren, dass es für jedes der definierten Bindungsmuster auch eine Entsprechung bezüglich der Sexualität geben könnte (Feeney 2008; Hazan und Shaver 1994). Vielleicht lieben sicher gebundene Partner einander freier, spontaner, sicherer, aufregender, harmonischer, zärtlicher und empathischer; verstrickte Paare eher anhänglich, verzweifelt, Rückversicherung suchend und ohne ein Ende finden zu können, während der Sex von vermeidenden Paaren eher distanziert, mechanisch, emotionslos, gewalttätig, wenig rücksichtsvoll und selten sein mag. Paare mit desorganisierter Bindung machen Liebe vielleicht auf eine Art, die durch Kontrolle, Inkonsistenz, Dissoziation oder selbstzerstörerisches Verhalten gekennzeichnet ist. Die Extremform menschlichen Verhaltens betreffend, ist Bindung weder nötig noch ausreichend: Vergewaltigung bedeutet Sex ohne Bindung; das Umgekehrte trifft für die post-sexuelle oder auch die Scheinehe zu.

Sexuelle Erregung und Aktivierung des Bindungssystems: Eine Ursache für Verwirrung

Es kann ständig vorkommen, dass sexuelle Erregung und Aktivierung des Bindungssystems durcheinandergebracht werden. Um sexuell erregt zu werden, müssen sich Partner, besonders der verletzlichere und, biologisch begründet wählerische, weibliche Partner sicher fühlen. Menschen lieben sich fast nie in der Öffentlichkeit. In der rauhen Savanne wäre ein Liebespaar sehr handfesten Bedrohungen ausgesetzt; in der modernen Welt unserer Zivilisation hätte es Eifersucht und einige Gesetzesparagraphen zu befürchten.

Die Unvereinbarkeit von Exploration und Streben nach Sicherheit trifft auch auf Sex zu und deshalb ist sexuelle Erregung, da jeder sexuelle Akt auch ein Erkunden des eigenen Körpers und Geistes wie auch des Anderen bedeutet, wenn Angst oder Bedrohung die Kaskade des Bindungsverhaltens aktiviert hat, eingeschränkt. Die Sache wird allerdings noch komplizierter, weil sexuelles und Bindungsverhalten von »außen« betrachtet recht ähnlich aussehen können, auch wenn sie sich von »innen« sehr verschieden auswirken. Wenn ein Partner sich unsicher fühlt, kann es sein, dass seine Suche nach Nähe als Verlangen nach Sex fehlinterpretiert wird. Eine geradezu klassische Quelle von Verstimmung ist die Situation, in der »sie« einfach eine liebevolle Umarmung möchte, während »er« dies als grünes Licht für Sex missdeutet. Genauso gut mag »er« sich nach Sicherheit sehnen, aber er kann dies nur durch sexuelle Bedürfnisse ausdrücken, während »ihre« Sexualität wegen der andauernden gesellschaftlich vermittelten Unterdrückung weiblicher Sexualität auf der Suche nach Intimität verlorengeht.

Dies kann wiederum zu verschiedenen Formen von Dissoziation führen, benigner oder selbstdestruktiver Natur, was ich weiter unten in diesem klinischen Teil des Buches näher betrachte. »Guter Sex«, vielleicht besonders für Frauen, basiert auf sicherer Bindung – einer Kombination von extremer Erregung und absoluter Entspannung und vollem Vertrauen. Diese theoretische und empirische Sicht wird durch Befunde aus der Bildgebung gestützt, die zeigen, dass der Orgasmus bei Frauen – nicht aber der simulierte – zu einer Deaktivierung von Hippocampusregionen im Gehirn führt, die eine Rolle bei der Verarbeitung von Angst spielen (Bartels und Zeki 2004). Vergleichbare Daten zu Männern haben sich bisher als nicht so aussagekräftig erwiesen.

Bindung oder infantile Sexualität

Sind diese von der Bindungstheorie abgeleiteten Ideen mit dem psychoanalytischen Begriff von infantiler Sexualität kompatibel? Aus der Bindungsperspektive scheint es wenig sinnvoll, sich auf »Sexualität« zu beziehen, um physische Nähe von Bindungsperson und Kleinkind zu charakterisieren: a) weil der Zweck dieser Nähe in erster Linie das Vermitteln von Sicherheit und nicht die Fortpflanzung ist und b) die genitalen Aspekte des Kontakts normalerweise nicht besonders wichtig sind. Freud umgeht diesen letztgenannten Einwurf mithilfe seines Konzepts der »polymorphen Perversion« – aber auch aus wissenschaftstheoretischer Sicht (Lakatos 1970) ist dies nur ein willkürlicher Zusatz, um eine grundlegend unsolide Theorie zu stützen. Ist es wirklich hilfreich, die Freude oder den sinnlichen Genuss, den kleine Kinder aus ihrer ganzen Körperoberfläche beziehen, als »Perversion« zu verstehen?

Angenehme, durch Berührung vermittelte Interaktionen zwischen Kind und Bezugsperson sind ohne Frage zentraler Bestandteil guter Fürsorge. Obwohl für Mutter und Kind die lustvolle Erfahrung des Stillens vielleicht *analog* zum Liebesakt ist (anstatt ein homologer Vorläufer davon zu sein), so ist Lust unzweideutig der richtige Begriff, um Küssen, Kuscheln, Kitzeln, Halten, das gegenseitige Anschauen, das Streicheln und Spielen zu beschreiben, das die sichere Bindungsbeziehung zwischen Kleinkind und Eltern festigt. Was die Sicherheit einer sicheren Basis ausmacht, wird größtenteils durch Körperlichkeit vermittelt: die Wärme, das Gehalten- und Gefüttertwerden, der gleichmäßige Pulsschlag der pflegenden Person, beruhigende Worte, zärtliche Berührungen, wie sie ein enger Kontakt ermöglicht – und vom Kind, aber auch von der Bezugsperson *ersehnt* werden. Die Erfahrung lustvoller Körperlichkeit in einer spielerischen, respektvollen interpersonellen/intersubjektiven Umgebung macht sichere Bindung aus. Umgekehrt kann solche Verspieltheit erst durch sichere Bindung als lustvoll empfunden werden. Körperliche Stimulation *ohne* interpersonelle Einfühlsamkeit wird schnell unangenehm – ein alltägliches Beispiel dafür ist, wenn das Gekitzeltwerden außer Kontrolle gerät. Genauso fehlt etwas Elementares in der verbalen oder visuellen nicht-verkörperlichten Beziehung zu einem Kleinkind, das auf Distanz gehalten wird. Ein Tamagotchi ist ja auch kein Ersatz für ein echtes Haustier.

Wenn jegliche Lust als eigentlich sexuell betrachtet wird, dann hat das Konzept der infantilen Sexualität eine Chance, weiterzubestehen. Freuds Auffassung zur Repräsentation von Wörtern und dem damit einhergehenden Pendeln zwischen verschiedenen assoziativen Gedankengängen führt in diesem Fall eher zu einer Vereinfachung, einer Nivellierung und damit zu Verwirrung und nicht zu Klarifizierung: Das Wort *Lust* im Deutschen hat beides, eine sexuelle wie auch eine nichtsexuelle Konnotation.⁷ Kleinkinder haben ohne Frage Begierden und verspüren intensive Lust und Unlust, aber es ist wohl nicht sehr hilfreich oder notwendig, diese als sexuell zu betrachten.

Obwohl das Konzept der infantilen Sexualität, aus der relationalen Bindungsperspektive betrachtet, fragwürdig erscheint, gibt es doch deutliche Verbindungen zwischen der kindlichen Lust- oder Genussfähigkeit und erwachsener Sexualität. Widlochers (2002) »hedonische Fähigkeit« in der Kindheit ist eine Basis für spätere sexuelle Befriedigung. Darüber hinaus sind *Beziehungen*, die normalerweise eher abstrakt aufgefasst werden, tatsächlich psychische Phänomene, die durch einen interaktiven »Tanz« der Körper vermittelt werden – ob dies nun durch Blickkontakt, Haltung, Gestik, Stimmlage oder Berührung geschieht. Wie Lakoff und Johnson (1980) überzeugend darlegen, handelt es sich hier um eine physische Begleiterscheinung der Metaphern, die wir verwenden, um Emotionen und Beziehungen zu beschreiben: Wir fühlen uns einander nah oder fern, stehen miteinander in Kontakt oder auch nicht, sind auf einer Wellenlänge, können nicht voneinander lassen etc. Der »regressive« Aspekt erwachsener Sexualität »übersetzt« die differenzierten Gefühle wie Interesse, Anziehung und Erregung in die Sprache des Körpers zurück.

Fonagy und Target (2005) halten am Begriff infantile Sexualität fest, indem sie sich genauer damit auseinandersetzen, welchen Anteil *Eltern* am »Tanz« von Kind und Bezugsperson haben. Da das Kleinkind sexuell unerfahren ist, sind es seine Eltern, die einen ersten Anklang sexueller Aspekte in die Beziehung einbringen. Dazu gehören die sexuellen Gefühle, die sich bei einigen, wenngleich auch nicht allen Frauen während des Stillens einstellen und die gelegentliche Erektion bei einem Vater, während er sein kleines Kind in den Armen wiegt. Deshalb ist es nicht unwahrscheinlich, dass die wechselseitigen körperlichen Interaktionen zwischen Elternteil und Kind bei beiden zu getrennten, verschiedenen Erfahrungen führen. Dies kann man mit Widlochers (2002) Behauptung vergleichen, Sexualität und Bindung in der Psyche des Kindes würden nur retrospektiv, durch Nachträglichkeit in Verbindung gebracht. Fonagy und Target meinen, das Kleinkind spüre auf nicht definierbare Art und Weise, dass die physische Intimität mit seinen Eltern auch von einer geheimnisvollen sexuellen Aura umgeben ist. Der verstörende, aufwühlende Aspekt erwachsener Sexualität hat hier seinen Ursprung.

Sowohl Ödipus als auch die »Urszene« müssen aus dieser Perspektive neu gedacht werden. Der Ödipuskomplex beschreibt nicht nur die Gefühle eines erwach-

---

7 Holmes bezieht sich hier auf den Unterschied zum englischen Wort *lust* (im Gegensatz zu *pleasure*), dem er, wie auch dem Begriff *libido*, eine eindeutig sexuelle Bedeutung zuschreibt [Anm. d. Übs.].

senen Mannes gegenüber seinem Kind, sondern auch die gegenteilige Sichtweise. Ein Vater mag während der ersten Lebensmonate seines Kindes durchaus Neidgefühle bezüglich der mütterlichen Prioritäten bei seiner Partnerin verspüren und seine eingeschränkte Rolle des Versorgers als unzureichend empfinden. In diesem Zusammenhang kann es zu mörderischen Impulsen gegenüber dem Kind kommen. Dabei sind reife, erwachsene Gefühle abgespalten und in die mutmaßlich infantil sexuellen Motivationen des Kindes projiziert worden. Umgekehrt ist es wahrscheinlicher, dass die »Urszene«, der eine grundlegende Rolle in der Art zugeschrieben wird, wie sich eine Person selbst und darüber hinaus ihre engen Beziehungen betrachtet und versteht, eher aus einer Weiterführung der Beziehung des Kindes zu seiner Betreuungsperson hervorgeht und nicht durch irgendwelche Zuschreibungen erwachsener Sexualität in der Realität oder der Phantasie durch das Kind.

Fonagy und Target (2005) konzentrieren sich genau wie Freud auf das Inzest-Tabu und seine Beziehung zur kindlichen Sexualentwicklung. Freud umschreibt die sexuellen Schwierigkeiten bei Männern in seinem berühmten Aphorismus: Wenn Männer lieben, können sie nicht begehren, und wenn sie begehren, können sie nicht lieben. Ein erfolgreich verhandelter Ödipuskomplex bedeutet, dass man in der Lage ist, die übergreifenden Aspekte von Sexualität ohne große Probleme zu tolerieren. Der Kitzel, der mit einem Tabubruch assoziiert ist, trägt mit zur sexuellen Erregung bei. Sexuelle Begierde kann die eigentlich getrennten Aspekte von elterlicher und partnerschaftlicher Bindung überbrücken – was versinnbildlicht wird, wenn der Ehemann seine frisch angetraute Frau über die Türschwelle in das neue Liebesnest trägt, was durchaus einen Beiklang von Penetration hat. Sich sicher genug zu fühlen, eine Penetration oder den Zustand, penetriert zu werden, zu »riskieren«, bedeutet eine Umkehrung des Ausspruchs von Belloc (1907), sinngemäß »sich von der Bemutterung zu verabschieden« und nicht ängstlich zu sein, im Gegenzug »etwas Schlechteres vorzufinden«.

Das Inzest-Tabu, so führen Fonagy und Target (2007) weiter aus, ist eine Ausnahme von der Regel, weil im Gegensatz zu allen anderen affektiven Erfahrungen in der normalen Entwicklung die aufkommenden sexuellen Gefühle des Kindes durch seine Eltern *ungespiegelt* bleiben. Das kleine Mädchen, das – ohne sich etwas dabei zu denken – sein Hinterteil entblößt, oder der kleine Junge, der seine Erektion zur Schau stellt, werden – zumindest in westlichen Kulturkreisen – wahrscheinlich von ihren sonst so liebevollen und feinfühligen Eltern ignoriert oder scharf zurechtgewiesen. Dieses Nicht-Spiegeln ist laut Fonagy und Target die Ursache für das Geheimnisvolle, das den Sex umgibt, und dafür, dass die große Suche nach einem Partner beginnt, mit dem man eine gegenseitige spiegelnde Erfahrung haben kann, sobald die Adoleszenz erreicht ist.

Es ist hier wichtig zu betonen, dass Freud in seiner Betrachtung zur sexuellen Basis von Hysterie einräumt, dass Symptome genauso von den »*Phantasien* (oder imaginierten Erinnerungen) entstammen, welche hauptsächlich während der Pubertät entstanden sind, die auf Kindheitserinnerungen aufbauen« (Freud 1905 e). Nach meinem Verständnis des Textes ist dies gleichbedeutend mit dem Eingeständnis, dass, was im Nachhinein als »infantile Sexualität« gilt, in Wirklichkeit eine Mischung aus kindlicher Sinnlichkeit und erwachsener (oder jugendlicher) Sexualität darstellt.

Von der Triebtheorie zur Intersubjektivität

Die klassische psychoanalytische Triebtheorie hat das Individuum und seine innere Welt zum Gegenstand. Die Objektbeziehungstheorie umfasst Aussagen zu den Objekten und die Beziehung des Selbst zu diesen Objekten, aber immer noch von einem intra- und nicht interpsychischen Blickwinkel aus betrachtet. Winnicotts Thesen bilden eine Brücke zwischen kleinianischer Objektbeziehung und der interpersonellen Perspektive wie auch zwischen der Bindungstheorie und etablierter Psychoanalyse. In seinem wegweisenden Essay »Über die Fähigkeit, allein zu sein« (1971) beschreibt er als eindrucksvollstes Bild das sichere Kind, das sich in der Gegenwart der Mutter zufrieden mit sich allein beschäftigt. Dank der Hintergrundpräsenz der Mutter als sicherer Basis kann dieses Kind es selbst und mit sich selbst sein. Winnicott bezeichnet Sex ausdrücklich als Entsprechung dieser Situation im Erwachsenenalter. Er bleibt allerdings Intrasubjektivist, wenn er auf bewegende Weise anführt, dass jeder Partner nach dem Sex das Bedürfnis hat und in der Lage sein sollte, »in der Gegenwart des Anderen allein zu sein«, ohne dass er dabei doch die Gegenseitigkeit von Sex an sich erfasst.

Dennoch kann man »guten Sex« nur schwer aus einer anderen als der intersubjektivistischen Perspektive beschreiben, auch wenn es durchaus hilfreich ist, auf Winnicotts Überlegungen zurückzugreifen. Wenn der Sex »stimmt« (die wiederholten Anführungszeichen sollen verdeutlichen, dass hierbei keine normative Kriterien aufzustellen sind), nimmt jeder Partner (wortwörtlich und psychisch) den Körper des Anderen in seine innere Welt auf und macht ihn zu seinem eigenen. Die Unterscheidung zwischen Als-ob- und Äquivalenzmodus (vgl. 2. Kapitel) – die Trennung zwischen Phantasie und Realität – ist zeitweise aufgehoben, die Kontaktsperre zwischen Selbst und dem Anderen und zwischen Phantasie und Realität ist in der Schwebe. Jeder Partner ist für einen Moment sowohl allein als auch mit dem Anderen verschmolzen.

Sex wird hier aufgrund seiner notwendigerweise »regressiven« Anteile zu einer

Art alltäglichen Kreativität. In Winnicotts Modell nimmt die Mutter die Bedürfnisse des Kindes vorweg, so dass das Kind die zeitweilige Illusion hat, die Brust »erschaffen« zu haben, die magisch just in dem Moment auftaucht, an dem es angefangen hat, sie sich vorzustellen. Genauso »wissen« Partner, wenn ihr Sex befriedigend ist, bevor der jeweils Andere sich dessen bewusst ist, was sich gut oder auch nicht so gut anfühlt.

Die hier vertretene Sichtweise zu den entwicklungsbedingten Ursprüngen von Sexualität ist ein Spiegelbild der von Britton (2005) verfassten kleinianischen Auffassung. Die Bindungstheorie geht von einer sequentiellen Abfolge aus: a) sichere, spielerische, psychophysische, gegenseitige mentalisierende Interaktionen mit der Bezugsperson während der Kindheit, b) Fördern genereller Vorstellungskraft, c) Bereitstellen einer Basis für die Entwicklungsfähigkeit erotischer, phantasievoller, erwachsener Sexualität. Im Gegensatz dazu ist die Phantasie einer guten »Urszene« – d. h. die Vorstellung von befriedigendem Sex zwischen den Eltern – eine Vorbedingung (und nicht das Ergebnis) der imaginativen Funktion an sich, was vermutlich auch sexuelle Phantasien mit einschließt. Aus der Bindungsperspektive betrachtet resultiert guter Sex aus Freiheit und ist eine Manifestation der Freiheit, sich seiner Vorstellungskraft umfassend zu bedienen; imaginative Freiheit ist für Britton nur im Kontext einer »guten« Urszene möglich – der Phantasie elterlichen Geschlechtsverkehrs, der weder durch Spaltungsprozesse ausgelöscht noch durch Neid zerstört wird.

Die erotische Imagination

Die Formel »hedonische Intersubjektivität« kann man nun mit Denmans (2004) »erotischer Imagination« in Verbindung bringen. Wie jegliche andere Vorstellungsaktivität auch, ist erotische Imagination als Form von »freier Assoziation« zu verstehen, die sich nicht verbal, sondern in einer Mischung aus Bildern, Emotionen, Sinnes- und Körperwahrnehmungen ausdrückt, die sexuelle Erfahrungen ausmacht. Aber man muss unbedingt zunächst versuchen, die Unterschiede zwischen »masturbatorischem« Sex (ob allein oder mit dem Partner ausgeführt) und dem eigentlichen »guten Geschlechtsverkehr« theoretisch zu fassen. Beide Formen bedürfen der Vorstellungskraft, wenn auch, im Fall von Pornographie, in entwerteter und potentiell schädlicher Weise (wegen der Ausbeutung der Menschen, deren Bilder verbreitet werden). Da die gegenseitige Erregung, die »guten Sex« kennzeichnet, bei der Masturbation ausbleibt, wird das Bedürfnis nach einem Stimulus immer extremer und schließlich grotesk. Die schützende Grenze zwischen Realität und Phantasie bleibt dabei undurchbrochen, der post-orgastische Zustand gleicht unweigerlich einer leeren Tristesse.

»Guter Sex« ist durch das Wechselspiel der erotischen Imagination zweier Personen gekennzeichnet, die sich gegenseitig nähren, miteinander spielen, ein Feuer entfachen und einander umtanzen. Guter Sex bedeutet: »Mit dem Körper zu denken« – gemeinsam, gewissermaßen als Tandem. Funktioniert der Sex in einer Beziehung gut, so kann jeder Partner unbeschwert seinen Sinnes- und sexuellen Gefühlen nachgehen – mit der Hilfe des anderen Körpers, der damit ein Mittel darstellt: Einer für den Anderen und umgekehrt.

Gute Therapien zeichnen sich durch ähnliche Qualitäten aus – Malan (1979) nennt das: einen Sprung nach vorn machen. Die Assoziationen des Patienten regen einen Gedanken beim Therapeuten an, dessen deutende Antwort den Patienten wiederum in die Lage versetzt, sich gedanklich weiterzubewegen, und so weiter. Genau wie beim Sex nehmen beide Partner verschiedene und oft abwechselnde oder austauschbare Rollen ein – Halten/Gehaltenwerden, erkundend/resümierend, heftig/zärtlich etc. –, was sich förderlich auf den assoziativen Prozess auswirkt. Die vielleicht etwas überraschende Konsequenz des freien Assoziierens in der Therapie ist, dass sich damit unter Umständen auch die Fähigkeit, erfüllteren Sex zu haben, besser entwickelt, so wie man sich vorstellen kann, dass die Anlagen einer erfüllten Sexualität in der hedonischen Intersubjektivität zwischen Kind und Elternteil zu finden sind.

Welche möglichen Barrieren behindern die vollständige Entfaltung erotischer Imagination? Aus der Bindungsperspektive liegt ein entscheidendes Hindernis im Fehlen gefühlter Sicherheit, weil in der Abwesenheit einer sicheren Basis Exploration und Vorstellungskraft, inklusive der sexuellen Imagination, notwendigerweise eingeschränkt sind. Es ist unmöglich, dem Objekt voll und ganz zu vertrauen, wenn die Angst, es zu verlieren, immer präsent ist, und guter Sex beruht nun einmal auf Vertrauen. Ein unsicher gebundenes Kind kann sich nie völlig auf seine Mutter einlassen, weil es bei zu viel Nähe Gefahr läuft, abgewiesen zu werden; das ambivalente Kind klammert sich an die Mutter, deren Unbeständigkeit die Angst aktiviert, ihre Aufmerksamkeit zu verlieren. In diesen Fällen von organisierten unsicheren Bindungsstrategien *existiert* das Objekt zumindest, auch wenn die Ambivalenz ihm gegenüber nie vollständig aufgelöst werden kann. Bei desorganisierter Unsicherheit kann die Psyche des Kindes das Objekt nicht als separate Person mit einem eigenständigen Leben fassen (Fonagy et al. 2002), was Prozesse von Gegenseitigkeit noch schwieriger gestaltet. Hierbei wird das interpersonelle Feld von Überlebensstrategien wie Kontrolle, Dissoziation, Vorteilnahme oder Aggression dominiert. Jede dieser Strategien führt zu einer Beeinträchtigung der hedonischen Intersubjektivität.

Psychoanalytische Ansätze zum Verständnis sexueller Schwierigkeiten

Bevor ich einige klinische Fälle zu sexuellen Schwierigkeiten aus der Bindungsperspektive beleuchte, führe ich hier zunächst einige etablierte und in einigen Fällen schon erwähnte psychoanalytische Konzeptualisierungen zu unbewussten Aspekten und zu den begleitenden Abwehrstrategien bezüglich problematischer Sexualität auf und dazu, wie sich diese im Behandlungszimmer manifestieren.

- *Schwierigkeiten im Ausleben »gesunder Aggression«.* Psychoanalytische Autoren (z. B. Stoller 1979; Green und Kohon 2005) heben die Bedeutung von Aggression in der Sexualität hervor, vielleicht weil sie Freuds Auffassung zum Lebens- und Todestrieb als primär beibehalten wollen und weil sich diese beiden Triebe in der Erotik gewissermaßen treffen.
- *Angst vor »Transgression«.* Ödipal betrachtet »gehört« die Mutter dem Vater. Sich näher mit ihrem Körper zu beschäftigen bedeutet daher, den Zorn des Vaters und die mögliche Kastration heraufzubeschwören. Feministische Psychoanalytikerinnen haben die weibliche Version des Ödipuskomplexes revidiert; diese reflektiert inzwischen nicht mehr nur die Spiegelvariante der klassischen ödipalen Situation mit vertauschten Geschlechterrollen. Die Tochter muss nicht mit der Mutter brechen, um ihre Sexualität finden zu können. Und doch entwickelt sie das Bedürfnis, von ihrem Vater angebetet und attraktiv gefunden zu werden, während ihre Sexualität gleichzeitig etwas Sakrosanktes ist und die Mutter die »platonische« Liebesaffäre mit dem Vater billigt.
- *Physische Schwierigkeiten, anwachsende Erregung zu tolerieren.* Die Fähigkeit der Mutter, die affektiven Wallungen ihres kleinen Kindes durch »Containment« und Mentalisierung zu regulieren, kann man als Prototyp der Gefühlsregulierung während eines erfüllten Sexualakts betrachten, bei dem Erregung und das Bedürfnis nach Sicherheit zur gleichen Zeit auftreten.
- *Angst vor Einverleibung.* Erfolgreicher Sex setzt die Fähigkeit voraus, das Selbst mit einer anderen Person vereinen, getragen von dem Sicherheit vermittelnden Wissen, dass der Andere einem weder Schaden zufügt, Kontrolle ausübt noch das Selbst ausnutzt, das sich ihm hingibt. Die Angst, sich einer erdrückenden Mutterliebe nicht erwehren zu können, mag als Vorläufer dieser Befürchtung gelten.
- *Unfähigkeit, Trennungen auszuhalten.* Sowohl Winnicott als auch Melanie Klein gehen davon aus, dass die Fähigkeit, Verlusterfahrungen zu überstehen oder auszuhalten, paradoxerweise ein entscheidener Faktor bei der Intimität ist. Ein Ob-

jekt zu »haben« bedeutet automatisch auch die Möglichkeit, dieses zu verlieren. Das Ende der mit dem Sex einhergehenden Intimität, nach dem Orgasmus, muss tolerierbar sein.
- *Angst vor Zurückweisung durch das Objekt.* Narzisstische Angst bedeutet aufgrund der Befürchtungen, als bedürftig wahrgenommen zu werden oder den Anderen nicht zufriedenstellen zu können, Intimität vermeiden zu müssen.
- *Unvermögen, zwischen gesunder und ungesunder Regression zu unterscheiden.* Sex ist insofern notwendigerweise »regressiv«, als er ein Wechsel der Erlebensebene vom Psychischen zum Körperlichen, von der Rationalität zur Emotionalität, von verbaler zu physischer Kommunikation ist. Wird Regression als gefährlich (etwa als die Angst, nicht wieder als intakte Person aus ihr hervorzugehen) oder als süchtig machend oder zu verlockend (als die Angst, nach dem Orgasmus in die »normale« Banalität des Alltags zurückkehren zu müssen) erlebt, dann kann Sexualität entweder gehemmt oder überbewertet werden.
- *Fehlen eines positiven Bildes der »Urszene«.* Schließlich setzt erfolgreicher Sex voraus, das Zusammensein als Paar als »gut« und das Zeugen von Nachwuchs als positiven Wert an sich zu betrachten – und die Sichtweise, dass diese beiden Aspekte von Liebe und nicht von Hass und Destruktivität erfüllt sind. Dies wiederum hängt mit dem Gedanken zusammen, dass die erfolgreiche Lösung des Ödipuskomplexes für das Kind mit sich bringt, Sex zwischen seinen Eltern zu erlauben und sich nicht unerträglich ausgeschlossen oder verängstigt zu fühlen, wenn es vor einer geschlossenen Schlafzimmertür steht.
- *Unfähigkeit zu gesunder Idealisierung.* Money-Kyrle (1956) behauptet, ein Verständnis davon sei erforderlich, dass der »verkörperte« Andere trotz der wütenden und neiderfüllten Angriffe auf ihn schön und unversehrt bleibt. Der heilende Aspekt von Sex ist als Beleg für diesen Prozess zu verstehen, obwohl es manchmal zu einer ungesunden Abfolge von Streit und wiederversöhnendem Sex kommt, gefolgt von weiterer Desillusionierung nach dem Verebben des kurzzeitigen Glücksgefühls und mit wiederkehrenden Auseinandersetzungen.
- *Schwierigkeit, die eigenen bisexuellen Anteile zu akzeptieren.* Rycroft (1985) setzt psychische Bisexualität mit Kreativität in Bezug, weil die meisten Künstler in irgendeiner Art und Weise »weibliche« Empfänglichkeit mit »männlichem« kreativem Potential verbinden. Sexuelle Empathie umfasst die imaginative erotische Identifizierung mit dem Partner, was bedeutet, auf das eigene sexuelle »Schattenselbst« zurückzugreifen und sich nicht vor diesem zu fürchten.
- Eagle (2007) geht von einem *natürlichen Spannungsverhältnis,* vor allem bei Männern, zwischen Sexualität und Bindung aus – nach Freud zwischen Liebe und Begehren. Sexualität geht mit Erregung einher; Bindung mit Sicherheit und

Reduzierung von Anspannung. Die langfristige sexuelle Objektwahl bringt eine Kompromisslösung oder den Ausgleich zwischen diesen beiden entgegengesetzten Bedürfnissen; das Überwiegen einer der beiden Alternativen ist mit Instabilität und Pathologie assoziiert.

Klinische Beispiele

Die durch Bindungserfahrungen organisierten Interaktionen bilden ein »Fundament«, auf das die Phantasien aufbauen, die mit erwachsener Sexualität assoziiert sind. Die scheinbar abstrakten Sub-Kategorien von Bindung sind als mentalisierte Repräsentationen physischer Beziehungen zu verstehen – gekennzeichnet durch flüssig-geschmeidige, anklammernde, distanzierende oder bizarre Körperhaltung und so weiter. Da die Qualität frühkindlicher Eltern-Kind-Interaktionen die Qualität »romantischer Beziehungen« in der Jugend voraussagen kann (Grossmann et al. 2005), scheint die Annahme naheliegend, dass auch Aspekte der sexuellen Beziehungen im frühen Erwachsenenalter von der kindlichen Fähigkeit zu Verspieltheit und von der gegenseitigen Freude an körperlichen Interaktionen geprägt ist. Wenn es in diesem Bereich, so wie bei verschiedenen Formen unsicherer Bindung, Probleme gab, so kann man entsprechende Schwierigkeiten im Sexleben erwarten. Die heutige psychoanalytische Psychotherapie – im Gegensatz zur Sexualtherapie, die von Verhaltenstheorien beeinflusst ist, oder möglicherweise zur »klassischen« Psychoanalyse – fokussiert weniger auf den Sex an sich und betrachtet ihn als Teilaspekt der Gesamtheit der Beziehungen einer Person. Diese Beziehungen können mehr oder weniger stark von Sex geprägt sein, aber solange der Patient nicht über ein dysfunktionales Sexleben im Besonderen klagt, ist Sex nur eine Manifestationsform neben vielen anderen Beziehungen. Manche Patienten sprechen sehr ausführlich über Sex, andere fast gar nicht.

Im Fall der hyperaktivierenden Strategie kommen, wie ich meine, Bindungsbedürfnisse oft verstellt als Sexualität daher und die Patienten brauchen, therapeutisch gesprochen, Hilfe, damit sie das eine vom anderen trennen können. Bei der Deaktivierung liegt das Problem entweder bei verdrängter oder übersteigerter Aggression im Kontext von Intimität, wobei beides zu Schwierigkeiten in sexuellen Beziehungen führen kann. Hier müssen wir dem Patienten helfen, ein gesundes Maß an Durchsetzungsvermögen zu entwickeln, was Konsequenzen hinsichtlich der Sexualität hat. Desorganisierte Bindung ist an einer unvollständigen Abgrenzung zwischen Realität und imaginierter Aktivität, einschließlich erotischer Imagination, zu erkennen. Das kann zu abnormaler oder ungehemmter Sexualität führen. Die mögliche Hilfe geht dahin, die Mentalisierungsfähigkeit des Patienten so zu verbessern, dass er zwischen Handlung und Vorstellung zu unterscheiden lernt, was nach einer gewissen Zeit zu einer normaleren Sexualität führen kann.

Hyperaktivierung/milde Desorganisation: Sex als »Aufhänger« für Bindungsbedürfnisse

Celia, 26, eine in Amerika geborene Anwältin, die im Familienrecht tätig ist und daher viel mit Scheidungs- und Sorgerechtsfällen zu tun hat, war seit ihrer Schulzeit depressiv und suchte Hilfe, um, wie sie sagte, weiterhin in ihrem stressigen Beruf »durchzuhalten«. Zusätzlich berichtete sie von »sexuellen Problemen« in der langjährigen Beziehung zu ihrem Freund. Sex war oft schmerzhaft für sie und sie hatte wiederkehrende vaginale Pilzinfektionen. Gemeinsam hatten beide verhaltensgestützte »Sensate-focus-Therapie« versucht, mit nur wenig Erfolg.

Celia war die ältere von zwei Töchtern, die Überfliegerin der Familie, ein parentifiziertes Kind, das, so sah sie es, die Familie zusammenhielt. Sie war stark mit ihrem Vater, der ebenfalls Anwalt und noch dazu workaholic war, identifiziert und hatte wie er einen Abschluss an einer Ivy League University gemacht. Sie hielt ihre Mutter für eine eher schwache und geistlose Person ohne eigene Identität, die immer versuchte, es Anderen recht zu machen – was an das ängstlich/zurückgezogene Betreuungsmuster erinnerte, wie es gehäuft bei Kindern mit desorganisierter Bindung auftritt. Sie war neidisch auf ihre jüngere Schwester, der es anscheinend gelungen war, dem Erfolgsdruck der Familie zu entkommen. Celia hatte sich gewissermaßen selbst zur zweiten Mutter dieser nutzlosen Schwester ernannt, die, so hatte sie den Eindruck, einen ihr nicht zugänglichen Weg gefunden hatte, Spaß zu haben und zu tun, was sie wollte.

Celia war mindestens seit ihren High-School-Tagen depressiv gewesen und beschrieb, wie sie stundenlang in einem Zustand innerer Leere vor dem Fernseher saß und Schokolade in sich hineinstopfte.

Sie zeigte sich zunächst als leicht flirtend im Kontakt, so als ob sie sagen wollte: »Ich bin eine attraktive junge Frau, ich stecke ganz schön in Schwierigkeiten, bitte kommen Sie und helfen Sie mir, ich bin ganz sicher, dass Sie mir, im Gegensatz zu diesen unerfahrenen jungen Männern, bei meinen sexuellen Problemen helfen können.« Gleichzeitig schien sie nicht besonders viel auf meine therapeutischen Interventionen zu geben. Sie vermittelte den Eindruck, dass sie sich, nachdem sie mich als ihren Therapeuten »hatte«, sofort von dem therapeutischen Prozess zurückzog. Sie rief in mir ein leichtes Gefühl von Rivalität und Unvermögen hervor.

Nach zwei Monaten Therapie mit jeweils einer Sitzung pro Woche fing sie an, über Besorgnis erregend klare Suizidabsichten zu sprechen. Sie hatte sich von ihrem

Freund getrennt und war fast sofort danach mit einem anderen Mann zusammengekommen, worauf sie erneut eine Vaginalinfektion entwickelte, die Sex unmöglich machte. Davor war sie mehrfach auf Partys gewesen, auf denen sie, so beschrieb sie es, »Kerle abgeschleppt« hatte – wobei die von ihr verwendete machohafte Ausdrucksweise, die einen Beiklang von sexueller Freizügigkeit haben sollte, nicht ganz authentisch wirkte. Als wir dies weiter explorierten, wurde deutlich, dass *die Vorstellung, allein zu sein, für sie unerträglich war*. Ihre einzige Hoffnung war darauf gerichtet, einen Mann zu haben, wobei in ihrem Kopf der einzige Weg, ihn zu halten, darin bestand, ihm Sex zu bieten: Kein Sex bedeutete: kein Mann, was wiederum hieß, allein zu sein, und dann wäre es sowieso besser, nicht mehr am Leben zu sein.

Gemeinsam versuchten wir, ihre Schwierigkeiten zu formulieren.

1 Celias Angst, allein zu sein, war so groß, dass sie in erster Linie nicht auf der Suche nach Sex, sondern vielmehr nach Sicherheit war. Ihre Dyspareunie war eine Folge ihres Unvermögens, ihrem Freund als sicherer Basis zu vertrauen. Mit ihrer beständigen Angst, dass er sie zu bedürftig finden und sie damit verlassen würde, konnte sie sich nicht ausreichend genug entspannen, um den Geschlechtsverkehr zu genießen. Die Mykose, zumindest der Anteil, der als Somatisierungssymptom zu sehen ist, war für sie ein Weg, zu testen, ob der Freund ihr, auch ohne Sex als Belohnung, die absolute Sicherheit bieten konnte, nach der sie sich sehnte. Es gab Anzeichen desorganisierter Bindung und einige »Borderline«-Züge: ihre Suizidalität, ihre Hinwendung zum Essen und zum Fernsehen als Ersatz für Bezugspersonen – Strategien, die in aller Regel bei desorganisierter Bindung vorzufinden sind, um bei Stress und Bedrohung mit der Abwesenheit einer Bezugsperson zurechtzukommen. Beide vermögen das Selbst zu beruhigen oder zu trösten, aber auf Kosten der Beziehungsfähigkeit und der Möglichkeit, in einem sicheren Kontext die Sexualität zu erforschen. Das kontrollierende Verhalten der Patientin war eine weitere typisch desorganisierte Strategie, mit deren Hilfe sie durch Rollenumkehr ihre eigene Vulnerabilität verleugnete und ihrer Mutter, der Schwester und ihren Klienten vorschrieb, wie diese ihr Leben und ihre Liebesbeziehungen zu gestalten hatten.

2 Celias sexuelle Anästhesie illustriert eindrücklich die von Britton (2005) vertretene Auffassung, dass der an Hysterie Leidende sich stellvertretend mit dem elterlichen Liebespaar identifiziert, von dem er sich ausgeschlossen fühlt und auf das er Neid empfindet. Ihre eigenen Gefühle waren völlig in den Hintergrund getreten: Beim Sex *spielte sie die Rolle* des gierigen Mannes oder der sich hingebenden Frau, aber ihre wahren Gefühle in der Realität blieben ihr fremd. Durch den

Sex war sie in der Lage, mit den Gefühlen des Anderen in Kontakt zu kommen, gewissermaßen als Ersatz dafür, mit ihrer eigenen körperlichen Sphäre in Berührung zu sein.

Die erste Hauptaufgabe für diese Patientin bestand darin zu lernen, eine vertrauensvollere Beziehung zu ihrem Therapeuten zu entwickeln; dies, so war zu hoffen, konnte ihre explorierende Vorstellungskraft freisetzen und ihr Bedürfnis nach Sicherheit verringern. Aufgrund ihres verstrickt/ambivalenten Bindungsstils musste sie ihre »Kleine-Mädchen-Sexiness« als Aufhänger benutzen, um mich für sie zu gewinnen, wahrscheinlich ohne sich dessen überhaupt bewusst zu sein. In der Übertragung wie auch in ihrem Alltag waren Bindungsbedürfnisse und sexuelle Gefühle miteinander verwoben.

Die unverkennbaren Borderline-Charakteristika, die vermutlich auf desorganisierte Bindung zu einer ängstlichen oder distanzierten Bezugsperson zurückzuführen waren, verwiesen mich darauf, bei der Arbeit mit ihr eine Kombination verschiedener aktiver Techniken anzuwenden:

- *Rückversicherung* (»Wenn Sie wirklich verzweifelt sind, können Sie mich zwischen den Sitzungen anrufen«)
- *Herausforderung* (»Wenn er Sie fallen lässt, nur weil Sie eine Weile nicht mit ihm schlafen können, ist er es dann wirklich wert, Ihr Freund zu sein?«)
- *Humor* (»Realistisch betrachtet: Für wie groß halten Sie die Wahrscheinlichkeit, am Ende allein, von niemandem geliebt, in einem Kloster zu landen?«)

Mit fortschreitender Therapie konnte sich Celia immer besser entspannen und meine unangenehmen Gegenübertragungsgefühle, sie erotisch zu manipulieren und mich affektiv zu distanzieren, nahmen ab. Ihre narrative Kompetenz (Holmes 2001) zeigte sich und sie fing an, flüssiger, lebhafter und mit mehr Bedeutungsgehalt über ihre Gefühle, einschließlich ihres Sexuallebens, zu sprechen. Sie war verärgert und traurig, wenn durch Urlaubspausen Sitzungen ausfielen – ich wurde für sie zu einer Person, die sie vermisste, und nicht zum Objekt, das sie kontrollieren musste. Als sie zu spüren begann, dass es ihrem Freund um sie als Persönlichkeit und nicht nur um ihren Körper ging, verbesserte sich ihre sexuelle Beziehung und sie konnte schließlich mit ihrer Neigung, Pilzinfektionen zu entwickeln, besser zurechtkommen, ohne völlig zu verzweifeln. Auf die anfänglich Besorgnis erregenden suizidalen Aspekte dieses Falles komme ich im 10. Kapitel noch einmal zurück.

Vermeidung: Sex und Aggression

Peter, Mitte 40, verheiratet, von Beruf Lehrer, kam zu mir wegen Depressionen und des Gefühls, seine Ehe werde nach nunmehr 20 Jahren scheitern. Er liebte seine Frau und wollte sie nicht verlassen, aber ein Sexualleben existierte kaum noch und sie schienen nicht mehr viel gemeinsam zu haben.

Peters Vater hatte die Mutter kurz nach der Empfängnis verlassen. In den ersten Jahren seiner Kindheit musste er häufig ohne seine Mutter auskommen, weil sie viel arbeitete, und er wurde oft von anderen beaufsichtigt; so hatte er zwar eine sichere und dennoch schwierige Umgebung, in der wenig Zeit für Spaß oder Kuscheln blieb. Später heiratete seine Mutter einen anderen Mann; Peter fühlte sich durch diesen Stiefvater zurückgewiesen, besonders nachdem zwei Halbgeschwister geboren waren.

Peter war ein freundlicher, umgänglicher Patient, der mich trotzdem oft mit einem unbehaglichen Gefühl zurückließ, so als ob unseren Sitzungen irgendetwas fehle. Er brauchte lange Zeit, um mir von einer Affäre mit einer ebenfalls verheirateten Frau, die er am Arbeitsplatz kennengelernt hatte, zu berichten. Nur ansatzweise sprach er über diese aufregende sexuelle Beziehung und zugleich machte ihm sein Verlangen, sich während des Sex »dominant« zu fühlen und aggressive Triumphgefühle zu verspüren, schwer zu schaffen.

In unserer gemeinsamen Arbeit zeichneten sich zwei Themen ab, die miteinander verknüpft waren. Das erste war seine fehlende Identifikation mit einem starken Vater und seine Schwierigkeiten, sich trotz seiner unzweideutigen Heterosexualität seiner Männlichkeit zu versichern und diese auszuleben. Ihm erschienen sowohl seine Frau als auch seine Geliebte als dominant – er musste sich nach ihren Wünschen richten, welcher Art diese gerade sein mochten. Er verwechselte Durchsetzungsvermögen mit Aggression, die für ihn unglaublich destruktiv war.

Wie zuvor schon bemerkt, muss ein Junge, um ein gesundes Maß an Durchsetzungskraft und Selbstbewusstsein zu entwickeln, in der Lage sein, seinen Vater zu hassen und den Wunsch zuzulassen, ihn beseitigen zu wollen. Der Vater muss diese Attacken überleben und seinen Sohn weiterhin lieben und stolz auf ihn sein können. Dies spiegelte sich in der Therapie wider, als Peter zögerlich und erst nach Ermunterung seinen Ärger und seine Enttäuschung mir gegenüber deutlich machte, wenn er mit irgendetwas unzufrieden war, insbesondere nach einer ungeheuerlichen Ruptur in unserer Beziehung, als ich »unbeabsichtigt« eine geplante Sitzung verpasst hatte, weil ich im Urlaub war – wobei ich vielleicht die mir zugeschriebene Rolle des abwesenden Vaters oder der überforderten Mutter ausagiert habe.

Zudem schien das zweite Thema, sein schroffes und aggressives Auftreten, typisch für Personen mit vermeidender Bindung zu sein. Er fühlte sich sicher bei seiner Mutter, hatte aber damals immer den Eindruck, von ihr auf Distanz gehalten zu werden. Die vermeidenden Strategien waren in seinem Sexleben durch dominant-devote sexuelle Phantasien und Handlungen erotisiert worden. Als es ihm immer besser gelang, seinen Ärger auf angemessene Weise auszudrücken, bei seinem Therapeuten wie auch bei seiner Frau, die sich oft zurückzog und mit ihrer Arbeit und den Kindern beschäftigt war, ließ sein Bedürfnis nach, Wut und Ärger in der abgeschotteten Welt der Sexualität mit seiner Affäre auszuleben.

Schließlich beendete er dieses Verhältnis und erzählte seiner Frau davon. Daraufhin brach zwangsläufig ein großer Streit aus, aber sie schafften es, zusammenzubleiben. Peter zermarterte sich den Kopf, ob er und seine Frau sich je wieder so nah sein könnten, wie er es sich wünschte, oder ob er dazu verurteilt war – so wie er es mit den beiden Elternteilen erlebt hatte –, immer nur die zweite Geige zu spielen. In einer Sitzung berichtete er von dem Versuch, das eheliche Verhältnis wieder in Ordnung zu bringen. Sie hatten das Wochenende gemeinsam verbracht und einen botanischen Garten besucht. Sie teilten die Liebe zur Natur und zu naturhistorischen Erkundungen. Er beschrieb, wie der Führer ihrer Besichtigungsrunde sie anhielt, besonders auf Flechten zu achten, und wie er ihre biologischen Aspekte erläuterte – er erklärte, dass Flechten eine symbiotische Entwicklung aus Pilz und Algen seien, aus der schließlich ein neuer, eigenständiger Organismus hervorging. Als ich dieses scheinbar unwichtige Detail mit Peters Hauptproblem in Verbindung brachte, konnte er erkennen, wie wunderbar seine Situation in dieser Begebenheit abgebildet war: Wenn er und seine Frau sich erlaubten, sich tatsächlich wieder näher zu kommen und dieser Verbindung Vertrauen zu schenken, dann mochte wirklich etwas Neues in ihrer beider Leben entstehen.

Er berichtete in der nächsten Sitzung, dass er seiner Frau von meinen Bemerkungen erzählt hatte und wie sie beide über meine »improvisierten« Deutungen schmunzeln mussten. Rückblickend überlegte ich, ob mein spontaner Kommentar ein Versuch sein sollte, in der Psyche dieses Jungen, dem die Erfahrung innig verbundener Eltern fehlte, einen Platz für ein »vereintes Elternpaar« einzuräumen – eine Versinnbildlichung von Gemeinsamkeit und Gegenseitigkeit sicherer Bindung. Der imaginative »Sprung«, den wir von der botanischen Expedition ins Schlafzimmer und/oder die Kinderkrippe vollzogen hatten, war nicht nur für Peter und mich ein vergnügliches Unterfangen, sondern auch für seine Frau. Wir drei waren auf angenehme Weise in hedonischer Intersubjektivität verfangen und reaktivierten dabei eine allzu selten erlebte spielerische Interaktionserfahrung zwischen Peter und seiner Mutter – er berichtete, dass die Beziehung zu ihr in der letzten Zeit wesentlich entspannter und weniger gezwungen war.

Schwere Desorganisation: Sex als perverses Verhalten, um Bindung herzustellen

Menschen, die an einer schwerwiegenden Persönlichkeitsstörung leiden, haben fast zwangsläufig auch begleitende Störungen in ihrem Sexualleben. Das selbstdestruktive Verhalten von Patienten mit Borderline-Persönlichkeitsstörungen, das manchmal risikohaftes, entwürdigendes, perverses, Schmerz- oder Schamgefühle hervorrufendes Sexualverhalten umfasst, kann verschiedenen Zwecken dienen:

1 Es kann eine Möglichkeit sein, mit dem Anderen in Kontakt zu treten und eine Reaktion hervorzurufen, auch wenn das bedeutet, auf Gegenseitigkeit zu verzichten und dominante oder unterwürfige Rollen anzunehmen – eine Opferrolle garantiert ein gewisses Maß an Schutz, wenn auch auf Kosten des Vergnügens am Sex und der Selbstachtung.
2 Jede Routine ist besser als totales Chaos.
3 Die Kombination von Sex und Aggression bedeutet, dass der Leidende zumindest irgendetwas fühlt – selbst wenn es Schmerz sein sollte – und damit Zustände von gefühlsleerer Dissoziation vermeiden kann.
4 Das Schamgefühl von Vulnerabilität und Bedürftigkeit wird durch degradierenden Sex wiederholt ausagiert, was dem Subjekt die Illusion von Macht gibt. Diese Phänomene kann man bindungstheoretisch wie folgt konzeptualisieren: Ein Vorläufer in der Entwicklung von Borderline-Persönlichkeitsstörungen ist in desorganisierter Bindung zu sehen. Schwerwiegende Desorganisation ist mit einer ängstlich/zurückgezogenen oder übergriffig/selbstbezogenen Bindungsperson assoziiert. Die bizarren körperlichen und dissoziativen Reaktionen auf Stress, die bei diesen Kindern zu beobachten sind, muss man als Versuche verstehen, eine zumindest teilweise kohärente Strategie zur Selbstberuhigung zu entwickeln, was oft eine Spaltung des Selbst in einen gestressten »Anteil« und einen weiteren, der eine Fürsorgerolle übernimmt, nach sich zieht (Fonagy et al. 2002, vgl. 10. Kap.).

Dies alles traf auf Andrea zu; sie war Mitte 40, arbeitslos, alleinstehend und kinderlos. Sie suchte Hilfe, um ihre Drogenabhängigkeit zu überwinden und ihrem Leben wieder eine Richtung zu geben. Sie hatte eine bemitleidenswerte Kindheit, überschattet von Missbrauchs- und Vernachlässigungserfahrungen. Wie so viele resiliente Kinder, die eine schwierige Kindheit hatten, fand sie einen rettenden Engel in der Person einer Lehrerin, in die sie sich »verliebt« hatte. Dieser Lehrerin waren ihre Intelligenz und ihr Potential nicht entgangen und sie hatte Andrea ermuntert zu studieren. An der Universität angekommen erlag sie den Versuchungen von

Drogen und die Zeit zwischen 20 und Ende 30 war durch diverse Umzüge und sexuelle Beziehungen sowohl mit Männern als auch Frauen gekennzeichnet, inklusive wiederholter Erfahrungen von Vergewaltigung und sexueller Ausbeutung. Sie beschrieb die Beziehung zu einem Mann, den sie über viele Jahre aus sozusagen »sicherer Entfernung« liebte – und ihre damit verbundene Hoffnung, dass alles gut würde, wenn sie beide »es miteinander hinbekämen«. Eines Tages schließlich gingen sie miteinander ins Bett, was für sie aber mit einer großen Enttäuschungserfahrung endete: Die Gefühle von Intimität und Glück, nach denen sie sich so sehr sehnte, blieben ein weiteres Mal aus und sie stellte fest, dass es ihm »nur« um Sex ging.

Bald darauf entwickelte sie eine Bindung zur Therapie, die deutliche Züge von »Verliebtsein« aufwies. Nach und nach und für sie sehr schmerzlich, begann sie, von ihren sexuellen Missbrauchserfahrungen zu berichten. Es fiel ihr sehr schwer, sich zu entspannen; oft empfand sie die Sitzungen als eine Qual, die sie auszuhalten hatte und bei denen es darum ging, trotz der schmerzlichen Gefühle möglichst unversehrt die 50 Minuten durchzustehen, anstatt hier eine Gelegenheit zur sicheren und geschützten Exploration zu erkennen – ungefähr so, wie es ihr auch mit ihren sexuellen Erfahrungen ergangen war. Jeglicher Ansatz von hedonischer Intersubjektivität wurde schmerzlich vermisst. Sie konnte, typisch für Borderline-Patienten, mit geliebten Haustieren spielen – sie besaß eine ansehnliche Sammlung von Ratten und Meerschweinchen –, aber nicht die unvorhersehbaren und Panik auslösenden Eigenschaften anderer Menschen aushalten.

Eines Tages beichtete sie, dass sie ihren Therapeuten »liebte«, und dann brach es etwas umständlich aus ihr heraus: »Ich habe jetzt vier Jahre lang keinen Sex gehabt« (was ungefähr der Dauer der Therapie entsprach). Ich versuchte, auf ihren Kommentar einzugehen, wobei ich Bindungssicherheit als notwendige Vorbedingung verstand, Freude am Sex zu haben. Ich sagte: »Vielleicht spiegelt das die Zeit wider, die Sie brauchten, um verstehen und fühlen zu können, dass es nicht automatisch mit Missverständnissen, Ausbeutung und Entwertung endet, wenn man jemandem sehr nahe ist.«

Für Menschen wie Andrea bedeutet Sex eine äußerst starke Selbstverneinung – ein Opfer, das erbracht werden muss, um irgendwie zu überleben. Ein zentrales Ziel der Therapie ist die Negation dieser Selbstverneinung – den Verlockungen von Selbstdestruktion widerstehen zu können. In ihrer Bemerkung bejahte Andrea zumindest die *Möglichkeit*, dass sie gleichzeitig Sicherheit und sexuelle Gefühle verspüren konnte, was als gewisser Fortschritt zu sehen ist. Am Ende fand sie durch das Entzugsprogramm, an dem sie teilnahm, einen Partner, und ihre Beziehung war von positiven Qualitäten wie gegenseitiger Unterstützung geprägt – ihr Sexualleben dagegen war eingeschränkt und sie konnte es nur selten genießen, aber zumindest fühlte sie sich dabei nicht ausgenutzt.

Um die wesentlichen Punkte dieses Kapitels zusammenzufassen: Die Bindungstheorie unterscheidet klar zwischen gesunden und vulnerablen oder maladaptiven Entwicklungspfaden, die problembehaftete und unproblematische Sexualität einschließen. Ich habe die psychoanalytische Auffassung zur infantilen Sexualität, aus der Bindungsperspektive betrachtet, in Frage gestellt. Andererseits gibt es einen »Genuss«-Aspekt oder ein Wohlgefallen, das die Beziehung zwischen Kleinkind und Eltern kennzeichnet und das ich »hedonische Intersubjektivität« nenne. Ich gehe weiterhin davon aus, dass bei sicher gebundenen Paaren die Partner auf eine Art und Weise »erotische Imaginationen« bei ihrem Gegenüber hervorrufen, die festigend auf die Beziehung wirken. Dies hat wiederum weiterreichende Auswirkungen bezüglich sexuell-reproduktiver Aspekte, weil enge Partnerschaften im Vergleich zu unsicher gebundenen Paaren bessere Umweltbedingungen für ihren Nachwuchs bieten können.

Für hyperaktivierende Individuen kann Sex eine Art Aufhänger sein, um Bindungen einzugehen. Personen mit deaktivierender Strategie haben dagegen Schwierigkeiten, Aggressionen während des Sex zuzulassen oder diese unter Kontrolle zu halten. In Fällen leichter Bindungsdesorganisation mag Sex dazu dienen, dissoziative Gefühle, oft vermittels der Sexualität des Anderen, zu aktivieren. Bei Borderline-Persönlichkeitsstörungen und schwerer Bindungsdesorganisation ist die sexuelle Genussfähigkeit fast immer eingeschränkt, und Entwertung und Ausnutzung des Anderen sind die Mittel, um ein dürftiges Maß an Sicherheit hervorzurufen.

Zusammenfassung und Koda

In der Bindungstheorie wird klar zwischen normalen, sub-optimalen und potentiell pathogenen Entwicklungslinien unterschieden. Die Psychoanalyse »normalisiert« Pathologien merkwürdigerweise, indem sie Perversionen als Folgen und Weiterbestand normaler kindlicher polymorpher Perversität im Erwachsenenalter betrachtet. In der Freud'schen Weltsicht sind »wir« alle mehr oder weniger neurotisch, und dies insbesondere im Hinblick auf unser Sexualleben, weil ein jeder das Inzest-Tabu und die damit einhergehende Ambivalenz der ödipalen Situation verhandeln und bewältigen muss. Fonagy und Target (2005) nehmen diesen Gedanken auf und führen ihn weiter, indem sie von einer Begegnung mit einem ungespiegelten – und damit potentiell »fremden« – Selbstanteil ausgehen, zu der es sowohl in sexuellen Beziehungen als auch bei »Borderline«-Persönlichkeitsstörungen kommt. Dieser

Anteil ist für das Verlangen nach wie auch die Angst vor einem spiegelnden Anderen verantwortlich.

Diesen Kontrast aufgreifend möchte ich das Kapitel mit einem Gedicht des glücklich verheirateten Dichters Edward Thomas beenden, der im Ersten Weltkrieg in Frankreich fiel. Nach meinem Verständnis ist es eine Betrachtung zum Vergnügen und zu den Schwierigkeiten beim ehelichen Sex.

Nachdem du sprichst

Nachdem du sprichst
Und klar ist
Was du meinst,
Treffen meine Augen
deine, die,
Mit deinen Wangen und deinem Haar,
Etwas Weiseres
Dunkleres,
Und ganz anderes bedeuten.
Selbst die Lerche
Liebt den Staub
Und macht es sich darin gemütlich
Der Moment
Bevor sie
Alleine aufsteigen muss
So weit,
Wie ein schwarzer Stern
Sie scheint –
Ein Korn
Von singendem Staub zu sein
Schwebend
Dort oben,
Das träumt
Und nichts erhellt.
Ich weiß, deine Lust
Ist Liebe.

Psychoanalytisch ist das Gedicht vielleicht so zu verstehen: Die höchsten unserer Gefühle – Liebe, die Fähigkeit zu Dichtung und Gesang, alles Erhabene – sind nicht von der Banalität und Niedrigkeit von Begehren und Staub zu trennen: Freud warf C. G. Jung vor, die Bedeutung des »Untergeschosses« im psychischen Haus leugnen zu wollen. Aron (2008) erzählt, wie er als junger Analytiker von einem Freudianischen Kollegen geneckt wurde: »Oh, ihr Anhänger der relationalen Schule, ihr wollt nicht ficken, ihr wollt nur Händchen halten.« Fonagy und Target (2007) würden möglicherweise zu bedenken geben, dass ungeachtet der angenehmen Vertrautheit und »Häuslichkeit« des ehelichen Sex wichtige unbeantwortete Fragen im Kern des Gedichts »gären« – liebt das Gegenüber des Sprechers diese(n) wirklich, könnte ihre Lust von jeder (jedem) beliebigem Anderen befriedigt werden? Die Unbeantwortbarkeit lässt den Dichter im Dunkeln (Thomas litt unter schwerer Depression). Einiges kann nicht erhellt werden. Was den Sex angeht: Ist der Sprecher nicht eigentlich genauso schlecht dran wie ein Kleinkind im Prä-Borderlinestadium, dem der spiegelnde Andere fehlt?

Ein Bindungsverständnis des Gedichts sollte mit der Sicherheit, die eine gute Ehe/Partnerschaft gewährleistet, einsetzen: beruhend auf der Tatsache, dass der Dichter seine Frau *kennt,* sich an sie kuschelt. Dies setzt seine poetische und sexuelle Vorstellungskraft frei. Er steht auf dem Boden; der Staub ist die sichere Basis, von der aus er in die Höhe steigt, um seine Gefühle zu erkunden. Ihre gemeinsame eheliche Sexualität ist gleichwohl »dort oben« wie auch »hier unten«. Anstelle einer Sackgasse, in der Bindung und Sexualität durcheinandergebracht werden und miteinander verschmolzen sind, bilden Liebe und Sex die zwei Seiten einer Medaille – zusammengehalten, wie ein Drachenflieger, vom Ego des erdverwurzelten und dennoch in die Lüfte aufsteigenden Protagonisten. Sie sind beide, jeder mit jedem, auf eine fließende, dreidimensionale, flexible, auswechselbare Art und Weise miteinander verbunden und entfalten ihre sexuelle und ihre poetische Kreativität, die mit sicherer Bindung und aus günstigen Entwicklungserfahrungen oder, wenn nötig, Psychotherapie hervorgeht.

KAPITEL 10 | GRENZGÄNGER SEIN

Eines von John Bowlbys Hauptanliegen bei der Formulierung der Bindungstheorie war es, wissenschaftliche Ansätze im Bereich der ihm intellektuell abgeschottet erscheinenden psychoanalytischen Welt zum Tragen zu bringen und ihnen mehr Gehör zu verschaffen. Es gibt durchaus Analogien zwischen dem Bereich der intimen Beziehungen, die Gegenstand psychoanalytischer Arbeit sind, und anderen instabilen, beständig im Fluss befindlichen Systemen wie zum Beispiel die Wetterentstehung, der Verkehrsfluss und ökonomische Aktivität.

Jüngste Forschungsansätze in den erwähnten Bereichen gehen von einer reziproken Beziehung zwischen dem steten Fluss und »Informationen« (im allgemeinsten Sinne) in solchen Systemen aus. Eine geschmeidige Bewegung setzt dabei voraus, dass Informationen mit dem Fluss mithalten und gewissermaßen im gleichen Takt sind (Julian Hunt 2009, persönliche Mitteilung). Wo sich beide entkoppeln, treten Turbulenzen auf oder es kommt zu einem Aufstau, der sich schließlich mit Gewalt entlädt. Ein ruhig dahinziehender Fluss kann sich durch Kurven und Mäander den Kontur- oder Profiländerungen seiner Umgebung anpassen: »Big Hole River sprach mit dem Land, während er sich seinen Weg durch das Tal bahnte, sammelte unterwegs kleine Bächlein ein und wählte in aller Stille den Weg des geringsten Widerstandes« (Larsen 2009, S. 4). Die Geschwindigkeit des Verkehrs passt sich »automatisch« der vorherrschenden Fahrzeugdichte an. Ein plötzliches Gefälle kann den sanften Fluss zu einem Wasserfall aufkochen lassen. Die unvorhergesehene Unterbrechung des Verkehrs aufgrund eines Zusammenstoßes führt zu Stau und Stillstand oder zu weiteren Unfällen. Dabei sind Informationen und Fluss nicht mehr im Einklang. Im Bereich menschlicher Beziehungen ist Mentalisieren der Informationsanteil der Dialektik aus Handlung/Reflexion. Plötzliche katastrophale psychische Ereignisse können auf ähnliche Weise auf eine Entkopplung zwischen Handlung und Reflexion zurückgeführt werden. Nirgends sonst ist dieses Phänomen relevanter als in der Psychologie der Borderline-Persönlichkeitsstörung (BPS), bei der die äußerst anfällige und fragile Mentalisierungsfähigkeit regelmäßig durch plötzliche Affektwallungen überflutet wird.

Desorganisierte Bindung und Borderline-Persönlichkeitsstörung

Die ursprünglich von Mary Ainsworth beschriebenen üblichen »unsicheren« Bindungsmuster sind an sich nicht mit psychischer Krankheit assoziiert. Sie sind vielmehr besser als Vulnerabilitätsfaktoren zu verstehen, die zusammen mit anderen ungünstigen Entwicklungsbedingungen, inklusive genetischer Prädisposition, das Entstehen von Psychopathologien begünstigen können. Der Zusammenhang zwischen desorganisierter Bindung und Psychopathologie ist allerdings sehr deutlich und robust. Hyper- und Deaktivierung des Bindungssystems sind als Anpassungsleistung bei suboptimaler Fürsorge zu betrachten. Bindungsdesorganisation ist definitionsgemäß nicht-adaptiv und daher eine potentiell pathologische Reaktion auf inadäquate Fürsorge.

In diesem Kapitel werde ich die Forschungsbefunde zu desorganisierter Bindung mit der klinischen Problematik, die sich bei Patienten mit BPS zeigt, zusammenführen. Ich nehme die Strategien genauer unter die Lupe, mit denen Personen, deren Bindungsmuster desorganisiert sind, versuchen, zumindest ein geringes Maß an Sicherheit für sich herzustellen. Dabei werde ich außerdem auf das Potential der Bindungstheorie zurückgreifen, Bedeutungszusammenhänge durch detaillierte Analyse kleinster Bruchstücke von Verhaltensäußerungen herauszuarbeiten, um deren interpersonellen Aspekten einen Sinn abzugewinnen.

Ich beginne mit einer kurzen Übersicht der Literatur zu desorganisierter Bindung in Bezug auf psychische Störungen bei Erwachsenen und BPS. Die »D-Kategorie« haben Mary Main und Solomon (1986) eingeführt, nachdem beide erneut eine Serie von Videobändern zur Fremden Situation von Kindern durchgegangen waren, die man zuvor als »unklassifizierbar« eingeordnet hatte. Diese neue Kategorie hat sich als zeitlich stabil erwiesen, ist von Temperamentsfaktoren unabhängig und scheint nicht selten in Bezug auf nur einen Elternteil und nicht den anderen zuzutreffen. Die Prävalenz in Stichproben mit Probanden aus der Mittelschicht war relativ gering (14 %), van IJzendoorn (1995) fand jedoch weitaus höhere Anteile in sozioökonomisch schwachen Stichproben im Allgemeinen (24 %) und Populationen, in denen es zu Kindesmissbrauch kam, im Besonderen (60–70 %).

Die Kortisolwerte bei Kindern, die als D klassifiziert sind, liegen über denen von Kontrollgruppen, des Weiteren zeigen diese Kinder eine verzögerte Entwicklung, selbst wenn der mütterliche IQ kontrolliert wurde (Lyons-Ruth und Jakobvitz 2008). Das bedeutet, dass wir es hier mit einer Gruppe von Kindern zu tun haben, die aufgrund von Stresserfahrungen potentiell benachteiligt ist. Parallel zur D-Klassifizierung werden sekundäre Bindungsstrategien zugeordnet. Der größte Anteil der D-Kinder war ambivalent (46 %), während nur 14 Prozent sicher und 34 Prozent vermeidend gebunden waren. Crittenden (1985) sieht im desorganisierten Muster eine Kombination von vermeidenden und ambivalenten Charakteristika.

Für den Fall, dass D eine valide eigene Entität ist, drängen sich zwei Fragen auf: Unter welchen Umständen kommt es zu Bindungsdesorganisation und was sind die langfristigen Auswirkungen für Kinder mit D-Klassifizierung? Wie bereits angedeutet, besteht eine Möglichkeit, sich der Bedeutung von D anzunähern, darin, diese Strategie als Antwort auf ein *Nähe-Vermeidungs-Dilemma* zu sehen, was ja auch die Essenz von Bindung ausmacht (Main 1995). Die Bindungstheorie postuliert, dass ein Kind, das sich bedroht oder ängstlich fühlt, sich seiner Bindungsfigur auf der Suche nach Trost, Sicherheit und Beruhigung zuwendet. Ist die Bindungsfigur aber die Ursache genau dieser Bedrohung, so sieht sich das Kind vor eine unlösbare Aufgabe gestellt. Es gibt keine kohärente Verhaltensstrategie, mit dieser Bedrohung umzugehen. Es lässt sich kein Gleichgewicht herstellen, das mit der Situation von vermeidender Bindung zu vergleichen wäre, in der sich das Kind der leicht zurückweisenden sicheren Basis nähert – und dennoch nicht zu nahe kommt; oder mit der Situation bei ambivalenter Bindung, bei der sich das Kind an eine inkonstante Bindungsperson klammert.

Welche Eigenschaften der Eltern führen zu dieser Zwickmühle von Nähe und Vermeidung? Das Gegenstück zur D-Kategorie bei Kindern ist die Klassifizierung als »ungelöst« bei Erwachsenen im AAI. Diese Kategorie wird vergeben, wenn der Interviewte »Anzeichen von verwirrter Desorganisation während der Diskussion potentiell traumatischer Erlebnisse« und »einen Wahrnehmungsverlust bezüglich des Diskursinhaltes« aufweist. Main (1999) vertritt die Ansicht, dass die Bezugsperson eines möglicherweise D-klassifizierten Kindes – häufig eine alleinerziehende Mutter – selbst an einem unverarbeiteten Trauma oder Verlust leidet. Dies beeinträchtigt sie in der Fürsorge und Betreuung, weil ihre eigenen schmerzlichen Kindheitserinnerungen reaktiviert werden. Die Bindungsperson ist also nicht nur angsteinflößend, sondern auch selbst verängstigt. Sie ist nicht in der Lage, affektive Kontinuität in ihrer eigenen inneren Welt zu erleben, und kann somit nicht gewährleisten, die emotionalen Höhen und Tiefen ihres Kindes auszugleichen. Hesse (2008) betont den »dissoziativen« Aspekt von D sowohl beim Kind als auch dessen Bezugsperson und charakterisiert das Kind als durch Dissoziation von seiner direkten Umwelt und dem nicht lösbaren Kampf-Flucht-Dilemma abgegrenzt. Nach diesem Modell löst der Stress des Kindes Angstzustände bei der Bezugsperson aus, die sie nur durch eine dissoziative Antwort bewältigen kann, was wiederum die Fähigkeit, als sichere Basis für das Kind zu fungieren, weiter reduziert.

In einer Untersuchung zu Bindungsrepräsentationen von Eltern mit D-Kindern zeigte eine Metaanalyse von neun Studien mit insgesamt 548 Probanden, dass zwischen kindlichem D-Status und ungelöster Bindung der Eltern eine hohe Korrelation oder hohe Effektstärken vorlagen (van IJzendoorn 1995). Lyons-Ruth und Kollegen haben mehrere Fürsorgeverhaltensweisen herausgearbeitet, die mit D assoziiert sind; dazu gehören: Verwirrung bezüglich der Rollen (ein Elternteil benutzt das Kind als Ersatzeltern), Negativität, intrusives Verhalten, Desorientierung, asynchrone Mutter-Kind-Interaktionen (»das Unvermögen, auf der gleichen Wellenlänge zu sein«) und scheinbar unerklärlicher emotionaler Rückzug.

Das nächste Puzzlestück in diesem Forschungsbereich liefern Studien, die den Weg der Kinder, die man im Alter von einem Jahr als D klassifiziert hatte, weiterverfolgten. Zwei dieser prospektiven Studien haben einen direkten Zusammenhang zwischen der D-Kategorie und dem *Kontrollverhalten* der Kinder gegenüber ihren Eltern und Gleichaltrigen im Alter von sechs Jahren ergeben (Lyons-Ruth und Jacobvitz 2008). Diese Kinder beharren auf einer Rollenumkehr in Bezug auf ihre Eltern, bei der sie Entscheidungen treffen und unfähig sind, sich an »demokratischen« Spielen zu beteiligen. George und Solomon (1996) haben diese kontrollierenden Kinder weiter untersucht und festgestellt, dass sie, wenn sie aufgefordert wurden, Bildergeschichten fortzuführen, es schwierig fanden, furchterregende Szenarien aufzulösen, indem sie mit absolutem Schweigen reagierten, dasselbe bei Geschichten, die von Passivität oder katastrophalen Ausgängen gekennzeichnet waren.

Wir können daher beginnen, ein erstes Verständnis zum entwicklungspsychologischen Zusammenhang zwischen D und Psychopathologien im Erwachsenenalter anhand mehrerer Phasen zu skizzieren:

1 Ungelöste/traumatisierte mentale Zustände des Erwachsenen
2 Ein D-Kind, das sich, wenn es sich durch äußere Umstände oder unmodulierte Gefühle aus seinem Inneren heraus bedroht sieht, in der ausweglosen Situation zwischen Nähe- und Vermeidungsverhalten und ohne sichere Basis befindet
3 Das kontrollierende sechsjährige Kind, das aufgrund der Rollenumkehr schließlich eine Sicherheitsstrategie gefunden hat, um sich selbst das Gefühl einer pseudo-sicheren Basis zu verschaffen
4 Verdrängtes Grauen und die Unfähigkeit, interpersonelle Diskontinuitäten und Verlusterfahrung zu verarbeiten und zu lösen, wie sich anhand der Aufgabe zu Bildergeschichten gezeigt hat
5 Ein in der Adoleszenz aggressiver und kontrollierender Jugendlicher, der nicht in der Lage ist, seine Gefühle zu regulieren, wenn er emotional aufgewühlt ist oder eine ihm nahestehende Person verliert, mit der Neigung zu Dissoziation und unfähig, sich aus Beziehungen, die schmerzvoll sind, zu lösen
6 Eingeschränkte Mentalisierungsfähigkeit: Überwältigende Affekte machen die

Fähigkeit zu mentalisieren unmöglich; die Erfahrung, von frühen Bindungsfiguren nicht als fühlende Person wahrgenommen worden zu sein, verursacht Schwierigkeiten, die eigenen Gefühle und die Gefühle Anderer zu erkennen und zu verstehen

7 Schließlich die Diagnose einer Borderline-Persönlichkeitsstörung. P. Hobson und Kollegen (2002) stellten fest, dass Patienten mit BPS (im Vergleich zu solchen mit Major Depressive Disorder) fast ausschließlich ungelöst/verstrickt im AAI klassifiziert worden waren. Dies ist ein Kennzeichen von Nicht-Mentalisierung, weil diese Personen außerstande waren, emotionale Traumata, Vernachlässigungs- oder Verlusterfahrungen zu verarbeiten.

Immerhin besteht in jeder dieser Entwicklungsphasen die Möglichkeit der Reversibilität. Die Mentalisierungsfähigkeit ist höchstwahrscheinlich eine entscheidende Komponente, was Resilienz trotz schwieriger Erfahrungen angeht, und einer der Hauptansatzpunkte effektiver Therapien für BPS.

Borderline-Persönlichkeitsstörung: Kann bindungsbasierte psychoanalytische Psychotherapie helfen?

Die von der öffentlichen Hand finanzierte psychoanalytische Psychotherapie steht und fällt im aktuellen Kontext mit der Frage, ob sie die therapeutische Kapazität hat, um Patienten zu helfen, die an langandauernden, komplexen oder Borderline-Störungen leiden. Es hat sich ganz klar gezeigt, dass kurze Behandlungen bei BPS nicht effektiv sind. Wie im 5. Kapitel geschildert, häufen sich die Belege, dass Therapien mit längerer Dauer wirksam sind. Es gibt allerdings auch Anzeichen dafür, dass »Standardtherapien« (d. h. unmodifizierte, unspezifische Ansätze mittlerer Dauer) kontraproduktiv sind (Fonagy und Bateman 2006). Ein erster Ansatzpunkt sollte daher in der Analyse der Faktoren liegen, die konventionelle und übliche Therapien *(treatment as usual)* als potentiell iatrogen erscheinen lassen. Mit der dreigliedrigen Herangehensweise, die ich im ersten Teil des Buches dargelegt habe, kann man die möglichen Schwierigkeiten anhand der drei Hauptaspekte therapeutischer Arbeit erörtern.

Die therapeutische Beziehung

Wenn man Mary Mains (1999) Konzeptualisierung desorganisierter Bindung auf Borderline-Patienten anwendet, kann man deren Symptomatik wie folgt verstehen: BPS-Patienten sehen sich, wenn sich die Möglichkeit einer engen Beziehung eröffnet, einem unlösbaren Dilemma ausgesetzt, dem sie nur durch pathologische Lösungsversuche wie »seelischen Rückzug« (Steiner 2002), Dissoziation, psychosenahe Erfahrungen oder selbstverletzendes Verhalten »entkommen« können (d. h. durch Herbeiführen vorübergehender Zustände von innerer Ruhe und einem Gefühl von Kontrolle über die chaotische innere und äußere Welt).

Dies hilft schon ein beträchtliches Stück weit, die Schwierigkeiten der BPS-Patienten zu erklären, wenn sie eine therapeutische Allianz eingehen sollen. Bindungsbedürfnisse sind bei dieser Patientengruppe sehr stark ausgebildet und gleichzeitig nur schwer herunterzuregulieren. Das Bedürfnis ist geradezu überwältigend, aber es kann nicht befriedigt werden. Hilfsangebote werden normalerweise mit großem Argwohn betrachtet, was entweder zu einem Einlassen führt, das von großem Widerstand begleitet ist (»zentrifugaler« Typ), oder sich in exzessiver Abhängigkeit äußert (»zentripetaler« Typ). Diesen Patienten fällt es besonders zu Beginn der Therapie schwer, sich auf den Rhythmus und die Abfolge von Bindung und Trennung einzulassen, die den therapeutischen Prozess ausmacht. Als Reaktion darauf kann es vorkommen, dass sich Therapeuten dabei ertappen, auf eine Weise auszuagieren, die dem Verhalten von Müttern desorganisierter Kinder ähnelt (Lyons-Ruth und Jacobvitz 2008): ängstlicher Rückzug (»diese Person erscheint wiederholt nicht zu ihren Sitzungen, sie ist nicht wirklich motiviert und es ist eigentlich eine Erleichterung, wenn sie die Therapie abbricht; um ganz ehrlich zu sein, verwirrt sie mich und macht mir Angst«) oder selbstbezogenes Deuten (»der Patient projiziert seine eigenen Aggressionen und seine Verzweiflung auf mich und beharrt auf zusätzlichen Sitzungen, um mich zu kontrollieren«). Deshalb ist es kaum überraschend, dass Patienten ihre Therapeuten oft als unbeteiligt, feindselig oder intrusiv erleben oder sich von ihnen verlassen fühlen.

Bedeutung

Ähnliche Schwierigkeiten bereitet es BPS-Patienten, *Bedeutungs*zusammenhänge herzustellen. Patienten werden meist ermuntert, darüber nachzudenken, *warum* sie dies oder jenes getan oder gefühlt haben – »was los ist« in Bezug zum Therapeuten oder der therapeutischen Situation –, oder auch, die Vermutungen anzuhören, die der Therapeut zu diesen Sachverhalten und ihren entwicklungsbedingten Wurzeln anstellt. Diese Fragen, wie viel Gültgkeit auch immer sie besitzen mögen, haben für BPS-Patienten entweder bedrohlichen oder Verfolgungscharakter oder sind völlig unverständlich. Wie im Fall Miriam im 4. Kapitel fühlen sie sich bei »Warum«-Fragen unter Zugzwang, was Bindungsangst aktiviert und psychischen Rückzug oder Strategien zur Selbstberuhigung wie zum Beispiel Alkoholgenuss in Gang setzt. Solche Fragen wirken dem Mentalisieren entgegen, weil sie so erheblich angstverstärkend sind, dass Erfahrungen nicht mehr geschildert werden oder über sie reflektiert werden kann. Das Versagen von Mentalisierung, wie es das psychische Funktionieren der Bezugspersonen von desorganisierten Kindern ausmacht, bedeutet, dass den BPS-Patienten die Erfahrung vorenthalten wurde, die für jedes Kind ein so elementares Bedürfnis ist, seine eigene Psyche und seine intentionalen mentalen Zustände in der Psyche eines Anderen zu entdecken (Fonagy und Target 1997). Verstanden zu werden führt nicht zu einem Gefühl der Erleichterung oder einer Deaktivierung von Bindung und darauf folgender »companionable« Exploration, sondern ist gleichbedeutend mit dem Gefühl, dass jemand in die eigene Psyche eindringt und Gedanken und Gefühle stiehlt oder vorschreibt. Deutungen können daher als »irre«, demütigend oder sinnlos empfunden werden.

Begünstigen und Fördern von Veränderung

Drittens ist sogar der Begriff *Veränderung* im Kontext von BPS alles andere als unkompliziert. Linehan (1993) meint, dass für diese Patientengruppe die Ermunterung, angestammte Verhaltensmuster, wie selbstzerstörerisch auch immer diese sein mögen, zu ändern, höchstwahrscheinlich nicht sehr wirksam ist. Absichtliches Selbstverletzen, der kurzzeitige Trost durch Suchtmittel, unbeständige, chaotische Beziehungen, affektives Schwanken zwischen glückseligem Verschmelzen und Angst und Schrecken – alles dient nur einem Zweck; diese Verhaltensweisen sind Versuche, wenn auch in pathologischer und nur partieller Form, die physiologischen Aspekte der Erfahrung einer sicheren Basis herzustellen: Wärme, oraler Trost, Gehaltenwerden (Holmes 2001). Tod oder das Reich des Vergessens sind die sicheren Fluchtorte, die angestrebt werden, wenngleich von ihnen »noch kein Reisender zurückgekehrt« ist.[8] Weniger selbstdestruktive Alternativen mögen nicht mehr zu bieten zu haben, als Gefühle der Leere hervorzurufen oder wie ein unmöglicher Traum zu erscheinen. Linehans (1993) Dialektik ist dazu gedacht, den Patienten eine paradoxe Botschaft im Sinne von Veränderung/keine Veränderung zu vermitteln. Dies gewährleistet, dass das Selbstwertgefühl des Patienten unangetastet bleibt, weil sein Bestreben anerkannt wird, ein Minimum an psychischem Überleben zu erreichen. Gleichzeitig wird er aufgefordert, andere Methoden zur Affektregulierung in Erwägung zu ziehen und ein Selbst-Bewusstsein dafür zu entwickeln, dass man aus Erfahrungen lernen kann.

---

8 Anspielung auf Hamlet, als dieser über Selbstmord nachsinnt. [Anm. d. Übs.]

Mentalisierungsbasierte Therapie

Die beiden bekanntesten evidenz-basierten Behandlungskonzepte für BPS – dialektische Verhaltenstherapie (Linehan 1993) und mentalisierungsbasierte Therapie (Bateman und Fonagy 2004, 2008) – sind eigenständige, auf diese spezifische Patientengruppe zugeschnittene Ansätze, die sich auf ihre jeweiligen theoretischen und klinischen Ursprungsformen, Verhaltens- oder psychoanalytische Psychotherapie berufen und sich dennoch deutlich von diesen unterscheiden. Beiden ist gemeinsam, dass sie versuchen, die Probleme im Ausbilden und Aufrechterhalten der therapeutischen Allianz, im Aufspüren »bedeutungsgeladener« Bedeutungszusammenhänge und im Fördern von Veränderung anzugehen, ohne dabei bestehende Überlebensstrategien zu unterminieren.

Der psychoanalytisch inspirierte teilstationäre Ansatz von Bateman und Fonagy (2004, 2008) hat erstaunliche Resultate erzielt. Ihre mentalisierungsbasierte Therapie (MBT) ist stark von der Bindungstheorie beeinflusst. Ursprünglich war man davon ausgegangen, dass die Mentalisierungsfähigkeit bei Patienten mit BPS nicht entwickelt war, weshalb das wichtigste Anliegen der Therapie war, genau diese Kompetenz zu fördern. Dazu legte man viel Wert auf die Reparaturarbeit von Beziehungsrupturen, speziell innerhalb der therapeutischen Beziehung, und die Patienten wurden angehalten, darüber nachzudenken, was bei möglichen akuten Vorfällen während der Behandlung (Auseinandersetzungen in der Tagesklinik, verpasste Sitzungen, Drogen- oder Alkoholkonsum, risikantes sexuelles Verhalten) in ihnen selbst und in anderen Personen vorging. Allerdings lassen wissenschaftliche Befunde den Schluss zu, dass desorganisierten Kindern die Fähigkeit zu mentalisieren nicht völlig fehlt, dass sie sich aber im Vergleich zu sicher gebundenen Kindern später entwickelt (Gergely 2007). Eher scheint emotionale Erregung bei Patienten mit BPS oft so stark und überwältigend zu sein, dass die vorhandene, fragile Mentalisierungsfähigkeit gehemmt wird – Ursache für die so turbulenten Beziehungen dieser Patientengruppe (Jurist und Meehan 2008). Deshalb reicht es nicht aus, wenn therapeutische Konzepte nur das Fördern von Mentalisieren in den Vordergrund stellen, sondern sie müssen genauso Strategien einbeziehen, mit deren Hilfe die Leidenden lernen, sich selbst zu beruhigen und Erregungszustände herunterzuregulieren (»die Pause-Taste drücken«, *mindfulness*-Übungen etc.).

Bedeutung aus dem Chaos heraus

Die Borderline-Persönlichkeitsstörung ist eher ein soziales oder psychologisches Konstrukt als eine eigene diagnostische Entität im Sinne von »Diabetes« oder »Panikstörung«. Die Diagnose wird gestellt, wenn psychische Dispositionen mit sozialen Problemen einhergehen – aggressive interpersonelle Beziehungen, maladaptiver Umgang und Kontakt mit den professionellen Helfern und anderes mehr. Daher ist sowohl eine soziologische als auch eine psychologische Perspektive vonnöten. Die Fähigkeiten der Bezugspersonen, ihren Kindern Sicherheit zu vermitteln, sind eng an die Fähigkeit (oder deren mangelnde Ausprägung) einer ganzen Gesellschaft geknüpft, sich um ihre Mitglieder zu kümmern. Soziale Begleitumstände wie etwa endemischer Rassismus rufen Ängste bei betroffenen Minderheiten hervor, die sich durch Bindungsbeziehungen auf die Kinder derart unterdrückter Menschen auswirken. Die Bedeutung abwesender oder missbrauchender Väter bei Patienten mit BPS-Diagnose sollte man nicht nur auf der Ebene individueller Psychologie betrachten. Die gesellschaftlichen Ursachen dieser negativen männlichen Rollen – Kolonialismus und anschließende Einwanderung, Benachteiligung bei Bildungschancen, der Wechsel von einer produzierenden zur Dienstleistungsökonomie – müssen ebenso berücksichtigt und, wenn möglich, als historische/soziale Aspekte zum Verständnis des Patienten in der Therapie beachtet werden. Die Mentalisierungsleistung bei BPS-Patienten zu verbessern zielt nicht nur darauf ab, ihnen mehr Verständnis ihrer eigenen psychischen Verfasstheit zu vermitteln, sondern auch darauf, ein Bewusstsein für die Umstände und Schwierigkeiten ihrer Vorfahren, im engen und weiteren Sinne, zu schaffen.

Der Bindungstheorie kann man vorhalten, dass sie die Rolle der Mutter beim Herstellen von Sicherheit überbetont oder ihr das Scheitern dabei zuschiebt. Diese Frauen sind vielfach selbst von Männern – Vätern, Stiefvätern, Partnern – verlassen oder missbraucht worden, und deren direkter oder indirekter Beitrag zu psychischen Krankheit ihrer Kinder sollte nicht vergessen werden. Um die komplexe Struktur von Beziehungen, die am Ende zu individuellem Leiden führen, ganz zu verstehen und die negativen Auswirkungen zu lindern, muss man eine systemische Perspektive einnehmen.

Als der Holocaust-Überlebende, Psychiater und Begründer der Logotherapie Viktor Frankl in einem Interview nach dem Sinn seines Lebens gefragt wurde, antwortete er: »Der Sinn in meinem Leben liegt darin, anderen dabei zu helfen, einen Sinn in ihrem Leben zu finden.« Aber was heißt das, »Sinn oder Bedeutung zu finden«? In der Psychotherapie nähert man sich dem Begriff Bedeutung aus zwei Richtungen. Zum einen gibt es ein religiöses oder ästhetisches Verständnis der Suche nach Werten und Schönheit im Leben und in der Welt – ein lebenswertes Leben. Zum andern wird Bedeutung im medizinischen/wissenschaftlichen Sinne als eine absichtsgeleitete und zielgerichtete Beziehung zwischen Struktur und Funktion verwendet.

Die Bedeutung von Brustschmerzen bei Belastung wird in der Medizin auf eine Verengung der Koronargefäße zurückgeführt – wer aber an einer solchen Angina leidet, der wird den Wert des Lebens, nachdem er dem Tod gewissermaßen von der Schippe gesprungen ist, besser zu schätzen wissen.

Psychotherapie hilft den Patienten auf ganz ähnliche Weise, ihren Schwierigkeiten eine Bedeutung zuzuschreiben, in diesem Fall eine individuelle, ideographische, persönliche Bedeutung der jeweiligen Lebensgeschichte. Zum Beispiel: »Ich habe immer wieder Schwierigkeiten in meinen Beziehungen zu Frauen; wegen der nicht gerade einfachen Beziehung zu meiner Mutter sehne ich mich nach Nähe, kann es aber gleichzeitig nicht ausstehen, mich kontrolliert zu fühlen, und stoße meine Partner immer wieder weg« – »Bis zum Alter von etwa 30 Jahren habe ich es als absoluten Horror empfunden, mich fest zu binden; ich war fünf, als mein Vater starb, und deshalb glaube ich nach wie vor, dass jeder, auf den ich mich näher einlasse, mich verlassen wird« – »Der Grund, warum wir solche Schwierigkeiten haben, dass unsere Tochter in die Schule geht, ist wohl darin zu suchen, dass wir nicht gemeinsam als Paar auf sie einwirken.« In jedem dieser Fälle wird eine implizite Annahme zur zugrunde liegenden psychischen Struktur deutlich, die für die funktionellen Schwierigkeiten verantwortlich ist – eine kontrollierende Bezugsperson, ein Schema zu Angst vor Verlusten, konflikthafte Familiendynamik bei der Erziehung.

Da die Bindungstheorie stark in einer wissenschaftlichen Betrachtungsweise verwurzelt ist, legt sie viel Wert auf die Suche nach Bedeutungszusammenhängen und betrachtet verzerrte oder eingeschränkte Funktionen im Lichte der darunter liegenden Strukturen. Sie gibt der Sprache – und besonders dem narrativen Stil – den Vorrang, weil sie Kennzeichen oder Indikator des vorherrschenden Bindungsmusters sei, und deshalb hat sie zusätzlich einen ästhetischen und ethischen Aspekt. Wie ich im 6. Kapitel dargelegt habe, kann man Sprache nicht auf ihre rein denotative Funktion reduzieren. Es gibt darüber hinaus eine ästhetische und stilistische Dimension in der Knappheit, Relevanz und Angemessenheit, die zusammen die Grice'schen Konversationsmaximen ausmachen, auf denen das Erwachsenen-Bindungs-Interview beruht (Hesse 2008).

Deidre in der Sprechstunde für Persönlichkeitsstörungen

Deidre, Mitte 40, zweimal geschieden, lebte mit ihrem dritten Lebenspartner, Geoff, seit elf Jahren zusammen. Sie hatte vier Kinder: die älteste Tochter aus der ersten Ehe, zu der kein Kontakt mehr bestand, zudem einen Jungen und ein Mädchen, beide schon Heranwachsende, aus der zweiten Ehe und schließlich eine neunjährige Tochter mit Geoff. Früher war sie als Pflegehilfskraft angestellt, derzeit aber aufgrund ihrer Depression und Angst nicht in der Lage, den Beruf auszuüben. Sie war von einem Sozialarbeiter in unsere Sprechstunde für Persönlichkeitsstörungen überwiesen worden, weil sie durch Besorgnis erregende Wut- und Gewaltausbrüche aufgefallen war, insbesondere als sie ihren Partner mit einem Kerzenhalter aus Messing angriff, wodurch dieser großflächige, wenn auch überwiegend leichte Kopfverletzungen erlitt. Sie kam zusammen mit Geoff in die Klinik und fand es sichtlich schwierig, sich im Wartebereich von ihm zu trennen, nachdem man sie aufgefordert hatte, sich ins Sprechzimmer zu begeben. Geoff war ein großgewachsener, Respekt einflößender Mensch, offensichtlich jünger als seine Partnerin. Diese nahm ich als kleine, leicht übergewichtige Person mit schwarz gefärbten Haaren wahr. Bevor sie in der Lage war, die Sitzung zu beginnen, fragte sie sofort nach einem Glas Wasser. Nach einigem guten Zureden erzählte sie mir ihre Lebensgeschichte: eine triste Kindheit, ein gewalttätiger und nutzloser Vater, der sich (nach Angaben ihrer Mutter) aus dem Staub gemacht hatte, als sie zwei Jahre alt war, und ihre Mutter verließ, die daraufhin sehr bald wieder heiratete und zwei weitere Kinder bekam. Deidre fühlte sich von Anfang an wie das fünfte Rad am Wagen, was sich nur noch verstärkte, als ihr Stiefvater anfing, sie zu missbrauchen – physisch in der Öffentlichkeit und sexuell im Privaten. Sie verließ ihr Zuhause so früh sie konnte und heiratete den ersten Mann, der sie nehmen wollte und sie auch sofort schwängerte und dann gleich wieder verließ. Daraufhin traf sie ihren zweiten Ehemann, was zu zehn Jahren häuslicher Gewalt und Vergewaltigungen führte, bevor sie die Courage hatte, ihn zu verlassen.

Auf zwei entscheidende Momente dieses Erstgesprächs werde ich näher eingehen. Der erste trat nach ungefähr einer halben Stunde ein, als Deidre beschrieb, wie schwierig sie es fand, die Wohnung zu verlassen. Auf die Frage nach dem Grund rutschte ihr als Antwort (so schien es zumindest) heraus: »Ich erhasche immer wieder einen flüchtigen Eindruck von mir selbst im Schaufenster – ich hasse Spiegel.« In diesem Moment begann ihre Unterlippe zu zittern. »Was genau finden Sie daran so schwierig?« fragte ich. Schweigen. Ich ließ diese Stille ein Weilchen andauern. Sie sah entsetzt aus, blickte zur Tür und schaute mich flehend an, so als ob jemand sie retten und von einem namenlosen Schrecken befreien sollte. Ich bemühte mich, ihr zu helfen, bei der Sache zu bleiben. »Wenn Sie in den Spiegel schauen, sehen Sie etwas Furchteinflößendes, etwas, das nur schwer in Worte zu fassen ist«, sagte ich. »Ich … erkenne … mich … nicht, … wer … bin … ich?« – die Worte kamen nur stockend. Schon vorher hatte sich in diesem Erstgespräch herausgestellt, dass sie wie ihr Vater aussah – wenn sie ihre Mutter fragte, was für eine Person ihr Vater gewesen war, kam als einzige Antwort: »Schau in den Spiegel – du bist ihm wie aus dem Gesicht geschnitten.« »Also ist das, was Sie als Spiegelbild sehen und was Sie so erschreckt, ein Teil von Ihnen, der in Ihrem Kopf wie Ihr Vater ist«, meinte ich. Sie nickte in einer Mischung aus Erleichterung und Verzweiflung.

Im weiteren Verlauf des Gesprächs bewegten wir uns auf weniger bedrohlichem Terrain und nach ein paar Minuten schlug ich vor, ihren Partner hinzuzuziehen, den ich daraufhin zu uns bat und Deidre für einen Moment mit meinem Kollegen, der während dieses Gesprächs der Supervisor und Beobachter war, allein ließ. Als ich mit Geoff zurückkehrte, sprang sie auf, warf sich in seine Arme und schluchzte verzweifelt. Beide verließen für eine Weile das Sprechzimmer, um sich zu umarmen, bis Deidre die Ruhe wiedergefunden hatte, um die Sitzung fortzuführen.

Wie können wir die Bedeutung dieser Szene verstehen? Ein Teil davon ist relativ eindeutig. Bowlby meinte, dass wir dem Bedürfnis nach einer sicheren Basis nicht entwachsen – er ging von einer Entwicklung von unreifer zu reifer Abhängigkeit aus. In Momenten von extremem Stress wenden wir uns unserer sicheren Basis zu, ganz gleich in welchem Alter. Der Stress des Interviews aktivierte Bindungsverhalten bei Deidre und wie ein Kind in der Fremden Situation brauchte sie Geoffs physische Nähe und Trost, bevor sie in der Lage war, sich mit der Bedrohung, die sie durch das Behandlungsteam empfand, auseinanderzusetzen. Sie hatte ja gleich zu Anfang, als sie um ein Glas Wasser bat, ihre Vulnerabilität signalisiert und ihr Bedürfnis nach Fürsorge angedeutet.

Wie kann man nun Deidres Bindungsstil beschreiben? Ihr Bedürfnis nach physischer Nähe zu Geoff und ihre Schwierigkeiten, sich zu beruhigen, legen nahe, von einem hyperaktivierenden Muster auszugehen. Das stimmt auch mit ihrem narrativen Stil während des Gesprächs überein, der überaus weit- und abschweifend und überwältigend affektgeladen war. Aber wie ist die Episode mit dem Spiegel und Deidres Schwierigkeit zu verstehen, darüber zu sprechen? Hier wird deutlich, dass desorganisierte/inkohärente Bindung und Hyperaktivierung nebeneinander bestehen. Ihre Gedanken sind verwirrt. Es bereitet ihr Schwierigkeiten, bei der Sache zu bleiben. Sie befindet sich in einem Zustand extremen Schreckens, der in keinem Verhältnis zum Kontext steht, und sie beschreibt quasi-psychotische und dissoziierte Gefühle – sie erkennt sich selbst nicht und weiß nicht, ob sie eher ihren Vater als sich selbst im Schaufenster sieht.

Man kann jetzt spekulieren, dass »hinter« diesem inkohärenten (im technischen Sinne) Sprachmuster ein unverarbeitetes Trauma liegen mag (die Aggression ihrer Mutter, der Missbrauch durch ihren Stiefvater und den zweiten Ehemann), das durch mein Beharren, sie nicht vom Thema abschweifen zu lassen (was sich in meiner Gegenübertragung als ziemlich missbräuchlich und einschüchternd anfühlte), aktiviert wurde. Um die Eruption dieser potentiell desorganisierenden Konstellation von Gedanken und Gefühlen zu vermeiden, verengt sie ihr Verhaltensrepertoire und sucht Geoffs physische Nähe, um sich einer sicheren Basis, die ihr innerlich fehlt, extern zu versichern.

Wie kann man aber die unkontrollierten Wutausbrüche gegenüber Geoff hier einordnen, die sie veranlassten, therapeutische Hilfe zu suchen? Hierzu gibt es eventuell drei Aspekte. Ein erster ist anhand eines Vergleichs zu Harry Harlows »Feli« (Fischer-Mamblona 2000) auszumachen, einer absichtlich ohne jegliche Bindungen aufgezogenen Gans. Sie zeigte unerklärlich aggressives Verhalten in der Gegenwart anderer Gänse, die bei einem Menschen, dem einheitliche Verhaltensstrategien fehlen, um mit problematischer Intimität zurechtzukommen, eine »Verschiebungsaktivität« repräsentieren. Deidre will Geoff nahe sein, aber Nähe löst Gefühle extremer Panik in ihr aus; eine aggressive Attacke ist ein Ausweg aus diesem Dilemma. Zweitens und etwas direkter, bestraft sie ihn dafür, dass er nicht immer an ihrer Seite ist – eine übliche bindungsinspirierte Deutung interpersoneller Aggression, die unserem Verständnis von absichtlicher Selbstverletzung im Angesicht einer »Bindungskrise« (vgl. 11. Kapitel) ähnlich ist. Aggression ist in diesem Sinne eigentlich ein Mittel zur negativen Verstärkung, um eine beeinträchtigte Bindung wiederherzustellen.

Ein dritter Aspekt betrifft die Eigenschaften der Partner von Patienten, die an BPS leiden. Viele BPS-Patienten schaffen es, ihre Partner in die Flucht zu schlagen, und instabile Beziehungen sind Teil der Diagnosekriterien bei dieser Erkrankung. Andere, deren Beziehungen Bestand haben, sind vielfach mit Personen verheiratet, die im Extremfall phlegmatisch, normalerweise zumindest stark emotional vermeidend sind. Deidres Attacken auf Geoff sind dabei sowohl als verzweifelter Versuch zu sehen, eine emotionale Reaktion hervorzurufen, und dienen ihr dazu, sich zu vergewissern, dass er zu ihr halten würde, wie unerhört ihr Verhalten auch sein mag.

Psychoanalytisch betrachtet kann man argumentieren, dass die unbewusste Bedeutung ihrer Angriffe auf Geoff in der Wut auf ihren Stiefvater, der sie missbrauchte, auf den Vater, der sie verließ, und auf die furchteinflößende Mutter lag, die außerstande war, Deidres Ängste zu mindern. Ihre Ausbrüche sind als die verzweifelten Versuche einer ausgebeuteten, ignorierten und übergangenen Frau zu verstehen, ihr Bedürfnis mitzuteilen, gesehen, anerkannt und mit Respekt behandelt zu werden.

Ein letzter Punkt betrifft ihren emotionalen »Kollaps«, als sie über die Schaufenster sprach. Ihre Tränen und die zitternde Lippe verkörperten recht deutlich etwas anderes, als wenn jemand zum Beispiel über Trauer oder einen Verlust im Leben spricht. Dem Ausbruch ihrer überwältigenden Gefühle wohnte eine gewisse Unstimmigkeit und Plötzlichkeit inne. Hier liegt ein Vergleich mit dem unvermittelten Stimmungswechsel nahe, den man bei einem zweijährigen Kind beobachten kann, das unbeschwert »allein in der Gegenwart der Mutter« gespielt hat, bis seine Bezugsperson plötzlich und ohne Ankündigung den Raum verlässt – um beispielsweise irgendeine Hausarbeit zu erledigen oder zur Toilette zu gehen. In einer solchen Situation mag das Kind mit einer solchen Plötzlichkeit in Tränen ausbrechen und der narrative Rahmen seines Spiels zusammenklappen, wie das Publikum das Theater verlässt, wenn mitten in der Vorstellung der Feueralarm losgeht. In Deidres Fall wie auch bei diesem Kind fehlt eine überdauernde innere Präsenz einer Bezugsperson – oder die Mentalisierungsfunktion –, die affektive Schwankungen abfangen und ausgleichen kann. Diese in ihrer Intensität nicht geminderten emotionalen Zustände sowie die Unfähigkeit, sich selbst zu beruhigen, machen den Kern des diagnostischen Profils von Borderline-Störungen aus.

Psychotherapeutische Implikationen

Psychotherapeutische Arbeit mit Patienten, die an BPS leiden, ist allgemein recht schwierig. Die dynamische Psychotherapie kann sich mit Hilfe von zwei wesentlichen klinischen Techniken als wirksam erweisen. Eine davon liegt in der Fähigkeit des Therapeuten, seine eigenen emotionalen Gegenübertragungsreaktionen in den Dienst des Patienten zu stellen. Ein zweites »Hilfsmittel« ist die Fähigkeit, diese Gefühle in Worte zu fassen – ein »Sprachspiel« zu initiieren, bei dem Patient und Therapeut einen gemeinsamen Wortschatz schaffen, um Bedeutungen zu erschließen. Diese beiden Aspekte können bei der Arbeit mit Borderline-Patienten schwierig zu bewältigen sein.

Die unglaublich intensiven Gegenübertragungsgefühle sind an sich schon fast ein Diagnosekriterium für Borderline-Züge. Jeder, der mit dieser Patientengruppe gearbeitet hat, wird die Gefühle von Wut, Ärger und Enttäuschung wiedererkennen, Mordlust, starkes Mitleid, den Wunsch zu retten, auch erotische Erregung empfinden und den Wunsch haben, sich aus dieser Beziehung zurückzuziehen. Diese Gefühle werden normalerweise als Manifestationen projektiver Identifizierung verstanden. Sie repräsentieren im Modell nach Klein und Bion Projektionen unmodulierter primitiver Gefühlszustände des Patienten, deren Metabolisierung durch eine Bezugsperson ausgeblieben ist und die daher vom Individuum nicht in umgewandelter Form re-introjiziert werden können.

In einer Erweiterung des Bindungskonstrukts kann man postulieren, dass im Sprechzimmer eine der Kindheit des Patienten sehr ähnliche interpersonelle Situation hergestellt wird, in der die vermeintliche Bezugsperson (der Therapeut) möglicherweise durch intensive, ihn stark beanspruchende und eventuell überfordernde Emotionen von seiner Aufgabe, als sichere Basis zu fungieren, abgelenkt wird. Das

Trauma der nicht-spiegelnden Bezugsperson wiederholt sich im Therapeuten, der den Sog der wirkmächtigen Gefühle spürt und nicht imstande ist, die mentalen Zustände des Patienten präzise zu reflektieren – obwohl diese Gefühle ursprünglich durch den Patienten hervorgerufen worden waren. Der Druck auf den Therapeuten, »auszuagieren« – seine kontrollierenden, ärgerlichen, liebenden, zurückweisenden oder alles bereitwillig annehmenden Gefühle auszuleben –, ist hartnäckig. Wie eine desorganisierte Bezugsperson fürchtet sich der Therapeut vor seiner eigenen Angst und ist bestrebt, sich dieser durch Handeln zu entledigen oder vermittels Rollenumkehr den Patienten zum Empfänger seiner intolerablen Gegenübertragungsgefühle zu machen. Hierin liegt eine Versuchung, einer chaotischen Situation eine Art Pseudo-Ordnung aufzuzwingen, was die Spaltung in der inneren Welt des Patienten zwischen Kontrolle und dem darunterliegenden unmodulierten Chaos und Terror nur vergrößert.

Mit einem ähnlichen Dilemma ist man bei der Arbeit mit BPS-Patienten durch das Aussprechen von Worten konfrontiert. Es ist völlig klar, dass Worte elementar für das Einordnen und Verarbeiten schmerzlicher Gefühle sind. Die menschliche Stimme an sich wirkt beruhigend; eine Gute-Nacht-Geschichte schläfert uns ein, sodass wir erst am Morgen wieder aufwachen; die Lebensgeschichte einer Person zu erzählen bedeutet, diese Geschichte zu objektivieren und zu verifizieren und scheinbar unzusammenhängenden Begebenheiten und Gefühlen eine Bedeutung zu verleihen. Aber für BPS-Patienten bedeuten Worte auch eine Bedrohung; sie wecken schmerzliche Erinnerungen, arbeiten seinen Abwehrstrategien entgegen und drohen, nackte Angst und Panik freizulegen. Wie ich schon im 2. Kapitel sagte, kann dieses Funktionsniveau des BPS-Patienten als Äquivalenz- im Gegensatz zum Als-ob-Modus verstanden werden. Dabei ruft ein Wort direkt eine Erfahrung anstelle einer Repräsentation dieser Erfahrung hervor, führt deshalb zu Zuständen von Affektüberwältigung und ist nicht hilfreich beim Verarbeiten und Beherrschen von Gefühlen.

Somatisierung und das Versagen des Mentalisierens

Eine weitere Vignette soll diesen Punkt illustrieren. Eine Frau mittleren Alters mit Namen Annabelle war zur Psychotherapie aufgrund einiger neurologisch unerklärlicher Anfälle überwiesen worden. Sie berichtete mir, dass sie diese Anfälle als sehr besorgniserregend empfand, weil sie dachte, eine Art Schlaganfall zu haben, weil die rechte Körperhälfte immer schwächer werde und dass sie deshalb befürchte, ihren behinderten Ehemann nicht mehr pflegen zu können. Sie beschrieb mir die fortschreitende rheumatische Erkrankung, an der er litt, berichtete, dass ihr Sohn vor Kurzem einen schweren Motorradunfall hatte und dass ihre Tochter mit dem falschen Mann zusammenlebte. Sie machte deutlich, dass sie und ihr Mann sich nie stritten und wie wichtig ihr ein seelenruhiges Familienleben war, nachdem ihre Kindheit so stark von Konflikten überschattet war.

Als ich sie nach ihren Kindheitserfahrungen fragte, kam es zu der typischen Beschleunigung ihres Atemrhythmus und sie wirkte abwesend, beides charakteristisch für das »ungelöste« Bindungsmuster. Plötzlich brach es aus ihr heraus, dass ihr Vater die Mutter ermordet hatte und dafür zehn Jahre im Gefängnis saß, dass sie von ihren Geschwistern geächtet wurde, als sie sich weigerte zu glauben, dass er dieses Verbrechen begangen haben sollte, und dass er sie nach der Entlassung aus dem Gefängnis bedrohte, woraufhin auch sie beschloss, nichts mehr mit ihm zu tun haben zu wollen.

An diesem Punkt versuchte ich, die Situation zusammenzufassen, und erklärte ihr, diese beträchtlichen Traumatisierungen und Verluste in ihrem Leben könnten den »Zuckungen« zugrunde liegen, weil der Körper seine Empfindungen auf die eigenartigste Weise ausdrücken kann. Ich hatte noch nicht ganz zu Ende gesprochen, als sie einen »Anfall« bekam. Ihre Augen trübten sich ein, sie begann sich zu schütteln, vor allem die rechte Körperhälfte, ihre Lippe verschob sich nach oben und sie wirkte völlig abwesend. Diese Episode dauerte ungefähr eine Minute und anschließend schien sie schläfrig und in ihren Bewegungen verlangsamt.

Aus neuropsychiatrischer Sicht handelte es sich hierbei wahrscheinlich um einen »Pseudo-Anfall«. Aus der Bindungsperspektive betrachtet lag eine psychosomatische Antwort auf etwas vor, das ihr wie ein psychischer Übergriff vorgekommen sein musste, bei dem das neuronale Netzwerk aktiviert wurde, das sich durch vorhergehende Traumata etabliert hatte. Van der Kolk (2003) schließt daraus, dass »der Körper nichts vergisst«. Ihre Reaktion zeigte einige der von Main und anderen Autoren beschriebenen Charakteristika von Bindungsdesorganisation bei D-Kindern in der Fremden Situation – bizarre Körperhaltung, stereotypes Verhalten, inkongruente affektive Reaktionen. Ihre Antwort kam sofort nach meinem Kommentar, mit dem ich für sie unvereinbare und unerklärliche Begebenheiten zueinander in Bezug setzen wollte – ein erster Versuch, ihre Erfahrungen zu ordnen und ihnen Bedeutungen zuzuschreiben. Die Patientin stecke in einem Nähe-Vermeidungs-Dilemma: Das beginnende Erschließen von Bedeutung birgt das Potential, ihr Gefühl von Sicherheit und Kontinuität zu verstärken, aber gleichzeitig wecken allein die Worte schon schreckliche traumatische Erinnerungen.

Was ist dann zu tun? Wie können wir verhindern, dass sich »D-Dilemmata« in der Therapie wiederholen? Die Antwort, wenn es denn eine gibt, liegt im Mentalisieren oder im »Nachdenken über das Denken« und im Unterscheiden zwischen »Als-ob-«

und »Äquivalenzmodus«. Im Fall überwältigender Gegenübertragungsgefühle muss der Therapeut in der Lage sein, sie zu containen – sie als das zu verstehen, was sie sind, ohne sie zu verdrängen, abzutun oder sie auszuagieren. Das erfordert ein hohes Maß an Affektregulierung und eine ausgeprägte Mentalisierungskompetenz – genau jene Fähigkeiten, die in der psychotherapeutischen Ausbildung durch Selbsterfahrung und Supervision weiterentwickelt werden sollten. Der Therapeut muss imstande sein, Gegenübertragungsgefühle wie auch die Handlungen, die aus ihnen hervorgehen, nicht als »real«, sondern als symbolisierte Bedürfnisse oder innere mentale Zustände des Patienten zu betrachten und diese Vermutungen in Worte zu fassen.

Nehmen wir einmal an, ein Therapeut arbeitet mit einer Patientin, die sexuell schwer missbraucht wurde. Diese ist in der Lage, die »Fakten«, also das, was sich zugetragen hat, zu beschreiben, allerdings ohne die dazugehörigen Gefühle. Der Therapeut jedoch empfindet Ekel und Wut und beginnt sich vorzustellen, der Patientin anzubieten, sie zu begleiten, um ihren Peiniger zu konfrontieren. Dies tatsächlich zu tun, denke ich, würde höchstens die typische D-Reaktion bei der Patientin hervorrufen – Panik, Verlegenheit, ein Gefühl der Hilflosigkeit und den Wunsch, Kontrolle wiederzuerlangen. Stattdessen könnte ein einfühlsamer Therapeut etwas Ähnliches sagen wie: »Offenbar ist es sehr schwierig für Sie, diesen Gefühlen allein ins Auge zu schauen, aber auch, dass Sie sich sehr schämen, wenn Sie dies zusammen mit einer anderen Person tun – es ist also in jedem Fall unerträglich für Sie.« Der Therapeut begreift seine eigenen Antworten hierbei als etwas, das den emotionalen Zustand des Patienten reflektiert, repräsentiert oder symbolisiert. Indem er eine »Konversation über die Konversation« anregt, zeigt er dem BPS-Patienten die Möglichkeit einer gemeinsamen Sprache über intime Erfahrungen auf.

Was der Patient braucht, sind nicht nur Worte oder Bedeutungen, sondern Worte über Worte und Bedeutungen von Bedeutungen. Anstatt der Patientin im Stil des dozierenden Fachmanns mitzuteilen, dass ihre Anfälle ihr unverarbeitetes Trauma repräsentieren, wäre es vielleicht besser gewesen zu sagen: »Wir *könnten* über den Schmerz und das Trauma reden, das Sie durchgemacht haben, und das mag helfen, die Häufigkeit Ihrer Anfälle zu mindern, aber es kann auch sein, dass sie dadurch zunehmen, denn wir würden uns den schmerzlichen Themen zuwenden, die Sie für eine so lange Zeit so effektiv verdrängt haben.«

Helfen an der Grenzlinie

Patienten, die an Persönlichkeitsstörungen leiden, haben Schwierigkeiten, ein stabiles Gespür dafür aufrechtzuerhalten, dass sie selbst wie auch andere Menschen

Überzeugungen, Wünsche und Intentionen haben, und daraus erwachsen ihnen gravierende Nachteile in interpersonellen Beziehungen, was auch Auswirkungen auf ihre problematischen Kontakte zu sozial-medizinischen Einrichtungen hat. Zu den wichtigsten Aufgaben der Therapie von Patienten mit BPS gehört es, ihnen einen »denkenden Anderen« zur Seite zu stellen, der planen und intervenieren und sie als Personen aus einer Perspektive verstehen kann, in der Mentalisieren die zentrale Komponente ist. Dies als Therapeut allein zu bewerkstelligen ist äußerst schwierig. Jedes organisierte Hilfsangebot für Menschen mit schwierigen, komplexen oder Borderline-Störungen bedarf eines *Teams*, das sich ganz dem Mentalisieren und dem verwandten Begriff des *Im-Bewusstsein-Halten* verschreibt. Die Hoffnung richtet sich darauf, dass diese Funktion des »Im-Bewusstsein-gehalten-Werdens« schließlich vom Patienten als eine selbstreflexive Fähigkeit verinnerlicht wird, die sein Beziehungsleben verbessert. Diesen Patienten wird die Kontinuität von inniger Hilfe oder Fürsorge angeboten. Es liegt in der Natur von BPS-Patienten, dass sie dazu neigen, alle Versuche, eine solche Kontinuität zu gewährleisten, zunichte machen. Durch Hervorheben und Beharren auf Beständigkeit und langfristigem verbindlichen Sich-Einlassen versucht man, die zerstörerischen Eigenschaften abzumildern, die für diese Patientengruppe so charakteristisch sind und jeden Mitarbeiter von konventionellen psychiatrischen, psychotherapeutischen und sozialen Diensten so perplex und resigniert zurücklassen.

Die Befunde zu Eltern von sicher gebundenen Kindern (vgl. 7. Kapitel) lassen vermuten, dass das Geheimnis von Bindungssicherheit eine Kombination aus mentalisierender Empathie und dem Gefühl ist, alles irgendwie meistern zu können. Wirksame Hilfsangebote für BPS-Patienten müssen sich daher durch Folgendes auszeichnen: a) klare Autoritätsverhältnisse (z. B. bei der Entscheidung, dass ein Patient kurzzeitig stationär aufgenommen werden muss), b) ein jederzeit unzweideutiges Gespür dafür, von wem das Baby »gehalten« wird, c) klar abgegrenzte Rollenverteilungen, so dass die therapeutische Funktion (dem Patienten dabei zu helfen, selbstzerstörerisches Verhalten zu verstehen und zu mentalisieren) und die Verwaltungsfunktion (dem Patienten zu helfen, mit medizinischen, finanziellen, beruflichen und anderen Aspekten zur Risikoabwägung, Bildung und Wohnungssituation zurechtzukommen) getrennt bleiben, d) gute und regelmäßige Kommunikation zwischen den verschiedenen beteiligten Kollegen, was die reflexive Kapazität einschließen sollte, Gegenübertragungsphänomene zu untersuchen und nachzuvollziehen, wie die von Spaltung und Projektion beherrschte innere Welt des Patienten sich auf die verschiedenen Teammitglieder auswirkt. Ohne ein derartig organisiertes Hilfsangebot ist Psychotherapie allein bestenfalls ineffektiv oder kann vieles sogar verschlechtern. In solchen Situationen ist keine Behandlung manchmal die bessere Lösung.

Bevor wir uns weiter mit diesem Thema in Bezug auf Suizid befassen, einer dauerpräsenten Bedrohung im Leben der BPS-Patienten und derer, die mit ihnen arbeiten, wende ich mich für einen Moment einer anderen unvermeidlichen Borderline-Eigenschaft zu: Schuld. Ich beginne mit einem trivialen, aber, wie ich hoffe, etwas unterhaltsamen Beispiel, das die Allgegenwart dieses Themas verdeutlichen soll.

Die Schuld auf das Opfer schieben

»AGA« ist ein mittlerweile ökologisch nicht mehr vertretbares Symbol des britischen Landlebens, ein kombinierter Wärmespeicherofen und Küchenherd, der von dem schwedischen Ingenieur und Nobelpreisträger Gustaf Dalén entworfen wurde; es handelt sich dabei um eine robuste und ansehnliche Maschine, die einen selten im Stich lässt. Wenn sie dann doch einmal Probleme macht, bricht das Gefüge des Mittelklasse-Landlebens auseinander. Das Ding repariert zu bekommen wird zu einer dringenden Angelegenheit.

Als unser Herd anfing, sich zu überhitzen, war George, der »AGA-Mann«, in weniger als einer Stunde bei uns. »Kein Problem, das ist in einer Stunde geregelt.«

Auch nach einigen Stunden hatte er ihm noch nicht wieder Leben einhauchen können. Als es ihm schließlich gelungen war, rieb er sich die Hände, so als wollte er uns signalisieren, dass er froh war, uns los zu sein und aufbrechen zu können. Tatsächlich war es ein produktiver Besuch gewesen, ich hatte Einiges über die Arbeitsweise des Herdes gelernt und er hatte im Gegenzug, nachdem er erfahren hatte, was ich beruflich tat, bewegend von einem Trauerfall erzählt, den er kürzlich zu beklagen hatte.

Zwei Stunden später hatte sich der »AGA« wieder verabschiedet. George wurde auf seinem Handy angerufen und kam zu Hilfe. Eine genauere Einstellung der Ölzufuhr und der elektronischen Zeitsteuerung, und weg war er wieder, obwohl ich diesmal leichte Veränderungen in seiner normalerweise leutseligen und hilfsbereiten Art feststellte, als er irgendetwas über abgenutzte Muttern und nicht zugängliche Ansaugleitungen murmelte. Ein heißes Bad an diesem Abend war eine Freude und eine Erleichterung, aber am Morgen hatte sich eine weitere Tragödie ereignet, als wir feststellen mussten, dass der Herd erneut aufgegeben hatte. Voller Beklommenheit wurde George erneut zurückgerufen. Er schien uns gegenüber freundlich genug, jetzt, da er aber vor der viereckigen Haushaltsgöttin kniete, schlug seine Irritation in Wut um und er begann, erst auf die Leute, die sie ursprünglich installiert hatten, und dann auf die Maschine selbst zu schimpfen, die, so hatte er entschieden, völlig fehlerhaft war, ganz offensichtlich in der Fabrik schnell zusammengehauen und ein typisches Beispiel überbewerteter skandinavischer Designkunst. – In diesem Moment ging mir auf, dass wir einen »Borderline«-AGA vor uns hatten.

(George hatte sein Bestes gegeben, aber als nach ein paar Tagen unser AGA erneut nicht mehr funktionierte, wandten wir uns an einen anderen Installateur, der die Ursache des Problems behob: ein defekter Thermostat.)

Die Bezeichnung »Borderline« wird von Psychotherapeuten, den Autor eingeschlossen, zur Genüge verwendet. Sie ist zum Synonym für »schwierige« Patienten geworden, die an Persönlichkeitsstörungen leiden – also langanhaltende Probleme im zwischenmenschlichen Bereich haben, die mindestens bis auf die Adoleszenz zurückgehen und anscheinend tief in der Persönlichkeitsstruktur verwurzelt sind.

»Borderliner« können durchaus problematisch sein. Sie widersetzen sich den Regeln der normalen Medizin – willig zu kooperieren und auf das, was ihnen angeboten wird, einzugehen; sie sind eine bestimmte Zeit lang »krank«, um dann dankbar aufgrund eines medizinischen Wunders zu genesen. Sie werden oft als »chaotisch«, »manipulativ«, »antisozial«, »selbst-destruktiv«, oder als »Leute, die Schwierigkeiten machen«, beschrieben.

Wenn in diesen Attributen auch ein Körnchen Wahrheit liegen mag, so sind sie doch eindeutig ein Beispiel dafür, dem »Opfer die Schuld zuzuschieben«. Borderline-Patienten hatten fast immer eine emotional verarmte und/oder durch Missbrauch gekennzeichnete Kindheit. Dies wiederholt sich, wenn sie mit Hilfsinstitutionen wie beispielsweise einer psychiatrischen Abteilung in Berührung kommen.

Wenn etwas oder jemand – ein AGA oder ein Borderline-Patient – nicht auf unser Hilfsangebot eingeht, sind wir – zuerst eher subtil – geneigt, unserem Gegenüber die Schuld zu geben, anstatt unseren eigenen Anteil zu untersuchen oder objektiv zu betrachten, was sich wirklich zugetragen hat. Imstande zu sein, über diese Neigung nachzudenken, ist eine notwendige Mentalisierungsfertigkeit. Als ich in einer psychiatrischen Abteilung mit sehr schwierigen Patienten arbeitete, stellte ich oft fest, dass ein Patientengespräch besser lief, wenn ich vorher meine Gefühle von Frustration und Impotenz gegenüber dem Team ablassen konnte, anstatt dem Patienten mit einem mürrischen Gesicht in moralisch einwandfreier Doktormanier gegenüberzutreten. Den eigenen »Hass« in der Phantasie näher zu untersuchen stärkt die »Kontaktsperre« zwischen Phantasie und Realität, anstatt sie zu Fall zu bringen, wodurch man empathischer mit den Verwirrungen des Patienten umgehen kann. Hätte sich George energischer bei seiner Frau darüber beschwert, was für schwierige Kunden wir waren, hätte er vielleicht eine größere Chance gehabt, dem AGA-Problem erfolgreich auf den Grund zu gehen.

Als ich anfing, in der Psychiatrie zu arbeiten, wurden »schizophrenogenen Müttern« die Schuld an der Erkrankung ihrer Kinder gegeben. Diese Eltern, so wurde behauptet, seien kühl, nicht ansprechbar und die Quelle von verwirrenden emotionalen Botschaften oder »double binds«, so dass ihre Kinder zwangsläufig verrückt werden mussten. Mütter und Väter von autistischen Kindern wurden im Gegenzug als »Kühlschrank-Eltern« bezeichnet. Heute erkennen wir die destruktiven Effekte solcher Zuschreibungen und wissen, dass sie den Schmerz eines Vaters oder einer Mutter mit einem psychisch kranken Kind nur noch vergrößern. Wir können auch beginnen, den Ursprung solcher Behauptungen in unserem relativen Unvermögen zu erkennen, schwer nachvollziehbare Psychosen zu verstehen, was auch in der Weigerung deutlich wird, objektive Faktoren wie die Genetik in Betracht zu ziehen, so wie George anfing, den AGA zum Sündenbock zu machen, als seine Reparaturbemühungen nicht fruchteten.

Ich plädiere nicht dagegen, sich selbst oder andere verantwortlich dafür zu machen, wenn etwas nicht funktioniert. Herauszufinden, wer »schuldig« ist, stellt eine wichtige therapeutische Aufgabe dar. »Alles zu verstehen heißt, alles verzeihen zu können« – das mag ein erstrebenswerter Zustand von Weisheit sein, aber viel muss geschehen, bis eine solche Gelassenheit erreicht werden kann.

Jean und das Unvermögen zu verzeihen

Jean hatte eine schreckliche Kindheit: Sie wurde von ihrem tyrannischen und perversen Vater brutal behandelt und sexuell bedroht. Ihre Mutter war eine schwache Persönlichkeit, die nur zuschaute und nicht in der Lage war, die Grausamkeiten ihres Ehemanns zu bändigen. Die Frühphase der Therapie bestand im Wesentlichen darin, nach und nach die Details durchzugehen, in welchem Ausmaß Jean physisch und emotional missbraucht wurde. In einer Sitzung sprachen wir über die Biographie ihres Vaters: Es stellte sich heraus, dass er es sehr schwer hatte; beide Eltern waren gestorben, als er zehn Jahre alt war, und er musste sich mehr oder weniger um sich selbst kümmern, weil es Einrichtungen für Waisen zur damaligen Zeit einfach nicht gab oder weil dort Ausbeutung der Kinder gang und gäbe war.

Als ich vorsichtig, wie mir zumindest schien, andeutete, dass »wir anfingen zu verstehen, wie die Lebensgeschichte Ihres Vaters dazu geführt haben mag, warum er Sie so schlecht behandelt hat«, entgegnete Jean wutentbrannt: »Wagen Sie es ja nicht, ihn auf diese Weise von seiner Schuld freizusprechen!« Mir ging auf, dass ich versehentlich in die Rolle der Mutter geschlüpft war, die außerstande war, die Patientin vor dem Vater zu schützen, und dass Jean auch gegenüber der Mutter Wut empfinden können musste, anstatt sie, wie bisher, in Schutz zu nehmen und sich mit ihr zu identifizieren.

Ich nahm diesen von mir verursachten Bruch zum Anlass anzumerken, dass Jean vielleicht wütend auf ihre Mutter war, weil diese mit einem Monster zusammenblieb und unfähig war, ihre Kinder von ihm abzuschirmen. Schließlich konnte sich Jean mehr von ihrer Mutter distanzieren, von der sie, so schien mir, nicht genug abgegrenzt war.

Über die Jahre hinweg machte Jean nur langsam Fortschritte und jeder Schritt nach vorn schien von einem oder zweien zurück gefolgt zu sein. Sie war von mir und den Sitzungen abhängig und führte ein unkonventionelles, eher eigenbrötlerisches Leben. Ich musste mich oft zurückhalten, um meine Gefühle des Ärgers und der Frustration ihr gegenüber nicht zum Ausdruck zu bringen – was wahrscheinlich wenig erfolgreich war, weil Jean kleine Nuancen von Emotionsäußerungen sehr genau registrierte. Ich musste lernen zu akzeptieren, dass ihre Art der Lebensführung für sie in Ordnung war, auch wenn es nicht mit meiner Sichtweise, dass und wie es einem Patienten besser gehen sollte, übereinstimmte: dass er eine zufriedenstellende Tätigkeit finden sollte, intime Beziehungen eingehen und genießen können sollte und schließlich immer weniger das Bedürfnis verspüren sollte, die Therapie in Anspruch zu nehmen.

Mir ging auf, dass ich mich zum Teil wie ihr Vater verhalten hatte, der ihr voller Ärger und mit Schuldzuweisungen zu verstehen gab, wie sich seine Kinder zu verhalten und wie sie aufzuwachsen hatten, anstatt sie so anzunehmen, wie sie waren, sodass ihr tatsächlich kein anderer Ausweg blieb, seiner Tyrannei zu entkommen, als eine etwas verschrobene Individualität zu kultivieren.

Erst nach einigen Jahren und mithilfe einer Tante, die ihr erzählte, dass sich ihre Eltern trotz der später auftretenden Schwierigkeiten in den ersten Ehejahren sehr geliebt hatten, konnte sie vieles aus der Perspektive ihres Vater betrachten (er hatte als Kriegsgefangener im Zweiten Weltkrieg Schreckliches durchgemacht) und ihm zumindest teilweise verzeihen.

Schnell mit Schuldzuweisungen zur Hand zu sein, das Opfer abzustempeln, zu stigmatisieren und das oder den »Anderen« verantwortlich zu machen – all das, was das tägliche Schicksal von Traumatisierten ausmacht – ist eine allgegenwärtige und reflexhafte Abwehr, besonders als Reaktion auf die Bedrohung, die diese Patienten manchmal darstellen, direkt oder indirekt bezüglich unserer Wirksamkeit als Helfer. Für uns Therapeuten ist es wichtig, die subtilen Manifestationen dieses Schuldmechanismus in uns aufzuspüren und ein ausgewogenes Verhältnis zwischen beidem zu finden: uns für unsere Fehler verantwortlich zu fühlen und in der Lage zu sein, nachsichtig mit uns umzugehen und uns selbst zu verzeihen.

Obwohl die Wissenschaft bestrebt ist, nach Bedeutung im Sinne von kausalen Zusammenhängen zu suchen, bewundern Wissenschaftler auch die intrinsische

Schönheit und Bedeutung in den Mustern und Formen der Natur, die ihre Suche nach Kausalität zu Tage fördert. Ganz ähnlich schätzen Patienten das Leben und seine Bedeutsamkeit in einem ästhetischen oder religiösen Sinne höher, wenn sie darum ringen, die Bürde ihrer Erkrankung – in einem weiteren Sinne und auf dem Mikro-Level von Emotionsregulierung und zwischenmenschlichen Beziehungen – ein wenig zu erleichtern. Wenn Borderline-Patienten uns oft schmerzlich mit Chaos und Durcheinander in Berührung bringen, helfen sie uns doch, Verbundenheit und Kontinuität zu schätzen und unsere Anstrengungen zu verdoppeln, diese Verbundenheit und Kontinuität im Angesicht desintegrierender und zerstörerischer Kräfte beizubehalten.

KAPITEL 11 | SUIZID UND SELBSTVERLETZEN

Suizidversuche und absichtliches Selbstverletzen von Borderline-Patienten sind Gemeinplätze im Leben dieser Patienten, die häufigsten Handlungen, die bei den jeweiligen Hilfseinrichtungen höchste Alarmstufe auslösen. Suizide gehören zu den mysteriösesten und unverständlichsten menschlichen Verhaltensweisen. Sie stehen außerhalb der normalen Bandbreite erwartbarer Handlungen des Menschen.

So wie beim Kindsmord (Hrdy 1999) kann eine evolutionäre Perspektive helfen zu verstehen, was auf dem Spiel steht. Bei einer Entsprechung aus der Tierwelt, genauer: am Boden nistender Vögel, kann man beobachten, wie ein »altruistischer« Ausreißer sein eigenes Leben riskiert, um einen Feind von den Jungen oder den schwächeren Mitgliedern des Schwarms wegzulocken. Die Evolutionsbiologie macht dieses scheinbar maladaptive Verhalten verständlicher, indem sie sich auf die Hypothese von den »egoistischen Genen« beruft, wonach ein Tier – mit »rationalen« Überlegungen – seinen Phänotyp opfert, um seinen Genotyp zu retten, der durch die Artgenossen verkörpert wird. Damit steigen die allgemeinen Chancen, dass seine Gene in der nächsten Generation überleben (Dawkins 1978). Der bedeutende mathematische Biologe J. B. S. Haldane soll auf die Frage, ob er sein Leben für »das eines anderen hergeben würde«, geantwortet haben: »Ja, wenn es sich um einen identischen Zwillingsbruder, zwei meiner Kinder, vier meiner Enkelkinder, acht meiner Urenkel handeln würde.«

Der Gedanke des altruistischen Suizids ist fest in der menschlichen Kultur verankert, vom griechisch-römischen »Ehren«-Selbstmord bis hinzu japanischen Kamikaze-Piloten und der Welle (nicht nur islamischer) Selbstmordattentäter, die ein so hervorstechendes Merkmal der modernen Guerilla-Kriegsführung sind. Genetisches Überleben ist hier auf eine soziale Stufe gehoben worden, auf der es um das Leben von Gleichgesinnten geht, ob nun genetisch verwandt oder nicht, damit das Überleben der eigenen Gruppe und ihres Wertesystems sichergestellt wird. Eines der wichtigsten Narrative der Endzeit des britischen Empire ist Scotts »gescheiterte« Polarexpedition im Jahr 1912, in deren Verlauf sein Kompagnon Captain Oates, als er realisierte, dass seine körperliche Schwäche die gesamte Mission auf dem Rückweg gefährden würde, sein Zelt verließ, dem Blizzard entgegenlief und nie mehr gesehen wurde. Seine Worte zum Abschied – »Ich gehe nach draußen, es kann eine Weile dauern …« – stehen symbolisch für das in anglo-imperialem Gewand daherkommende heroische Selbstopfer.

Im Gegensatz zu dieser evolutionären Sichtweise wird Suizid von einigen Autoren als allein den Menschen vorbehaltenes Potential beschrieben, als existentielle Folge des »freien Willens« (Camus [1942] 2004). Aber diese Betrachtung erweist sich in vielen Fällen als Trugschluss, weil viele Menschen, die Selbstmord begehen, dies nicht in einem autonomen, vollkommen zurechnungsfähigen Geisteszustand tun, sondern durch psychiatrische Störungen eingeschränkt sind. »Psychologische Autopsien« lassen vermuten, dass mindestens 90 Prozent aller Suizide von Personen begangen werden, die psychisch erkrankt sind, hauptsächlich an Depressionen. Personen, die sich umbringen, scheinen nicht so sehr von ihrem Menschenrecht Gebrauch zu machen, sich das Leben zu nehmen, sondern sie fühlen sich vielmehr dazu veranlasst, weil ihr »psychisches Gleichgewicht gestört ist«, wie es in der britischen Juristensprache heißt.

Suizid zu mentalisieren bedeutet zunächst, von dem ausschlaggebenden Unterschied zwischen suizidalen Gedanken und dem eigentlichen Akt auszugehen. »Der Gedanke an den Selbstmord ist ein starkes Trostmittel: mit ihm kommt man gut über manche böse Nacht hinweg.« (Nietzsche, *Jenseits von Gut und Böse,* 4, 157) »Suizid ist das Einzige, was mich am Leben hält … Wann auch immer alles andere nicht mehr hilft, muss ich nur an Selbstmord denken und innerhalb von zwei Sekunden bin ich so fröhlich wie ein Dummkopf. Wenn ich mich aber nicht umbringen könnte – ah, dann würde ich es tun.« (Walker Percy, zitiert nach Gabbard und Westen 2003)

In schwierigen Momenten des Lebens über Suizid nachzudenken oder ihn in Erwägung zu ziehen ist normal und manchmal sogar hilfreich. Aber einen Schritt weiterzugehen, also Suizidgedanken in die Tat umzusetzen ist ein destruktiver Akt, dessen negative Effekte fast immer und sehr deutlich die mutmaßlich positiven überwiegen. Suizidale Menschen mögen vielleicht davon ausgehen, dass sie, wenn sie sich umbringen, nicht länger eine »Bürde« für ihre Angehörigen bedeuten; der Schmerz der Trauer über den Suizid jedoch, abgesehen von ungewöhnlichen Umständen wie beispielsweise einer nicht heilbaren und unerträglichen Krankheit, wiegt schwerer als die vorübergehende Erleichterung, die er bringen mag. Im Moment der Selbstauslöschung mag dem Leidenden Suizid als der einzig mögliche Ausweg aus einer Sackgasse erscheinen. Aber das Unbewusste steht niemals still: Wenn sich Gefühle verändern, mildert sich eine Depression. Wenn der Suizid abgewehrt werden kann, dann folgt dem Leiden in einem hoffnungslosen Tief fast ausnahmslos ein Zustand geringeren psychischen Schmerzes. Der Mentalisierungsperspektive liegt das implizite Paradox zugrunde, dass die Fähigkeit, über Suizid nachzudenken, voraussichtlich verhindert, dass er wirklich eintritt – selbst wenn die Konsequenz dieses Reflektierens eine Form des Leugnens ist, indem man schließlich zu sich sagt: »Unter keinen Umständen werde ich diesen Weg gehen.« Umgekehrt steigt die Wahrscheinlichkeit eher als sie sinkt, wenn eine Person nicht in der Lage ist, über Selbstmord zu sprechen und nachzudenken. Wenn Menschen sich mit Selbstmordgedanken tragen, hilft es ihnen, ein »Suizidnarrativ« zu entwickeln, um über suizidale Impulse zu sprechen, anstatt sie auszuagieren.

Das Konzept des Suizidnarrativs ist mit einigen unterschiedlichen theoretischen Ansätzen (kognitiven, psychoanalytischen, psychobiologischen) vereinbar. Diesen Modellen ist gemeinsam, dass sie den suizidalen Akt als das Endergebnis der Auswirkungen einer Kette von »Ereignissen« auf die Psyche ansehen, wobei jedes einzelne einen schweren narzisstischen Rückschlag (Streit mit oder das Verlassenwerden durch den Partner, Verlust des Arbeitsplatzes, überwältigender physischer oder psychischer Schmerz, Scheitern eines Vorhabens, Bankrott) bedeutet. Auch sogenannte »Nicht-Ereignisse« (der nicht gelesene Brief in Thomas Hardys Roman *Tess von den d'Urbervilles*; ein erwarteter Telefonanruf, der ausblieb) können zum Suizid führen. Diese narrative Kette zu rekonstruieren, in Übereinstimmung mit den psychischen Reaktionen des Leidenden – bewusst und unbewusst –, ist die Vorbedingung, um den eigentlichen suizidalen Akt verstehen zu können. Das Suizidnarrativ ist ein Versuch, den unintegrierten Lebenserfahrungen, die ein wesentlicher Bestandteil der Suizidalität sind, Bedeutung zuzuschreiben, den unverständlichen überwältigenden negativen Affekten (und vielleicht sogar »unerträglichen« positiven Gefühlen – in dem Wissen, dass die Intensität von Gefühlen unweigerlich nachlässt; Liebende sagen zueinander, wenn ihre Leidenschaft am größten ist: »Lass uns jetzt sterben«) Sinn zu geben.

Therapeutische Ansätze zum Suizid zielen darauf ab, die Rechtfertigung und die Pseudo-Rationalität von Suizid als »Antwort« auf die Schwierigkeiten einer Person zu dekonstruieren. Dabei muss man sich allerdings hüten, der betreffenden Person nur andere partielle Bedeutungszusammenhänge als Erklärungsmuster aufzudrängen. Jede Perspektive tendiert dazu, ihren eigenen favorisierten Erklärungsrahmen zugrunde zu legen: psychoanalytisch (Suizid als verdeckte Form von Mord), kognitiv (Suizid als Übergeneralisierung gegenwärtiger Hoffnungslosigkeit) oder neurobiologisch (Serotoninmangel). Die Mentalisierungsperspektive dagegen ist durch Vorbehalte gegenüber einer allzu enthusiastischen Vereinnahmung durch jeglichen spezifischen theoretischen Ansatz gekennzeichnet.

Generell kann Suizid als etwas verstanden werden, das durch die Beeinträchtigung oder den Zusammenbruch des Bindungsnetzwerks eines Individuums ausgelöst wird. Ohne eine Person, an die man sich bei Bedrohung wenden kann, ist man extrem verwundbar, wie Ödipus, der für seine Erblindung selbst verantwortlich ist und aus Theben vertrieben wurde. Der Tod erscheint dann als bevorzugte Alternative zu extremer emotionaler Isolation. Menschen, deren Bindungen beeinträchtigt sind, werden ein leichtes Ziel für Ausbeutung, Schikane und Mobbing, wodurch sich ihre schon vorhandenen Gefühle des Nicht-Dazugehörens noch verstärken. »Außenseitern« fehlt die sichere Basis innerhalb ihrer sozialen Gruppe und sie sind eine mögliche Zielscheibe für Vorurteile und Angriffe. Der Verlust – von Land, Angehörigen oder Freunden, Status, Gesundheit – macht eine Person doppelt verwundbar: erstens durch die psychobiologische Reaktion auf den Trauerfall selbst und zweitens, weil die Person, die man verloren hat, genau jene Person oder Gruppe verkörperte, an die man sich bisher in schweren Zeiten gewendet hat. Entwicklungspsychologisch betrachtet findet das Fehlen einer internalisierten sicheren Basis in der Kindheit Nachhall im Fehlen eines sicheren Selbst im Erwachsenenalter. Affektregulierung ist deshalb problematisch: Es gibt niemanden, der helfen kann, überwältigende Gefühlszustände zu mildern; außerdem gibt es nur wenige positive regulierende Erfahrungen aus der Vergangenheit, auf die man sich berufen kann. Wenn psychischer Schmerz unerträglich wird, gibt es kein stabiles inneres Selbst, auf das man sich bei der Suche nach Trost und Beruhigung verlassen kann.

Schneiderman (1993) hat in seinen bahnbrechenden Studien zur Psychodynamik des Suizids Scham als ein Gefühl von außerordentlicher Wichtigkeit identifiziert, das Gefühl, ein Ausgestoßener zu sein, in der eigenen sozialen Gruppe ungewollt und nicht akzeptiert. Scham bedeutet das Unvermögen, aushalten zu können, von Anderen gesehen zu werden – man ist seiner Abwehrstrategien beraubt und wird, um auf den Armen Tom in der Heide im *König Lear* zurückzukommen (eine Szene absoluter Unsicherheit), »das Ding an sich ... ein ärmliches, entblößtes Tier«. Patienten, die an psychotischer Depression leiden, sind oft völlig mit Scham erfüllt. Sie fühlen sich nackt und verwundbar und der Möglichkeit beraubt, eine sichere Basis wiederzufinden. Das Versagen von Mentalisierung – der Fähigkeit, durch Depression verzerrte Gedanken als das zu sehen, was sie sind – kann einen so Betroffenen zu der pseudo-rationalen, »altruistischen« Sichtweise verleiten, dass es seiner Familie besser ginge, »wenn er nicht so eine Last« oder »wenn er nicht mehr da wäre«.

Bindungstheoretisch betrachtet sind Suizid, gescheiterter Suizid und Para-Suizid/selbstverletzendes Verhalten (SVV) eher entlang einem Spektrum zu verorten und nicht als unterschiedliche Entitäten zu sehen. Jeder vollzogene Selbstmord oder ernsthafte Suizidversuch ist dennoch von einer gewissen Hoffnung zu überleben gekennzeichnet, wie winzig auch immer, was sich in einem Narrativ zum Leben nach dem Tod (s. unten) oder einer Wendung des Schicksals äußert, die einen Sterbewilligen in der letzten Sekunde den Klauen des Todes entreißt. Es besteht immer die schwache Hoffnung, dass ganz unerwartet das Telefon klingelt, dass die Tabletten doch nicht die tödliche Dosis waren, dass die Schlinge reißt. Genauso, wenn auch oft belanglos erscheinend – eine Handvoll Tabletten, die sich jemand während eines Streits schnell in den Rachen wirft –, *spielt* SVV mit der Idee des Todes und führt, besonders wenn es wiederholt dazu kommt, zu statistisch stark gestiegenen »unbeabsichtigten« oder »halb-unbeabsichtigten« Todesraten. Klinisch ist es ratsam, davon auszugehen, dass alle Patienten mit SVV zu einem gewissen Grad sterben wollen und dass alle »ernstlich suizidalen« Menschen irgendwo tief in ihrem menschlichen Wesen Hoffnung und Leben noch nicht komplett aufgegeben haben.

SVV wird oft abschätzig als »Aufmerksamkeit suchen« abgetan, was es tatsächlich ist, aber auf eine Weise, die erst durch die Bindungstheorie ganz verständlich wird. Wenn eine Bindung zu reißen droht, reagieren die Bezugspersonen oder der Betreute (Kind, Partner etc.) oder manchmal beide mit Protest, Ärger oder Wut. Protest angesichts einer Trennung ist gesund: Sicher gebundene Kinder in der Fremden Situation »beschweren« sich energisch, wenn ihre Bezugsperson sie für die Dauer von drei Minuten in einem fremden Raum zurücklässt, sind aber problemlos von der Mutter zu besänftigen, sobald diese auf den kindlichen Distress eingeht. Dies führt, wie schon erwähnt, zu negativer Verstärkung, deren Zweck es ist, die Bindungsbeziehung wiederherzustellen und weitere Bedrohung von ihr fernzuhalten.

Selbstverletzendes Verhalten kann als Entsprechung zu diesem gesunden Protest verstanden werden, allerdings fühlt sich hierbei der unsicher gebunden Leidende außerstande, seinen Ärger auf die Bindungsfigur zu richten, aus Angst, diese könne sich noch mehr von ihm entfremden. Der Angriff ist deshalb auf das Selbst und den eigenen Körper verschoben, wobei indirekt Fürsorgeverhalten ausgelöst werden soll. »Sich tot zu stellen« – etwa mit einer nicht-tödlichen Dosis von Schlafmitteln zu Bett zu gehen – kann eine Taktik sein, »in Sicherheit« zu bleiben, bis eine Gefahr vorüber und eine Bindungsfigur erneut erreichbar ist; bis ein Streit ausgestanden ist, die Aufregung des Partners ausreichend nachgelassen hat, so dass er sich seiner Rolle als Fürsorger wieder widmen kann. Nach einem Selbstmordversuch mittels einer Überdosis, der zur stationären Aufnahme führt, sieht man den entfremdeten Elternteil oder Partner sich nicht selten fröhlich mit dem Patienten auf der Bettkante unterhalten, oft zum Ärger des gesamten Pflegeteams (die Sicherheit der Situation erlaubt es, dass der Ärger des Patienten nun auf das Team projiziert wird). Die SVV-Episode hat ihr Wunderwerk vollbracht und normale Bindungsbeziehungen, einschließlich der Fähigkeit zu mentalisieren und wieder gesenktem Erregungsniveau, sind unter Umständen wieder hergestellt.

In welcher Beziehung steht die grundlegende Bindungstypologie zur Arbeit mit suizidalen Patienten?

Suizidales Verhalten bei »organisierter« unsicherer Bindung

Hyper- und deaktivierende Bindungsstrategien sind insofern als »organisiert« zu betrachten, als sie vorhersehbare Verhaltensmuster darstellen, wenn es darum geht, die Nähe zu einer sub-optimalen Bezugsperson aufrechtzuerhalten. Eine deaktivierende Person hat wahrscheinlich Eltern gehabt, die, obwohl verlässlich und »liebend«, die Wünsche nach Nähe ihres Kindes mehr oder weniger stark zurückgewiesen haben. Sicherheit wird dadurch erreicht, dass Bindungsbedürfnisse minimiert werden, auch wenn dies mit einer eingeschränkten Freiheit, zu explorieren und Emotionen auszudrücken, einhergeht. Diese Personengruppe hat im AAI und klinisch zu großen Teilen einen »vermeidenden« narrativen Stil. Wenn man Patienten aus dieser Gruppe im Anschluss an einen Suizidversuch befragt, fällt es ihnen schwer, die Details der Vorgeschichte, die zu dem Versuch führte, und ihre Gefühle während dieser Zeit zu beschreiben: »Ach, das ist ja jetzt alles vorbei, ich will eigentlich nicht darüber nachdenken« – »Das ist einfach irgendwie passiert, ich weiß auch nicht, warum ich das getan habe, irgendetwas muss über mich gekommen sein.« Es kann durchaus vorkommen, dass diese Patienten zum nächsten vereinbarten Termin nicht erscheinen.

Die hyperaktivierende Person hatte nicht weniger liebevolle Eltern, die dazu neigten, unbeständig und vergesslich zu sein. Unter diesen Umständen und unter Stress war es eine erfolgreiche Strategie, wahrgenommen zu werden und sich damit sicher zu fühlen, Bindungsbedürfnisse in übersteigerter Form zu äußern, sich an jemanden zu klammern, um seine Präsenz spürbar zu machen. Diese Personen zeigen oft einen »verstrickten« narrativen Stil, äußern sich viel zu weitschweifig und haben Schwierigkeiten, ihre Lebensgeschichte kohärent zu erzählen, was den Interviewer verwirrt und überwältigt zurücklässt. »Naja, das reicht alles bis dahin zurück, als ich zwölf war und mit meinen Freunden im Urlaub war und mich unheimlich ausgeschlossen und fett gefühlt hab …« Die Gespräche nach einem Suizidversuch mit diesen Patienten sind oft schwierig zu beenden und es kann zu häufig geäußerten Nähewünschen kommen, Telefonanrufen und verzweifelten Versuchen, den Therapeuten zu kontaktieren, wenn eine andere Krise eintritt.

Verglichen mit Deaktivierung findet man SVV sonst häufiger bei hyperaktivierenden Personen, die sehr sensibel bezüglich Unaufmerksamkeit sind, für die »Sturm und Drang« nur eine kleine Veränderung ihrer emotionalen Befindlichkeit bedeutet und die mit Panik und verstärktem Bindungsverhalten auf die kleinsten

Beziehungsbrüche, Missverständnisse und minimale Meinungsverschiedenheiten reagieren. Deaktivierer sind unter Umständen gegen Beziehungsabbrüche besser abgeschottet und daher weniger empfänglich für SVV. Allerdings können vermeidende Personen, wenn sie mit einem Verlust konfrontiert sind, in einen äußerst bedürftigen Zustand »rutschen«, wenn seit Langem abgewehrte Verletzlichkeiten plötzlich und mit voller Kraft zuschlagen, was zu einem ernsthaften Suizidversuch führen kann, der sich scheinbar »aus heiterem Himmel« ereignet und manchmal tragisch »erfolgreich« ist.

Desorganisierte Bindung, Borderline-Persönlichkeitsstörung und Suizid

Suizidales und selbstverletzendes Verhalten sind integraler Bestandteil des Syndroms der Borderline-Persönlichkeitsstörung. Frauen mit dieser Symptomatik haben oft mehrere Selbstmordversuche mittels einer Überdosis von Medikamenten hinter sich, ihre Arme sind mit Wunden übersät, die sie sich mit Rasierklingen oder Scheren beibrachten. Männliche Patienten mögen sich verletzt haben, während sie betrunken waren oder unter dem Einfluss von Drogen standen, und sich unter Umständen schwerwiegendere Verletzungen wie mit brennenden Zigaretten, außerdem Knochenbrüche oder Verstümmelungen zugefügt haben. Suizid ist eine häufige Ursache für den frühzeitigen Tod bei BPS-Patienten und die Reduktion suizidalen Verhaltens ist als Indikator für den Erfolg einer Behandlungsstrategie anerkannt (vgl. Bateman und Fonagy 2008).

Zwei suizidrelevante Eigenschaften stellen eine Verbindung zwischen desorganisierter Bindung und BPS her: Schwierigkeiten in der Affektregulierung und problematisches Mentalisieren. Im Fall von desorganisierter Bindung sind die psychobiologischen Bindungsprozesse, die notwendig sind, um mit Zuständen erhöhter Erregtheit umzugehen, gestört. Ein unter Stress stehendes Kind ist von einer Fürsorgeperson begleitet, die nicht in der Lage ist, effektiv und vorhersagbar auf den Distress ihres Kindes einzugehen. Das Kind bleibt daher mit einem »ungespiegelten« und potentiell überwältigenden negativen Effekt allein. Fonagy et al. (2002) gehen davon aus, dass dieser ungespiegelte negative Effekt als »implantierter«, potentiell Schrecken erregende, »fremde« Teil des Selbst erfahren wird. Das unmentalisierte Kind selbst ist nicht in der Lage, seine Gefühle zu mentalisieren/zu visualisieren. Es zieht sich in den »Als-ob-Modus« zurück oder bleibt im »Äquivalenzmodus« gefangen. In einer alptraumhaften Phantasierealität verloren macht es die Erfahrung, dass seine Wahrnehmungen und Ängste in Bezug auf andere Menschen eine tatsächliche Realität darstellen. Es kann Gedanken und Gefühle nicht von der Realität unterscheiden, ist überwältigt von Gefühlen, und es gibt keinen Platz für rationales Denken.

Überträgt man diese Muster auf adoleszente und erwachsene BPS-Patienten, so sind suizidale und selbstverletzende Verhaltensweisen aus dem Blickwinkel der Bindungstheorie zu verstehen. Patienten, die an BPS leiden, sind oft extrem reizbar, was ihre emotionalen Reaktionen betrifft; sie sind sehr leicht durch die kleinsten Stimuli in Rage zu bringen, was sie in einen hypererregten Zustand versetzt, in dem sie unfähig sind, klar über ihre eigenen und die Gefühle Anderer nachzudenken. Sie operieren, von der »Äquivalenz«-Annahme ausgehend so, dass alles, was sie fühlen, *Realität ist.* Das »fremde« Selbst kann als innere Stimme oder Dämon empfunden werden und den Leidenden zur Selbstverletzung veranlassen. Diese Aufforderung fühlt sich unglaublich »real« an und kann nur mit großen Schwierigkeiten als Teil des Selbst betrachtet werden – vielleicht als ein ärgerlich missbrauchter, empört Rache suchender Aspekt.

Ein wichtiges Merkmal ernsthafter Suizidversuche ist die Phase der Ruhe und Entspannung, die nach Berichten von Patienten, die einen Suizid überlebt haben, eintritt, nachdem die Entscheidung, sich umzubringen, einmal getroffen ist. Plötzlich eröffnet sich ein Weg, dem quälenden Gefühlschaos zu entkommen. Der Tod ist der »attraktive Fremde« (Gleick 1987), der endlich dafür sorgt, dass unerträgliche Gefühlszustände ihre Macht verlieren. Das fragmentierte Selbst findet schließlich im Vorhaben des Suizids zusammen. Plötzlich zeichnet sich ein Ausweg für die unlösbaren Probleme ab, die ein Leben mit ungespiegeltem Schmerz mit sich bringt. Ein wichtiger Teil der therapeutischen Arbeit mit BPS/Suizidüberlebenden besteht darin anzuerkennen, dass Suizid auf diese Art eine große Verlockung ist.

Therapeutische Strategien mit suizidalen Borderline-Patienten

Wie ich im letzten Kapitel erklärt habe, sind alle drei Komponenten erfolgreicher Therapie – Bindung, Bedeutungserschließung und das Fördern von Veränderung – für suizidale Borderline-Patienten problematisch. Bindungsbedürfnisse bei Patienten, die an BPS leiden, sind äußerst stark ausgeprägt und nur schwer herunterzuregulieren. BPS-Patienten erleben ihre Therapeuten und alle anderen Personen, die mit ihnen arbeiten, als gleichgültig, sie verlassend, feindselig oder intrusiv. Watts und Morgan (1994) haben festgestellt, dass den Selbstmorden stationärer Patienten eine warnende Periode »unheilvoller Entfremdung« vorausgeht, in der sich die Beziehung zwischen Patient und Pflegeteam verschlechtert. Da sich der Patient missverstanden fühlt, greift er in seiner Verzweiflung zum Ausweg des Suizidversuchs, um dem Team das Ausmaß seiner Verzweiflung vor Augen zu führen. Die Vorstellung von Veränderung an sich ist bedrohlich. Weniger selbstzerstörerische, heilsamere Alternativen haben offenbar nicht viel mehr als Leere oder einen unmöglichen Traum zu bieten.

Die Erregung bei BPS-Patienten ist häufig derart überwältigend, dass sie die fragile Mentalisierungsfähigkeit dominiert und beeinträchtigt; dies liegt überwiegend den Beziehungsturbulenzen, die so typisch für diese Diagnosegruppe sind, zugrunde. Suizidales Verhalten ist dann am wahrscheinlichsten, wenn die emotionale Erregung am größten ist, was durchaus auf verquere Weise dazu dienen mag, unerträgliche Affekte zu regulieren. Therapeutische Strategien müssen beides einbeziehen: die Mentalisierungsfähigkeit fördern, formal und situativ, und dem Patienten gleichzeitig durch Selbstberuhigungs- und andere Strategien helfen, sein Erregungsniveau zu regulieren. Das bringt auch Zustände emotionaler Erregung oder Aufgebrachtheit mit sich, wenn der Patient beispielsweise durch irgendetwas aufgewühlt ist, das sich in der therapeutischen Umgebung zugetragen hat, sofort an seine Grenzen gerät und droht, den Raum zu verlassen. Das Team kann hier hilfreich sein, indem es den Patienten auffordert, den »Pause-Knopf« zu drücken (vgl. Bateman und Fonagy 2004), und anbietet, gemeinsam über das, was sich zugetragen hat, nachzudenken (auch vielleicht zuzugeben, dass es selbst zum Distress des Patienten beigetragen haben könnte), bevor hektische Entscheidungen getroffen werden. Auch die Achtsamkeitsübungen, Teil von Linehans dialektischer Verhaltenstherapie, haben zum Ziel, affektregulierende Gewohnheiten zu vermitteln, die angewandt werden können, wenn ein Patient aufgebracht ist.

Der psychoanalytische Begriff »Angriffe auf Verbindungen« (Bion 1967) als ein Merkmal schwerer psychischer Störungen stimmt mit der aktuellen Bindungstheorie bezüglich des Mentalisierens überein. In einem Zustand starker Erregung ist der BPS-Patient von seiner Fähigkeit zu denken abgeschnitten. Psychotherapie bietet die Möglichkeit (was nicht heißt, dass diese auch immer angenommen wird), dem Patienten zu helfen, ein kohärenteres inneres Leben und Erleben zu entwickeln, bei dem Gefühle und das Denken im Kontext einer dauerhaften Verbindung zu einer Bezugsperson zusammenarbeiten. Die Therapie ermöglicht die Erfahrung einer sicheren Basis – auch wenn diese zeitweise unvermeidlich eingeschränkt ist und deren Reparaturprozesse einen entscheidenden Teil des therapeutischen Geschehens ausmachen – aus der heraus kohärentere, organisiertere und integriertere Formen des Bezogenseins auf sich selbst und auf Andere entstehen können.

Die Diagnose von BPS umfasst eine große Bandbreite von Schwierigkeiten und Schweregraden; kein Behandlungsansatz ist sämtlichen Patienten mit dieser Symptomatik angemessen. Meine weiteren Ausführungen sind willkürlich in therapeutische Strategien unterteilt, die sich auf drei Patienten-Typen beziehen: a) der Borderliner auf »hohem Funktionsniveau«, der mit den normalen Parametern der ambulanten Psychotherapie zurechtkommt, ganz gleich ob privat oder öffentlich finanziert; b) der schwer gestörte Borderliner, der für eine intensive Therapie mit einem definierten »Behandlungsprogramm« in Frage kommt; und c) der »*Treatment-as-usual*-Patient«, der nicht in der Lage oder nicht willens ist, sich einer intensiven Behandlung zu unterziehen, und bei dem es im Vordergrund steht, iatrogene Effekte zu vermeiden. Ich werde jeden dieser Fälle an einem klinischen Beispiel illustrieren.

Stationäre psychoanalytische Psychotherapie mit suizidalen Patienten

Je suizidaler und schwerer gestört ein Patient ist, desto mehr Aufgabenteilung ist bei der Betreuung wünschenswert. Neben seinem Therapeuten braucht der Patient einen Bezugspfleger, dessen Aufgabe es ist, die suizidalen Episoden zu bewältigen, was notfalls auch die Anberaumung einer stationären Einweisung mit einschließt. Der Therapeut muss sich darauf verlassen können, dass ein anderer für das Überleben des Patienten sorgt, während seine eigene Rolle nicht primär lebensrettend ist, sondern darin besteht, dem Patienten *verstehen* zu helfen, warum er nicht mehr leben will, und die lebensbejahenden Aspekte des Selbst zu mobilisieren, die überleben wollen.

Frühe Arbeiten zu den Indikationen und Kontraindikationen kurzer psychodynamischer Therapie (z. B. Malan 1979) führen Suizidalität als Kontraindikation für diese Art von Psychotherapie auf. Die Patentlösung, dass es »so etwas wie eine Notfallpsychotherapie nicht gibt«, trifft noch immer zu. Wenn der Kern von Psychotherapie das Mentalisieren ist und hohe Erregungsniveaus Mentalisieren unmöglich machen, dann bedeutet die Angst, die mit akuter Suizidalität assoziiert ist, dass in der Frühphase eher zurückhaltendes Zuhören, Flexibilität und »Managen« erforderlich sind als formale Therapie. Direkt nach einem akuten Trauma haben Beratung und Therapie eher einen negativen Effekt; das zeigen die Befunde.

Es ist allerdings klug anzunehmen, dass jeder Psychotherapiepatient potenziell suizidal ist. Ein Absatz zur Anamneseerhebung aus dem Medizinstudium ist hier relevant. Auf die Frage »Schlagen Sie Ihre Frau?« lautet die Antwort höchstwahrscheinlich »Nein, natürlich nicht, wie kommen Sie denn darauf?« Andererseits kann die Frage »Wie oft schlagen Sie Ihre Frau?« mit einem »Oh, nur zweimal in der Woche« beantwortet werden.

»Welche Rolle spielt Selbstmord in Ihren Gedanken?« oder »Wie nahe waren Sie einem Selbstmord in der Vergangenheit und wie nahe sind Sie ihm jetzt?« sind Fragen, die man jeder depressiven, traurigen oder trauernden Person vorlegen muss, auch wenn die zu erwartende Antwort »Das könnte ich meinen Kindern nicht antun« oder »Ich denke viel darüber nach, aber ich habe nicht den Mut dazu« lautet. Es ist tatsächlich ein Kennzeichen von Narzissmus, wenn man noch nie über Selbstmord nachgedacht hat; umgekehrt kann die Fähigkeit, die eigene Suizidalität zu mentalisieren, ein Anzeichen psychischer Gesundheit sein. Therapeuten sollten »mit dem Tod vertraut« und darauf eingestellt sein, dass manche Menschen sich in der Realität umbringen, wenn es ihnen schlecht geht oder wenn sie psychotisch sind. Deshalb sollten Therapeuten immer wieder in der Lage sein, das Thema ohne Bedenken, aber auch ohne Sensationsgelüste anzusprechen.

Die implizite Botschaft dieses Kapitels lautet: Vollständige Mentalisierungsfähigkeit und der suizidale Akt sind unvereinbar. Selbst wenn keine formale psychiatrische Erkrankung vorliegt, ist die Balance der Psyche einer suizidal handelnden Person aus diesem Blickwinkel betrachtet *immer* gestört. Mentalisieren bedeutet das Gewahrsein, dass Gedanken »bloße« Gedanken sind und dass die intrinsische Fluidität der Psyche und der objektiven Realität mit sich bringen, dass es immer alternative Möglichkeiten und Auswege gibt. Wenn ein Mensch suizidal ist, übt immer einer der drei in Kapitel 2 näher erläuterten Prä-Mentalisierungsmodi Kontrolle über ihn aus. Viele Handlungen von selbstverletzendem Verhalten sind durch teleologisch (»wenn/dann«) motiviert: »Wenn ich mich ritze, weiß ich, dass ich mich besser fühlen werde.« Das Schlucken von Pillen und SVV werden Bestandteil eines Verhaltensregimes als Antwort auf Bedrohung oder Stress, wobei die Psyche auf der Suche nach rascher physiologischer Erleichterung im Sinne einer »pathologischen sicheren Basis« umgangen wird (Holmes 2001). Batemans und Fonagys (2004) Aufforderung, den »Pause-Knopf zu drücken«, ist der Versuch, diesen Prozess anzuhalten und den Leidenden in die Lage zu versetzen, über die Gefühle nachzudenken, die seinen Handlungen zugrunde liegen, sodass mögliche Alternativen in Erwägung gezogen werden können.

Im Gegensatz zu teleologischem Denken sind sich suizidale Personen im »Äquivalenzmodus« ihrer Gedanken bewusst, betrachten aber den unerträglichen psychischen Schmerz und die empfundene Auswegslosigkeit ihrer Situation als die einzige mögliche Realität. Gustafson (1986) empfiehlt, dem Patienten alle früheren Phasen, in denen es ihm sehr gut und sehr schlecht ging, in Erinnerung zu rufen: Therapeuten, die mit Patienten arbeiten, die vornehmlich im Äquivalenzmodus agieren, wissen intuitiv, dass sie ihnen helfen, indem sie sie mit positiven und negativen Erinnerungen in Berührung bringen. Die Meditationsstrategien, Bestandteil dialektischer Verhaltenstherapie und kognitiver Therapie von Depressionen, zielen darauf ab, Patienten zu helfen, sich kontrolliert von sehr negativen Gedanken zu distanzieren. Die von psychoanalytischen Therapeuten verwendeten Deutungen, sofern sie undogmatisch kommuniziert werden, sind an sich schon mentalisierend, weil sie dem Patienten in seinem Gefühl der Hoffnungs- und Auswegslosigkeit eine neue Perspektive bieten, die in einen umfassenderen Prozess des Bedeutungszuschreibens eingebettet ist: Wenn man in einer Sackgasse steckt, ist das Ausweichen nach oben, in vertikaler Richtung, ein möglicher Ausweg.

Die Patientin Celia aus Kapitel 8, die so viel für Logik übrighatte, setzte Sicherheit damit gleich, einen Partner zu haben, den Partner mit Sex; keinen Sex haben zu können bedeutete, ihren Freund zu verlieren. Alleinsein war für sie gleichbedeutend mit Tod und deshalb war Suizid für sie die beste Wahl. Wir konnten ihr helfen, ihre Verwirrung oder das Verwechseln von Sex mit Sicherheit zu erkennen; und wir brachten dies mit der Rollenumkehr in ihrer Kindheit in Zusammenhang, die eine geängstigte oder zurückgezogene Mutter ausgelöst hatte, weswegen sie sich von ihren Gefühlen distanzierte. Jetzt war es ihr möglich, ihre Suizidalität als Suche nach Sicherheit zu verstehen.

Im Als-ob-Modus ist die Realität völlig irrelevant. Der Patient zieht sich ganz in eine Schein- oder Phantasiewelt zurück, in der nichts unmöglich ist. Hinzu kommt die prä-suizidale Phase der inneren Ruhe, in der der Leidende nach einer Phase quälender Verwirrung plötzlich und ganz kühl »erkennt«, dass es einen Ausweg *gibt* – in die Arme des Todes. Alles fügt sich, und das armselige menschliche Schicksal wird endlich überlistet: »Ich werde keinen Schmerz mehr spüren, meine arme Familie wird mich endlich los sein, und das Team in der Psychiatrie braucht sich nicht mehr um mich zu kümmern«, denkt die suizidale Person.

Die Arbeit mit Patienten in einer solchen mentalen Verfasstheit erfordert, dass man mit einem Bein in der Phantasiewelt steht, mit dem anderen aber fest auf dem Boden der Realität. Die Bedeutung der Phantasie wird anerkannt und mit ihr gespielt. Als Teil des »post-suizidalen Narrativs« fragen wir: Wer wird denn zur Beerdigung erscheinen? Wer wäre am meisten und wer am wenigsten erschüttert? Welche Musik würde gespielt werden? Wie wird sich alles weiterentwickeln? Nachfragen solcher Art werden nach und nach die tiefer verborgenen Wünsche, die sich hinter einem suizidalen Akt verbergen, offenbaren – nicht nur die Sehnsucht nach einem Ende des Leidens und einem Vergessen, sondern auch danach, wahrgenommen, umsorgt, wertgeschätzt zu werden, sich zu versöhnen, hilfreich, großzügig und liebend zu sein, Bitterkeit und Hass zu überwinden.

All das manifestiert sich oft auch in der Therapie. Eine zwischen zwei Sitzungen begangene suizidale Handlung mag eine Vergeltungsreaktion sein, gespeist aus dem Gefühl, dass »Sie ja nur Ihren Job machen, Ihnen ist es doch verdammt egal, ob ich am Leben oder tot bin«. Darin liegt der Wunsch, dass der suizidale Akt den Therapeuten schließlich zwingt, sich zu kümmern oder das Ausmaß der psychischen Qual des Patienten zu begreifen. Dieser mag das Gefühl haben oder sich vorstellen, dass sein Therapeut ein glückliches Familienleben ohne finanzielle Sorgen führt und gar nicht richtig einschätzen kann, was es heißt, so zu leiden. Der Suizidversuch ist ein letzter verzweifelter Hilfeschrei, der dem Therapeuten klarmachen soll, was es bedeutet, versagt zu haben und von einem Gefühl von Verlust, innerer Leere und Sinnlosigkeit überwältigt zu sein. Dem Therapeuten muss es gelingen, diese Gefühle zu würdigen und gleichzeitig an der Auffassung festzuhalten, dass im Fall eines Selbstmords das Leid der Hinterbliebenen ein vielfach größeres wäre als das Leid, das der Patient ihnen durch seinen Selbstmord von der Seele genommen zu haben glaubt.

Eine sehr praktische Frage bei der Arbeit mit suizidalen Patienten stellt sich im Hinblick auf die Frequenz der Sitzungen und die Auswirkungen von Unterbrechungen. Das Mentalisieren befähigt uns, Trennungen und Verluste auszuhalten; es bildet eine Klammer um die unvermeidlichen Brüche und Risse, die intime Beziehungen mit sich bringen. Sichere Bindung sorgt dafür, dass das Verunsichernde, das mit Trennungen und Distanziertheit einhergeht, erträglich ist. Aber die mentale Repräsentation von Sicherheit verblasst, wenn sie nicht immer neu verstärkt wird. Für eine gewisse Zeit getrennt zu sein erwärmt das Herz für einen anderen Menschen, allerdings nur für eine bestimmte Dauer, denn dann trifft schon bald »Aus den Augen, aus dem Sinn« zu. Therapeuten müssen ein Gespür dafür haben, wie lange ein suizidaler Patient ohne Kontakt überleben kann, und dafür, dass dies sehr von den Umständen abhängen kann.

Die »gute Brust«/sichere Basis der Therapie mag ganz natürlich »verblassen« oder vom Patienten, der sich am Ende der Sitzung verlassen fühlt, mental ausgelöscht werden, so wie er sich früher von einer abwesenden, abgelenkten, missbrauchenden oder unter Drogen stehenden Bindungsperson verlassen fühlte. Wenn die sichere Basis nur für 24 Stunden psychisch weiter abrufbar ist, so sind tägliche Sitzungen erforderlich und Unterstützung während der Wochenenden muss einkalkuliert und arrangiert werden. Ist der Abstand von einer Woche zu lang, muss ein weiterer therapeutischer Kontakt mit dem Hausarzt oder einer ambulanten Betreuungsperson zwischen den Sitzungen anberaumt werden. Auch urlaubsbedingte Pausen müssen durch eine Therapievertretung überbrückt werden. Nur die Bedeutung von Abwesenheit und ihrer Konsequenzen im Rahmen der Übertragung zu bearbeiten ist notwendig, aber nicht ausreichend; der Patient muss sie auch bewältigen können und die Grenzen der Therapie wie auch ihr Platz im größeren Kontext des Lebens des Patienten müssen berücksichtigt werden – und potentiell auch, was seinen Tod betrifft (ein tragischer Vorfall, bei dem dieses Prinzip scheiterte, vgl. Holmes 1997).

Intensive mentalisierungsbasierte Therapie für bestimmte suizidale Borderline-Patienten

Das Risiko von Suiziden zu beherrschen ist eine wesentliche Aufgabe für jede psychiatrische Einrichtung. Aus den oben schon erwähnten Gründen sind allgemeine psychiatrische Dienste oder Stationen nicht optimal auf die Arbeit mit Borderline-Patienten eingestellt und verursachen tatsächlich durch zu viel oder zu wenig Einbindung der Patienten häufig eine Verschärfung ihrer Beschwerden, was die ungünstigen Entwicklungserfahrungen dieser Personen wiederholt. Eine Spezialeinrichtung für Persönlichkeitsstörungen kann hier Abhilfe schaffen und »schwierige« Patienten zunächst diagnostisch beurteilen und anschließend in bestimmten Fällen spezielle Behandlungsangebote machen und eine iatrogene Verschlechterung der Symptomatik vermeiden. Das folgende Beispiel, auf das ich im 2. Kapitel schon kurz eingegangen bin, habe ich einem Erstgespräch einer solchen Einrichtung mit einem BPS-Patienten entnommen.

Peters Nemesis

Peter wurde in einer psychiatrischen Aufnahmestation für akute Fälle behandelt. Das dortige Team war mit seiner Weisheit am Ende. Einige meinten, er sei äußerst manipulativ und auf destruktive Weise abhängig und sollte daher besser entlassen werden; andere spürten, dass er intensive Hilfe brauchte, wussten aber nicht, wie sie zu ihm durchdringen konnten. Er war zwangseingewiesen und für einen längeren Zeitraum auf der Station behalten worden, weil er sich immer wieder, und besonders wenn er alkoholisiert war, die Arme »aufbohrte«. Er war 26 und im Lauf der letzten acht Jahre mehrfach für längere Zeit stationär behandelt worden. Seine eigentliche »Karriere« bisher war die eines psychiatrischen Patienten, der an Alkoholsucht, Depression und Borderline-Persönlichkeitsstörung litt.

Er wurde an die Spezialsprechstunde überwiesen, weil man feststellen wollte, ob man irgendetwas tun könne, um bei ihm den Teufelskreis aus Selbstverletzung, stationärer Aufnahme und dem Ausbleiben wirklicher Behandlungsfortschritte zu durchbrechen.

Peter war ein recht einnehmender junger Mann mit einem freundlichen Lächeln, der, so stellte sich heraus, auch ein guter Gitarrist war und in seiner Jugend eine eigene Band hatte (regelmäßig erkundige ich mich auch nach den Stärken und positiven Dingen im Leben meiner Patienten). Aber er vermittelte auch ein Gefühl von tiefster Niedergeschlagenheit und Hoffnungslosigkeit. Er hatte keine Vorstellung, dass sich in der Zukunft etwas für ihn zum Besseren wenden könnte, und war sich der Unterschiede zwischen seinem Zustand und dem eines durchschnittlichen 26-Jährigen durchaus bewusst. Auf eine »Macho«-Art schien er recht stolz auf die Unmengen an Cidre zu sein, die er trinken konnte, auch darauf, den selbst zugefügten Schmerz auszuhalten, wenn er gegen Wände boxte oder sich ritzte. Im Erstgespräch schilderte er eine typische Episode: Er war auf seiner Station und wollte Tabletten ausgehändigt haben (er nahm eine Menge Medikamente ein: solche, die ihm verschrieben worden waren, aber auch verbotene). Er fragte eine Person vom Pflegepersonal nach »Bedarfsmedikation«, aber sein Ansinnen wurde zurückgewiesen. Er fühlte eine unendliche Wut in sich aufsteigen, provozierte eine heftige Auseinandersetzung und rannte wutentbrannt davon, weg von der Station und aus dem Krankenhaus hinaus. Als er die Straße hinunterlief, fing er an zu weinen und fühlte sich unendlich unglücklich und trostlos. Da tauchte ein Suizidgedanke in seinem Kopf auf. Schließlich fühlte er sich innerlich ruhig, betrat den nächstgelegenen Laden, kaufte Rasierklingen und machte sich auf den Weg zu einer öffentlichen Toilette, wo er sich einschloss und sich die Pulsadern aufschnitt. Schließlich fand ihn die Polizei, die man nach seinem Verschwinden alarmiert hatte, und brachte ihn ins Krankenhaus zurück.

Ich spiegelte ihm seine Geschichte wie folgt zurück: »Sie wollen etwas unbedingt haben, Erlösung von großer Anspannung; Sie können es nicht bekommen; Sie geraten mit dem aneinander, der es Ihnen vorenthält, und hinter dieser Wut verbirgt sich Ihr Gefühl, allein und verlassen zu sein; dann richtet sich Ihr Ärger gegen Sie selbst und Ihren Körper, das oder der Einzige, worüber Sie Kontrolle haben; Sie begeben sich an einen Ort, an dem Sie allein sind, einen Ort primitivster körperlicher Bedürfnisse; endlich wird die Bedrängnis Ihrer Lage erkannt, zumindest teilweise, und Sie werden gerettet.« – Dieser dröhnende Monolog steht in krassem Gegensatz zu der Maxime, dass Deutungen besonders bei Borderline-Patienten kurz und punktgenau sein sollten – wie Überschriften in einem Boulevardblatt und nicht wie der Leitartikel einer führenden Tageszeitung (Bateman 2000, persönliche Mitteilung).

Ein schwaches, halb triumphierendes Lächeln huschte über sein Gesicht, fast so, als wäre er »erwischt« worden, auf frischer Tat dabei ertappt, einen Schlussstrich unter sein Leben zu ziehen. »Ja, das kommt so ungefähr hin!«, antwortete er lakonisch, um zu sagen: »Ihr schlauen Leute hier mögt zwar versuchen, mich auf eure spezielle Art zu ›verstehen‹, aber das hat nicht die geringsten Auswirkungen auf mich.« Die Antwort auf diese »Deutung« zeigt, wie in einem nicht-mentalisierenden Zustand therapeutische Bemühungen vom Patienten als irrelevant oder »verrückt« erlebt werden können. Der Patient scheint für jegliches Verstandenwerden unerreichbar zu sein und doch ist Verständnis genau das, was am dringlichsten gebraucht wird.

Peter hatte uns zuvor von den schrecklichen Streitigkeiten seiner Eltern berichtet, zu denen es in all den Jahren seiner Kindheit kam, und davon, wie er sich immer davonschlich, um sich in seinem Zimmer mit einem Kissen die Ohren zuzuhalten, damit er die Schreie nicht hören musste.

Ich fuhr fort: »Vielleicht erinnert Sie die einsame öffentliche Toilette ja an Ihr Kinderzimmer, während es um Sie herum zu all diesen Auseinandersetzungen kam. Ihr Ritzen ist vielleicht ein Versuch, den psychischen Schmerz und die Hilflosigkeit auszulöschen, in dem Sie sich selbst physischen Schmerz zufügen.«

Ich fragte ihn, ob ihn denn irgendjemand auf der Station verstehe. »Niemand«, antwortete er eindringlich.

»Wie sieht es mit der Bezugspflegerin aus?« (von der ich wusste, dass sie eine ausgezeichnete Krankenschwester war), fragte ich.

»Ach, die denkt doch nur, dass ich das Allerletzte bin, wie alle anderen auch.«

»Meinen Sie wirklich?«

»Naja, ich glaube, sie denkt das nicht wirklich, aber die meiste Zeit fühlt es sich so an.«

Dies illustriert, dass eine Kombination aus Empathie und Fordern nötig ist, um das Mentalisieren bei Borderline-Patienten zu stärken – in diesem Fall vielleicht nicht mehr als ein flüchtiges Aufscheinen davon. Jeder dieser Bestandteile für sich ist nicht ausreichend. Der Patient muss sich sicher fühlen: sicher, dass ihm jemand zuhört, der ihn nicht verurteilt, sondern versteht. Nur dann ist er in der Lage, seine affektiven Erfahrungen zu reflektieren. Patienten in der Therapie zu fordern bedeutet, sie stark mit einzubeziehen, sie davon abzuhalten, schmerzliche Themen zu vermeiden, und sie zu halten, so dass sie beginnen können, sich den Auswirkungen ihres Verhaltens zu stellen. Nichts von alldem ist erfolgversprechend, wenn keine sichere Bindung gegeben ist, die physiologische Erregung reduziert. Mentalisieren erfordert die Toleranz von Vulnerabilität – sich sicher genug zu fühlen, die Möglichkeit zu riskieren, etwas misszuverstehen, anzuerkennen, dass Emotionen die Vernunft ausschalten können. Peters Reaktion auf unsere Interventionen während des Erstgesprächs stimmte uns zuversichtlich, und deshalb überwiesen wir ihn in das intensive Behandlungsprogramm der Tagesklinik für Patienten mit dieser Symptomatik.

Stützende Arbeit und das Vermeiden von therapiebedingter Verschlechterung bei »Treatment as usual«-Patienten

In unserer eigenen Einrichtung war von den 49 Borderline-Patienten innerhalb von zwei Jahren ungefähr ein Drittel für einen speziellen Behandlungsansatz geeignet; die Übrigen wurden mit einem unspezifischen »Treatment as usual«-Programm behandelt (Chiesa et al. 2004). Personen in dieser letztgenannten Gruppe sind oft stark in dysfunktionalen Beziehungen gefangen, einschließlich des psychiatrischen Behandlungsteams. SVV ist für sie eine fast alltägliche Strategie, wenn sie mit emotionalen oder anderen Schwierigkeiten konfrontiert sind. Als Antwort auf meine Routinefrage, an wen sie sich in einer Krise wenden würden oder wenn sie ins Krankenhaus aufgenommen werden müssten, beispielsweise nach einem Unfall, antworten diese Personen meistens: »Oh, ich würde meinen Bezugspfleger/die Station/meinen Psychiater/das Krankenhaus kontaktieren« – ein sicheres Anzeichen, dass sie zutiefst mit dem Gesundheitssystem verwoben sind. Im Folgenden greife ich auf ein typisches, wenn auch extremes Beispiel zurück; es soll auch veranschaulichen, wie man im Fall eines Angriffs versuchen kann, weiterhin Unterstützung anzubieten, und wie das Selbst-Mentalisieren dem Therapeuten eine Möglichkeit bietet, die Arbeit mit schwierigen Patienten zu überleben.

Susans Masken

Es ist Freitag Abend, ungefähr 17 Uhr, ich sitze in meinem Auto auf dem Weg nach Hause, nach einer langen Woche, mein Handy klingelt. Am anderen Ende ist die Rezeption des Krankenhauses.

»Dr. Holmes?«

»Ja?«

»Haben Sie an diesem Wochenende Hintergrunddienst?«

»Nur ungern gebe ich zu, dass das der Fall ist.«

»Der Sozialarbeiter, der Bereitschaftsdienst hat, würde Sie gern sprechen.«

Ich biege ab und parke in einer Haltebucht.

»Es geht um Susan X.«

Mir stockte kurz der Atem. Ich kannte Susan gut. Um mit ihr zu arbeiten, braucht man Zeit und Geduld.

»Susans Freundin kam heute ins Büro, um mir mitzuteilen, dass sie sich große Sorgen um sie macht. Sie hat all ihren Besitz verkauft, ihre Katzen weggegeben und sagt, dass sie aus ihrer Wohnung auszieht. Es kann gut sein, dass sie suizidal ist. Ich glaube, wir müssen das abklären.«

»Wie schnell können Sie dort sein?«, frage ich den Sozialarbeiter.

»Nicht vor zwei Stunden, fürchte ich. Wir haben viel zu tun heute Abend.«

»Alles klar. Ich fahre direkt zu ihr. Kommen Sie, sobald es Ihnen möglich ist. Wenn ich sie überzeugen kann, sich freiwillig aufnehmen zu lassen, rufe ich Sie an. Wir sollten lieber auch die Polizei einschalten, Susan reagiert nicht gerade freundlich, wenn man sie zwingt, irgendetwas gegen ihren Willen zu tun.«

Ich kannte Susan schon seit einer Weile. Sie mag mich nicht besonders. Ich nehme an, das beruht zu einem gewissen Maß auf Gegenseitigkeit. Sie ist oft betrunken oder steht unter Drogen, wenn sie zu ihren Gesprächen kommt. Sie hat ihre spezielle Art, mich zu veranlassen, etwas für sie zu tun – oft wider besseres Wissen meinerseits: Briefe an die Behörde über ihre Wohnsituation zu schreiben, das Gesundheitsamt zu bewegen, teure Therapien zu übernehmen, die nach meiner Ansicht nicht viel bewirken können, und große Mengen von Medikamenten zu verschreiben, von deren Wirksamkeit ich keineswegs überzeugt bin.

Die Wahrnehmungen anderer Menschen von ihr sind unterschiedlich. Manche sehen sie in einem viel freundlicherem Licht. Sie ist auf jeden Fall intelligent und einfallsreich und sie hat ein schwieriges Leben gehabt. In ihrer Jugend war sie sexuell angegriffen worden. Sie leidet an einer Essstörung und ihr Gewicht pendelt extrem zwischen sehr mollig und völlig verhungert. Sie hat mehrfach Suizidversuche mit einer Überdosis Tabletten unternommen und sich mehrere Male die Pulsadern aufgeschnitten.

Ich verhalte mich ihr gegenüber eher schwach und gebe nach oder mache Zugeständnisse, in dem ich – ganz falsch! – schlechtes Benehmen »belohne«, um in Ruhe gelassen zu werden: eine kurze Verschnaufpause, die später nur viel mehr Ärger verursacht.

Ich komme bei ihr zuhause an. Sie öffnet die Tür, ihr Gesicht verrät eine eigenartige Gefühlsgemengelage aus Furcht, Durchtriebenheit, Triumph und Abscheu. Ich erkläre, warum ich zu ihr gekommen bin, dass »wir« in Sorge sind, sie könne suizidal sein, und dass wir eine »psychiatrische Abklärung« für nötig befänden und dass ich mit ihr sprechen wolle, um zu sehen, wie wir ihr helfen könnten. All das ist ein wenig aufgesetzt und nicht die ganze Wahrheit, weil sie genauso wie ich weiß, dass es nach diesen Nettigkeiten in meiner Macht steht, sie gegen ihren Willen ins Krankenhaus bringen zu lassen, um ihr das Leben zu retten. Sie weiß auch, dass sie mich dazu bringen kann, dies zu tun, was sie zum Opfer und mich zum Aggressor machen würde.

Sie bittet mich herein. Die Wohnung ist ordentlich, sauber, recht geschmackvoll eingerichtet. In der Hoffnung, ihr Vertrauen zu gewinnen, mache ich ein Kompliment bezüglich ihres künstlerischen Geschmacks. Sie wirkt gelassen und recht »normal«. Sie bietet mir eine Tasse Tee an, was ich ablehne, obwohl mir aufgeht, dass das vielleicht ein bisschen unfreundlich auf sie wirkt.

Ich frage, ob es stimmt, dass sie wegziehen wolle und ihre Katzen, die ihr so viel bedeuten, weggegeben habe.

»Und was wäre, wenn?«, entgegnet sie trotzig.

»Was ist los? Warum haben Sie plötzlich vor, hier die Zelte abzubrechen?« (Diese Metapher lässt meinen Kommentar vielleicht weniger wie ein Verhör klingen).

»Es gibt keine Zukunft für mich in dieser Stadt.«

Das klingt alles sehr vage. Ich habe den Eindruck, dass ich jedes Mal abgeblockt werde.

Ich spreche das »S«-Wort aus: »Denken Sie an Selbstmord? Fühlt es sich so an, als ob Ihr Leben lebenswert ist? Vielleicht denken Sie ja daran, Ihrem Leben ein Ende zu setzen.«

»Und wenn schon! Das hier ist ein freies Land.«

Jetzt ist es meine Pflicht zu entscheiden, ob sie im psychiatrischen Sinne »krank« ist. Nur wenn sie für sich selbst oder andere eine Gefahr darstellt und psychisch krank ist, haben wir das Recht, sie gegen ihren Willen zwangseinzuweisen.

Sie wirkt nicht allzu depressiv – aber, denke ich mir, vielleicht gibt sie nur vor, normal zu sein, und ist hinter ihrer Fassade tatsächlich schwer depressiv. Wenn sie das aber tun kann, heißt das nicht, dass sie normal ist? – wie in Joseph Hellers Roman *Catch 22*, nur umgekehrt: Piloten simulierten Irresein, um nicht bei sogenannten Himmelfahrtskommandos im Zweiten Weltkrieg eingesetzt zu werden, und per definitionem galten sie als normal.

Ich frage nach ihrem Schlafverhalten, Appetit, Konzentrationsfähigkeit, danach, ob sie sich niedergeschlagen fühlt.

»Sie wissen doch ganz genau, dass es mir nicht gut geht. Seit Jahren geht es mir so schlecht!«, schlägt es mir entgegen.

Ich entscheide mich, an das Gute in ihr zu appellieren. »Schauen Sie, wollen Sie nicht mit auf die Station kommen? Dann können wir in Ruhe über all das nachdenken« (hier unter Verwendung des Mentalisierens als ethischem Prinzip).

»Auf keinen Fall komme ich mit ins Krankenhaus. Bestimmt nicht. Warum lassen Sie mich nicht einfach in Ruhe und lassen mich mein Leben leben?«

»Oder Ihren Tod?«, sage ich zu mir selbst. Äußerlich ruhig (so hoffe ich), bin ich innerlich verwirrt und frustriert. Ich meine, dass es doch eine Möglichkeit geben muss, Susan zu bewegen, sich aus freien Stücken stationär aufnehmen zu lassen, damit wir ihre Suizidalität eingehender abklären und ihr eine Atempause verschaffen können.

Ich kann sie doch sicherlich überzeugen und damit den unangenehmen Aufwand vermeiden, Polizei, einen Sozialarbeiter und den Hausarzt herbeizuholen, so dass wir alle zusammen die nötigen Unterlagen für die Zwangseinweisung gegenzeichnen? Auf diesem Weg wäre sie, was ihre eigene Betreuung angeht, mit einbezogen – mit Sicherheit eine gute Sache. Ganz davon abgesehen käme ich auf jeden Fall zu spät nach Hause. Und überhaupt, wo bleibt eigentlich der Sozialarbeiter?

Aber so wie die Dinge liegen, heißt es: ihr Wille gegen meinen, und sie ist fest entschlossen, ihren Willen durchzusetzen, was bedeutet, wie mir klar wird, dass wir sie zwangseinweisen müssen. Damit wäre sie das Opfer und hätte erreicht, den Anteil, den sie am Zustandekommen dieser Situation von Anfang an hatte, zu verleugnen. In gewisser Weise hätten wir sie dann »vergewaltigt«. Ich rufe mir eine meiner psychiatrischen Maximen ins Gedächtnis – in letzter Instanz »gewinnt immer der Patient: es ist sein Leben, das auf dem Spiel steht, für uns nur unser Job« (ich spreche von »uns und denen«, eine Polarisierung, die mir Susan aufgezwungen hat).

Ich merke nun, wie ich allmählich immer weniger Verständnis für Susan aufbringen kann und eine feindselige Haltung ihr gegenüber einnehme, was all ihre Vorurteile über die Psychiatrie bestätigen muss. Es wirkt so, als ob dieser Prozess von ihrem und meinem Unbewussten geformt wird, über welches keiner von uns beiden viel Kontrolle hat. Aus ihrer Sicht wird sie eine Situation herbeigeführt haben, in der die Menschen, die ihr helfen sollen, sie eigentlich scharf überwachen – so dass sie dann sagen kann: »Da haben wir es! Sehen Sie, niemand kümmert sich um mich; die wollen mich doch nur ruinieren und sichergehen, dass sie ihre Checkliste zur Risikoabwägung durchgegangen sind.« Ich für meinen Teil muss mich damit auseinandersetzen, dass sich hinter meinem Bedürfnis, zu helfen und ein »guter« Arzt zu sein, auch Aggression verbirgt, dass ich ihr etwas heimzahlen will, indem ich ihr meinen Willen aufzwinge, weil ich bisher zu nachgiebig war.

Während mir all das durch den Kopf geht, bemerke ich, dass meine Augen die Wände ihres Zimmers begutachten. Plötzlich bemerke ich, dass dort Masken in allen möglichen Formen und Größen hängen, hauptsächlich afrikanische.

»Mir gefallen Ihre Masken«, so taste ich mich vor.

»Sammle ich schon seit einer ganzen Weile. Was ist damit?«, entgegnet Susan trotzig, aber ich spüre, dass sich ihre Stimmung dank dieser Ablenkung ein ganz kleines bisschen gehoben hat.

»Sie helfen mir zu verstehen, was sich hier gerade abspielt. Ich sehe Sie als eine Frau mit Masken. Es gibt Ihre ›Weisen Sie mich doch ein, wenn Sie den Mumm haben‹-Maske, Ihre ›Ich bin eine souveräne und unabhängige Frau, also warum lassen Sie mich nicht in Ruhe‹-Maske, aber ich frage mich, ob es da nicht auch eine ›Ich fühle mich ganz miserabel und hilflos und weiß nicht so recht, ob ich es ertragen kann, weiterzuleben‹-Maske inmitten all der anderen, die eigentlich gar keine Maske ist, sondern uns zeigt, wie Sie sich wirklich im Moment fühlen.«

Das schien nun doch ins Schwarze getroffen zu haben. Ihr kommen die Tränen und zumindest ist es mir für kurze Zeit gelungen, uns aus dieser Feindseligkeit und unserem Zweikampf herauszumanövrieren.

In diesem Moment klingelte es. Es war natürlich der Sozialarbeiter, der Hausarzt und zwei sehr jung aussehende Polizisten. Susan zog sich in ihr Schlafzimmer zurück und trotz der wackeren Versuche der Polizisten, sie zu überreden, »leise mitzukommen«, wurde sie am Ende zwangseingewiesen, weil wir dachten, es sei falsch, sie in diesem verletzlichen Zustand über das Wochenende allein zu lassen.

Wie ich befürchtet hatte, blieb sie einige Monate stationär, bevor eine geeignete Unterbringung für sie in einer Wohneinrichtung arrangiert werden konnte.

Dies war kein Ausgang, auf den man besonders stolz sein kann. Aber das Bild der Maske war hilfreich gewesen und hatte sich auch während ihres Aufenthalts im Krankenhaus als nützlich erwiesen. Jedesmal wenn ich mich ärgerte, dachte ich an Susans Masken und die einfache Überlegung, dass alles, was wir nach außen vorgeben, nur ein Teil der Wahrheit oder tatsächlich etwas völlig anderes ist als das, was wir innerlich fühlen. Das erinnerte mich daran, dass meine Aufgabe ja darin liegt, anderen Menschen zu helfen, besser mit der Welt zurechtzukommen und wahre Gefühle zu spiegeln, anstatt sie zu maskieren (vgl. Wright 1991). Es hatte sich als hilfreich erwiesen, meine eigenen Reaktionen auf Susan zu mentalisieren, auch wenn es ihr nicht viel geholfen hat. Es ist völlig gerechtfertigt, uns iatrogene, also ärztlich verschuldete Fehler vorzuwerfen – eine verfahrene Situation noch verschlimmert zu haben – denn, indem Susan uns durch »Manipulation« dazu gebracht hatte, sie zwangseinzuweisen, konnte sie ihren eigenen Anteil an ihren Schwierigkeiten leugnen und ihre Not und ihr Elend ausagieren, anstatt es zu mentalisieren. Bei so stark verstrickten Borderline-Patienten liegt vielleicht jegliche Hoffnung darin, dass das Pflegeteam sich seiner Fehler bewusst wird und sie nicht einfach blind begeht, was zumindest die Chance eröffnet, in der Zukunft aus ihnen zu lernen. Darin liegt der eigentliche Wert des Mentalisierens.

Zusammenfassung

Nachdem ihr geliebter älterer Bruder 1840 durch einen Unfall ertrunken war, begann für Elisabeth Barrett Browning eine Phase unüberwindlicher Trauer, die sich erst dann abmilderte, als sie von einem Freund einen Spaniel-Welpen namens Flush geschenkt bekam. Hier die zweite Hälfte ihres Sonetts *Trauer*:

> ... erzähle
> Sprich aus dein Leid, damit du ruhig stirbst.
> Oft wirkt der Schmerz hart, wie in Stein gesetzt,
> dass unvergänglich bleiben Leid und Wehen,
>
> bis einst das Denkmal selbst zu Staub verdirbt.
> Spür selbst: Die Augen sind nicht feucht benetzt.
> Könnt' es nur weinen, könnte es auch gehen.

Wenn wir trauern und die Phase des Suchens und des Protests sich erschöpft hat, folgt Verzweiflung, die so treffend von der Dichterin beschrieben wird – ein Stillstand »bewegungslosen Leids« und »ewig dauerndes Beobachten«. Da 90 Prozent der Suizide durch Depression verursacht sind (Lonnqvist 2000) und mindestens 70 Prozent der Depressionen die Folge von Verlusten, entweder akuten oder aus der Kindheit stammenden (Brown und Harris 1978), kommt solchen Themen wie Verlust und Trauer eine entscheidende Rolle zu, wenn es darum geht, die meisten Selbstmorde zu verstehen. Die suizidale Person hat die Talsohle ihrer Verzweiflung erreicht, ist allerdings nicht in der Lage, sich vorzustellen und damit eine Hoffnung für die Zukunft zu entwickeln, dass Aussöhnung oder eine Verbesserung ihrer Lage eintreten könnten. Zum Suizid kommt es dann, wenn die Psyche kein Zuhause mehr hat, keine sichere Basis, wenn der Mensch nicht weinen kann und nicht in der Lage ist, weiterzumachen.

Bowlby war der Pionier, als es darum ging, die psychischen Folgen auseinanderbrechender enger Bindungen zu beschreiben (Bowlby 1980). Ein aktueller Verlust kann einen früheren wieder zum Leben erwecken (vielleicht den Verlust eines Elternteils) und eine »narzisstische Wunde« sein – eine Attacke auf die eigentliche Struktur des Selbst. Als Reaktion darauf werden Bedürfnisse nach Beziehungen verleugnet, und im Gegenzug Selbstgenügsamkeit gesucht. Im Gegensatz zu den schmerzlichen Aspekten des Lebens scheint der Tod etwas zu sein, über das man Kontrolle hat. Wie rational dies auch wirken mag, es bedeutet dennoch einen Zusammenbruch des Mentalisierens. Das Denken ist letztlich relational; wie ich im 6. Kapitel beschrieben habe, bedürfen Vorstellungen oder Gedanken der »Gegenkontrolle« Anderer, bevor man sie als Handlung umsetzen kann, um sich zu vergewissern, ob die eigene Wahrnehmung der Realität mit der Anderer übereinstimmt (Cavell 2006).

Dem Suizid geht regelmäßig eine solche Störung oder Unterbrechung dieses beiderseitigen kommunikativen Flusses voraus. Enge Bindungen sind entweder in der unmittelbaren Situation (in der Auseinandersetzung mit einer geliebten Person) oder entwicklungsgeschichtlich bedingt (durch die nicht-mentalisierende Bezugsperson kann auch das Kind selbst nicht mentalisieren) zerbrochen. Mentalisierung ist die Antithese zum Stillstand. Das Denken ist immer in Bewegung, vorläufig, Gegenstand von Visionen und Revisionen (Eliot 1988) und bringt Standpunkte hervor, keine absoluten Wahrheiten. In der Therapie mit suizidalen Patienten geht es darum, ihnen zu helfen, ihre allzu realen suizidalen Gedanken als Produkte ihres Vorstellungsvermögens zu betrachten, das stark durch den erlittenen Verlust beeinträchtigt und verzerrt ist. Suizidale Absichten sollen dann nur als reine Vorstellung und nicht als konkrete Marschroute durch eine unabänderliche Realität betrachtet werden.

Da es der suizidalen Person nicht möglich ist zu mentalisieren, *weiß* sie, dass der Tod für sie der einzige Ausweg ist. Sie kann oder will andere Möglichkeiten nicht in Erwägung ziehen – dass »auch dies einmal vorübergehen wird«. Es ist die Aufgabe des therapeutischen Teams, dem Patienten zu helfen, die Fähigkeit, sich ein lebenswertes Leben vorzustellen, zu entwickeln oder wieder zum Leben zu erwecken – und/oder den Patienten so lange am Leben zu erhalten, bis dies möglich ist. Der Therapeut wird zu dem Anderen, in dessen Gegenwart der suizidale Patient mit seinen Selbstmordgedanken »spielen« kann – eine ansprechbare, spiegelnde Fläche, stark und dennoch einfühlsam. Die Hoffnungslosigkeit ist zeitweise im Therapeuten lokalisiert – um sie sicher zu verwahren. Als Mensch bin ich schon dafür, dass ein klar denkendes Individuum das Recht haben sollte, sich das Leben zu nehmen; als Therapeut setze ich mich gegen diesen Impuls energisch zur Wehr, wenn er sich bei einem Patienten manifestiert. Indem ich einen therapeutischen Dialog mit der suizidalen Person beginne, behalte ich einen *Standpunkt des Anderen* bei, der das Wesen des Mentalisierens ausmacht. Psychiatrische Spruchweisheit sagt, »dass es dort, wo es zur Depression kommt, auch Hoffnung gibt«: Auch die schwersten Depressionen ziehen sich zurück, zumindest bis zu einem gewissen Grad. Indem das Suizidnarrativ gemeinsam durchdacht und durchgesprochen wird, eröffnet sich dem Leidenden die Chance, den ständigen Widerstreit von Denken und Handeln neu zu betrachten. Wechselseitiges Mentalisieren mit dem Therapeuten zeigt nicht-suizidale Auswege auf, psychisches Leiden auszuhalten und zu überwinden.

KAPITEL 12 | TRÄUMEN

Der Psychoanalyse fällt es schwer, ein Erklärungssystem zu rechtfertigen, das viele verschiedene Deutungen eines jeden klinischen Phänomens zulässt (vgl. Wallerstein 2009). Freuds Metapher zum »Verdichtungsprozess« in Träumen (Freud 1900a) – komprimiertes Packeis, in dem viele Bedeutungen enthalten sind – übt eine gewisse Anziehungskraft aus, muss aber genauer »auseinandergenommen« werden. Wie ich im 1. Kapitel dargelegt habe, darf man das Problem, für jede bestimmte klinische Begebenheit die »richtige« Deutung zu finden, angesichts der Vielfalt der zur Verfügung stehenden psychoanalytischen Modelle nicht einfach übergehen (vgl. Tuckett et al. 2008), was die Bemühungen um Authentizität und Autorität verstärkt, die so charakteristisch für politische Auseinandersetzungen innerhalb der psychoanalytischen Bewegung sind.

Tuckett et al. sind Verfechter der Bionschen Begriffe »Polysemie« (mehrere Bedeutungen) und »Ungesättigtheit« (Offenheit für weitere Auslegungen) als Gegenmittel zum Dogmatismus (vgl. Ferro 2006). Mehrere Bedeutungen in Erwägung zu ziehen ist, bindungstheoretisch betrachtet, Kennzeichen des narrativen Stils einer sicher gebundenen Person. Matte-Blanco (1975) spricht vom »Unbewussten als unendlichem Set« von Bedeutungen. Im »Spielraum« (deutsch im Original) des Sprechzimmers oder eigentlich in *jedem* intimen Gespräch sind die dialogischen Möglichkeiten – Geschichten, Bilder, Metaphern, bildliche Vergleiche – unbegrenzt (vgl. Ferro 2006). Je sicherer die therapeutische Basis ist, desto besser wird der Patient in der Lage sein, seine verschiedenen Erfahrungen zu explorieren. Bollas (2009, S. 127) betrachtet das Unbewusste als etwas »unendlich Hinterfragendes«:

> Es hat den Anschein, dass wir unendlich neugierig sind zu ergründen, warum wir tun, was wir tun. Unsere Gedanken und Gefühle stellen uns ohne Unterlass Fragen, die uns beständig antreiben und nach denen wir handeln, meist jedoch, ohne uns dessen bewusst zu sein.

Auch auf die Stille – den Raum, in dem sich das Hinterfragen frei entfalten kann – trifft das Prinzip der Polysemie zu: Stille als ein Moment gemeinsamer Ruhe und gemeinsamen Haltens; als Schreckstarre, als Feststecken, als Raum für Tränen anstelle von Worten. Zeki (2008, S. 88) argumentiert aus neurowissenschaftlicher Perspektive, ein Merkmal großer Kunst sei die Fähigkeit, eine ganze Fülle von Bedeutungen heraufzubeschwören, von denen jede gültig ist und durch unsere Psyche repräsentiert werden kann. Aber diese »Ambiguität auf hohem Niveau« sollte nicht als Mehrdeutigkeit oder gar Vagheit abgetan, sondern als »Gewissheit verschiedener Szenarien« hoch gelobt werden. In der Vorstellung ist alles möglich.

Aus der Perspektive der Evolutionstheorie erweitert die Fähigkeit, verschiedene Optionen in Betracht zu ziehen, unser mögliches Verhaltensrepertoire, um auf jede beliebige Situation zu reagieren, und mit dieser Fähigkeit können wir uns in interpersonellen Kontexten in die Lage des Anderen versetzen. Aber irgendwann ist Schluss mit dem Spiel: Entscheidungen müssen getroffen, Handlungen ausgeführt werden. Patient und Therapeut wissen, wann sich eine Deutung »richtig« anfühlt und wann sie irrelevant oder einfach nur falsch ist. Die Therapie muss sowohl einen polysemischen und offenen Diskurs fördern als auch den Patienten helfen, ihrer Intuition, ihrem »Bauchgefühl« zu vertrauen.

Wie ich im 6. Kapitel dargelegt habe, »triangulieren« Therapeut und Patient ihre Beziehung auf der Suche nach Wahrheit. Die Gefühle des Therapeuten kristallisieren sich zu einem Bild, das charakteristisch für die Übertragungs-/Gegenübertragungsdynamik ist. So kann es beispielsweise vorkommen, dass der Patient implizit vermittelt: »Bewundern Sie mich, aber sorgen Sie gleichzeitig für mich« oder »Beneiden Sie mich, damit ich meinen eigenen Neid nicht spüren muss« oder »Ich will Sie einmal missbrauchen, damit Sie begreifen, wie es sich anfühlt, missbraucht zu werden.« Die innere Welt des Patienten wird ständig der imaginären Identifizierung des Therapeuten mit ihr entgegengehalten und überprüft, ob sie bestätigt, entkräftet, modifiziert und schließlich im Dialog realisiert oder umgesetzt wird.

Träume und Traumdeutung sind deshalb so entscheidend in der Psychoanalyse, weil sie gleichzeitig die spielerischen wie auch die wahrheitsuchenden Aspekte der Therapie triangulieren. Dank Freuds Entdeckung dieses »Königswegs« wird verständlich, wie in Träumen alle Ausflüchte, jegliche Augenwischerei, jegliches Abwehrverhalten und gesellschaftlich bedingte Höflichkeiten ausgeschaltet werden. Wenn ein Therapeut nicht mehr weiß, »was gerade los ist«, kann ein Traum die Rettung sein. Das Bizarre und die Kreativität des Traums erinnern den Träumer daran, wie überraschend reich an Material das Unbewusste ist. Das Nachdenken über und freie Assoziieren zu Träumen kann zu einer Deutung führen, die entweder dem Unbewussten des Patienten oder des Therapeuten entspringt und auf ihre Wahrhaftigkeit hin überprüft werden kann, daraufhin, ob sie zutrifft und »funktioniert« oder wieder in Vergessenheit gerät.

Oft findet eine Deutung Zugang zum Unbewussten durch ein bestimmtes Bild oder ein bestimmtes Wort, das dem Traum entstammt. Crispin zum Beispiel, der mit seiner Sucht kämpfte (Näheres im 7. Kapitel), ging schließlich doch zu einem Treffen der Anonymen Alkoholiker. In der darauffolgenden Sitzung beschrieb er einen Traum. Er war *im Urlaub in einem »Bad«(resort), allerdings in einem, bei dem aus dem »Überlaufpool« (infinity pool) das Wasser abgelassen worden war, so dass eine schäbige und geschmacklose Bar zum Vorschein kam.* Ohne viel nachzudenken sagte ich: »Ah, das scheint die letzte Zuflucht (resort) gewesen zu sein.«

Es gibt eine Bandbreite an Techniken, die sich vom Fokussieren auf ein Bruchstück des vom Patienten gebrachten Materials bis hin zu einer generellen Haltung frei schwebender Aufmerksamkeit reicht, wobei das Narrativ des Patienten die Psyche des Therapeuten durchdringt, bis sein Unbewusstes, seine Intuition mit einem Bild, einem Wort oder einem Gedanken antwortet. In meiner Supervisionsarbeit nenne ich diese beiden Ansätze das Arbeiten mit den »kleinsten Einzelheiten« (R. Hobson 1985) und »Träumen der Sitzung«. Beim ersten dieser beiden Ansätze kann es durchaus vorkommen, dass man als Supervisor den Bericht des Therapeuten über seine Arbeit abrupt unterbricht, um sich genauer mit einem Fragment der Interaktion zu beschäftigen, das aber schon das Ganze enthält. (Die Pianistin Imogen Cooper beschrieb ihre erste Unterrichtsstunde bei dem berühmten Schubert-Interpreten Alfred Brendel: Sie verbrachten eine ganze Stunde damit, an einem Akkord zu arbeiten, mit dem ein Impromptu von Schubert beginnt.) Wenn man »die Sitzung träumt«, wartet man den gesamten Fallbericht stillschweigend ab und verfolgt die eigenen Reaktionen auf das präsentierte Material, und wenn es sich um eine Gruppensupervision handelt, fordert man die Teilnehmer auf, ihre jeweiligen Reaktionen zu beschreiben, gewissermaßen als polysemisches »kollektives Träumen«.

In diesem kurzen Kapitel werde ich den Zusammenhang zwischen Triangulierung und dem Deutungsspielraum, der sich beim Nachdenken über Träume eröffnet, darlegen. Im Geiste der angemessenen Selbstoffenbarung, der dieses Buch durchzieht, folgt hier einer meiner eigenen Träume.

Pinot Noir

Ich wache auf und denke an Pinot Noir (Spätburgunder), zweifellos eine edle Rebsorte, aber die Worte lassen mich an etwas Schwarzes und Melancholisches denken. Dann fällt mir mein Traum wieder ein.

Ich bin auf einer Konferenz zur stationären Behandlung von psychiatrischen Patienten. Sie wird in einer europäischen Stadt abgehalten. Hohe Gebäude umgeben einen Innenhof. Aus den Fenstern der oberen Geschosse hängen Tücher heraus und Musik ist zu hören. Die Atmosphäre ist leicht und sonnig und fröhlich, aber ich bleibe irgendwie im Schatten. Mein Freund Lenny hat seine Violine mitgebracht und erzählt mir von einer therapeutischen »community« für psychisch Kranke, in der Patienten und Ärzte zusammenarbeiten und kreativ sind. Ich habe den Wunsch, auch Geige spielen zu können und einen Weg zu finden, dass es meinen Patienten besser geht.

»Warum schwarz und melancholisch?« frage ich mich. »Warum stehe ich im Schatten, im Abseits?«

Dann erinnere ich mich: Ich bin schon halb im Ruhestand, alles Weitere findet ohne mich statt. Ich bin in einen anderen Lebensabschnitt eingetreten. Ich muss diesen Verlust akzeptieren (und wenn ich in das Alter der Prostatabeschwerden komme, dann auch die damit einhergehenden Blasenprobleme hinnehmen). Wer etwas verloren hat, muss sich mit seinem Neid auf die Personen auseinandersetzen, denen das alles noch bevorsteht. Die Alten beneiden die Jungen, die Toten die Lebenden, die Kranken die Gesunden, die Bankrotteure die Reichen, die Trauernden diejenigen, die ihre geliebten Mitmenschen noch um sich wissen, die Unmusikalischen die Talentierten. Neid bezieht sich immer auf das Fehlen von etwas, nicht auf das, was man besitzt. Wie schon Charles Dickens sagte:

> Die schlimmste Art von Summe, die in der Alltagswelt zusammengebracht wird, ist die von kranken Arithmetikern berechnete, die bei den Verdiensten und Erfolgen Anderer die Subtraktion anwenden und bei ihren eigenen niemals die Addition ([1857] 2011, S. 79).

Die Fähigkeit, mit Verlusten umzugehen, in der Lage zu sein, sich zu verabschieden, über etwas hinwegzukommen, ist etwas zutiefst Menschliches. Darwin (der als Kind den Verlust seiner Mutter und in der Mitte seines Lebens den seiner Lieblingstochter zu beklagen hatte) ging davon aus, dass uns die natürliche Selektion um des Überlebens willen mit einer Neigung zur Fröhlichkeit und damit letztlich Verleugnung ausgestattet hat. Die Ranjewskaja-Familie in Anton Tschechows Stück *Der Kirschgarten* ist verzweifelt, weil ihre geliebte Plantage an einen neureichen Gutsbesitzer verkauft werden soll, der sie abholzen lassen und an ihrer Stelle Ferienhäuser bauen will. In weiten Teilen des Stücks ist die Familie niedergeschlagen, hysterisch, auf impotente Weise wütend. Als ihnen schließlich die Entscheidung zum Verkauf aufgezwungen worden und eine gewisse Zeit vergangen ist, scheinen sie sich unbekümmert damit zu arrangieren. In der vorletzten Szene haben sie ihren Garten völlig vergessen. Beiläufig erwähnen sie ihn als einen weißen Elefanten, der ihr spärliches Kapital verschlungen hat, ohne den sie sehr gut leben können, und sie sind voller Pläne für eine neue Zukunft. Das Stück endet mit Firs, dem alten, treu ergebenen Diener, der, zurückgelassen und vergessen, in der Düsternis des verlassenen Landhauses verbleibt. Handelt es sich hier um einen abgeschlossenen Trauerprozess, auf den ein neues Leben folgt, oder nur um ein Sich-Abwenden und Vermeiden? Oder beides? Wie so oft in Tschechows Werk, wohnt diesem Stück eine unnachahmliche Balance im Sinne Zekis (2008) »Ambiguität auf hohem Niveau« inne.

Ich werde im folgenden Kapitel näher darauf eingehen, dass Trauer einer eigenen psychischen Logik folgt, die sich der Kontrolle des Bewusstseins entzieht. Verleugnung, Wut, Gefühllosigkeit, Verzweiflung und Sehnsucht kann man zwar vielleicht für eine Weile verdrängen; aber man kann diesen Gefühlen, die man als Reaktion auf das Ableben einer nahestehenden Person erlebt, am Ende nicht aus dem Weg gehen. Sich mit einem Verlust abfinden; Neidgefühle; Schmerz und Leid durchleben, um erneut Hoffnung zu schöpfen; nicht verleugnen, was in einer dunklen Ecke unter Verschluss gehalten wird; imstande sein, sich nach einem Verlust wieder zu fangen – all das macht die tägliche Arbeit und das Leben eines Psychotherapeuten aus.

Um zu meinem Traum zurückzukehren: Heute Abend, denke ich mir, wirst du eine gute Flasche Wein öffnen, um diese Einsicht zu feiern. Aber … ich habe keinen guten Wein im Haus, nur willkürlich ausgewählte Flaschen aus dem Supermarkt. Jetzt erinnere ich mich an die »Tagesreste« des Traums: ein Gespräch mit meinem Schwager vom Vortag. Er hatte gerade eine Art Verlust durchzustehen, weil er aus einem großen Haus, in dem er 30 Jahre mit meiner Schwester gelebt hat, in eine kleine Wohnung umgezogen ist – und in die er seine vom ihm hochgeschätzten Weine mitgenommen hat. Ich beneide ihn um sein Organisationstalent und seine Ordnung. Das ist vielleicht die Erklärung dafür, wie der Pinot Noir in meinem Traum gelandet ist. Ist das eine Form meines Neides? Bin ich ein Therapeut in »Hansdampf in allen Gassen«-Manier, der sich nach der Reinheit analytischer Arbeit sehnt – nach der Fähigkeit, erlesene Deutungen zu machen, anstatt sich nur auf ein eklektisches Provisorium an Theorie und Technik stützen zu können? Wieder der Neid – der allgegenwärtige ungerechte Verfolger. Meine Aufgabe ist es, mich damit abzufinden. Wenn ich selbst nicht damit zurechtkomme, wie kann ich es dann von meinen Patienten erwarten?

Ich bin meinem Traum dankbar dafür, dass er mich daran erinnert hat.
Als Nächstes soll es jedoch um den Traum eines Patienten gehen.

Julies Traum: Zahlen und Ziffern

Ich war in einem Klassenzimmer, dort waren noch weitere zehn Schüler. Der Lehrer forderte uns auf, zehn Kurzgeschichten zu schreiben und mit ihnen im September zur kritischen Bewertung wiederzukommen.

Die Träumerin, Julie, wird depressiv. Sie weiß nicht so recht, was sie mit ihrem Leben anfangen soll – ob sie ihre normale Arbeit (als Lehrerin) aufgeben soll, um hauptberuflich als Schriftstellerin zu arbeiten. Ein ähnliches Problem ist, dass sie zwar mit einigen Männern zusammen ist, sich aber nicht für einen von ihnen entscheiden kann, mit dem sie eine feste Beziehung eingehen und ihn vielleicht heiraten möchte.

Als ich sie frage, ob ihr etwas zu diesem Traum durch den Kopf geht (meine Art, »freie Assoziationen« hervorzurufen), fällt ihr »Nichts« ein. Aber in der Psychotherapie kann »nicht Nichts geschehen«. Die Abwesenheit von etwas bedeutet immer, dass etwas vorhanden ist.

Das bringt mich auf die Nummer 10, die zweimal in dem kurzen Traum in Erscheinung tritt. Im binären System besteht die 10 aus einer 1 und Nichts oder, wie die Leute im ländlichen Teil Großbritanniens, wo ich lebe, sagen: »Etwas und Nichts«.

Das stellt eine Parallele zu Julies Leben dar, denke ich – die Anwesenheit und die Abwesenheit von etwas, ein Wollen und ein Nicht-Wollen. Das ruft mir weiterhin ihre immer präsente Mutter und den abwesenden Vater ins Gedächtnis, die sich trennten, als Julie nicht einmal ein Jahr alt war. Oder ihren Stiefvater, der in Erscheinung trat, als sie sieben war. Er ist ein guter Kerl, aber eben ein Stief-, nicht der »reale« Vater – ein weiteres Beispiel für »etwas und nichts«.

Ich versuche, Julie etwas von alldem mitzuteilen. Sie zeigt sich unbeeindruckt davon. Dann wird meine freischwebende Aufmerksamkeit bei dem Wort »kritisch« stutzig. Ich habe oft den Eindruck, dass sie Kommentare, die mir neutral oder positiv hilfreich erscheinen, als Kritik auffasst. Ein Therapeut ist in der Tat eine Art Kritiker, und das ist nach der Definition »jemand, der ein Urteil fällt«. Meine »Kritik« und die kritische Bewertung, die im Traum erwähnt wird, verstärken Julies eigene übermäßige Selbstkritik. Sie macht sich selbst immer herunter, besonders wenn sie depressiv ist. Sie kann nie ganz dem Bild der perfekten Tochter entsprechen, das ihre Mutter, wie Julie meint, von ihr hat.

Aber ein Kritiker interpretiert darüber hinaus Kunstwerke; er ist Vermittler zwischen dem einzelnen Werk und der künstlerischen Tradition, zwischen der singulären Welt des Künstlers und dem allgemeineren Horizont seines Publikums, ein Hüter dessen, was ästhetisch »gelingt« oder eben nicht gelingt.

Ein Therapeut ist gleichermaßen ein Deuter oder Übersetzer – einer, der in einem Traum oder einem Symptom Bedeutung entdeckt; ein Vermittler zwischen den unbewussten und bewussten Anteilen des Patienten, der hilft, die Kommunikation zwischen diesen beiden zu verbessern; außerdem ein Hüter der Realität, der den Patienten auffordert, die realistischen Konsequenzen seiner Entscheidungen zu durchdenken – in Julies Fall, einen Job aufzugeben oder sich zur Heirat zu entschließen.

Vielleicht nimmt der Traum auch indirekt Bezug auf mich als Therapeuten. Ein Therapeut ist eine weitere Form von Eins und Null, ein Etwas und ein Nichts, einer, der beobachtet, aber nicht teilnimmt. Das, was Julie möchte oder glaubt zu wollen, ist jemand, der ihr sagt, was sie tun soll, eine Vaterfigur, ein Integer (eine Ganzzahl), keine »Null«, jemand, der eine integrale Rolle in ihrem Leben einnimmt. Ich muss also eine große Enttäuschung für sie sein. Ich verkörpere ihre Enttäuschung über sich selbst, über die Hälfte ihres Lebens. Und das trifft einerseits zu und dennoch stimmt es andererseits nicht. Es trifft zu, weil das die Realität der Therapie ist, und stimmt insofern nicht, als es sich um Übertragung handelt (ganz wörtlich: ein Übertragen aus ihrer Vergangenheit).

Meine Deutung der Zehn als Eins und Null kann natürlich völlig falsch gewesen sein. »Zehn« könnte sich auf das Alter beziehen, als etwas Bedeutsames in Julies Leben geschah, oder die Zehn Gebote ihrer Moses-Mutter, nach denen sie leben muss. Oder vielleicht hat all das überhaupt keine Bedeutung, und mein ganzer Ansatz könnte ten-denziös, ganz willkürlich und reine Spekulation sein.[9] Das alles hängt von der Triangulierung ab – den Instinkten des Therapeuten und den Reaktionen des Patienten. Gemeinsam suchen sie nach Bedeutung und verleihen den Dingen einen Sinn. Diese ko-konstruierten Bedeutungen sind die einzige therapeutische Wahrheit. Julie und ich werden uns weiterhin bemühen müssen, einander zu verstehen.

Träume und »aufgezwungene Bedeutungen«

Besonders schwierig für einen Traumdeuter ist es, das »Bizarre« der Träume zu verstehen. Wenn Träume eine Botschaft des Unbewussten enthalten, warum wird sie dann kodiert und nicht auf direkte und verständlichere Weise an unsere wachen Köpfe gesendet?

Freuds Antwort lautete, dass »wir träumen, um zu schlafen«. Er glaubte, dass ver-

---

9 Im Original: *ten*-dentious – willkürlich, tendenziös, zusätzlich als Anspielung auf die Zahl Zehn [Anm. d. Übs.].

störende Gedanken, die aus dem Unbewussten emporsteigen, uns nur deshalb nicht aufwecken, weil sie auf bizarre Weise »verkleidet« oder verstellt daherkommen, ungefähr so, wie ein Kryptograph seine Botschaften verschlüsselt, damit der Feind sie nicht lesen kann (in diesem Fall der bewusste Teil unserer Psyche).

Befunde der modernen neurophysiologischen Forschung (Rycroft 1985; Bateman und Holmes 1995) legen nahe, dass Freud die Dinge genau falsch herum gesehen hat: Wir schlafen, um zu träumen – das Träumen ist nötig, um normale mentale Funktionen im Wachzustand ausführen zu können, vielleicht weil ein gewisser »Reinigungsprozess« stattfinden muss, so wie die Festplatte eines Computers defragmentiert werden muss, wenn sie »verstopft« ist.

Wittgenstein zeigte sich aus verschiedenen Gründen unbeeindruckt von Freuds Theorie zur kausalen Traumentstehung. Nach seiner Sicht ist der menschliche Geist in der Lage, in allem, ganz gleich wie wahllos oder zufällig sein Ursprung ist, einen Sinn zu sehen oder ihm Bedeutung zuzuschreiben. Als Beispiel führte er das Kim-Spiel (nach Rudyard Kipling) an, bei dem jedem Spieler für einen kurzen Moment zufällig ausgewählte Objekte auf einem Tablett gezeigt werden – eine Uhr, ein Glas, ein Blatt Papier aus einem Notizblock, ein Taschenmesser etc. –, und im Anschluss sollte er sich an möglichst viele Objekte auf diesem Tablett erinnern. Die erfolgreichste Strategie, die auf mittelalterliche Mnemotechniken zurückgeht, besteht darin, die diversen Objekte zu einer Geschichte »zusammenzufügen« – ein Mann war um die und die Zeit, die eine Uhr anzeigte, mit einem Taschenmesser ermordet worden, der Mörder war durstig und trank ein Glas Wasser und fälschte einen Abschiedsbrief auf dem Papier aus dem Notizblock, um einen Selbstmord seines Opfers vorzutäuschen. Auf diese Art kann man sich an alle Gegenstände erinnern. Die Geschichte ist nicht »wahr« – sie hat keinen Bezug zur Realität – und dennoch hat sie eine gewisse Handlung und Bedeutung. Auf ähnliche Weise ist es möglich, dass der Teil unserer Psyche und unseres Gehirns, der für das »Geschichten-Erfinden« zuständig ist, der Sitz unserer Identität, aus den unzähligen und vielfältigen willkürlichen Bildern der Gegenwart und Vergangenheit eine Traum-»Geschichte« zusammenfügt, die die Neurophysiologie des Träumens ausmacht. Dies stimmt nach wie vor mit der Freudianischen Auffassung überein, denn die besonderen Geschichten, die jemand aus seinen Traumbildern formt, sind immer einzigartig und haben einen persönlichen Bezug zu dem, was den Träumer individuell beschäftigt und umtreibt, bewusst und unbewusst.

»Semiotischer Raum«

In der Traumanalyse wird dem Begriff »semiotischer Raum«, den Patient und Therapeut erschaffen, um gemeinsam zu arbeiten, viel Bedeutung beigemessen. Das ist nur dann möglich, wenn sich die Bindung zwischen beiden so sicher anfühlt, dass tiefergehende Exploration möglich wird, vielleicht vergleichbar mit der im 9. Kapitel beschriebenen Kombination aus weitreichender Sicherheit und Erregung, die eine Bedingung für befriedigenden Sex ist.

Das Arbeiten mit Träumen bedeutet immer einen Sprung ins Unbekannte – Gombrichs (1979, S. 5) »Herumtasten im Dunkeln, bevor man etwas erfasst und begreift«. Nachdem man einen Traum zum ersten Mal gehört oder vor seinem geistigen Auge gesehen hat, erscheint er meist unglaublich rätselhaft. Nur wenn man dieses Unvermögen aushalten, das Nicht-Wissen tolerieren kann, setzt der Triangulierungsprozess ein und entfaltet sein Wunderwerk, und erste Antworten beginnen aufzutauchen. Aber auch wenn die Dinge langsam einen Sinn ergeben, bleibt ein unbefriedigendes Gefühl der Unvollständigkeit zurück. Der Therapeut muss in seiner pädagogischen Rolle, seinem Arbeiten in der »Zone der nächsten Entwicklung«, seinen Patienten oft ein wenig drängen, weiter zu explorieren, in dem Wissen, dass nur etwas mehr Selbsterforschung nötig ist, bis sich eine Bedeutung erschließt.

Frans Ausrutscher

Fran suchte Hilfe, als sie am Tiefpunkt ihrer midlife-crisis angelangt war. Normalerweise war sie ein fröhlicher und aufgeschlossener Mensch, fühlte sich aber im Moment jämmerlich, war agoraphobisch und paranoid. Sie befürchtete, ohne die Unterstützung ihres Ehemannes wieder in eine suizidale Depression zurückzufallen. Obwohl sie einen mittlerweile erfolgreichen und glücklichen Sohn aufgezogen hatte, der demnächst heiraten wollte und einen guten Posten in der Verwaltung eines Unternehmens hatte, wurde sie das Gefühl nicht los, in ihrem Leben versagt zu haben. Ihrem Zusammenbruch unmittelbar vorausgegangen war eine unüberlegte Email bezüglich ihres Gehalts, die sie an ihre anderen Vorstandsmitglieder geschickt hatte. Dafür hatte man sie vehement kritisiert, woraufhin sie ihre Position aufgab. Sie hatte außerdem Geld an der Börse verloren, und, obwohl ihr Ehemann eine gut bezahlte Anstellung hatte und beide finanziell relativ gut abgesichert waren, machte sie sich irrationale Sorgen um ihre Geldangelegenheiten und befürchtete den finanziellen Ruin.

Wir vereinbarten zehn wöchentliche Sitzungen. Ein paar Wochen nach dem Beginn der Therapie und der gleichzeitigen Einnahme von Antidepressiva fühlte sie sich deutlich besser. Sie beschloss, die Schwierigkeiten der Vergangenheit hinter sich zu lassen und nach vorn zu schauen, bewarb sich auf neue Stellen und freute sich auf ein ausgeglicheneres Leben, in dem sie sich auch mehr ihren Hobbys wie Zeichnen und Gärtnern zuwenden wollte, anstatt nur von ihrer Arbeit besessen zu sein. Während der achten Sitzung stellte ich aus der Sorge, dass wir ihrem Email-Debakel noch nicht richtig auf den Grund gegangen waren, meine prophylaktische Standardfrage zum Ende der Therapie: »Was müsste passieren, um Sie wieder krank werden zu lassen?« Zuerst tat sie dies ab und sagte, das Wichtigste sei doch, dass sich ihr depressives Grübeln über die ganze Geschichte doch gelegt hätte. Ich versuchte, sie aus der Reserve zu locken, indem ich ihre deaktivierende Vermeidung ansprach: »Aber was hatte denn nach Ihrer Ansicht diese ganze Sache mit der Email auf sich?«

»Das weiß ich auch nicht«, war ihre Antwort, »aber ich hatte einen interessanten Traum, von dem Sie vielleicht hören möchten. *Ich träumte, dass ich mein Auto in eine riesige Bank gefahren habe. Als ich wieder draußen war, sah ich in der Nähe ein Fahrrad rumstehen. Da hab ich mich einfach draufgeschwungen und bin losgeradelt.*«

Frans Reaktion auf den Traum war ein Gefühl, dass sie sich nicht mehr so »getrieben fühlte«, dass sie entspannte Radtouren über Landstraßen genießen konnte und dass dies ihre ganz neue Einstellung zum Leben symbolisierte.

Dann erwähnte sie, dass sie ihr Scheckbuch vergessen hatte und daher diese Woche nicht bezahlen konnte. Vielleicht durch mein Gegenübertragungsgefühl, dass sie meine finanzielle Situation mit ihrer verglich, hervorgerufen, sinnierte ich: »Und was ist mit der ›Bank‹? Könnte es sein, dass es sich dabei um ein Geldinstitut und nicht um einen Erdwall gehandelt hat?«[10]

»Oh, das erinnert mich an meinen Stiefvater – der war Bankmanager«, war ihre Antwort. Daraufhin beschrieb sie, wie sie bis zum siebten Lebensjahr ohne Vater in unbekümmerter Armut mit ihrer unverheirateten Mutter und ihren Großeltern aufgewachsen war, bis ihre Mutter den Leiter der örtlichen Bank heiratete. Dies änderte ihren sozialen Status radikal. Sie zogen in ein großes Haus und hatten genug Geld, sich alles leisten zu können – außer Liebe und Sicherheit. Der Stiefvater konnte sie nicht leiden; ihre Mutter war mit den bald darauf eintreffenden Halbgeschwistern voll und ganz beschäftigt. Fran war auf sich allein gestellt und fest entschlossen, ihren eigenen Weg zu gehen und ihrem plutokratischen Stiefvater zu beweisen, dass sie auch ohne ihn klarkommen würde. Sie hätte am liebsten eine

---

10 ›Bank‹ im Englischen bedeutet Geldinstitut wie auch Erddamm oder Erdwall. [Anm. d. Übs.]

Räuberbande für einen Blitzeinbruch in seine Bank angeführt. Das half uns, die Angelegenheit mit der Email zu enträtseln: Wir kamen überein, dass sie damit eigentlich dem Vorstand, der ihren von ihr verachteten Stiefvater repräsentierte, sagen wollte: »Trotz all Eurer ach so wichtigen Gehälter, ich hab Euch nicht nötig« – »Und rechnet nicht mit mir …?«, fügte ich hinzu. Aus der unendlichen Anzahl (nach Bollas und Matte-Blanco) von Interpretationsmöglichkeiten hatten wir die einzige gefunden, die zutraf und einen Sinn ergab.

In der weiteren Analyse des Traums befassten wir uns mit dem Fahrrad.[11] Peinlich berührt, aber mit Courage begann sie, mir von einer Phase in ihrer Jugend zu erzählen, als sie überlegte, ob sie lesbisch sei. Dem folgte eine Depression und sie zog sich zurück, bis sie ihren Ehemann traf, dessen Anerkennung ihrer Weiblichkeit und Heterosexualität ihr gut tat.

Dieses Beispiel verdeutlicht uns die einzigartige Fähigkeit eines Traums, das Gleichgewicht zwischen polysemischer Wahrscheinlichkeit und triangulierter Wahrheit über die Grenzen einer gewöhnlichen Unterhaltung hinaus zu erweitern. Der therapeutische Raum bietet Sicherheit; Mentalisieren gleicht dem Aufeinandertreffen zweier Psychen, die innerhalb der innigsten »Gedankensprache« Bedeutungszusammenhänge herstellen. Sichere Bindung ermöglicht die Vorstellung von Unendlichkeit. Durch die Spezifität der Sprache und ihren unendlichen Variantenreichtum geleitet, deckt das gemeinsame Explorieren die emotionalen Tatsachen auf, die dem Traumnarrativ zugrunde liegen.

---

11 Im Englischen: ›bi‹-cycle. [Anm. d. Übs.]

KAPITEL 13 | BEENDEN

Dieses Buch neigt sich seinem Ende zu. Freuds Aufsatz *Die endliche und die unendliche Analyse* (Freud 1937c), zwei Jahre vor seinem Tod im Alter von 81 Jahren geschrieben, ist ein guter Ausgangspunkt, um über die Beendigung von Therapien nachzudenken. Der Originaltitel lässt auf Themen wie Trennung, Tod, die Zeitlosigkeit des Unbewussten und die Unendlichkeit unwiderruflichen Verlusts schließen, während der englische Titel *Analysis terminable and interminable* an die Guillotine-ähnliche Wirkung von »*termination*« denken lässt und »*interminability*« ganz eigene, irritierende Assoziationen hervorruft.

Mehrere naheliegende Fragen drehen sich um den Prozess des Beendens. *Wann* soll man aufhören – wenn der Analytiker es für richtig befindet, wenn der Patient die Entscheidung trifft oder wenn ein vereinbarter Zeitraum verstrichen ist? *Wie* soll man enden – abrupt oder mit allmählich abnehmender Frequenz der Sitzungen; lässt man nach dem Ende Folgesitzungen oder später zusätzliche Stunden zu? *Warum* sollte die Therapie beendet werden – wie ist ein Ende theoretisch zu rechtfertigen, woher weiß man, dass die Arbeit getan ist, und was kennzeichnet den Prozess, als dessen Resultat die Entscheidung zum Beenden der Therapie steht? *Auf welche Art und Weise* kann man unterscheiden, ob ein Ende gut genug ist (vielleicht analog zu einem »guten Tod«), verfrüht (wie im *Fall Dora*, Freud 1905e) oder längst überfällig (wie beim *Wolfsmann*, Freud 1918b [1914])?

Während die theoretischen und praktischen Fragen, die mit dem Beenden zu tun haben, relativ klar sind, ist es keineswegs so einfach, sie zu beantworten. Novick (1997, S. 145) legt dar, dass, von ehrenwerten Ausnahmen abgesehen (z. B. Balint 1968), »weder Freud noch seine Anhänger dem Therapieende als einer Phase der Behandlung viel Beachtung schenkten« und dass »Psychoanalytiker während fast 75 Jahren nicht in Lage waren, sich genauer Gedanken zu dieser Endphase zu machen«.

Drei mögliche Erklärungen kann man für diese Theoriearmut anführen. Erstens bedeutet das Beenden einer Therapie, genauso wie ihr Anfang, ein reales Ereignis, ein »Ausagieren«, das über die üblichen Grenzen von Übertragung und Imagination hinausgeht. Der Patient, der dem Ende seiner Therapie entgegensieht, dekonstruiert nicht nur seine Übertragung, sondern er muss sich von einem anderen menschlichen Wesen lösen, mit dem er viele Stunden in großer Nähe und intimen, affektgeladenen Gesprächen verbracht hat (vgl. Rycroft 1985). Die Bindungstheorie geht davon aus, dass der Therapeut und das therapeutische Setting eine tatsächliche sichere Basis bieten, die dem Patienten die Möglichkeit eröffnet, auf spielerische Weise die »Unwirklichkeit« und gleichzeitige Gültigkeit seiner Übertragungsvorstellungen zu explorieren. Von dieser Verbindung abzulassen, besonders nach vielen Jahren therapeutischer Intimität, ist keine leichte Aufgabe. Diese Trennung theoretisch zu fassen weist über die Schranken normalen psychoanalytischen Denkens hinaus.

Zweitens liegt ein grundsätzliches Problem für Psychoanalytiker beim Beenden darin, dass sie selbst nur selten den Prozess des Loslassens durchleben, wie er den durchschnittlichen Analysanden erwartet. Der Analytiker behält seinen elementaren Glauben an die Wirkung und den Wert von Psychoanalyse bei; er steht höchstwahrscheinlich aufgrund seines Berufs ständig in Kontakt mit der analytischen Welt, einschließlich seines eigenen Analytikers, und begibt sich nicht selten ein zweites oder drittes Mal in Analyse. Wenn das Ende einer Analyse analog zum »Ausziehen von zuhause« ist (Haley 1980), dann behält der Analytiker immer einen Fuß in der Tür zum Haus der Eltern. Und doch sollte man sich hier erneut vergegenwärtigen, dass Bowlby die normalen und gesunden Aspekte lebenslanger »reifer Abhängigkeit« betont hat, wozu vermutlich auch die Abhängigkeit von eigenen analytischen Überzeugungen und der Wert kollegialer Kontakte zu zählen sind.

Drittens gibt es eine – manchmal verwirrende – Überschneidung zwischen dem Problem der Beendigung und der Frage nach dem Ziel und Anliegen analytischer Therapie hinsichtlich dessen, was ein »gutes Therapieergebnis« sein sollte. Die Beseitigung von Symptomen, vermindertes Spalten und größere Integration der Persönlichkeit, Stärkung des Ichs, das Überwinden von Ambivalenz bezüglich der Brust, das Erreichen des Genitalprimats waren das Mantra früherer Schriften zu diesem Thema. Seit einiger Zeit werden ja mehr Persönlichkeitsstörungen als Neurosen analytisch behandelt und man hat feinere Methoden entwickelt, um Therapieergebnisse wissenschaftlich zu erfassen; also mussten sich die früheren idealisierten Annahmen, was durch Analyse zu erreichen sei, der Realität anpassen. Eine nuanciertere Sichtweise zum Potential der Analyse ist im Begriff zu entstehen, wonach das Hauptziel darin zu sehen ist, dem Patienten mit neuen interpersonalen und intrapsychischen Fähigkeiten auszurüsten und ihm zu helfen, sein psychisches Gleichgewicht in eine positive Richtung zu verlagern. Der Analytiker muss wissen, wann es »genug ist«, und sich davor schützen, mit seinen eigenen narzisstischen Bedürfnissen oder denen des Patienten nach einer perfekten Analyse zu kollidieren.

Kurze dynamische Therapie: das Ende thematisieren

Grundprinzip der kurzen dynamischen Therapie (z. B. Gustafson 1986) ist der ständige Blick auf die Beendigung. Die strenge zeitliche Begrenzung der Therapie schwingt immer mit. Der Therapeut beginnt die Sitzungen üblicherweise mit einem »Countdown«, indem er sagt: »Das ist unsere 7. Stunde« oder »Uns bleiben noch 3 Sitzungen«. Das Ende überschattet die Therapie von Anfang an – entweder dadurch auffällig, weil es nicht zur Sprache kommt (der Patient »gibt vor«, dass kein Ende existiert, manchmal in Kollusion mit dem Therapeuten) oder durch seine hemmende Wirkung (»Was soll das schon bringen, wenn ich jetzt anfange, davon zu erzählen, ich habe doch sowieso nur noch 6 Sitzungen!«). In beiden Fällen ist die Tatsache des Endes Wasser auf die Mühlen des Mentalisierungsprozesses (z. B. »Ich frage mich, ob Sie die Therapie und mich nicht in vollem Umfang nutzen können, weil Sie wissen, dass Sie mich am Ende verlieren werden, so wie Sie vielleicht Ihrem Vater, der nur an den Wochenenden Zeit hatte, nie zeigen konnten, wie wütend Sie auf ihn waren, als er Ihre Mutter verlassen hat.«)

Die verschiedenen Formen dynamischer Therapie verfolgen jeweils ihre eigenen Strategien im Umgang mit dem Beenden der Therapie. Balint (1968) hatte erkannt, dass die psychoanalytische Psychotherapie, wenn sie von den vornehmen Sprechzimmern im Londoner Stadtteil Hampstead aus unters Volk kommen wollte, deutlich kürzer sein müsse. Er merkte an, dass sich der Patient am Ende der Therapie sowohl viel besser als auch viel schlechter fühlen sollte; weitaus wichtiger sei es, dies zu erkennen und zur Sprache zu bringen. Den Ansatz nach Mann (1973) mit zwölfstündiger Therapie kann man als Analogie zu der existentiellen Einsicht betrachten, dass man dem Tod letztlich nicht entrinnt. Wenn man zulassen kann, den Schmerz durch einen Verlust an sich heranzulassen, so kann man ihn auch überwinden; Folgesitzungen und unendlich andauernde Therapien sind demnach nur Versuche, der Realität, dass eine Trennung am Ende unvermeidlich ist, nicht ins Auge zu schauen. Die Therapeuten, die nach Ryles (1990) kognitiv-analytischer Therapie arbeiten, bereiten für ihre Patienten einen Abschiedsbrief vor, eine Erinnerung, die ihr Fehlen in der Zukunft leichter machen und eine internalisierte Imago eines guten Objekts aktivieren soll, vergleichbar dem Brief der Großmutter, den der legendäre Tennisprofi Jimmy Connors in der Sohle seines Schuhs bei sich trug, in entscheidenden Matchphasen hervorholte und las.

Beenden und Bindung

Was die Bindungstheorie zum Verständnis der Prozesse um das Beenden von Therapie beitragen kann, lässt sich mit den folgenden vier Punkten überschreiben: ein theoretisches Erfassen von Verlust bei sicherer und unsicherer Bindung, das Beenden als Ko-Konstruktion, die Befreiung von der Illusion und das Ablösen von der sicheren Basis und Mentalisieren in Bezug auf das Ende.

Theoretische Betrachtungen zu Trennung und Verlust

Das Vorhandensein der sicheren Basis bildet die Kulisse, vor der die Übertragungsverzerrungen des Patienten, seine fehlgeleiteten Erwartungen, unbewussten Wünsche und Impulse beobachtet und mit Bedeutung aufgeladen werden können. Wenn Therapeut und Patient eine therapeutische Beziehung eingehen, führt das unweigerlich zum »Ausagieren«: zu Handlungen, die »real«, beobachtbar sind, die ausgeführt und nicht nur imaginiert, phantasiert oder herbeigesehnt werden. Wenn sich die Therapie oder selbst die einzelne Sitzung entfaltet, wird die *Bedeutung* von Handlungen und ihr psychischer Nachhall zum Gegenstand von Exploration, aber eine unerlässliche Vorbedingung dafür liegt im Mindern von Bindungsunsicherheit.

Wird das Etablieren einer Bindungsbeziehung als reales Geschehen betrachtet, so muss man auch ihr Ende als ein solches ansehen. Für Bowlby (1973) liegt in der Trennung das unumgängliche Gegenstück zur Bindung: Das eigentliche Ziel von Bindungsverhalten, bei Kind und Bezugsperson, ist es, Verlusterfahrungen erträglich werden zu lassen. Weinen, Nähe-Suchen, das Eingehen auf das Kind und das Trösten – all dies wird dafür sorgen, dass ein Individuum, wenn es – durch physische Unreife, Krankheit oder Trauma – verletzlich ist, sich auf Schutz und Beistand verlassen kann.

Bowlby und seine Nachfolger (vor allem Parkes 2006) identifizierten die uns heute so vertraute Gefühlsmischung als Reaktion auf eine Trennung – ein Ende, das unwiderruflich ist: Verleugnung, wütender Protest, Suchen, Verzweiflung und schließlich das Genesen, wodurch es möglich wird, wieder neue Bindungen einzugehen. Wissenschaftliche Untersuchungen zu Kummer und Trauer – normaler und pathologischer Ausprägung – haben in der Folgezeit Bowlbys ursprüngliche Annahmen zu Trennung und Verlust bestätigt und teilweise modifiziert.

Zum ersten ist eines der Hauptprobleme als Antwort auf eine Trennung nicht so sehr die nicht mehr gewährleistete Anwesenheit, sondern die nicht mehr vorhandene *Erreichbarkeit* der Bindungsperson. Die physische Nähe verliert, besonders bei älteren Kindern, an Bedeutung. Was zählt, ist das Wissen, dass eine Unterstützung bietende Person im Notfall zur Verfügung steht. Dieses »Gefühl der Erreichbarkeit« kann sogar die vollständige Trennung durch den Tod überwinden und das Trauern erträglicher machen (Shaver und Fraley 2008). Als hilfreich während des Trauerprozesses kann sich dies erweisen: sich vorzustellen, was der Verstorbene in einer bestimmten Situation getan hätte, sich mit Photographien oder Briefen zu beschäftigen, sich die Stimme der verstorbenen Person vorzustellen oder sie gar zu halluzinieren, sich im Sinne Marcel Prousts auf die Suche nach der verlorenen Zeit zu begeben.

Zweitens haben, wie erwartet, die Bindungsmuster entscheidenden Einfluss auf die Reaktion auf Verlusterlebnisse. Es gibt zwei Hauptmuster pathologischen Trauerns: einerseits Verleugnung, die von chronischer Depression begleitet wird, und andererseits die nicht zu lindernde, übersteigerte Beschäftigung mit der Person, die man verloren hat. Diese Strategien bilden sehr gut die beiden bekannten Muster unsicherer Bindung ab: Deaktivierung der Protestantwort auf eine Trennung und Hyperaktivierung und Untröstlichkeit. Im ersten Fall leugnet das Individuum, dass ihm der Verlust etwas ausmacht, obwohl psychologische und physiologische Untersuchungen das widerlegen können. Im Fall von Hyperaktivierung kommt es zu verzweifelten und ewig vergeblichen Versuchen, die Person, deren Verlust zu beklagen ist, wieder zurückzuholen.

Drittens muss Bowlbys etwas pessimistische Sicht zur Reaktion auf Verlust im Lichte von Forschungsergebnissen revidiert werden, die aufzeigen, dass es unter günstigen Umständen durchaus möglich ist, Trauer erfolgreich zu verarbeiten, und dass nicht-endende Verzweiflung eher die Ausnahme ist. Das »transaktionale Bindungsmodell« (Sroufe 2005) geht von einem dynamischen Wechselspiel zwischen Bindungsstil und Beziehungen aus, die ein Individuum derzeit mit anderen Personen unterhält, und dies beeinflusst die Auswirkungen eines Verlusts. Ein Umfeld, in dem Unterstützung erfahren werden kann – Familie, Freunde, Religion, ein soziales Netz, die Kirche oder ein Therapeut –, macht es leichter, den Trauerprozess vorteilhaft zu meistern; nur das Ausbleiben solcher Hilfe durch andere verschlimmert das Leid durch Verlust.

Schließlich wird in der neueren Literatur zu Trauer (Klass et al. 1996) die Rolle der »weiterbestehenden Bindungen« nach einem Verlust hervorgehoben. Um es noch einmal zu sagen: Bowlby stand dem Konzept der Reifung als Prozess der sich verstärkenden Abkehr von den Primärobjekten, indem Festhalten und Anhängigkeit wachsender Autonomie weichen, kritisch gegenüber. Er war der Auffassung (Bowlby 1981, S. 399), dass »die erfolgreiche Verarbeitung von Trauer nicht darin besteht, Bindungen zu einer verstorbenen Person zu kappen, sondern ein *verändertes Band* zu ihr zu knüpfen«. Die Analytikerin Lou Andreas-Salomé meinte in ihrem Nachruf auf ihren Geliebten Rainer Maria Rilke:

> Denn durch den Tod geschieht nicht bloß ein Unsichtbarwerden, sondern auch ein neues Insichtbarkeittreten; nicht nur wird hinweg geraubt, es wird auch auf eine nie erfahrene Weise hinzugetan … In dem Moment, in dem die flüchtigen Umrisse einer Figur, die sich beständig verändert, uns wie gelähmt erscheinen, sind wir zum ersten Mal mit seiner Essenz durchtränkt: Etwas, das nie im Verlauf der gelebten Existenz vollkommen erfassbar oder wahrzunehmen gewesen wäre.

Wie kann man nun diese Konzepte und Befunde auf das Therapieende anwenden, bei dem Trauerprozesse eine genauso wichtige Rolle spielen? Trennung und Verlust sind gewissermaßen natürliche Aspekte einer jeden Psychotherapie, denn sie ist von wiederholten Trennungen, zumeist geplanten und vorhersehbaren, aber auch gelegentlichen traumatischen Unterbrechungen gekennzeichnet. Dazu zählen das Ende jeder Sitzung, Wochenend- und Urlaubsunterbrechungen, aber eben auch Krankheit des Patienten oder des Therapeuten sowie das Ausagieren auf beiden Seiten im Sinne von verschobenen oder vergessenen Sitzungen, Doppelbuchungen, das Verwechseln eines Termins oder das Erscheinen am falschen Tag. Diese Vorkommnisse sind zwar bedauerlich, aber sie liefern auch Stoff für die Mentalisierungsdynamik.

Das Ende einer Therapie bedeutet einen echten Verlust: Ein bedeutsamer Aspekt im Leben des Patienten ist nicht länger vorhanden. Der sichere Raum und die sichere Zeit, die dem Patienten ermöglichen, schwierige Begebenheiten und Gefühle zu verdauen, existieren nicht mehr. Die Person, die ihre Aufmerksamkeit und Sensibilität auf die innere Welt des Patienten gerichtet hat, ist nun nicht mehr anwesend. Man ist mit sich, seiner Geschichte, seinen Gefühlen und seiner Biographie allein. Aber wie jeder Aspekt von Psychotherapie ist auch das Ende »polysemisch«. In Abhängigkeit von der Stimmung und der Perspektive kann das Ende als Tod, Trauerfall, als Abschluss oder Befreiung gesehen werden, weniger eine Beerdigung (mit oder ohne Totenwache in geselliger Runde) als ein freudiger Moment von Reifung und Autonomie verstärkendem »Auszug« von zuhause.

Mit einem Ende gehen Gewinne wie auch Verluste einher: Geld und Zeit, die bisher in die Therapie investiert wurden, stehen für andere Dinge zur Verfügung, der Patient fühlt sich nicht mehr so »abhängig«; Autonomie- und Reifungsprozesse werden verstärkt, der Patient fühlt sich psychisch robuster und besser in der Lage, Anderen Sicherheit zu geben, während er selbst sie in geringerem Maß braucht. So wie man manchmal sagt, dass Trauernde sich ihr Dasein als Witwe/Witwer »verdient« haben, so fühlt der entlassene Therapiepatient, dass er sich seine »Befreiung« von den Verpflichtungen, den Mysterien und Miseren der Therapie verdient hat, ohne dabei zu verleugnen, dass er nun auch auf die bisher mit ihr einhergehenden Vorteile und Annehmlichkeiten verzichten muss. Der Zeitpunkt, zu dem das Beenden in die therapeutische Situation Einzug hält, ist normalerweise dann, wenn sich die Bilanz aus Gewinn und Schuldpflicht zugunsten der letzteren verschiebt, wenn die Investition anfängt, größer zu werden als der Rückfluss.

Diese bindungstheoretisch-inspirierten Gesichtspunkte haben klinische Bedeutung. Erstens müssen Therapeuten den Bindungsstil des Patienten berücksichtigen. Deaktivierende Patienten gehen durchaus gelassen mit dem Ende der Therapie um, betrachten es als unausweichlich, etwas ganz Normales und Angemessenes und erscheinen begierig, die Therapie hinter sich zu lassen und sich, nun da sich ihre Symptome gebessert haben und sie sich stärker fühlen, den Herausforderungen des »realen Lebens« zu stellen. Ungute Gefühle wie Bedauern, Zweifel, Ärger und Enttäuschung fallen vor allem durch ihre Abwesenheit auf, Dankbarkeit erscheint eher oberflächlich und gezwungen, anstatt aus tiefstem Herzen zu kommen. Der Therapeut sollte die Aufmerksamkeit des Patienten auf solche Phänomene richten, sofern sie sich beispielsweise in Träumen oder verpassten Sitzungen äußern, oder wenn der Patient eine andere Behandlungsform in Erwägung zieht, manisch gut gelaunt, überschwänglich dankbar oder übertrieben optimistisch ist. Ein verfrühtes Beenden der Therapie kommt bei solchen Patienten nicht selten vor. Es lohnt sich immer, auf zumindest einer letzten Abschiedssitzung zu beharren, in der Enttäuschungen und Unmut geäußert werden können, anstatt einen verstimmten Patienten einfach ziehen zu lassen.

Allgemeine klinische Erfahrung besagt, dass sich mit dem nahenden Ende der Therapie die Symptome des Patienten, die sich im Verlauf der Therapie verbessert hatten, wieder verschlechtern können. Das trifft vielleicht besonders für hyperaktivierende Patienten zu, die die negativen Auswirkungen des Endes überschätzen. Dadurch kann sich der Therapeut verleiten lassen, vorschnell weitere Sitzungen anzubieten oder einen anderen Therapeuten oder eine andere Behandlungsmodalität (wie zum Beispiel eine Gruppe) zu empfehlen. Besonders gründliches Selbst-Mentalisieren ist nötig, um zwischen Gegenübertragungs-induzierter Schuld und den tatsächlichen klinischen Bedürfnissen des Patienten zu unterscheiden. Bestimmte Abmachungen für die Zeit nach der Therapie können durchaus angemessen sein, aber dies sollte nicht davon ablenken, den therapeutischen Fokus auf dem Durcharbeiten des Endes zu belassen.

Zweitens sollte man den sozialen Bezugsrahmen des Patienten berücksichtigen, wenn die Entscheidung ansteht, entweder zeitlich begrenzte Therapie anzubieten oder den angemessenen Moment zu finden, eine zeitlich unbefristete Behandlung zu beenden. Zeitlich begrenzte Therapie ist erfolgreicher, wenn der Patient ein gutes soziales und emotionales Netzwerk hat, in das er »zurückkehren« kann, wenn die Therapie vorüber ist. Bei schwerer gestörten Patienten in langfristiger Therapie sind Rückfälle nach Therapieende wahrscheinlicher, wenn die Behandlung des Patienten nicht dazu geführt hat, die Fähigkeit zu entwickeln, außerhalb der Therapie Bindungen einzugehen. Solche Patienten brauchen unter Umständen weitere therapeutische Betreuung wie Gruppentherapie oder die Unterstützung durch Bezugspfleger, und das muss schon angesprochen werden, wenn sich intensive analytische Einzeltherapie dem Ende zuneigt.

Drittens muss der Therapeut die Bedeutung von »Verfügbarkeit« und »weiter bestehender Verbindung«, ohne die sich sichere Bindung nicht einstellen kann, in Erwägung ziehen – wobei dieser Aspekt der anhaltenden Verbundenheit eines der Hauptziele von Therapie ist. Anzeichen dafür kann es im Verlauf der Therapie durchaus gegeben haben.

David möchte Emails schicken

David hatte eine traumatische Trennung von beiden Elternteilen im Alter von acht Jahren erlebt, als er für die Dauer von einem Jahr wegen tuberkulöser Osteomyelitis in einem Krankenhaus behandelt wurde. Er fragte zu Beginn seiner einmal wöchentlich stattfindenden Therapie: »Kann ich Ihnen zwischen den Sitzungen mailen, falls sich plötzlich etwas während der Woche ereignet?« Da ich mir meiner Neigung, Grenzüberschreitungen zu übersehen, bewusst war, lautete meine eher rigide Antwort: »Generell wäre es mir lieber, wenn wir die Dinge innerhalb der Sitzungen klären und Emails nur dafür zu nutzen, praktische Angelegenheiten wie das Verlegen einer Sitzung zu klären.« Es bedurfte einiger Monate Therapie, bis er sich sicher genug fühlte, mir zu eröffnen, wie herabgesetzt, zurückgewiesen und wütend er sich nach meiner Reaktion gefühlt hatte, und zu erforschen, in welcher Hinsicht dies ein Echo seiner Gefühle von Leere und Terror in der Kindheit darstellte, als er während seines Krankenhausaufenthalts von seinen Eltern getrennt war.

Er wollte gern eine Folgesitzung haben, sechs Monate nachdem unsere eigentliche therapeutische Arbeit zu einem Ende gekommen war. Für ihn hatte es große Bedeutung, dass ich erneut für ihn verfügbar war, und es wäre unangemessen gewesen, ihm dies zu verweigern. Andere Patienten können eine komplette Trennung von der Therapie tolerieren und weiterhin aus ihr Nutzen ziehen, indem sie sich vorstellen, was ihr Therapeut wohl gesagt haben könnte, oder weil sie die Mentalisierungskompetenz vollständig verinnerlicht haben. Eine Therapie in abgeschwächter Form (das Herunterfahren von intensiver Arbeit auf Sitzungen alle zwei bis vier Wochen) oder das gelegentliche Einschieben mehrerer Sitzungen, falls sich im Leben des Patienten eine Krise ereignen sollte, sind weitere Beispiele dafür, dem Patienten zu helfen, ein lebendiges Gespür für die Erreichbarkeit einer Bindungsperson aufrechtzuerhalten.

Die Reaktionen auf das Ende einer Therapie kann man am besten theoretisch erfassen, wenn man Bowlbys Sichtweise mit Melanie Kleins Auffassungen zum Durcharbeiten von Verlust (Klein 1940) miteinander verknüpft. Kleins Ausgangspunkt ist Freuds Aufsatz »Trauer und Melancholie« (Freud 1916–1917g), der normalerweise als Grundlegung der Objektbeziehungstheorie betrachtet wird. Freud beschreibt den »Charakter des Ichs als einen Niederschlag der aufgegebenen Objektbesetzungen« – d. h. als den Entwicklungsprozess, an dessen Ende die Internalisierung dessen steht, was zuvor »äußere« Beziehungen mit wichtigen anderen Personen ausgemacht hat. Damit dies geschehen kann, muss der Trauerprozess stattfinden, und man muss die ambivalenten Gefühle bezüglich eines Objekts, von dem man abhängig ist, akzeptieren. Nähebedürfnisse und die Gefahr, verlassen zu werden, gehen miteinander einher. »Odi et amo« (Catull, Carm. 85): Hass und Liebe existieren gleichzeitig, und erst wenn ambivalente Gefühle mentalisiert und anerkannt sind, ist es möglich, das verlorene Objekt im Ich wieder zum Leben zu erwecken. Nur in diesem Zustand der Reife ist unzweideutige Dankbarkeit möglich.

Therapeuten müssen sich, besonders wenn sie in einem festen Zeitrahmen arbeiten, dieser unvermeidlichen Ambivalenz bewusst sein, die den Prozess des Beendens beeinflusst. Ich vermute, dass mein Patient, der um eine Folgesitzung gebeten hatte, sich versichern wollte, dass sein Hass auf mich und meine relative Unerreichbarkeit mich während seiner Abwesenheit nicht vernichtet hatten. Das soll kein Argument gegen die verschiedenen Varianten sein, vor der Beendigung die Frequenz der Therapie herunterzusetzen, sondern eine Mahnung, dass über die Bedeutung solcher Arrangements immer nachgedacht und gesprochen werden muss.

Beenden als Ko-Konstruktion

Im relationalen Ansatz ist es eine grundlegende Annahme, dass sowohl die mentalen Zustände des Therapeuten als auch des Patienten berücksichtigt werden müssen, sofern klinische Phänomene vollständig exploriert und verstanden werden sollen. Dies scheint auf den ersten Blick mit der Objektbeziehungstheorie übereinzustimmen, die sich über Freuds ursprüngliche intrapsychische Auffassungen hinaus zu einer interpsychischen Betrachtung gewandelt hat, in der die emotionalen Reaktionen des Therapeuten auf den Patienten mittels projektiver Identifizierung Bestandteil des gemischten therapeutischen Vorgehens sind. Allerdings bleiben hierbei die Projizierungen und die Persönlichkeit des Therapeuten selbst im Hintergrund; ihre eigentliche Rolle ist die eines zurückspiegelnden Empfängers der Projektionen des Patienten. Relationale und Bindungsansätze gehen zwei Schritte weiter. Erstens wird, indem man Freuds (vgl. Bollas 2007) nur so dahingesagte Bemerkung auffrischt, Analyse sei im Idealfall die direkte Kommunikation eines Unbewussten (des Patienten) mit dem eines anderen (des Analytikers), die Rolle des impliziten Charakters und Wertesystems des Analytikers anerkannt. Zweitens und damit einhergehend verwendet man den Begriff »analytischer Dritter« (Ogden 1987; Benjamin 2004), um die einzigartige Beziehungsstruktur einer jeden Therapie zu beschreiben, zu der Patient und Therapeut zu verschiedenen Teilen beitragen, die aber nie ausschließlich vom Beitrag nur einer Person abzuleiten ist.

Jeder Patient wird verschiedene therapeutische Erfahrungen mit verschiedenen Therapeuten haben und Therapeuten gehen unterschiedliche therapeutische Beziehungen mit ihren jeweiligen Patienten ein (Diamond et al. 2003). Es ist allerdings zu beachten, dass im Gegensatz zu einer absolut relationalen Sichtweise a) »schwierige« Patienten dazu neigen, ein schlechteres Therapieergebnis zu haben, ganz gleich von wem sie behandelt werden, und b) besonders gute Kliniker den meisten ihrer Patienten helfen können (Beutler et al. 2004). Im letzteren Fall ist es vielleicht eben diese Flexibilität und Fähigkeit, verschiedene »analytische Dritte« anzunehmen, die zum Erfolg dieser »Super-Therapeuten« beiträgt.

Die Bindungsforschung kann einen gewissen Beitrag leisten, diese generellen Annahmen mit empirischen Daten zu unterfüttern. Dozier et al. (2008) untersuchten die Bindungsstile von Therapeuten und Patienten und speziell die Interaktion zwischen beiden Faktoren. Sie stellten fest, dass der therapeutische Prozess, besonders in Bezug auf das Therapieende, erheblich variierte, je nachdem ob die Therapeuten sicher oder unsicher gebunden waren. Unsichere Therapeuten neigten dazu, die unsicheren Muster ihrer Patienten zu verstärken, sichere hingegen dazu, »das Gleichgewicht wiederherzustellen«, indem sie gegen die unsicheren Bindungsstrategien ihrer Patienten angingen. Wenn man annimmt, dass es einen »richtigen« Zeitpunkt für das Ende von Therapien gibt, dann kann man den unbewussten Drang zu einem vorzeitigen oder überfälligen Ende unter dem Gesichtspunkt der »Passung« zwischen Therapeut und Patient verstehen. Bei einem vermeidenden/ deaktivierenden Patienten und einem unsicheren Analytiker, dessen Bindungsstil ihn dazu verleitet, Deutungen und intellektuelle Einlassungen überzubetonen, ist ein »zu frühes« Ende wahrscheinlich. Umgekehrt ziehen sich Therapien bei Zusammentreffen von einem hyperaktivierenden Patienten mit einem Analytiker, der dazu neigt, Unterstützung und affektives Mitschwingen überzubewerten, hin und werden »zu spät« beendet. Sicher gebundene Therapeuten stellen das vorzeitige Ende mit einem deaktivierenden Patienten in Frage und bestehen auf einem festen Datum, um die Therapie mit hyperaktivierenden Patienten zu beenden.

Der Grundgedanke ist zum wiederholten Male das Mentalisieren: »Therapeut, erkenne dich selbst«. Kliniker müssen ihren eigenen Bindungsstil berücksichtigen, wenn sie Veränderung bewirkende Behandlungen durchführen wollen und nicht solche, in denen es zur Kollusion kommt. Jeder Therapeut hat seinen persönlichen »Stil«, was das Beenden angeht, der durch den jeweiligen Patienten, aber auch durch seine eigene Bindungsgeschichte und seine Präferenzen bestimmt ist. Die wesentlichen Elemente des Endes werden ko-konstruiert, also gemeinsam geschaffen. Das Ziel besteht weniger darin, es »richtig« zu machen, als darin, dass der Patient anhand des so bedeutsamen Endes exemplarisch versteht, wie sein Unbewusstes ihn in Bezug auf Trennung und Verlust beeinflusst. Um dies zu ermöglichen, muss der Therapeut von seinem eigenen Bindungsstil Abstand halten und diesen aus der therapeutischen Gleichung herausnehmen können, damit der Stil des Patienten als das erkannt werden kann, was er tatsächlich ist.

Ablösung oder Desillusionierung?

Warum sollte das Ende einer Therapie von Belang sein? Eigentlich geht doch das Beendigen anderer beruflicher Beziehungen – ein Bauarbeiter, dessen Arbeit getan ist, das Ende einer Beziehung, bei der es um rechtliche oder finanzielle Aspekte ging – normalerweise mit großer Erleichterung einher. Der Therapeut und die therapeutische Beziehung sind jedoch ganz im Gegenteil besonders stark emotional besetzt, sodass sie enorme affektive Wirkung haben. Der Therapeut ist zu einer Bindungsfigur geworden, einer Person mit den Eigenschaften einer sicheren Basis, die zu verlieren die oben erwähnte spezielle Konstellation bindungstypischer Gefühle von Schmerz, Protest, Verzweiflung und Bewältigen auslöst.

Es ist nicht ganz klar, wie eine Bindungsbeziehung, im Gegensatz zu anderen Verbindungen wie Freundschaft, einem kollegialen oder beruflichen Verhältnis, etabliert wird oder wie sie auseinandergeht. Bowlby (1956, zitiert nach Cassidy 2008, S. 12) hat es vortrefflich so formuliert:

> Sich zu beschweren, dass ein Kind nicht sonderlich freudig darauf reagiert, wenn es von einer zwar freundlichen, aber fremden Frau getröstet wird, ist so töricht wie sich darüber zu beschweren, dass ein junger Mann, der sehr verliebt ist, keine Augen für ein anderes gutaussehendes Mädchen hat.

Eine Bindungsbeziehung durchdringt oder »penetriert« (Hinde 1979) jeden Aspekt im Leben einer Person in einer Weise, die sie von anderen Beziehungen scharf abgrenzt. Je mehr das auch für eine therapeutische Beziehung zutrifft, desto bedeutsamer ist deren Ende.

In der klassischen Psychoanalyse gehört zum Lösen der ödipalen Situation, dass man der Brust abschwört und die unvermeidliche Diskrepanz zwischen Wunsch und Realität anerkennt. Nach dem neo-kleinianischen Modell zu Ödipus ist das Kind, das den Geschlechtsakt der Eltern und seine eigenen ambivalenten Gefühle tolerieren kann, befreit – es ist in der Lage, selbst zu denken und sich mit dem Vater und durch ihn mit der äußeren Welt zu identifizieren oder sich beiden zuzuwenden, während es sich aus der Abhängigkeit von der Mutter löst (Britton et al. 1989).

Winnicotts (1971) Modell des Übergangsraums führt einen dritten Begriff ein, der zwischen der Nirwana-ähnlichen Welt ungezügelter Wünsche und Bedürfnisse und der harten und brutalen Unmittelbarkeit der Realität steht. Im Übergangsraum decken sich Wunsch und Realität teilweise, sodass die halluzinatorische Illusion, die das Baby von der Brust hat, durch das *tatsächliche* Zur-Verfügung-Stellen der Brust durch die Mutter erwidert und realisiert wird. Diese reale, wenn auch nur kurzlebige ideale »Passung« legt die Basis für späteres Spielen, für Kreativität und Hoffnung. Das Winnicott'sche Modell lässt auch Raum für wiederholt auftretendes Verfehlen dieser Passung – eine Mutter ist, kann und sollte nur »hinreichend gut« sein. Wenn das Kind sich hin zu mehr Unabhängigkeit entwickeln, neue Bindungen eingehen und den Narzissmuss vermeiden soll, der die unvermeidliche Diskrepanz zwischen Wunsch und Realität nicht hinnehmen kann, dann ist zwangsläufig eine »Des-illusionierung« der Brust nötig.

Widerstand gegen das Therapieende kann als Hindernis bei diesen Entwicklungsprozessen gelten. Therapeut und Therapie werden als unentbehrlich empfunden, eine illusorische und anachronistische Verschleppung kindlicher Bedürfnisse und Wünsche in die Gegenwart. Da der Therapeut die überwältigenden Bedürfnisse des Patienten nicht erfüllen kann, kann der Patient von ihm nicht ablassen. Der Therapeut mag nur die »mütterliche« Hälfte der elterlichen Imago abdecken können und daher nicht in der Lage sein, den Weg in Richtung Unabhängigkeit zu weisen. Hass und Bedürftigkeit können so stark ausgeprägt sein, dass sie nicht innerhalb der depressiven Position zu integrieren sind. »Versagen« (im Sinne von »gut genug« sein und von Wiederholungen aus positivem Beziehungsbruch und Reparatur, wie in diesem Buch beschrieben) ist nur dann auszuhalten, wenn dem genügend erfolgreiche Interaktionen gegenüberstehen. Wie Novick (1988, S. 312) sagt:

Selten wird in der Literatur die Notwendigkeit der Desillusionierung oder Ernüchterung erwähnt, welche notwendig ist, um den Prozess des Loslassens von der omnipotenten Mutter-Kind-Dyade und das Trauern über deren Verlust zu beginnen. Damit der Patient die Behandlung als erfolgreich empfinden kann, muss der Analytiker zumindest zu einem gewissen Grad als jemand erlebt werden, der versagt hat.

In einer Bindungsbeziehung werden die Bedürfnisse einer Person tatsächlich durch den Anderen befriedigt – in größerem (bei sicherer Bindung) und geringerem (bei unsicherer Bindung) Maße. Es scheint alles dafür zu sprechen, dass effektive Therapeuten sich durch eine ähnliche Ansprechbarkeit, Sensibilität und Feinfühligkeit auszeichnen, wie sie bei einer Sicherheit vermittelnden Betreuungsperson zu beobachten ist. Damit eine Therapie gut genug ist, muss es zu einer ausreichend großen Anzahl sogenannter »Gegenwartsmomente« (Stern 2004) kommen. Der Therapeut sollte in seinem Verständnis des Patienten dessen Affektzustände ausreichend spiegeln, auf eine Art und Weise, die dem Erscheinen der Brust vergleichbar ist, wenn das Kind diese halluziniert.

Auch wenn der Therapeut eigentlich »anwesend« ist, so ist er gleichzeitig, wenn auch regelmäßig und vorhersehbar, »abwesend«. Man kann sich tatsächlich vorstellen, dass genau das Wesen dieser Absenz den Therapeuten mit den Eigenschaften einer sicheren Basis ausmacht oder, um Bowlbys Formulierung zu verwenden, eine »freundliche aber fremde« oder »andere gut aussehende« Person. Während einer Trennung vergisst die Verkörperung der sicheren Basis die Person nicht, die ihrer Fürsorge bedarf, *und* sie bleibt auch in der Psyche dieser Person präsent. Ein Patient hat das Recht zu erwarten, dass sein Therapeut ihn zwischen den Sitzungen nicht vergisst, und sich auf Dinge zu beziehen, die er in früheren Sitzungen gesagt und gefühlt hat. Wenn die Intensität und Dynamik der Therapie erst einmal hergestellt sind, werden die Sitzungen und die Person des Therapeuten Teil des Flusses des Bewussten und Unbewussten des Patienten (Träume vom Therapeuten, Versprecher, die den Namen des Therapeuten enthalten, ungewolltes Verwenden therapeutischen Vokabulars).

Patienten mit einer Sitzung pro Woche berichten oft in der Anfangsphase ihrer Therapie: »Was wir letzte Woche diskutiert haben, hat mich im Anschluss noch ein paar Tage beschäftigt und dann scheint es verblasst zu sein.« Wie ich schon im Hinblick auf Suizid erörtert habe, lässt sich die angemessene Frequenz der Sitzungen fast schon der Zeit entnehmen, die es braucht, damit Erinnerungen verblassen; je kürzer diese Dauer, desto kürzer sollten die Abstände zwischen den Sitzungen sein. Diese affektive Objektkonstanz ist die Basis für die herausgehobene Bedeutung der therapeutischen Beziehung, die sich zwangsläufig abschwächt, wenn die Therapie sich ihrem Ende zuneigt.

Der psychoanalytische Rahmen ist wie dafür geschaffen, diese Fragen näher zu beleuchten. Indem der Therapeut »nichts weiter« als Vorhersagbarkeit, Erreichbarkeit und Ansprechbarkeit gewährleistet, schafft er die Möglichkeit, dass der Patient die Diskrepanz von Wunsch und Realität explorieren kann. Jedes Ende und jede Unterbrechung bedeuten einen Bruch; dadurch kann der Patient sich seinem Therapeuten näher fühlen oder aber wütender sein. Mit dem Ende wird aus Trennung ein nicht mehr umkehrbarer Verlust.

Reich (1950, S. 182) vergleicht das Ende einer Analyse eines Patienten, der sie wegen einer zweiten Lehranalyse aufsuchte, mit einem Trauerprozess:

> Die Beschreibung seiner Reaktion auf das Ende seiner ersten Analyse war recht aufschlussreich: »Ich fühlte mich, als ob ich plötzlich allein zurückgelassen war auf dieser Welt. Es war das gleiche Gefühl, das ich nach dem Tod meiner Mutter hatte ... Ich habe große Anstrengungen unternommen, jemanden zu finden, den ich lieben, etwas, für das ich Interesse zeigen konnte. Monatelang sehnte ich mich nach meinem Analytiker und wünschte, ich hätte ihm erzählen können, wie es mir ergangen war. Dann habe ich ihn langsam, ohne genau zu bemerken, wie es dazu kam, vergessen. Nach zwei Jahren habe ich ihn auf einer Feier getroffen und dachte, dass er doch ein netter älterer Herr war, aber in keiner Weise interessant für mich.«

So betrachtet, bedeutet »Übertragung« mehr als nur eine Wiederholung früherer Beziehungen. Vielmehr wird der Therapeut mit Eigenschaften der sicheren Basis besetzt, die nicht nur den Wunsch nach einem immer erreichbaren, feinfühligen Primärobjekt widerspiegeln, sondern auch den realen Willen eines menschlichen Wesens, auf den Anderen einzugehen. Das Ende einer Beziehung, und das schließt die therapeutische ein, umfasst sowohl Ablösung als auch Desillusionierung, und Dank für die Liebe und Aufmerksamkeit (im professionellen Sinne und mit professioneller Belohnung), die der Therapeut dem Patienten entgegengebracht hat.

Die »Trauerarbeit« besteht darin, diese Besetzung des Therapeuten allmählich aufzuheben. Die bewusste Wahrnehmung des Therapeuten als einer Person, die einst alles bedeutete, rückt in den Hintergrund; alles, was am Ende bleibt, ist eine Narbe, durch die man, wie bei einer geheilten körperlichen Wunde auch, mehr oder weniger eingeschränkt bleibt. Ein Elternteil, Partner oder noch schlimmer, ein Kind, das man verloren hat, lebt in der Psyche fortdauernd weiter; aber wenn der Schmerz über den Verlust allmählich nachlässt, wird es zu einem gewissen Grad möglich, sich auf andere Personen einzulassen. Ist dieser Prozess nicht abgeschlossen, kommt es zu hoffnungslosen Bemühungen, Gleiches mit Gleichem zu ersetzen, dann ist man auf der ewigen Suche nach einem nicht rückgängig zu machenden Verlust und somit zu unendlicher Enttäuschung verurteilt. Nur wenn die »Übertragung« aus der Vergangenheit auf potentiell neue Objekte als weniger zwingend empfunden wird, kann ein neuer Anfang gelingen.

In der Psychotherapie beginnt der Prozess des Annehmens eines Verlusts – »In my beginning is my end« (T. S. Eliot, *Four Quartets*) – damit, dass man eine professionelle Beziehung eingeht, sich in die wichtige Sphäre der Übertragung begibt, in der Bindungen und Verluste aus der Vergangenheit reaktiviert werden, und endet mit der Akzeptanz und Trennung, Verlust und dem Abklingen der Übertragung.

Tee-Party des Teddybären

Als ich aufhörte, ganztägig in meiner psychiatrischen Praxis zu arbeiten, beschloss ich, neben anderen Übergangsriten zum Ausscheiden aus meinem Beruf, in dem ich 30 Jahre lang gearbeitet hatte, eine Abschiedsparty für all »meine« Patienten auszurichten. Sämtliche regulären Patienten meiner »Sprechstunde« erhielten eine schriftliche Einladung. Bei ihnen handelte es sich nicht um »Psychotherapie«-Patienten, sondern eher um Menschen mit schwerer psychischer Erkrankung, die ich über all die Jahre recht gut kennengelernt hatte. Gemeinsam haben wir die vielen Veränderungen der psychiatrischen Praxis durchgemacht: die meisten von ihnen waren stationär untergebracht, einige nicht aus freien Stücken, auf mein Geheiß hin »eingesperrt«. Wie im Fall Susans (12. Kapitel) hatte ich ihnen Medikamente verschrieben, Berichte über sie verfasst, ihnen geholfen, ihre Wohnungs- oder Betreuungssituation zu klären, und ihnen regelmäßig stützende Gespräche eingeräumt (meist eine halbe Stunde ungefähr alle acht Wochen), so dass ich eine Menge aus ihrem Leben wusste (wenngleich mir genauso viel unbekannt blieb). Entsprechend hatten sie sich an mich als »ihren« Psychiater gewöhnt und mich mehr oder weniger mit all meinen Fehlern und Schwächen toleriert.

Als der Tag, an dem diese Party stattfinden sollte, näherrückte, wurde ich immer ängstlicher. Würde überhaupt jemand auftauchen? Würden meine Gäste einander etwas zu sagen haben und ob vielleicht das Ganze in einer Stille ablief, die typisch für eine Bestattungszeremonie ist? Ich wollte meinen Patienten ein Abschiedsgeschenk machen. Es war bald Ostern, daher schien mit ein Schokoladen-Ei passend. Ich hatte ursprünglich, wie einst Winnicott, an einen Teddybär für jeden gedacht (als typisches Übergangsobjekt), aber die Kosten sprachen dagegen, sodass ich mich für eine Karte mit einem Teddybär-Motiv entschied. Auf der Rückseite verfasste ich eine Danksagung. Der Teddybär war in gewissem Sinne eine Art Spaß für mich selbst. Ich hatte einmal an einer Debatte zwischen Fürsprechern der Psychoanalyse und Verfechtern kognitiv-analytischer Therapie teilgenommen, bei der, wie schon erwähnt, schriftliche Mitteilungen und Anleitungen für den Patienten verfasst werden (Ryle 1990). Auch wenn kognitiv-analytische Therapie für manche eine ausgezeichnete Kurzzeittherapie sein mag, hatte ich in der Debatte argumentiert, dass schriftliche Mitteilungen für schwer gestörte Patienten ungefähr das Gleiche bedeuten wie einem weinenden hungrigen Baby einen Zettel zu reichen, auf dem das Wort »Milch« geschrieben steht, in der Hoffnung, dass dies seinen Distress lindert.

Wie sich herausstellte, waren meine Sorgen unbegründet. Zahlreiche Gäste erschienen und die Atmosphäre war gesellig und feierlich. Musik wurde gespielt, Essen verschlungen, Witze erzählt und Spiele gespielt. Ich hatte viel Spaß und alle anderen, so schien es, auch. Für Außenstehende muss es wie eine normale Teegesellschaft einer Gruppe von Leuten ausgesehen haben, die einander recht gut kennen – in unserer Kleinstadt gibt es eine »Subkultur« psychiatrischer Patienten, die sich gegenseitig helfen und unterstützen.

Das Ganze erinnerte mich an eine Szene aus dem (für Psychiater) schmerzvollen Film-Meisterwerk *Einer flog über das Kuckucksnest*. Die »Insassen« der geschlossenen Station entkommen für die Dauer eines Tages und mieten, angeführt von dem von Jack Nicholson gespielten Mitpatienten McMurphy, ein Boot, um einen Ausflug auf einem Fluss zu machen. Genau in dem Moment, in dem sie sich aufmachen wollen, werden sie von dem Bootsverleiher kritisch beäugt: »Wer zum Teufel seid ihr, wohl Verrückte oder wie?« Für einen kurzen schreckensvollen Augenblick denkt der Zuschauer, alles fliegt auf und der fröhliche Ausflug fällt ins Wasser. Mit großem Einfallsreichtum stellt McMurphy jeden einzelnen als angesehenen Professor vor. Als die Kamera auf die dem Zuschauer vertrauten Gesichter schwenkt, erkennt dieser, wie die Patienten eine Verwandlung von Insassen eines schäbigen, heruntergekommenen Psychiatriekrankenhauses zu respektierten Mitgliedern einer freien Welt vollzogen haben. Aus Verrücktheit wird liebenswürdige Exzentrizität und Genialität. Kontext und Perspektive machen den Unterschied.

Vollkommen normal und angemessen verhielten sich meine Patienten auf der Feier. Was noch viel mehr wiegt, sie behandelten mich wie einen der Ihren: Sie küssten und umarmten mich, machten Späße und stellten Fragen, wie sie es mit einem Freund oder Kollegen getan hätten.

Als ich später über dieses bewegende Ereignis nachdachte, stellte ich fest, dass der Grund, warum eine Feier für uns alle, mich und meine Patienten, nötig gewesen war, darin lag, dass wir Hilfe bei der »Auflösung der Übertragung« brauchten (Sarra 2003, persönliche Mitteilung). Meine Patienten mussten ihr Bild von mir korrigieren, mich als das sehen, was ich bin – ein Mensch wie sie auch, der sich dem Ende seines Arbeitslebens nähert, der gebrechlich, mit Makeln behaftet, ohne seine Rolle und seine Arbeit ein wenig verloren ist und sich verabschieden möchte. Ich musste in ihren Augen kleiner gemacht werden und verletzlich und normal wie jeder andere auch erscheinen, so dass sie mental »weitergehen« konnten und ihre Übertragung, die ich in all den Jahren unserer gemeinsamen Arbeit übernommen hatte, auf meinen Nachfolger richten konnten. Umgekehrt war es wichtig, dass ich ihr Dasein als Patienten, ihre Abhängigkeit (ihre von mir, meine von ihnen) und ihre Vulnerabilität »vergessen« und sie, so wie jeden anderen auch, als Gleiche, als Mitmenschen betrachten konnte, die ebenso wie andere auch an den Unabwägbarkeiten des Lebens leiden. All das war traurig für mich und ließ mich auf eine Art auch demütig werden. Es hatte aber auch etwas Beruhigendes. Bindung und Trennung, das Investieren in eine andere Person und die Auflösung dieses Prozesses gehören zum Fluss des Lebens, des psychiatrischen wie auch des »normalen«.

Das Beenden mentalisieren

Das Leitmotiv des Buches soll an seinem Ende, wo dies vielleicht gerechtfertigt erscheint, noch einmal wiederholt werden: Das Wesen des Mentalisierens liegt im Nachdenken über das Denken. Der Ausgangspunkt dafür ist der Kant'sche Satz, dass absolute Wahrheit nicht fassbar und die Realität immer durch den Geist gefiltert wird (Allen und Fonagy 2006). Allerdings kann die Realität zumindest in Teilen verstanden werden, wenn zwei Psychen ein Phänomen gemeinsam betrachten (Cavell 2006).

Dieses Kapitel beruht auf zwei vielleicht paradox wirkenden Prinzipien. Erstens ist ein »perfektes« Ende unmöglich und gleichzeitig auch nicht wünschenswert. In jeder Therapie wird es immer Themen und Probleme geben, die nicht zur Sprache kommen. In einer Untersuchung, in der ehemalige Analysepatienten fünf Jahre nach ihrem Therapieende in Interviews befragt wurden, zeigte sich, dass es den meisten zwar »besser« ging, aber ihre Schwierigkeiten und Konflikte keineswegs verschwunden waren, sondern vielmehr in ihrer Intensität nachgelassen hatten (Bachrach et al. 1991). Auch wenn die Befunde bestätigen, dass Patienten mit komplexeren Krankheitsbildern längere Therapien zu besseren Ergebnissen führen, wird es aus dem einen oder anderen Grund – Geld, Zeit, räumliche Distanz – immer einen Punkt geben, an dem die Therapie zu einem Ende kommt. Die Besserung in der Therapie folgt einer negativ-logarithmischen Kurve (Orlinsky et al. 2004), wobei gemäß dem Gesetz vom abnehmenden Grenznutzen immer mehr Zeit nötig ist, um immer weniger Nutzen zu erzielen. Die Suche oder das Verlangen nach Perfektion, auf Seiten des Patienten oder Therapeuten, ist ein narzisstischer Wahn, den man untersuchen, mentalisieren und besprechen muss, anstatt ihn auf negative Weise als Unvermögen, die Therapie zu beenden, »auszuagieren« (auch Nicht-Handeln ist Handeln).

Das zweite implizite Merkmal ist, dass ein Ende nichts anderes als ein Ausagieren sein kann. Die Entscheidung ist gefallen: Wir werden an einem bestimmten Tag aufhören, nach einer gewissen Anzahl von Sitzungen, mit oder ohne eine bestimmte Vereinbarung für die Folgezeit nach der Therapie. Da es das Ziel von Therapie ist, Handeln durch Denken zu ersetzen, läuft das Beenden genau diesem Ziel immer entgegen. Die Mentalisierungsperspektive hilft, dieses Paradox zu überwinden und zu lösen. Wenn der therapeutische Hebel in psychoanalytischen Therapien darin besteht, den Prozess des Nachdenkens über das Denken einzuleiten und voranzubringen und damit die Fähigkeit zu fördern, das eigene Selbst, das Selbst der Anderen und Interaktionen zwischen Selbst und Anderem besser zu verstehen, ist nicht so sehr das schlichte Ende einer Therapie der Knackpunkt, sondern die Fähigkeit, über das Beenden zu reflektieren, über die Gefühle, die damit einhergehen, über die Bedeutung dieses Prozesses und über das, was ihm vorausging und folgen mag.

Janice: Ihr Ende, nicht meins

Die 40-jährige Janice war wegen einer Depression in Behandlung. Ihre Kinder waren erwachsen und im Begriff, das Elternhaus zu verlassen, und ihr Ehemann schien mit Karriere und Hobbys beschäftigt zu sein. Nach ungefähr einem Jahr Therapie begann sie ihre Sitzung mit der Mitteilung, dass sie sich nun viel besser fühle und eher in der Lage, ihr eigenes Leben zu führen, ohne »weise Männer« (was mich indirekt mit einbezog) zu brauchen, von denen sie zuvor gedacht hatte, sie hielten die Antworten auf ihre Fragen bereit.

Trotz dieses scheinbaren Vertrauensvotums spürte ich, dass in dieser Mitteilung ein impliziter Angriff enthalten war und dass sie ärgerlich mit mir oder von mir enttäuscht zu sein schien. Während ich darüber nachgrübelte, bemerkte ich, dass eine meiner Topfpflanzen auf dem Fensterbrett einen vernachlässigten Eindruck machte und gegossen werden musste, und ich sagte mir im Stillen, dass ich mich darum kümmern sollte, bevor der nächste Patient hereinkam.

Ich sagte zu ihr: »Ich frage mich, ob Sie mit dem Gedanken spielen, die Therapie zu beenden.« Sie bestätigte, dass sie sich damit befasst hatte, um schnell anzuschließen: »Natürlich nicht sofort ...«

Ich fragte, wann ihr dieser Gedanke zum ersten Mal gekommen sei. »Ich glaube, als ich nach meiner letzten Stunde auf Ihrer Toilette war«, entgegnete sie, »es wirkte dort so verwahrlost, die vielen Spinnenweben. Das erinnerte mich an meinen Ehemann und seine Karrierebesessenheit – während er alles andere in seinem Leben vernachlässigt.«

»Sie einbezogen?«, fragte ich. »Ich kann da eine gewisse Desillusionierung oder Enttäuschung raushören ...«

»Nein, enttäuscht bin ich nicht, vielleicht traurig. Mir ist klar, dass ich meine eigenen Entscheidungen getroffen habe, mir ist meine Familie wichtig, die alltäglichen Dinge. Aber jetzt muss ich die Kinder ziehen lassen, meine eigenen Interessen entwickeln.«

»Und Sie scheinen den Eindruck zu haben, dass sogenannte ›weise Männer‹, was mich einschließt, eine Illusion sind; sie vernachlässigen, was Ihnen wirklich wichtig ist; die Antworten haben Sie selbst«, äußerte ich und fügte hinzu: »Ich muss gestehen, dass ich über die Pflanzen dort drüben nachgedacht habe; es scheint so, als ob sie, wie Sie auch, etwas mehr zärtliche und liebevolle Zuwendung nötig hätten.«

»Nun ja, ich nehme mal an, dass ich mich über Sie ärgere, weil Sie mich nicht zu der perfekten Person gemacht haben, die ich glaubte sein zu wollen. Gleichzeitig bin ich Ihnen aber dankbar für die Aufmerksamkeit und Wertschätzung, die Sie mir entgegengebracht *haben*«, sagte sie.

Als sie ging, sagte sie im Spaß: »Heute benutze ich Ihre Toilette nicht!«

Ich erwiderte: »Aber sie ist in einem makellosen Zustand, all die Spinnweben sind entfernt worden.«

Wir lachten beide, und die Sitzung war mit einem guten Gefühl beiderseits zu Ende gegangen.

Janice entschied sich, die Therapie zu beenden, vielleicht etwas verfrüht, aber sie war nicht mehr depressiv und mit Sicherheit kreativer und ausgeglichener als zu Beginn. Sie weiß nun, wer sie ist, und wer sie nicht ist. Sie fühlt sich autonomer. Sie muss nicht mehr zwischen den falschen Alternativen von Weiblichkeit und Unabhängigkeit wählen oder sich eine idealisierte Identität von »weisen Männern« borgen. Ihr Gefühl, als Kind nicht »gegossen« worden zu sein, wird, via Triangulierung, durch mein Gewahrwerden der vernachlässigten Pflanzen bestätigt. Sie kann ihre Gefühle als das sehen, was sie tatsächlich sind – als real, aber nicht unbedingt dem Kontext angemessen, in dem sie sich befindet. Die »Ruptur«, symbolisiert durch die unsaubere Toilette und vielleicht ein Behälter beschissener Gefühle von Wut, Vernachlässigung und mangelnder Fürsorge als Kind, stellte ein validierendes Moment dar, durch das sie sich von unreifer Abhängigkeit (die »weisen Männer«, erfolgreiche Ehemann, erfolgreiche Mutter) zu reifer Abhängigkeit (besser in der Lage zu sein, ihr eigenes Leben zu leben) entwickelte. Da ich eingeräumt hatte, dass die Toilette unsauber war, und gleichzeitig mit ihr explorierte, was eine »dreckige Toilette« in ihrer inneren Welt repräsentieren mochte, konnten Übertragung und Realität voneinander unterschieden werden. Der gekittete Beziehungsbruch gab ihr ein Gefühl von Anerkennung und Bestärkung und versetzte sie in die Lage, zu entscheiden, die Therapie zu einem Zeitpunkt zu beenden, der ihr im Großen und Ganzen richtig vorkam. Im eigentlichen Moment des Abschieds war sie immer noch, wenn auch halb im Spaß, unzufrieden mit meiner beherrschten halb-skeptischen Haltung.

»Sind Sie sicher, dass Sie mich durch Ihr Beenden der Therapie nicht für mein Versagen bestrafen wollen, weil ich die von Ihnen erhofften Veränderungen nicht herbeigeführt habe?«, fragte ich.

»Hey, wo bleibt das ›high-five‹, ein fröhlicher Abschiedsgruß – mir geht es tatsächlich gut; Sie haben mir tatsächlich etwas Gutes getan. Hören Sie auf, so griesgrämig zu sein«, lautete ihr Kommentar zum Abschied.

Monty Python hätte vielleicht gesagt, die Therapie ist tot, vorbei, eine Ex-Behandlung. Aber der Patient war sehr lebendig und mit ein bisschen Glück würden auch die Überbleibsel der Therapie in ihrer Psyche lebendig bleiben. Mein versehentliches Verwenden des Wortes »herbeiführen« umfasste ja auch die Möglichkeit von »Chaos«. Vielleicht musste sie zum jetzigen Zeitpunkt aufhören, aus Angst, das fragile Gleichgewicht ihrer Ehe zu sehr zu erschüttern.

Janice hatte die Therapie in einem Zustand von idealisierter Übertragung begonnen. Ich war der »weise Mann«, der sie durch das Leben hindurch und zu ihrem »wahren Selbst« leiten würde. Weder hatte ich diese Guru-ähnliche Rolle ausgeübt, noch hatte ich ihr vollständig oder sofort »erlaubt«, mich meiner therapeutischen Wirksamkeit zu berauben. Wir vereinbarten ein allmähliches Auslaufen der Therapie und konnten über das WC lachen. Dadurch fand sie zu einem authentischeren Selbst, fühlte sich nicht mehr als Gefangene ihrer unrealistischen Erwartungen und wurde dadurch spielerischer, offener und ein im positiven Sinne selbstbezogener Mensch.

Zusammenfassung

Yalom (2008) geht davon aus, dass die Angst vor dem Tod, eine zutiefst existentielle Angelegenheit, von Patienten und Therapeuten gleichermaßen gemieden wird. Wenn man die Auswirkungen des Endes einer Therapie insgesamt betrachtet, wird man mit der Vergänglichkeit des Lebens, mit dem verzerrenden Einfluss, den ein Trauma auf die Entwicklung ausübt, und mit den Einschränkungen der Therapie und der Unvermeidbarkeit des Leidens konfrontiert. Schopenhauer ([1851] 1986), der absolute und dennoch ungebrochene Pessimist, führte das buddhistische Gebot in die westliche Philosophie ein, dass das Leiden unvermeidbar ist und dass der erste Schritt, es zu überwinden, darin besteht, es bereitwillig anzunehmen. Er stellt die »Welt als Wille«, die ungefähr mit Freuds Begriff des Unbewussten übereinstimmt, einer Welt als Vorstellung mit den bewussten Teilen der Psyche gegenüber. Der Wille ist, wie das Unbewusste, unbeschränkt und zeitlos, von intrinsischen Energien und Kräften angetrieben, die der menschlichen Existenz vorausgehen und weiter bestehen werden, wenn alles menschliche Leben aus dem Universum verschwunden sein wird. Die Welt als Vorstellung umfasst die vertraute Erfahrungswelt, in der man beständig an die eigene Sterblichkeit erinnert wird.

Die Bindungstheorie eröffnet eine etwas andere Sichtweise zum Begriff der Zeit, zur synchronischen/diachronischen Dichotomie: eine biologisch fundierte Sichtweise zum Verlauf des Lebens und zu den dazu gehörigen Einschnitten und Wendepunkten. Dazu zählen in der Phase des Werdens: die Empfängnis, Geburt, das Abstillen, Laufen und Sprechen lernen, die Einschulung, Freundschaften, Adoleszenz, der Auszug aus dem Elternhaus, das Finden eines Sexualpartners, ein Beruf, das Zeugen von Nachwuchs und die Elternschaft. Diesem Scheitelpunkt folgen die Anfänge eines langsamen Prozesses des Vergehens: Die Kinder verlassen das Haus, man hat weniger Einfluss, aber die ausgleichende und mildere Freude am Großelternsein, zurückgehende Verantwortlichkeiten und die wiederkehrende Freiheit, auf die Höhen und Tiefen des Lebens zurückzublicken. Jeder dieser Aspekte oder jede dieser Phasen, besonders wenn sie durch Verlust oder Trauma beeinflusst sind, spiegelt sich auf positive und negative Weise in der therapeutischen Beziehung wider (vgl. Waddell 2006). Der Therapeut muss mit dem Puls seines eigenen biologischen Lebensabschnitts im Einklang sein, um seinen Patienten zu helfen, deren eigenen Lebensweg besser zu verstehen. Traumatische und tragische Ereignisse wie beispielsweise ein verfrühter Tod oder eine Behinderung werden an diesem biologisch zu erwartenden Lebensverlauf gemessen.

Abschließend sollten wir uns, vielleicht als manisch defensives Gegenmittel zu Schopenhauer'scher Schwermut, dem Bühnen- und Kinoerfolg *Mamma Mia!* zuwenden, einer Adaption des Films *Buona Sera, Mrs Campbell* aus dem Jahr 1968. Der Erfolg des Stücks beruht im Wesentlichen auf der Musik von ABBA, der schwedischen Popgruppe, bestehend aus zwei Paaren und mit dem Palindrom-Namen – Lieder, die fast jeder mitsingen kann.

Die Handlung spielt auf einer griechischen Insel. Sophie, ein Teenager, lebt bei ihrer alleinerziehenden Mutter Donna, die ein Hotel führt, das schon bessere Zeiten gesehen hat. Sie ist fest entschlossen zu heiraten. Sophies Verlobter Sky ist ein widerwilliger Bräutigam und hat den Eindruck, dass es besser wäre, erst einmal die

Welt (und vielleicht einander) zu entdecken, bevor er sich aufs Heiraten einlässt. Sophie hat ihren Vater nie kennengelernt; das geheime Tagebuch ihrer Mutter lässt drei Kandidaten in Frage kommen. Ohne Donnas Wissen lädt Sophie sie alle zur Hochzeit ein. Aber wer von ihnen ist ihr »echter« Vater? Sophie nimmt an, dass sie das sofort spüren wird, wenn sie auf ihn trifft, aber zu ihrer Bestürzung muss sie die Binsenweisheit einsehen, dass man ohne das Ergebnis eines DNA-Tests nicht mit absoluter Sicherheit sagen kann, wer jemandes Vater ist. Wer von den Dreien wird sie an seinem Arm zum Traualter führen? In ihrer Verwirrung fragt sie alle drei Männer.

Die Hochzeitsfeierlichkeiten beginnen. Der leitende griechisch-orthodoxe Priester fordert unwissend »den Vater« auf, die Braut an den Bräutigam zu »überreichen« – ihre neue Bindungsfigur. Alle drei erheben sich, um dieser ehrenvollen Aufgabe nachzukommen. Zuerst nimmt Sophie anmutig ihren Segen entgegen, verzichtet auf die DNA-Tests und akzeptiert die väterliche Dreifaltigkeit, aber dann erklärt sie aus heiterem Himmel, dass sie noch nicht zum Heiraten bereit ist, und die Hochzeit findet nicht statt.

Dem folgt eine Krise. In diesem Moment tritt einer der drei möglichen Väter, der geschiedene Sam, hervor und springt in die Bresche: »Warum sollten wir die Gelegenheit zu einer großartigen Hochzeit verstreichen lassen?«, sagt er und hält um die Hand der Liebe seines Lebens, Donna, Sophies unberechenbarer, lebenslustiger Mutter, an. Sie nimmt seinen Antrag an. Sophie und Sky sind erleichtert und teilen den anderen mit, dass sie zu einer Weltreise aufbrechen werden. Der Film hat ein Happy End mit einem griechischen Festmahl und ekstatischen Tänzen.

Aus einem Bindungsblickwinkel kann man den Film wie folgt verstehen: Von zuhause wegzugehen ist dann am einfachsten, wenn es dort eine sichere Basis gibt, zu der man zurückkehren kann. Nachdem Sophie einen Mann an der Seite ihrer Mutter weiß, kann sie sich um sich selbst kümmern und muss nicht mehr die Rolle des parentifizierten Kindes spielen, das für seine Mutter da ist. Weil sie eine sichere Basis hat, die – wenn nötig – ansprechbar ist, kann sie ganz frei die Welt erkunden. Das erfolgreiche Beenden einer Therapie bezieht auf gleiche Weise ein, dass man innere Gefühle von Sicherheit und die dazugehörigen passenden äußeren »realen« Beziehungen gefunden hat, was in manchen Fällen eine fortdauernde Beziehung zum Therapeuten mit einbezieht.

Die psychoanalytische Implikation lautet, dass man nur dann, wenn ein internalisiertes gutes Objekt der »vereinigten Eltern« vorhanden ist, frei genug ist, sein eigenes emotionales und sexuelles Leben zu explorieren. Dem ödipalen Verlangen, einen Elternteil besitzen zu wollen, abzuschwören und die damit einhergehenden Gefühle von Neid und Traurigkeit zu überwinden sind notwendige Entwicklungsschritte auf dem Weg zu psychosexueller Reife. Die psychoanalytischen Bedingungen für das Beenden sind: ein gutes vereinigtes Elternobjekt (»Ur-Szene«) zu finden, über den Neid und die Gefühle des Ausgeschlossenseins und/oder das Begehren, das Primärobjekt kontrollieren oder für sich in Anspruch nehmen zu wollen, hinwegzukommen und das bereitwillige Annehmen der Unabhängigkeit und Freiheit, sich und etwas zu bewegen.

In beiden Sichtweisen ist es von zentraler Bedeutung, mit einem Verlust zurechtkommen und ihn annehmen zu können. Sophie kann ihr Elternhaus verlassen und neue Bindungen eingehen (von Donna zu Sky) mit dem sicheren Wissen, dass Donna, nun selbst eng an Sam gebunden, für sie da sein wird, wenn sie sie brauchen sollte. Donna hat einen festen Platz in Sophies innerer Welt eingenommen. Sophie braucht jetzt weder Donnas Bedürftigkeit abzuwehren, wodurch sie auch ihre eigene Verletzlichkeit verdrängt, noch muss sie sich so sehr an Sky klammern, was sie in ihrem Explorieren einschränkt. Ihre innere Welt ist intakt; sie ist nicht durch ihre eigenen Aggressionen bedroht und braucht darüber hinaus kein starres äußeres Gerüst, das sie zusammenhält. Der Zuschauer ist, durchdrungen von nostalgischen Gefühlen, beruhigt, dass trotz der unausweichlichen Rupturen, die das Leben mit sich bringt – das Vergehen der Zeit, Verluste und Trennungen (die Auflösung von ABBA als Gruppe und das Auseinandergehen der Paarbeziehungen ihrer Mitglieder eingeschlossen) –, durch die heilende und reparative Kraft der Musik Kontinuität im Leben möglich ist.

Am Ende kommt es zu Momenten existentieller Natur, als alle vier Hauptdarsteller Neuland betreten, in dem sie einander in die Arme sinken. Der Ausgang der Handlung gibt weder eine Garantie für zukünftiges Glück, noch weiß man mit absoluter Sicherheit, ob die Protagonisten gegen ein erneutes Scheitern ihrer wechselseitigen Beziehungen gefeit sind. Das gilt genauso für den Zuschauer, der, indirekt betroffen, mit dem fiktiven Geschehen des Drames mitfühlt und mitfiebert. Aber dies kann ihm, so wie auch die Therapie, helfen, die Courage und die innere Sicherheit zu erlangen, die man braucht, um die unendlichen Möglichkeiten des Lebens zu erforschen.

EPILOG

Manchmal frage ich Kollegen und Freunde, halb aus Spaß, an wie viele der unzähligen Deutungen, die sie über all die Jahre in Analyse und Therapie gegeben oder erhalten haben, sie sich erinnern können. Dem folgt eine gewisse Schockstarre, in der sie hastig ihre Gedächtnisfestplatten durchscannen; wenn ich dann eine Antwort zu hören bekomme, so liegt sie ausschließlich im einstelligen Bereich. Wie auch immer Psychotherapie leidenden Menschen auf Dauer hilft, es ist wohl unwahrscheinlich, dass spezifische Deutungen dabei die ganze Wahrheit ausmachen. Es ist das Medium, nicht die Botschaft, dessen Wirkung von Dauer ist, auch wenn Sprache ein unentbehrliches »Fixiermittel« für Veränderungsprozesse in der psychischen Entwicklung bleibt. In diesem Geiste soll die folgende Liste zum Ende des Buches meine zehn Hauptthesen noch einmal zusammenfassen, in der Hoffnung, dass einige darunter vielleicht von Dauer sind, während die Bedeutung der restlichen verblasst.

1 *Die Bindungstypologie.* Therapeuten brauchen diagnostische Typologien, einschließlich solcher, die gesunde von sub-optimalen und pathogenen Entwicklungswegen unterscheiden. Die Trennlinien zwischen sicher und unsicher, organisiert und desorganisiert mögen zwar manchmal unklar sein oder es mag innerhalb eines Individuums zu Mischformen kommen. Dennoch bilden diese Klassifizierungen nützliche und evidenzbasierte Untergliederungen, die zu einem besseren Verständnis klinischer Phänomene und angemessener therapeutischer Strategien führen.
2 *Mentalisierung* oder *das Bewusstsein der Wahrnehmung von Bewusstsein*. Ein wachsamer Hund ist bei Bewusstsein, ein wacher Mensch ist sich bewusst, dass er ein Bewusstsein hat. Psychotherapeuten und Andere, die versuchen, problematische zwischenmenschliche Situationen zu bessern, wissen, dass sie sich ihres Bewusstseins gewahr sind. Dieses Gewahrsein ist die Voraussetzung, dass man Reparaturen ausführen kann. Der Kern des Mentalisierens liegt in der Kant'schen Unterscheidung zwischen dem Ding an sich und unserer Beurteilung desselben. Der menschliche Geist ist von Natur aus fehlbar, besonders wenn es darum geht, unsere Emotionen, Wünsche und Vorhaben sowie die Anderer zu verstehen. Mentalisieren hat auch diese Fehlbarkeit zum Gegenstand.

3 *Triangulierung.* Mithilfe einer empathisch eingestellten, reflektierenden, spiegelnden und ansprechbaren Person (Mutter, Partner, Therapeut) vergleichen wir unsere Wahrnehmung der Welt mit der Perspektive, die ein Anderer zu unserer Wahrnehmung hat, so dass wir eher in der Lage sind, der emotionalen Wahrheit nahezukommen.
4 *Rekursivität.* Psychoanalytische Psychotherapie bedeutet, eine Beziehung einzugehen, deren Objekt genau diese Beziehung ist. Eine Beziehung, die reparaturbedürftig ist, muss in der Lage sein, sich selbst eingängig unter die Lupe zu nehmen. Das handwerkliche Können des Therapeuten besteht darin, zugleich Teil dieser Beziehung zu sein und sein Teilnehmen außerdem von außen zu beobachten.
5 *Kindliche Entwicklung als Modell für das Sprechzimmer.* Die wissenschaftliche Basis der Psychotherapie sind die Untersuchungen zu intimen Beziehungen. Der umfassendste Anteil dazu entstammt den Befunden zu und dem Verständnis von emotionaler Entwicklung und Reifung von (Klein)Kindern, was im Sprechzimmer zwar nicht als »von der Couch zur Wiege« verkürzt gleichgesetzt wird, aber akribisch in den Laboren von Bindungsforschern und Entwicklungspsychologen untersucht werden kann. Wir wissen, dass Sicherheit gebende Eltern Empathie und das Gespür dafür, dass das Leben zu meistern ist, zu gleichen Teilen miteinander verbinden und man kann davon ausgehen, dass dies auch auf gute Therapeuten zutrifft.
6 *Polysemie.* Das zentrale Anliegen psychoanalytischer Psychotherapie ist, Bedeutungszusammenhänge zu schaffen. Gemäß der Bindungstheorie schwelgen sicher gebundene Kinder geradezu in einem Überfluss von Bedeutung. Je sicherer, desto besser und reichhaltiger sind die Bedeutungen. Der psychoanalytische Rahmen ist der entscheidende Faktor, um diese »Ambivalenz auf hohem Niveau« zu fördern. Mit einer großen Bandbreite an Bedeutungen ausgestattet, haben Analysanden mehr Möglichkeiten, um im zwischenmenschlichen Dschungel des intimen sozialen Lebens zurechtzukommen. Das Ziel der Psychoanalyse lautet: »Polysemie der Phantasie, Triangulierung der Wahrheit«.
7 *Bindung versus Exploration.* Im Fall von Bindungsunsicherheit ist der explorative, Bedeutung suchende Trieb zugunsten von Sicherheit gehemmt. Indem Psychotherapie Sicherheit gibt, begünstigt sie indirekt die Exploration. Die Evolution bedient sich der Kompromisse und damit wird die bestmögliche Anpassung an eine sich verändernde und potentiell feindselige Umwelt mit der jeweils vorherrschenden genetischen Ausstattung ermöglicht. Im Kontext sub-optimaler Fürsorge wird die explorative Freiheit zugunsten von Sicherheit geopfert. Psychotherapie hilft dabei, archaische Kompromissbildungen neu zu justieren, um sie den aktuellen Gegebenheiten anzupassen.

8 *Unabwendbarkeit von Verlust.* In der buddhistischen Psychologie ist das Leiden der Ausgangspunkt von allem: Nur wenn man es anerkennt, kann man das Leiden aushalten. Bindung und Verlust sind genauso zwei Seiten einer Medaille. Spezifisches Bindungsverhalten hat sich als Bollwerk gegen die Verletzlichkeit durch Verlust entwickelt. Der Trennungsschmerz wird durch den Trost der sicheren Basis gelindert. Ein gesundes Maß an Protest als Reaktion auf Trennung sorgt für eine reibungslose Wiedervereinigung; sichere Bindung fördert beherztes Eingehen von Risiken und die Akzeptanz von Verlusten.

9 *Das relationale Multiversum.* Die künstliche Trennung von innerer und äußerer Welt ist ein philosophischer Irrtum. Die »innere« Welt ist von Beginn an relational, die »äußere« Welt ist eine Manifestation der inneren Welten eines Kollektivs von Individuen. Diese duale Perspektive muss in der psychoanalytischen Psychotherapie erst noch vollständig anerkannt werden.

10 *Neue Paradigmata.* Innovation im Bereich psychoanalytischer Psychotherapie beruht auf der Kombination genauer phänomenologischer Beschreibungen dessen, was sich im Sprechzimmer abspielt, mit den neu hinzugewonnenen Befunden im Bereich von Bildgebung, Genetik und Entwicklungspsychologie. Zusammengenommen eröffnen diese die Möglichkeit, ein neues Paradigma der psychoanalytischen Psychotherapie als Wissenschaft intimer Beziehungen zu erschaffen.

DANKSAGUNG

Ich stehe hauptsächlich in der Schuld einer inoffiziellen Gruppe oder »Gilde« von Kollegen, die im Wesentlichen am Anna Freud Centre in London tätig sind, aber auch an anderen Institutionen in den USA arbeiten und während der vergangenen Jahre meine intellektuelle Inspiration waren und mir Rückendeckung und Zuspruch gaben. Das gemeinsame Anliegen dieser Gruppe ist es, von einer ungebrochenen Loyalität gegenüber der Psychoanalyse ausgehend, diese mithilfe der Bindungstheorie und -forschung einer empirischen und theoretischen Überprüfung zu unterziehen. Ohne die herausragenden Beiträge von Peter Fonagy und Mary Target (1997, 2000, 2005, 2007), Anthony Bateman (Bateman und Fonagy 2004, 2008), Jon Allen (2006, 2008), Arietta Slade (2005, 2008), Howard und Miriam Steele (2008), Jeremy Safran (Safran und Muran 2000) und Morris Eagle (Eagle und Wolitzky 2008) hätte dieses Buch nicht entstehen können.

Es ist die Frucht der Arbeit mehrerer Jahre und des Lesens, Denkens, der Vorlesungen und des Schreibens. Ich bin den Studierenden, Kollegen, Institutionen und wissenschaftlichen Zeitschriften dankbar, mit denen ich meine Arbeit in ihrer vorläufigen Fassung teilen konnte und die geholfen haben, sie zu verbessern und zu korrigieren und ihre weitere Entwicklung voranzutreiben. Besonders wichtig war dabei das Programm in Psychologischen Therapien an der University of Exeter sowie meine Studierenden und Kollegen dort, insbesondere Eugene Mullan und Richard und Sue Mizen. Außerdem bin ich dem Australian and New Zealand College of Psychiatrists, der Guilde of Psychotherapists, der Westminster Pastorial Foundation, dem Bath Centre for Psychotherapy and Counselling, Konrad Michel und der Aeschi Stiftung in der Schweiz, Theresa Chan und Irene Kam in Hong Kong, Evrynomi Avdi in Thessaloniki, Kristin White in Berlin, dem Salt Lake City Children's Center und der City University in New York zu Dank verpflichtet.

Viele Kollegen, Freunde und Familienmitglieder haben den gesundheitsförderlichen und manchmal -schädlichen Prozess in der Entstehung dieses Buches direkt oder indirekt beeinflusst, unterstützt, stimuliert, toleriert und zu ihm beigetragen. Im Besonderen möchte ich Jon Allen, Anthony Bateman, Sidney Bloch, Kath Buckell, Errolyn Bruce, Andrew und Penny Elder, Peter Fonagy, Sebastian Kraemer, Richard Lindley, Louiza und Chris Pearson, Nic Sarra, Arietta Slade, Mary Target,

Robert und Lorraine Tollemache, Paul Zeal und (wie immer) Ros, Jacob, Matthew, Lydia und Josh Holmes danken.

Ich bedanke mich bei der Society of Authors und dem Henry Reed Estate für die Erlaubnis, *Naming of Parts* aus dem New Oxford Book of English Verse, hrsg. von H. Gardener (1972), Oxford: Oxford University Press, verwenden zu dürfen.

Das Gedicht *Dinner with my Mother* von *Dock Leaves* © Hugo Williams, 1994 ist nach freundlicher Genehmigung von Faber and Faber Ltd. nachgedruckt.

Einige Kapitel hatten eine frühere Inkarnation als Artikel oder Buchkapitel und zwar:

- Kapitel 2: (2006) Mentalising from a psychoanalytic perspective: What's new? In J. Allen und P. Fonagy (Hrsg.) *Handbook of Mentalisation-based Treatment*. Chichester, GB: Wiley.
- Kapitel 8: (2008b) Mentalising and metaphor in poetry and psychotherapy. *Advances in Psychiatric Treatment*, 14, 167–171.
- Kapitel 9: (2007) Sense and Sensuality: Hedonic intersubjectivity and the erotic imagination. In D. Diamond, S. Blatt und J. Lichtenberg (Hrsg.), *Attachment & sexuality*. New York: Analytic Press.
- Kapitel 10: (2003) Borderline personality disorder and the search for meaning – an attachment perspective. *Australian and New Zealand Journal of Psychiatry*, 37, 524–532.

LITERATUR

Abbass, A., Sheldon, A., Gyra, J. und Kalpin, A. (2008). Intensive short-term dynamic psychotherapy for DSM-IV personality disorders: A randomized controlled trial. *Journal of Nervous and Mental Disease*, 196(3), 211–216.

Ainsworth, M., Blehar, M., Waters, E. und Wall, S. (1978). *Patterns of Attachment: A psychological study of the strange situation*. Hillsdale, NJ: Lawrence Erlbaum Associates.

Allen, J. (2006). Mentalising in practice. In J. Allen und P. Fonagy (Hrsg.), *Handbook of Mentalisation-based Treatment*. Chichester, GB: Wiley. (2009). *Mentalisierungsgestützte Therapie*. Stuttgart: Klett-Cotta.

Allen, J. (2008). Mentalising as a conceptual bridge from psychodynamic to cognitive-behavioural therapies. *European Psychotherapy*, 8, 103–122.

Allen, J. und Fonagy, P. (Hrsg.) (2006). *Handbook of Mentalisation-based Treatment*. Chichester, GB: Wiley. (2009). *Mentalisierungsgestützte Therapie*. Stuttgart: Klett-Cotta.

Allen, J., Fonagy, P. und Bateman, A. (2008). *Mentalising in clinical practice*. New York: American Psychiatric Publishing Co. (2011). *Mentalisieren in der psychotherapeutischen Praxis*. Stuttgart: Klett-Cotta.

Alvarez, A. (1973). *The savage God*. London: Penguin. (1999). *Der grausame Gott. Eine Studie über den Selbstmord*. Hamburg: Hoffmann und Campe.

Andreas-Salomé, L. ([1928] 2011). *Rainer Maria Rilke*. Hamburg: Severus.

Ansbacher, H. und Ansbacher R. ([1956] 1985). *The individual psychology of Alfred Adler*. New York: Analytic Press. ([1982] 2004). *Alfred Adlers Individualpsychologie*. München: Reinhardt.

Aron, L. (2000). Self-reflexivity and the therapeutic action of psychoanalysis. *Psychoanalytic Psychology*, 17, 667–690.

Aron, L. (2008). *Freud, Judaism, anti-Semitism, and the repudiation of femininity*. Vortrag am William Alanson White Institute, New York, 10. November.

Avdi, E. (2008). Analysing talk in the talking cure: Conversation, discourse, and narrative analysis of psychoanalytic psychotherapy. *European Psychotherapy*, 5(1), 69–88.

Avdi, E. und Georgaca, E. (2007). Narrative research in psychotherapy: A critical review. *Psychology and Psychotherapy: Research and Practice*, 78, 1–14.

Bachrach, H., Galatzer-Levy, R., Skonikoff, A. und Waldron, S. (1991). On the efficacy of psychoanalysis. *Journal of the American Psychoanalytic Association*, 39, 871–911.

Balint, M. (1968). *The basic fault*. London: Tavistock. (2003). *Theoretische Aspekte der Regression. Die Theorie der Grundstörung* (3. Aufl.). Stuttgart: Klett-Cotta.

Baron-Cohen, S. (1995). *Mindblindness: An essay on autism and theory of mind*. Cambridge, MA: MIT Press.

Bartels, A. und Zeki, S. (2004). The neural correlates of maternal and romantic love. *NeuroImage*, 21, 1155–1166.

Bateman, A., und Fonagy, P. (2004). *Psychotherapy for Borderline Personality Disorder: Mentalisation-based treatment*. Oxford, GB: Oxford University Press. (2008). *Psychotherapie der Border-*

line-Persönlichkeitsstörung. Ein mentalisierungsgestütztes Behandlungskonzept. Gießen: Psychosozial.

Bateman, A. und Fonagy, P. (2008). 8-year follow-up of patients treated for borderline personality disorder: Mentalization-based treatment versus treatment as usual. *American Journal of Psychiatry,* 165, 631–638.

Bateman, A. und Holmes, J. (1995). *Introduction to psychoanalysis: Contemporary theory and practice.* London: Routledge.

Bateson, G. (1972). *Steps towards an Ecology of Mind.* New York: Ballantine.

Belloc, H. (1907). *Jim. Cautionary tales for children.* London: Duckworth. (1998). *Klein-Kinder-Bewahr-Anstalt.* Zürich: Sanssouci.

Benjamin, J. (2004). Beyond doer and done to: An inter-subjective view of thirdness. *Psychoanalytic Quarterly,* 73, 5–46.

Beutler, L., Malik, M., Alimohamed, S., Harwood, T., Talebi, H., Noble, S. et al. (2004). Therapist variables. In M. Lambert (Hrsg.), *Bergin and Garfield's Handbook of Psychotherapy and Behaviour Change* (S. 227–306). Chichester, GB: Wiley.

Bion, W. (1962). *Learning from experience.* London: Heinemann. (1992). *Lernen aus Erfahrung.* Frankfurt: Suhrkamp TB.

Bion, W. (1967). *Second thoughts.* New York: Jason Aronson.

Bion, W. (1970). *Attention and interpretation.* London: Tavistock. (2006). *Aufmerksamkeit und Deutung.* Tübingen: Edition Diskord.

Bion, W. (1987). Clinical seminars. In *Clinical seminars and other works.* London: Karnac.

Bion, W. (1988). Notes on memory and desire. In E. Bott Spillius (Hrsg.), *Melanie Klein today.* Bd. 2: *Mainly practice* (S. 17–21). London: Routledge. (2002). Anmerkungen zu Erinnerung und Wunsch. In *Melanie Klein Heute,* Bd. 2: *Anwendungen* (3. Aufl.). Stuttgart: Klett-Cotta, S. 22–28.

Bleiberg, E. (2006). Enhancing mentalizing through psycho-education. J. Allen und P. Fonagy (Hrsg.), *Handbook of Mentalisation-based Treatment* (S. 233–248). Chichester, GB: Wiley.

Bollas, C. (1987). *The Shadow of the Object: Psychoanalysis of the Unthought Known.* London: Free Association Books. (1997). *Der Schatten des Objekts. Das ungedachte Bekannte.* Stuttgart: Klett-Cotta.

Bollas, C. (2007). *The Freudian Moment.* London: Karnac.

Bollas, C. (2008). Projective invitation. *European Psychotherapy,* 8 (1), 49–52.

Bollas, C. (2009). *The infinite question.* London: Routledge. (2011). *Die unendliche Frage. Zur Bedeutung des freien Assoziierens.* Frankfurt: Brandes & Apsel.

Bowlby, J. (1969). *Attachment and Loss.* Vol. 1: *Attachment.* London: Hogarth Press and the Institute of Psycho-Analysis. (1975). *Bindung. Eine Analyse der Mutter-Kind-Beziehung.* München: Kindler.

Bowlby, J. (1973). *Attachment and Loss.* Vol. 2: *Separation: Anxiety and Anger.* London: Hogarth Press and the Institute of Psycho-Analysis. (1976). *Trennung. Psychische Schäden als Folgen der Trennung von Mutter und Kind.* München: Kindler.

Bowlby, J. (1980). *Attachment and Loss.* Vol. 3: *Loss: Sadness and Depression.* London: Hogarth Press and the Institute of Psycho-Analysis. (1983). *Verlust. Trauer und Depression.* Frankfurt: Fischer.

Brisch, K. H. (2010). *Bindungsstörungen. Von der Bindungstheorie zur Therapie* (10., überarb. Aufl.). Stuttgart: Klett-Cotta.

Britton, R. (2005). Anna O: The first case. In R. Perelberg (Hrsg.), *Freud: A modern reader* (S. 31–52). London: Whurr.

Britton, R., Feldman, M. und O'Shaughnessy, E. (1989). *The Oedipus complex today.* London: Karnac. (1998). *Der Ödipuskomplex in der Schule Melanie Kleins. Klinische Beiträge.* Stuttgart: Klett-Cotta.

Brown, G. und Harris, T. (1978). *The social origins of depression.* London: Tavistock.

Budd, S. (2001). No sex please we're British: Sexuality in English and French pychoanalysis. In C. Harding (Hrsg.), *Sexuality: Psychoanalytic perspectives* (S. 52 – 68). Hove, GB: Brunner-Routledge.

Budd, S. (2008). *The use and misuse of transference interpretations.* Vortrag auf einem Fortbildungskurs in psychoanalytischer Psychotherapie, Department of Psychology, University of Exeter, GB, Oktober.

Busch, F. (2009). Can you push a camel through the eye of a needle? Reflections on how the unconscious speaks to us and its clinical implications. *International Journal of Psychoanalysis,* 90, 53 – 68.

Camus, A. ([1942] 2004). *Der Mythos des Sisyphos.* Reinbek: rororo.

Canestri, J. (Hrsg.)(2006). *Psychoanalysis from practice to theory.* Chichester, GB: Wiley.

Caper, R. (1999). *A Mind of One's Own.* London: Routledge.

Carter, C. S., Ahnert, L., Grossmann, K. E., Hrdy, S. B., Lamb, M. E., Porges, S. W. et al. (2005) *Attachment and bonding: A new synthesis.* Cambridge, MA: MIT Press.

Casement, P. (1985). *On learning from the patient.* London: Routledge.

Cassidy, J. (2008). The nature of the child's ties. In J. Cassidy und P. Shaver (Hrsg.), *Handbook of attachment: Theory, research, and clinical applications* (2. Aufl., S. 3 – 22). New York: Guilford.

Cassidy, J. und Mohr, J. J. (2001). Unsolvable fear, trauma, and psychopathology: Theory, research, and clinical considerations related to disorganized attachment across the life span. *Clinical Psychology: Science and Practice,* 8, 275 – 298.

Cassidy, J. und Shaver, P. (Hrsg.) (2008). *Handbook of Attachment: Theory, research, and clinical applications* (2. Aufl.). New York: Guilford.

Castonguay, L. und Beutler, L. (2006). *Principles of Therapeutic Change that Work.* Oxford, GB: Oxford University Press.

Cavell, M. (2006). *Becoming a subject.* Oxford, GB: Oxford University Press.

Chambers, W. (1972). *Twentieth Century Dictionary.* Edinburgh: Chambers.

Cheney, D. und Seyfarth, R. (2007). *Baboon metaphysics.* Chicago: Chicago University Press.

Chiesa, M., Fonagy, P., Holmes, J. und Drahorad, C. (2004). Residential versus community treatment of personality disorders: A comparative study of three treatment programs. *American Journal of Psychiatry,* 161, 1463 – 1470.

Choi-Kain, L. und Gunderson, J. (2008). Mentalization: Ontogeny, assessment, and application in the treatment of borderline personality disorder. *American Journal of Psychiatry,* 165(9), 1127 – 1135.

Conrad, J. ([1904] 1995). *Nostromo.* Augsburg: Weltbild.

Crandell, L., Patrick, M. und Hobson, P. (2003). »Still face« interactions between mothers with borderline personality disorder and their 2-month infants. *British Journal of Psychiatry,* 183, 239 – 249.

Crittenden, P. (1985). Maltreated infants: Vulnerability and resilience. *Journal of Child Psychology and Psychiatry,* 26, 85 – 96.

Dalal, F. (2002). *Race, colour and the process of racialization.* Hove, GB: Brunner-Routledge.

Damasio, A. (1994). *Descartes' Error: Emotion, Reason and the Human Brain.* New York: Jason Aronson. (1997). *Descartes' Irrtum. Fühlen, Denken und das menschliche Gehirn.* München: dtv.

Dare, C., Eisler, I, Russell, G., Treasure, J. und Dodge, L. (2001). Psychological therapies for adults

with anorexia nervosa: Randomised controlled trial of outpatient treatments. *British Journal of Psychiatry,* 178, 216–221.
Dawkins, R. (1978). *The selfish gene.* London: Penguin. (2000). *Das egoistische Gen.* Reinbek: Rowohlt.
Denman, C. (2004). *Sexuality: A biopsychosocial approach.* London: Palgrave.
Dennett, D. C. (1987). *The intentional stance.* Cambridge, MA: MIT Press.
Dennett, D. (2006). *Breaking the spell.* London: Allen Lane.
Diamond, D., Stovall-McClough, C., Clarkin, J. und Levy, K. (2003). Patient-therapist attachment in the treatment of borderline personality disorder. *Bulletin of the Menninger Clinic,* 67, 227–259.
Dickens, C. ([1857]2011). *Klein-Dorrit.* Hamburg: tredition.
Donnet, J.-L. (2001). From the fundamental rule to the analysing situation. *International Journal of Psychoanalysis,* 82, 129–140.
Dozier, M., Stovall, K. und Albus, K. (2008). Attachment and psychopathology in adulthood. In J. Cassidy und P. Shaver (Hrsg.), *Handbook of Attachment: Theory, research, and clinical applications* (2. Aufl., S. 718–744). New York: Guilford.
Eagle, M. (2007). Attachment and sexuality. In D. Diamond, S. Blatt und J. Lichtenberg (Hrsg.), *Attachment and Sexuality.* Hillsdale, NJ: Academic Press.
Eagle, M. und Wolitzky, D. (2008). Adult psychotherapy from the perspectives of attachment theory and psychoanalysis. In J. Obegi und E. Berant (Hrsg.), *Clinical applications of adult attachment theory and research* (S. 351–378). New York: Guilford.
Eagleton, T. (2007). *How to Read a Poem.* London: Blackwell.
Eliot, T. S. (1988). *Gesammelte Gedichte 1909–1962.* Frankfurt: Suhrkamp TB.
Farber, B. und Metzger, J. (2008). The therapist as secure base. In J. Obegi und E. Berant (Hrsg.), *Clinical Applications of Adult Psychotherapy and Research* (S. 46–70). New York: Guilford.
Feeney, J. (2008). Adult romantic attachment: Developments in the study of couple relationships. In J. Cassidy und P. Shaver (Hrsg.), *Handbook of Attachment: Theory, research, and clinical applications* (2. Aufl., S. 456–481). New York: Guilford.
Ferro, A. (2006). *Psychoanalysis as therapy and storytelling.* London: Routledge.
Fischer-Mamblona, H. (2000). On the evolution of attachment-disordered behaviour. *Attachment and Human Development,* 4, 8–21.
Fonagy, P. (2001). *Attachment Theory and Psychoanalysis.* New York: Other Press. (2009). *Bindungstheorie und Psychoanalyse* (3. Aufl.). Stuttgart: Klett-Cotta.
Fonagy, P. (2006 a). The failure of practice to inform theory and the role of implicit theory in bridging the transmission gap. In J. Canestri (Hrsg.), *Psychoanalysis from Practice to Theory* (S. 29–43). Chichester, GB: Wiley.
Fonagy, P. (2006 b). The mentalization-focused approach to social development. In J. Allen und P. Fonagy (Hrsg.), *Handbook of Mentalisation-based Treatment* (S. 53–100). Chichester, GB: Wiley. (2009). Ausg. Klett-Cotta, S. 89–152.
Fonagy, P. und Bateman, A. (2006). Progress in the treatment of borderline personality disorder. *British Journal of Psychiatry,* 188, 1–3.
Fonagy, P., Gergely, G., Jurist, E. und Target, M. (2002). *Affect Regulation, Mentalisation, and the Development of the Self.* New York: Other Press. (2004). *Affektregulierung, Mentalisierung und die Entwicklung des Selbst.* Stuttgart: Klett-Cotta.
Fonagy, P., Steele, H. und Steele, M. (1991). Maternal representation of attachment during pregnancy predicts the organization of infant-mother attachment at one year of age. *Child Development,* 62, 891–905.

Fonagy, P., Steele, M., Steele, H. und Target, M. (1997). *Reflective-functioning Manual for Application to Adult Attachment Interviews,* Version 4.1. London: Psychoanalysis Unit, Sub-Department of Clinical Health Psychology, University College London.
Fonagy, P. und Target, M. (1997). Attachment and reflective function: Their role in self-organization. *Development and Psychopathology,* 9, 679–700.
Fonagy, P. und Target, M. (2000). Playing with reality 3: The persistence of dual psychic reality in borderline patients. *International Journal of Psychoanalysis,* 81, 853–874.
Fonagy, P. und Target, M. (2005). *Getting sex back into psychoanalysis.* Vortrag auf der Tageskonferenz, Mai, University College London.
Fonagy, P. und Target, M. (2007). The rooting of the mind in the body: New links between attachment theory and psychoanalytic thought. *Journal of the American Psychoanalytic Association,* 55, 412–456.
Frankl, V. (1978). *The unheard cry for meaning.* New York: Simon and Schuster.
Freud, S. und Breuer, J. (1895d). Studien über Hysterie. *G. W.* Bd. 1, S. 49–97.
Freud, S. (1950c [1895]). Entwurf einer Psychologie. *G. W.,* Nachtr., S. 387–477.
Freud, S. (1900a). Die Traumdeutung. *G. W.,* Bd. 2/3.
Freud, S. (1905e [1901]). Bruchstück einer Hysterie-Analyse. *G. W.,* Bd. 5, S. 161–286.
Freud, S. (1911b). Formulierungen über die zwei Prinzipien des psychischen Geschehens. *G. W.,* Bd. 8, S. 230–238.
Freud, S. (1913c, 1914g, 1915a). Ratschläge zur Technik der Psychoanalyse. *G. W.,* Bd. 8, 10.
Freud, S. (1912e). Ratschläge für den Arzt bei der psychoanalytischen Behandlung. *G. W.,* Bd. 8, S. 376–387.
Freud, S. (1914g). Erinnern, Wiederholen und Durcharbeiten. *G. W.* Bd. 10, S. 126–136.
Freud, S. (1916–1917g). Trauer und Melancholie. *G. W.,* Bd. 10, S. 428–446.
Freud, S. (1918b [1914]). Aus der Geschichte einer infantilen Neurose. *G. W.,* Bd. 12, S. 27–157.
Freud, S. (1920g). Jenseits des Lustprinzips. *G. W.,* Bd. 13, S. 1–69.
Freud, S. (1921c). Massenpsychologie und Ich-Analyse. *G. W.,* Bd. 6, S. 259–349.
Freud, S. (1937c). Die endliche und die unendliche Analyse. *G. W.,* Bd. 16, S. 59–99.
Gabbard, G. (2000). Disguise or consent. *International Journal of Psychoanalysis,* 81, 18–29.
Gabbard, G. (2003). Miscarriages of treatment with suicidal patients. *International Journal of Psychoanalysis,* 84, 249–261.
Gabbard, G. (2005). Major modalities of psychotherapy: Psychodynamic. In G. Gabbard, J. Beck und J. Holmes (Hrsg.), *Oxford Textbook of Psychotherapy.* Oxford, GB: Oxford University Press.
Gabbard, G., Beck, J. und Holmes, J. (Hrsg.) (2005). *Oxford Textbook of Psychotherapy.* Oxford, GB: Oxford University Press.
Gabbard, G., Lazar, S., Horngerger, J. und Spiegel, D. (1997). The economic impact of psychotherapy: A review. *American Journal of Psychiatry,* 154, 147–155.
Gabbard, G. und Westen, D. (2003). Rethinking therapeutic action. *International Journal of Psychoanalysis,* 84, 823–842.
Gardner, H. (Hrsg.) (1972). *New Oxford book of poetry.* Oxford, GB: Oxford University Press.
George, C. und Solomon J. (Hrsg.) (1996). *Defining the caregiving system.* New York: Wiley.
Gergely, G. (2007). The social construction of the subjective self. In L. Mayes, P. Fonagy und M. Target (Hrsg.), *Developmental Science and Psychoanalysis* (S. 45–88). London: Karnac.
Gergely, G. und Watson, J. (1996). The social biofeedback model of parental affect-mirroring. *International Journal of Psychoanalysis,* 77, 1181–1212. (2004). Die Theorie des sozialen Feedbacks durch mütterliche Affektspiegelung. *Selbstpsychologie* 17/18: 143–194.

Gleick, J. (1987). *Chaos.* London: Penguin. (1988). *Chaos: die Ordnung des Universums.* München: Droemer Knaur.
Gombrich, E. (1979). *The sense of order.* London: Phaidon.
Green, A. (2005). The illusion of common ground and mythical pluralism. *International Journal of Psychoanalysis,* 86, 627–633.
Green, A. und Kohon, G. (2005). *Love and its vicissitudes.* London: Routledge.
Greenhalgh, T. und Hurwitz, B. (1998). *Narrative based medicine: Dialogue and discourse in clinical practice.* London: BMA Books.
Grossmann, K., Grossmann, K. und Waters, E. (2005). *Attachment from Infancy to Adulthood: The major longitudinal studies.* New York: Guilford.
Grossmith, G. und Grossmith, W. ([1892]1998). *Diary of a Nobody.* New York: Oxford University Press.
Grotstein, J. (2007). *A Beam of Intense Darkness.* London: Karnac.
Gustafson, J. (1986). *The Complex Secret of Brief Psychotherapy.* New York: Norton.
Guthrie, E., Creed, F., Dawson, D. und Tomenson, B. (1991). A RCT of psychotherapy in patients with refractory irritable bowel syndrome. *Gastroenterology,* 100, 450–457.
Haley, J. (1980). *Leaving home.* New York: McGraw-Hill.
Hazan, C. und Shaver, P. (1994). Attachment as an organisational framework for research on close relationships. *Psychological Inquiry,* 5, 1–22.
Heard, D. und Lake, B. (1997). *The challenge of attachment for care-giving.* London: Routledge.
Hertsgaard, L., Gunnar, M., Erickson, M. und Nachmias, M. (1995). Adrenocortical response to the strange situation in infants with disorganised/disoriented attachment relationships. *Child Development,* 66, 1100–1106.
Hesse, E. (2008). The Adult Attachment Interview. In J. Cassidy und P.R. Shaver (Hrsg.), *Handbook of Attachment: Theory, research, and clinical applications* (2. Aufl., S. 552–598). New York: Guilford Press.
Hinde, R. (1579). *Towards Understanding Relationships.* London: Academic Press.
Hinshelwood, R. (1994). *Clinical Klein.* London: Routledge.
Hobson, P. (2002). *The Cradle of Thought.* London: Macmillan. (2003). *Wie wir denken lernen.* Düsseldorf: Walter.
Hobson, R. (1985). *The Heart of Psychotherapy.* London: Routledge.
Holmes, J. (1992). *Between Art and Science.* London: Routledge.
Holmes, J. (1997). *Attachment, Intimacy, Autonomy: Using attachment theory in adult psychotherapy.* Northvale, NJ: Jason Aronson.
Holmes, J. (2001). *The Search for the Secure Base: Attachment theory and psychotherapy.* London: Routledge.
Holmes, J. (2003). Borderline personality disorder and the search for meaning – an attachment perspective. *Australian and New Zealand Journal of Psychiatry,* 37, 524–532.
Holmes, J. (2006). Mentalising from a psychoanalytic perspective: What's new? In J. Allen und P. Fonagy (Hrsg.), *Mentalisation* (S. 31–50). Chichester, GB: Wiley. (2009). Ausg. Klett-Cotta, S. 62–86.
Holmes, J. (2007). Sense and sensuality: Hedonic intersubjectivity and the erotic imagination. In D. Diamond, S. Blatt und J. Lichtenberg (Hrsg.), *Attachment & Sexuality* (S. 137–160). Hillsdale, NJ: Academic Press.
Holmes, J. (2008a). Getting it together: From attachment research to clinical practice. In J. Obegi und E. Berant (Hrsg.), *Clinical Applications of Adult Attachment.* New York: Guilford.

Holmes, J. (2008b). Mentalisation and metaphor in poetry and psychotherapy. *Advances in Psychiatric Treatment,* 14, 167–171.
Holmes, J. und Bateman, A. (2002). *Integration in Psychotherapy.* Oxford: Oxford University Press.
Holmes, J. und Lindley, R. (1997). *The Values of Psychotherapy* (2. Aufl.). London: Karnac.
Holt, J. (2008). *Stop me if you've heard this: A history and philosophy of jokes.* London: Profile.
Hrdy, S. (1999). *Mother Nature.* London: Penguin. (2000). *Mutter Natur: die weibliche Seite der Evolution.* Berlin: Berlin-Verlag.
Jurist, E. und Meehan, K. (2008). Attachment, mentalisation, and reflective functioning. In J. Obegi und E. Berant (Hrsg.), *Clinical Applications of Adult Psychotherapy and Research* (S. 71–93). New York: Guilford.
Klass, D., Silverman, P. und Nickman, S. (Hrsg.) (1996). *Continuing bonds: New understandings of grief.* Washington DC: Taylor & Francis.
Klein, M. ([1940] 2009). Die Trauer und ihre Beziehung zu manisch-depressiven Zuständen. In *Das Seelenleben des Kleinkindes* (9. Aufl.). Stuttgart: Klett-Cotta, S. 95–130.
Klein, M. ([1937] 1996). Liebe, Schuldgefühl und Wiedergutmachung. In *Gesammelte Schriften,* Bd. I/2. Stuttgart-Bad Cannstatt: frommann-holzboog.
Kuyken, W., Watkins, E. R. und Beck, A. T. (2005). Cognitive-behavioural therapy for mood disorders. In G. Gabbard, J. Beck und J. Holmes (Hrsg.), *Oxford Textbook of Psychotherapy* (S. 111–126). Oxford, GB: Oxford University Press.
Lacan, J. (1977). *Ecrits: A selection* (engl. Übs. A. Sheridan). London: Tavistock (9 Essays aus *Ecrits.* Paris: Edition du Seuil, 1966).
Lakatos, I. (1970). *Criticism and the growth of knowledge.* London: Butterworth.
Lakoff, G. und Johnson, J. (1980). *The Metaphors we Live by.* Chicago: University of Chicago Press.
Laplanche, J. und Pontalis, J. B. ([1967] 1973). *Das Vokabular der Psychoanalyse.* Frankfurt: Suhrkamp.
Larsen, R. (2009). *The Selected Works of T. S. Spivet.* London: Waterstones.
Lear, J. (1993). An interpretation of transference. *International Journal of Psychoanalysis,* 74, 739–755.
Lecours, S. und Bouchard, M.-A. (1997). Dimensions of Mentalization: Outlining levels of psychic transformation. *International Journal of Psychoanalysis,* 78, 855–875.
Leichsenring, F. und Rabung, S. (2008). Effectiveness of long-term psychodynamic psychotherapy: A meta-analysis. *Journal of the American Medical Association,* 300, 1551–1565.
Leiman, M. (1995). Early development. In A. Ryle (Hrsg.), *Cognitive Analytic Therapy: Developments in theory and practice.* Chichester, GB: Wiley.
Lessing, D. (2007). *Nobel Lecture.* Available online at http://nobelprize.org/nobel_ prizes/literature/laureates/2007/lessing-lecture_en.html (Zugriff 17. Juni 2009).
Levy, K. (2008). Psychotherapies and lasting change. *American Journal of Psychiatry,* 165, 556–559.
Linehan, M. (1993). *Cognitive behavioural treatment of borderline personality disorder.* New York: Guilford. (1996). *Dialektisch-behaviorale Therapie der Borderline-Persönlichkeitsstörung.* München: CIP-Medien.
Linehan, M., Comtois, K., Murray, A., Brown, M. Z., Gallop, R. J., Heard, H. L. et al. (2006). Two-year randomized controlled trial and follow-up of dialectical behavior therapy vs therapy by experts for suicidal behaviors and borderline personality disorder. *Archives of General Psychiatry,* 63, 757–766.
Loewald, H. (1980). *Papers on psychoanalysis.* New Haven, CT: Yale University Press.
Lonnqvist, J. K. (2000). Epidemiology and causes of suicide. In M. Gelder, J. Lopez-Ibor und N.

Andreason (Hrsg.), *Oxford Textbook of Psychiatry* (S. 1043 – 1055). Oxford, GB: Oxford University Press.

Lorenz, K. ([1949] 1998). *Er redete mit dem Vieh, den Vögeln und den Fischen.* München: dtv.

Luquet, P. (1981). Le changement dans la mentalisation. *Revue Française de Psychanalyse*, 45, 1023 – 1028.

Lyons-Ruth, K. und die Boston Change Process Study Group (2001). The emergence of new experiences: Relational improvisation, recognition process and non-linear change in psychoanalytic psychotherapy. *Psychologist/Psychoanalyst*, 21, 13 – 17.

Lyons-Ruth, K. und Jacobvitz, D. (2008). Attachment disorganisation: Genetic factors, parenting contexts, and developmental transformation from infancy to adulthood. In J. Cassidy und P. Shaver (Hrsg.), *Handbook of Attachment: Theory, research, and clinical applications* (2. Aufl., S. 666 – 697). New York: Guilford.

Mace, C. (2008). *Mindfulness and Mental Health.* London: Routledge.

Main, M. (1995). Recent studies in attachment: Overview with selected implications for clinical work. In S. Goldberg, R. Muir und J. Kerr (Hrsg.), *Attachment Theory: Social, developmental and clinical perspectives* (S. 407 – 474). Hillsdale, NJ: Analytic Press.

Main, M. (1999). Epilogue. In J. Cassidy und P. Shaver (Hrsg.), *Handbook of Attachment* (S. 845 – 888). New York: Guilford.

Main, M., Kaplan, N. und Cassidy, J. (1985). Security in infancy, childhood and adulthood: A move to the level of representation. In I. Bretherton und E. Waters (Hrsg.), Growing points of attachment theory and research. *Monographs of the Society for Research in Child Development*, 50, 66 – 104.

Main, M. und Solomon, J. (1986). Discovery of a new, insecure-disorganized disoriented attachment pattern. In T. Brazelton und M. Yogman (Hrsg.), *Affective development in infancy* (S. 39 – 51). Norwood, NJ: Ablex.

Malan, D. (1979). *Individual Psychotherapy and the Science of Psychodynamics.* London: Butterworth.

Malan, D. und Delia Selva, P. (2006). *Lives transformed: A revolutionary method of dynamic psychotherapy.* London: Karnac.

Mallinckrodt, B., Porter, M. J. und Kivlighan, D. M. J. (2005). Client attachment to therapist, depth of in-session exploration, and object relations in brief psychotherapy. *Psychotherapy: Theory, Research, Practice, Training*, 42, 85 – 100.

Mallinckrodt, B., Daly, K. und Wang, C. (2008). An attachment approach to adult psychotherapy. In J. Obegi und E. Berant (Hrsg.), *Clinical Applications of Adult Psychotherapy and Research* (S. 234 – 268). New York: Guilford.

Mann, J. (1973). *Time-limited Psychotherapy.* Cambridge, MA: Harvard University Press.

Margison, F. (2002). Psychodynamic interpersonal therapy. In J. Holmes und A. Bateman (Hrsg.), *Integration in Psychotherapy* (S. 107 – 124). Oxford, GB: Oxford University Press.

Marty, P. (1991). *Mentalisation et psychosomatique.* Paris: Laboratoire Delagrange.

Matte-Bianco, I. (1975). *The Unconscious as Infinite Sets.* London: Routledge.

McCluskey, U. (2005). *To Be Met as a Person.* London: Karnac.

McLuhan, M. (1964). *Understanding Media: The extensions of man.* New York: McGraw-Hill.

Meins, E. (1999). Sensitivity, security and internal working models: Bridging the transmission gap. *Attachment and Human Development*, 3, 325 – 342.

Mikulincer, M. und Shaver, P. (2008). Adult attachment and affect regulation. In J. Cassidy und P. Shaver (Hrsg.), *Handbook of Attachment: Theory, research, and clinical applications* (2. Aufl., S. 503 – 531). New York: Guilford.

Milrod, B., Leon, A. C., Busch, F., Rudden, M., Schwalberg, M., Clarkin, J. et al. (2007). A randomized controlled clinical trial of psychoanalytic psychotherapy for panic disorder. *American Journal of Psychiatry*, 164, 265 – 272.
Money-Kyrle, R. (1956). Normal counter-transference and some of its deviations. *International Journal of Psychoanalysis*, 37, 360 – 366.
Novick, J. (1988). The timing of termination. *International Journal of Psychoanalysis*, 15, 307 – 318.
Novick, J. (1997). Termination conceivable and inconceivable. *Psychoanalytic Psychology*, 14, 145 – 162.
Obama, B. (2008). *Dreams from My Father*. Edinburgh: Canongate. (2009). *Ein amerikanischer Traum. Die Geschichte meiner Familie*. München: dtv.
Obegi, J. und Berant, E. (Hrsg.) (2008). *Clinical Applications of Adult Attachment Theory and Research*. New York: Guilford.
Ogden, T. (1987). *The Matrix of the Mind*. Northvale, NJ: Aronson.
Ogden, T. (1989). *The Primitive Edge of Experience*. London: Karnac.
Ogden, T. (1999). »The music of what happens« in poetry and psychoanalysis. *International Journal of Psychoanalysis*, 80, 979 – 994.
O'Neill, S. (2008). The psychotherapy site: Towards a differential theory of therapeutic engagement. *European Psychotherapy*, 8, 53 – 68.
Orlinsky, D., Grawe, K. und Parks, B. (2004). Process and outcome in psychotherapy In M. Lambert (Hrsg.), *Bergin and Garfield's Handbook of Psychotherapy and Behaviour Change* (S. 270 – 376). Chichester, GB: Wiley.
Parkes, C. (2006). *Love and Loss: The roots of grief and its complications*. Washington DC: Taylor and Francis.
Parry, G., Roth, A. und Kerr, I. (2005). Brief and time-limited therapy. In G. Gabbard, J. Beck und J. Holmes (Hrsg.), *Oxford Textbook of Psychotherapy* (S. 507 – 522). Oxford, GB: Oxford University Press.
Pedder, J. (1988). Termination reconsidered. *International Journal of Psychoanalysis*, 69, 495 – 505.
Piper, W. E., Ogrodniczuk, J. S., Joyce, A. S., McCallum, M., Rosie, J. S., O'Kelly, J. G. et al. (1999). Prediction of dropping out in time-limited, interpretive individual psychotherapy. *Psychotherapy*, 36, 114 – 122.
Popper, K. ([1934] 2007). *Logik der Forschung*. Berlin: Akademie-Verlag.
Racker, H. (1968). *Transference and Counter-transference*. London: Hogarth Press (Ndr. London: Karnac, 1982).
Reich, A. (1950). On the termination of analysis. *International Journal of Psychoanalysis*, 31, 179 – 183.
Reik, T. ([1948] 1998). *Listening with the Third Ear*. New York: Farrar, Straus and Giroux. (2007). *Hören mit dem dritten Ohr. Die innere Erfahrung eines Psychoanalytikers*. Eschborn/Frankfurt: Klotz.
Roth, A. und Fonagy, P. (2006). *What Works for Whom?* (2. Aufl.). New York: Guilford.
Roth, A. und Lemma, A. (2008). *The competences required to deliver effective psychoanalytic/psychodynamic psychotherapy*. London: Department of Health. Available online at www.ucLac.uk/climcal-psychology/CORE/Psychodynamic_Competences/Background_Paper.pdf (Zugriff 11. Juni 2009).
Ruiz, P., Bland, I., Pi, E. und De Zuletta, P. (2005). Cross-cultural psychotherapy. In G. Gabbard, J. Beck und J. Holmes (Hrsg.), *Oxford Textbook of Psychotherapy* (S. 431 – 442). Oxford, GB: Oxford University Press.

Rycroft, C. (1985). *Psychoanalysis and Beyond.* London: Chatto.
Rycroft, C. (1995). *Critical dictionary of psychoanalysis* (2. Aufl.). London: Penguin.
Ryle, A. (1990). *Cognitive Analytic Therapy.* Chichester, GB: Wiley.
Safran, J. und Muran, J. (2000). *Negotiating the Therapeutic Alliance: A relational treatment guide.* New York: Guilford.
Safran, J. D., Muran, J. C., Samstag, L. W. und Stevens, C. L. (2001). Repairing alliance ruptures. *Psychotherapy: Theory, Research, Practice, Training,* 38, 406–412.
Sandell, R., Blomberg, J., Lazar, A., Carlsson, J., Broberg, J. und Rand, H. (2000). Varieties of long-term outcome among patients in psychoanalysis and long-term psychotherapy: A review of findings in the STOPP. *International Journal of Psychoanalysis,* 81, 921–942.
Santayana, G. (1905). *The Life of Reason.* London: Butterworth.
Schafer, R. (1983). *The Analytic Attitude.* New York: Basic Books.
Scharff, J. und Scharff, D. (1998). *Object Relations in Individual Therapy.* Hillsdale, NJ: Aronson.
Schneiderman, E. (1993). *Suicide as Psychache: A clinical approach to self-destructive behaviour.* Northvale, NJ: Jason Aronson.
Schopenhauer, A. ([1851] 1986). *Parerga und Paralipomena.* Sämtliche Werke, Bd. IV. Frankfurt: Suhrkamp TB.
Segal, H. (1991). *Dream, phantasy, art.* London: Routledge. (1996). *Traum, Phantasie und Kunst.* Stuttgart: Klett-Cotta.
Seligman, M. (1995). The effectiveness of psychotherapy: The Consumer Reports study. *American Psychologist,* 50, 965–992.
Sennett, D. (2008). *The Craftsman.* London: Allen Lane.
Shapiro, D., Barkham, M., Rees, A., Hardy, G. E., Reynolds, S. und Startup, M. (1994). Effects of treatment duration and severity of depression on the effectiveness of cognitive/behavioural and psychodynamic/interpersonal psychotherapy. *Journal of Consulting and Clinical Psychology,* 63, 211–236.
Sharpe, E. F. (1940). Psycho-physical problems revealed in language: An examination of metaphor. *International Journal of Psychoanalysis,* 21, 201–207.
Shaver, P. und Fraley, R. (2008). Attachment, loss, and grief: Bowlby's views and current controversies. In J. Cassidy und P. Shaver (Hrsg.), *Handbook of Attachment: Theory, research, and clinical applications* (2. Aufl., S. 48–77). New York: Guilford.
Shaver, P. und Mikulincer, M. (2008). An overview of attachment theory. In J. Obegi und E. Berant (Hrsg.), *Clinical Applications of Adult Psychotherapy and Research* (S. 17–45). New York: Guilford.
Slade, A. (2005). Parental reflective functioning: An introduction. *Attachment and Human Development,* 7, 269–282.
Slade, A. (2008). The implications of attachment theory and research for adult psychotherapy: Research and clinical perspectives. In J. Cassidy und P. Shaver (Hrsg.), *Handbook of Attachment: Theory, research, and clinical applications* (2. Aufl., S. 762–782). New York: Guilford.
Solomon, J. und George, C. (Hrsg.) (1999). *Attachment Disorganization.* New York: Guilford.
Spence, D. (1987). *The Freudian Metaphor: Towards paradigm change in psychoanalysis.* New York: Norton.
Sroufe, L. (2005). Attachment and development: A prospective, longitudinal study from birth to adulthood. *Attachment and Human Development,* 7, 349–367.
Steele, H. und Steele, M. (2008). *Clinical Applications of the Adult Attachment Interview.* New York: Guilford.

Steiner, J. (1996). The aim of psychoanalysis in theory and practice. *International Journal of Psychoanalysis,* 77, 1073–1083.
Steiner, J. (2002). *Psychic Retreats.* London: Routledge.
Stern, D. (1985). *The Interpersonal World of the Infant.* New York: Basic Books. (2000). *Die Lebenserfahrung des Säuglings* (7. Aufl.). Stuttgart: Klett-Cotta.
Stern, D. (2004). *The Present Moment in Psychotherapy and Everyday Life.* New York: Norton. (2005). *Der Gegenwartsmoment.* Frankfurt: Brandes & Apsel.
Stiles, W. B., Elliott, R., Llewelyn, S. P., Firth-Cozens, J. A., Margison, F. R., Shapiro, D. A. et al. (1990). Assimilation of problematic experiences by clients in psychotherapy. *Psychotherapy,* 27, 411–420.
Stoller, R. (1979). *Sexual Excitement: The dynamics of erotic life.* New York: Pantheon.
Strachey, J. (1934). The nature of the therapeutic action of psychoanalysis. *International Journal of Psychoanalysis,* 50, 275–292.
Sulloway, F. (1980). *Freud: Biologist of the Mind.* London: Fontana.
Suomi, S. (2008). Attachment in rhesus monkeys. In J. Cassidy und P. Shaver (Hrsg.), *Handbook of Attachment: Theory, research, and clinical applications* (2. Aufl., S. 173–191). New York: Guilford.
Thomas, E. (1971). *Collected Poems.* London: Faber & Faber.
Tronic, E. (1998). Dyadically expanded states of consciousness and the process of therapeutic change. *Infant Mental Health Journal,* 19, 290–299.
Tuckett, D., Basile, R., Birksted-Breen, D., Böhm, T., Denis, P., Ferro, A. et al. (2008). *Psychoanalysis Comparable and Incomparable: The evolution of a method to describe and compare psychoanalytic approaches.* London: Routledge.
Van der Kolk, M. D. (2003). The neurobiology of childhood trauma and abuse. *Child and Adolescent Psychiatric Clinics,* 12, 293–317.
Van IJzendoorn, M. (1995). Adult attachment representations, parental responsiveness, and infant attachment: A meta-analysis on the predictive validity of the Adult Attachment Interview. *Psychological Bulletin,* 117, 387–403.
Van IJzendoorn, M. und Sagi-Schwartz, A. (2008). Cross-cultural patterns of attachment: Universal and contextual dimensions. In J. Cassidy und P. Shaver (Hrsg.), *Handbook of Attachment: Theory, research, and clinical applications* (2. Aufl., S. 880–905). New York: Guilford.
Vargas Llosa, M. ([1977] 2011). *Tante Julia und der Schreibkünstler.* Frankfurt: Suhrkamp.
Waddell, M. (2006). *Inside Lives: Psychoanalysis and the growth of personality.* London: Karnac.
Wallerstein, R. (1990). Psychoanalysis: The common ground. *International Journal of Psychoanalysis,* 71, 3–20.
Wallerstein, R. (2009). What kind of research in psychoanalytic science? *International Journal of Psychoanalysis,* 90, 109–133.
Wallin, D. (2007). *Attachment in psychotherapy.* New York: Guilford.
Wampold, B. (2001). *The Great Psychotherapy Debate.* New York: Lawrence Erlbaum Associates.
Watts, D. und Morgan, G. (1994). Malignant alienation: Dangers for patients who are hard to like. *British Journal of Psychiatry,* 164, 697 f.
Welldon, E. (2009). Dancing with death. *British Journal of Psychotherapy,* 25, 149–182.
Widlocher, D. (2002). *Infantile Sexuality and Attachment.* New York: The Other Press.
Williams, H. (1994). *Dock Leaves.* London: Faber and Faber.
Williams, J., Teasdale, J., Segal, Z. und Soulsby, J. (2000). Mindfulness-based cognitive therapy reduces overgeneral autobiographical memory in formerly depressed patients. *Journal of Abnormal Psychology,* 109, 150–155.

Winnicott, D. W. (1971). *Playing and Reality.* London: Routledge. (1973). *Vom Spiel zur Kreativität.* Stuttgart: Klett; 12. Aufl. 2010 bei Klett-Cotta.
Wittgenstein, L. ([1953] 2001). *Philosophische Untersuchungen.* Darmstadt: Wissenschaftliche Buchgesellschaft.
Wordsworth, W. (1802). *Lyrical ballads,* Vorwort zur 2. Aufl. *Oxford Dictionary of Quotations.* Oxford, GB: Oxford University Press, 1980.
Wright, K. (1991). *Vision and Separation.* London: Free Association Books.
Yalom, I. (2008). *Staring at the Sun.* London: Piatkus.
Zeal, P. (2008). Listening with many ears. *European Psychotherapy,* 8, 89 – 102.
Zeki, S. (2008). *The Splendors and Miseries of the Brain: Love, creativity, and the quest for human happiness.* Chichester, GB: Wiley-Blackwell.
Zizek, S. (2006). *How to Read Lacan.* London: Granta.